U0367853

Global Trade Policy
Questions and Answers

全球贸易政策
问题与答案

（美）帕米拉·史密斯（Pamela J. Smith ） 著

刘杨 译

化学工业出版社

·北京·

本书采用独特的、以问题为基础的形式，向读者阐述了国际贸易与政策领域的关键问题。本书向读者呈现了不断变化的贸易政策格局、不断发展的贸易政策制度安排，剖析了贸易理论，并且为学生提供了一个更好地理解当前国家和国际层面贸易政策问题的经济框架。

- 使用独特的、以问题为基础的形式探讨了国际贸易政策问题以及当前国际贸易政策领域存在的争论及其影响。
- 探讨贸易理论，将其作为研究贸易政策的指导。这些贸易理论包括传统的产业间贸易理论以及更新的产业内和企业内贸易理论。
- 研究那些广泛使用的、直接或间接影响国际贸易的政策所产生的国家层面和国际层面的影响效应，并分析这些政策的不断演变的制度安排。
- 呈现了政策的发展格局，从传统贸易政策（如关税、数量限制和出口补贴）到包括知识产权、劳工、环境和增长与发展政策等。
- 分析视角包括国家视角、全球视角以及二者的交叉视角，有助于解释关于贸易政策和政策自由化的截然相反的观点。
- 包括应用问题，鼓励读者探索分析贸易政策领域的一些开放性问题和现实的争论。

Global Trade Policy：Questions and Answers，**first edition/by** Pamela J. Smith

ISBN 978-1-118-35765-1

Copyright© 2014 by John Wiley & Sons，Inc. All rights reserved.
Authorized translation from the English language edition published by John Wiley & Sons，Inc

本书中文简体字版由 **John Wiley & Sons，Inc** 授权化学工业出版社独家出版发行。

本版本仅限在中国内地（不包括中国台湾地区和香港、澳门特别行政区）销售，不得销往中国以外的其他地区。未经许可，不得以任何方式复制或抄袭本书的任何部分，违者必究。

北京市版权局著作权合同登记号：**01-2015-0139**

图书在版编目（CIP）数据

全球贸易政策：问题与答案/（美）帕米拉·史密斯（Pamela J. Smith）著；刘杨译.
—北京：化学工业出版社，2019.1
书名原文：Global Trade Policy：Questions and Answers
ISBN 978-7-122-33392-6

Ⅰ.①全…　Ⅱ.①帕…②刘…　Ⅲ.①国际贸易-贸易政策-研究　Ⅳ.①F741

中国版本图书馆CIP数据核字（2018）第283157号

责任编辑：刘立梅　　　　　　　　　　文字编辑：林　丹
责任校对：宋　玮　　　　　　　　　　装帧设计：王晓宇

出版发行：化学工业出版社（北京市东城区青年湖南街13号　邮政编码100011）
印　　装：中煤（北京）印务有限公司
787mm×1092mm　1/16　印张16¾　字数390千字　2019年5月北京第1版第1次印刷

购书咨询：010-64518888　　　　　　售后服务：010-64518899
网　　址：http://www.cip.com.cn
凡购买本书，如有缺损质量问题，本社销售中心负责调换。

定　　价：85.00元　　　　　　　　　　　　　　　　版权所有　违者必究

致谢 — *Acknowledgments*

本书在多个方面，并不是一部单纯撰写的书，而是那些打造国际贸易领域研究框架的经济学家们研究和教学成果的积累。令我深感幸运的是，我的导师和同事都是这一领域的领导者。他们的共同特点是对国际贸易领域的研究投入了非常多的时间和极具感染力的热情，并且对作为他们的学生（在早些年）以及同事（随后）的我非常友好。虽然本书的内容是由这些领导者打造的，但我根据在过去20年的教学过程中，学生的学习特点及其反馈，对本书的框架做了重新安排。

我对国际经济学的兴趣是受到佛蒙特大学的雪莉·哥德昂（Shirley Gedeon）和道格拉斯·金纳德（Douglas Kinnard）教授的启发。1978年，我于佛蒙特大学开始了政治学专业的学习生涯，自然而然地被含有重要国际内容的政治经济学课程深深地吸引。当时在佛蒙特大学，雪莉·哥德昂教授对于我的比较经济学书面作业给出了大量的反馈，并且首次建议我应该考虑深造经济学博士学位。道格拉斯·金纳德教授选择我加入了国际关系的特殊课程，该课程要求通过竞争加入，并且采用非传统的教学方式。尽管30年过去了，我对国际经济学的兴趣完全归功于这两位导师对我的启发和引导。

1985年，我在波士顿的塔夫茨大学开始了经济学硕士学位的学习和研究工作。在塔夫茨大学，我从多位非常富有天赋的老师那里学到了微观经济学和宏观经济学理论以及计量经济学的基础知识。在我的专业发展生涯中，这是一段非常重要的时期，因为我已经开始从政治学转向经济学，但同时缺乏经济学硕士研究阶段必须具备的数学知识背景。在塔夫茨大学，我选修了德鲁塞拉·布朗（Drusilla Brown）教授的经济数学课程。她意识到我的非传统的学习背景，极力要求我到她的班级上课并且提供额外的办公时间帮我补习。我非常感激她在数学方面给予的指导和建议。同时，在塔夫茨大学期间，我选择了外交与法律学院开设的与我的研究领域相契合的专业课程。正是在这里，我选择了第一个国际经济学的硕士课程。

　　在完成了硕士学位之后，我决定在进入博士阶段的研究之前，先对国际贸易政策领域进行探索和研究。在求学间隙的这段时间，我担任哈佛大学经济发展研究所莱斯特·戈登（Lester Gordan）教授的研究助理。我们一同为一个关于撒哈拉以南非洲政府部门的公共预算和财务管理的项目提供课程资料。这一段经历是我第一次接触到经济学研究的应用领域，并且加深了我对经济政策的国际性和发展方面的兴趣。在完成了这一项目之后，我获得了马萨诸塞州经济事务办公室科学与技术办公室副主任一职。在这一阶段的工作中，我与执行主任、也是我的良师益友格瑞格·沃森（Greg Watson）紧密协作，致力于科学与技术措施促进马萨诸塞州的经济发展以及提升贸易竞争力。我也有机会将我们的工作内容转化为迈克尔·杜卡基斯（Michael Dukakis）州长的演讲稿，他当时正在竞选民主党总统候选人。这些实践方面的政策经验是形成我随后关于国际贸易、经济增长与发展以及知识产权研究的基础。

　　1989年，我在威斯康星大学开始了博士阶段的研究工作。在随后的4年中，我选修了鲍勃·鲍德温（Bob Baldwin）和戴夫·理查德森（Dave Richardson）两位教授开设的多门国际贸易领域的课程，两位教授都是这一领域的领导者和杰出导师。这些课程极大地扩展了我关于国际贸易知识的宽度和深度，并且激励我成为一名国际贸易经济学者。在威斯康星大学的大部分时间里，我也有幸担任了鲍勃·鲍德温和戴夫·理查德森的研究助理。在他们的指导下，我学到了大量关于国际贸易的政治经济学的知识（师从鲍勃·鲍德温）以及贸易理论的创新实证应用（师从戴夫·理查德森）。与戴夫·理查德森一同进行的研究内容对我的毕业论文，即《知识资本以及溢出效应对国际贸易的影响》具有非常重要的作用。亚瑟·戈德伯格（Arthur Goldberger）教授对我的强有力的计量经济学的教导以及建议进一步强化了这一影响。三位杰出的榜样留下的馈赠，让我心怀感激继续前行。

　　在完成了博士学位后，我执教于加拿大魁北克的蒙特利尔的康考迪亚大学的经济学院（1992—1993年），随后加入特拉华大学。在这段时间，我受到戴夫·理查德森（Dave Richardson）的邀请参加了美国国家经济分析局（NBER）的一个关于国际贸易与增长的研讨会。这一最初的工作经验随后为我带来了大量通过美国经济分析局的研究机会，受邀在大学和联邦储备银行做讲座，以及在国内和国际经济学会议上做研究报告，这些会议包括美国经济学会会议等。20世纪90年代期间的这些学术会议对我的研究和教学特点的形成产生了深远的影响。

　　20世纪90年代期间，国际贸易理论研究在解释新的贸易模式，即产业内贸易和企业内贸易方面取得了重大进展。我受到许多新兴研究领域包括新贸易理论、贸易经济地理学、经济增长与贸易，以及贸易和跨国公司等领域的领军人物的启发，这些领军人物有罗伯特·芬斯特拉（Robert Feenstra）、吉恩·格鲁斯曼（Gene Grossman），埃尔赫南·赫尔普曼（Elhanan Helpman）、保罗·克鲁格曼（Paul Krugman），以及詹姆斯·马库森（James Markusen）。我还受到保罗·罗默（Paul Romer）关于内生经济增长理论研究和兹维·格里利切斯（Zvi Griliches）关于技术变化的经济学研究，以及杰弗瑞·伯格斯特朗（Jeffrey Bergstrand）关于引力模型研究工作的启发。本书的第一篇涵盖了传统产业间贸易的主题，以及受这些经济学者启发的产业内贸易和企业内贸易的研究内容。

20 世纪 90 年代也是贸易政策的特征发生迅速变化的重要的 10 年。贸易政策的焦点从关税已经转向非关税措施，包括出口补贴和"与贸易有关"的政策，例如知识产权政策、环境政策、劳工政策和经济增长与发展政策等。围绕这些领域的应用性研究在国际贸易领域占据了新的重要地位。对我影响深刻的有，基斯·马斯库斯（Keith Maskus）的研究，沃特帕克（Walter Park）开发的知识产权领域的数据库，斯科特泰勒（Scott Taylor）关于环境的研究，以及罗伯特芬斯特拉关于劳动力的研究。本书的第二篇和第三篇分别对这些贸易政策以及与贸易有关的政策进行详细阐述。

最后，20 世纪 90 年代对于管理贸易政策的制度安排而言是至关重要的 10 年。大量的区域贸易协定产生。并且，1995 年 1 月 1 日，作为关税与贸易总协定（GATT）的后继者，世界贸易组织（WTO）成立。与之前的协定相比，这些协定将注意力集中在更加宽泛的与贸易有关的政策领域。通过国际贸易实现的经济一体化飞速发展，也将新的注意力集中在不同制度安排（即自由贸易区、关税同盟、多边贸易协定）的形成及其影响作用方面，以及这些制度安排的政治经济领域。鲍勃·鲍德温、安妮·克鲁格（Anne Krueger）和罗伯特·斯特恩（Robert Stern），以及其他经济学者的基础性研究进一步推动了这一领域研究的发展。这些制度安排在本书的第四篇进行阐述。

1998 年，我执教于明尼苏达大学应用经济学院，在许多前辈的研究基础上，我致力于国际贸易与政策、知识产权，以及贸易与跨国公司领域的研究工作。最近，我将研究主题延伸至转基因农作物的国际贸易政策领域。在过去的 10 年间，我对农产品贸易及其政策的应用性研究的兴趣是受到弗农·拉坦（Vernon Ruttan）的影响，他既是我的同事，又是我的楷模。我有幸获得跟随弗农·拉坦进行研究工作的机会。弗农·拉坦是农业发展以及科学与政策领域研究的领军人物。我将会永远记住他的友善，以及充满好奇和积极主动的思想。

在明尼苏达大学执教期间，我的教学工作几乎完全集中在国际贸易与政策领域，并且周期性的偏向宏观经济学和科学与技术政策领域，这样的经历使我受益匪浅。在这一阶段的教学工作中，许多优秀的教科书让我获益良多，这些教科书包括罗伯特·芬斯特拉的《高级国际贸易学：理论与实证》（普林斯顿大学出版，2004），罗伯特·芬斯特拉和艾伦·泰勒（Alan M，Taylor）的《国际贸易》（Worth 出版，2011），保罗·克鲁格曼，莫里斯·奥伯斯法尔德（Maurice Obstfeld）和马克·梅丽兹（Marc J. Melitz）的《国际经济学：理论与政策》（Pearson-addison Wesley 出版，2010），詹姆斯·马库森，詹姆斯·梅尔文（James R.Melvin）、威廉姆·坎普法（Willian H.Kaempfer）和基斯·马斯库斯的《国际贸易：理论与实证》（McGraw-Hill 出版，1995），多米尼克·萨尔瓦多（Dominick Salatore）的《国际经济学》（Wiley 出版，2007），等等。本书并非上述书籍的替代，而是作为上述书籍的有益补充。我曾经侧重于"应用性经济学"的教学工作，这些教学经验形成了本书的框架，本书强调了那些贸易理论试图回答的最重要的问题，以及贸易理论在评估不同贸易政策决策时提供的指引。我希望本书的框架能够便于经济学、商学、公共政策以及应用经济学专业学生的理解。

在过去的20年间，我和一些优秀的学生一起进行学习和研究。这些学生向我提出富有挑战的问题，引发我更加深入地思考和理解国际贸易与政策问题。我相信，教授的内容正是我们应该学习的内容。我从教授本科生、硕士生和博士生的过程中学到很多知识，从多个学科以及从世界学到了许多知识。这些学生提醒我两个基本的问题：会是什么，以及谁会在乎？或者说什么是利害攸关的，以及对谁而言？这些萦绕在我的脑海中的问题促使我撰写本书，从国家内部视角、国际视角，以及从受到贸易伙伴国的政策影响的那些国家的视角来分析阐述问题。

最后同样重要的是，我要感谢我亲爱的朋友明迪·戈德曼（Mindy Goldman）、马戈特·吉布琳（Margot Giblin）、克莉丝汀·哈林顿（Kristen Harrington）和达西·迈卡恩（Darcie McCann），以及我的家人迪根·伯奇（Teagan Burch）、科特·伯奇（Kurt Burch）、亨利·史密斯（Henry Smith）、玛丽·简·史密斯（Mary JaneSmith）、凯西·雪莉（Kathy Selley）、扎克·史密斯（Chuck Smith）和贝特西·康珀（Betsy Campeau），他们见证并祝福我几十年的学习和研究历程。

前言 — *Preface*

本书适用于商科、公共政策、经济学以及应用经济学专业的研究生阶段（或高级本科阶段）的学习。本书的读者需要完成本科阶段的微观经济学与/或宏观经济学的课程。本书的目的是带领读者从传统领域进入到国际贸易政策的前沿领域。本书涵盖的内容将有助于读者理解当前国际贸易政策领域具有争议的问题以及最新近的理论研究。本书尤其适用于国际贸易、国际经济学、经济政策、全球经济、国际贸易理论、全球化，国际贸易与投资管理以及其他与国际贸易政策专题相关的课程。该网站http://www.wiley.com/go/globaltradepolicy提供一些学习资料支持教员在研究生阶段或高级本科生阶段的各种环境中使用本书。

本书旨在反映国际贸易政策在现实世界实践方面以及学术理论研究方面的发展。在过去的20年间，国际贸易及其政策的特点发生了前所未有的巨大变化。不同种类商品的跨国贸易（即产业间贸易）已经被相似商品之间的贸易（即产业内贸易），以及跨国公司的海外附属机构之间的贸易（即企业内贸易）所超越。同时，贸易政策工具也在不断发展。人们关注的焦点已经从传统的贸易政策工具（即关税、数量限制和出口补贴）转向与贸易有关的政策工具（例如，知识产权、劳工政策、环境政策以及增长与发展政策）。这些政策的制度安排在巨大的国际争议中不断发展变化。本书提供了对这些主题的一些认识和理解，以及思考这些问题的经济框架。

本书结构分为四篇。第一篇覆盖的专题通常会在传统的国际经济学理论书本中找到。这一篇的目的是提供贸易理论背景，从而为接下来贸易政策的研究做好引导和铺垫。第一篇的内容包括传统的产业间贸易理论以及更新的产业内贸易理论和企业内贸易理论。本书的第二篇涵盖了贸易政策及其影响作用。这一篇集中研究那些在实践中被广泛使用的、旨在影响国际贸易流动的贸易政策。这些政策包括关税、出口补贴和数量限制。这一篇的目的旨在探索实施或取消这些政策（对国家层面、国家内部层面以及全球层面）所造成的影响作用。本书的第三篇包括与贸易有关的政策。这一篇侧重研究那些针对贸易以外的目标而制定的政策。然而，这些政策仍然能够对国际贸易流动产生重要的影响。这些与贸易有关的政策包括知识产权、环境政策、劳工政策以及经济增长与发展政策。本书的第四篇研究贸易政策的制定、采用和管理的制度安排。这一篇涵盖多边和区域贸易安排，包括关税同盟和自由贸易区。

本书同样提供了一些补充资料来加深读者对国际贸易政策的理解。有的章节最后的"应用问题"使读者有机会探索每个部分的整体主题，并将这些主题应用于分析当前政策争论的问题。这些问题并没有明确的答案。它们旨在让读者应用理论/模型探索贸易政策争论的开放性问题。这些应用问题是本书非常重要的构成部分。它们启发读者应用那些契合自身利益的国家和产业情景的模型框架分析问题。它们同样有助于读者辨别关于贸易政策争论的不同观点，以及明确阐述这些观点的潜在假设。由于应用问题并没有标准的对或错的答案，因此要求读者具有一定的批判思维水平，尤其适用于研究生阶段的学习。

本书的每一章还提供了大量与本章主题相关的延伸阅读。这些延伸阅读为读者提供了贸易政策领域经典的和最新的研究文献，包括期刊论文、书籍、研究报告和工作论文，这些文献资料可以促使读者在贸易政策专题领域进行进一步的研究和探索。这些文献资料是贸易政策领域的前沿，能够作为国际贸易政策博士阶段课程的核心内容。由于本书适用于高级研究生级别，因此也可以用于作为期刊论文高级研究工作的基础或跳板。

本书的独特性体现在以下几个方面。第一，据我所知，没有其他关于国际贸易政策的书籍是针对商学、公共政策、经济学以及应用经济学专业的硕士研究生水平的读者。由于本书面向多个学科的读者，因此撰写使用了比较通俗易懂的语言，注重现实的应用和应用性问题。本书尤其针对那些正在学习整合概念以及应用所学知识/想法去分析有关贸易政策争论的开放性问题的读者。

第二，本书研究的焦点集中在国际贸易政策（国际经济学的一个分支）领域，并且扩展了贸易政策的定义，即包含了当前富有争议的与贸易有关的政策。本书将大量的注意力集中在这些与贸易有关的政策领域，包括知识产权、环境政策和劳工政策，以及经济增长和发展政策。本书也非常关注多边的和区域的贸易政策安排。

第三，与传统的以模型为基础的论述框架不同，本书的论述框架是围绕问题展开的。即本书包含的模型是为了提供分析工具和技巧来回答问题。然而，这些模型是在它们所应用的问题背景下提出的。这一点非常重要，因为如果读者能够学习模型（使用传统教科书的形式）而没有很好地理解如何应用这些模型来分析现实问题，那么他们就不能够进行下一步工作，即选择建立合适的模型框架来分析现实世界的政策问题。本书提供了另一种选择，它的结构围绕问题展开，旨在帮助读者能够实现从学习知识到应用这些知识的飞跃。

第四，本书明确指出了分析研究问题时的不同视角，包括国家整体视角，国家内部视角和全球视角，以及消费者、生产者、政府和其他构成经济整体的经济主体的视角。这些不同的视角在分析讨论国际贸易政策时往往非常隐晦，从而导致一些混乱。本书通过明确分析问题时的视角，旨在帮助读者在更加宏观的框架中，用不同的角度去审视贸易政策问题。本书分析了一国的贸易政策对实施政策的国家自身的影响作用，以及对其贸易伙伴国和全球的影响作用。举例说明，国际贸易政策的分析通常集中在国家层面的影响作用，例如关税对实施这一政策国家的影响。与之形成对比的是，本书除了对这些国家层面的影响作用的分析外，还包含了对国际层面的影响作用分析，例如关税对实施这一政策国家的贸易伙伴国的影响作用。这些不同的分析视角非常有用，因为它们能够有助于解释关于贸易政策和贸易自由化方面存在的截然相反的观点和主张。

第五，应用问题是本书非常具有特色的构成部分。这些应用问题能够引导读者应用本书中的模型和概念去分析解答当前各种政策问题。这些问题要求读者辨别潜在假设，选择不同的模型框架进行思考，并且应用这些模型框架去分析解决那些无法简单给出对与错答案的开放性问题。应用问题涵盖了多个专业的读者感兴趣的问题。例如包括：欧洲和北美的出口补贴对发展中国家农民的影响；知识产权对转基因作物的国家层面和国际层面的影响；采用贸易政策来解决国内和全球的外部性问题，例如水污染和全球变暖；贸易政策对发达国家和发展中国家的技能型劳动力和非技能型劳动力之间收入失衡的影响；以及贸易在促进经济增长和发展，从而提高社会整体福利中所起到的作用。

本书最终的目标是为读者提供识别当前贸易政策争论的不同观点的能力，明确什么是至关重要的、对谁而言，以及制订创造性的政策解决方案。

作　者

目录 — Contents

6　出口补贴　　　　　　　　　　　　　**088**

13 增长与发展政策　　204

第四篇　　226
贸易安排

14 区域和多边贸易安排　　227

第一篇
贸易理论作为贸易政策的指导

1 准备知识 贸易理论

1.1 国际贸易经济学家提出的核心问题是什么？

在经济学科中，国际经济学的研究内容是跨越国界的交易。跨越国界的流动包括有形商品、服务、生产要素以及金融资产。其中商品、服务和生产要素的跨国流动被视为"真实"的流动，归属于国际贸易的子范畴。金融资产的跨国流动被视为"名义"的流动，归属于国际金融的子范畴。上述两个子范畴是国际经济学领域的两个主要分支。本书集中研究国际贸易——商品、服务和生产要素的跨越国界的真实流动。此外，本书的特点是将研究的焦点集中在国际贸易的政策领域，即那些从某种程度上改变了国际贸易的政策措施。

在第一篇，我们从基础的国际贸易理论入手，作为研究国际贸易政策的开始。贸易理论主要围绕国际贸易的三个问题进行讨论。第一个问题是贸易模式。所谓贸易模式指为什么一国会出口和进口那些商品？第二个问题是贸易利益。贸易利益是指谁从贸易中获益，谁因贸易而受损？第三个问题是贸易保护主义。贸易保护主义研究的是增加或消除那些扭曲贸易的政策所造成的影响是什么？我们探讨这些问题的目的是阐明贸易理论是如何为贸易政策提供指导的。

1.2 贸易理论如何为贸易政策提供指导？

贸易理论以一种直接的方式为贸易政策提供指导。那些分析贸易模式和贸易利益的贸易理论通常是将两种假设状态进行对比分析——自给自足状态与自由贸易状态。自给自足状态是指没有贸易的情况，这种状态无法在我们当前所处的现实世界中被观测到。自由贸易状态是指不存在政策扭曲的情况，这种状态同样也无法在当前现实世界中被观测到。贸易理论通常预测的是从自给自足的假设状态转变到自由贸易的假设状态的贸易模式和贸易利益。或者反过来，从自由贸易的假设状态转变到自给自足的假设状态的贸易模式和贸易利益。

在现实世界中，国际贸易的状态介于上述两个极端假设状态之间。然而，从理论上理解上述两种极端状态之间的转变所产生的影响结果，能够为我们更好地理解现实中的贸易政策提供指导。即增加贸易障碍，意味着向自给自足状态更近一步；取消贸易障碍，表明向自由贸易更近一步。换句话说，从自给自足状态到自由贸易状态所造成的影响，其作用方向与自由化贸易政策壁垒的影响作用方向相一致。类似的，从自由贸易状态到自给自足状态产生的影响，其作用方向与增加贸易保护政策的作用方向相一致。

贸易理论也会以一些间接的方式为贸易政策提供指导。例如，对贸易模式的分析是探索比较优势的来源。理解比较优势的来源是制订那些旨在改变贸易模式的贸易政策的先决条件。例如，如果我们知道丰富的技能型劳动力资源能够产生服务行业的比较优势，那么我们就能预测，技能型劳动力丰裕型国家将会出口服务商品。强化这一比较优势的国家政策将会是那些寻求提高该国技能型劳动力丰裕程度的政策。同样，如果我们知道，丰富的森林资源能够产生纸制品的比较优势，那么我们可以预测，森林资源丰裕型国家将会出口纸制品。强化这一比较优势的国家政策将会是那些寻求增加该国森林资源丰裕程度，从而用于纸制品生产的政策。

其次，研究贸易利益和贸易损失的分配有助于我们理解那些隐含在关于贸易政策领域具有争议的观点其背后的经济动机。对这些经济动机的理解是令具有分歧的利益集团达成共识、以及制定再分配政策的前提条件。例如，如果我们了解贸易自由化将会导致不同国家之间，以及国家内部不同经济主体之间的贸易利益与贸易损失的分配失衡，那么就应该采取以再分配为目的的政策，或是有助于实现贸易自由化顺利过渡的政策。此外，如果我们理解贸易的分配效应，那么这种理解就能为各国具体的政策变化谈判以及政策组合变化的谈判提供指导。即这种理解是制定贸易政策和贸易政策组合的前提条件，从而使贸易利益与损失能够以公平的方式实现相互平衡。

最后，研究和分析不同的贸易政策工具和政策安排的影响作用是在这些政策工具与安排之间做出最优决策的前提条件。举例说明，两种贸易政策工具（比如关税和配额），都可以有效地实现某一政策目标（例如保护本国某一产业部门）。然而，这两种政策工具中的一种可以产生更少的扭曲和福利损失的副作用。同样，两种政策安排（例如关税同盟和自由贸易区），都可以有效地实现某一目标（例如贸易自由化）。然而，其中一种安排的贸易创造效应更强，而另一种的贸易转移效应更强。理解这些政策和政策安排的影响作用是以协调的方式做出最优政策决策的前提条件。

1.3　国际贸易在实践中是如何演化的？

在开始进行贸易理论的讨论之前，需要注意的是，在实践中，国际贸易的特征随时间的推移而不断发展。国际贸易理论的特征也随着现实世界中的贸易实践的发展而发展。本章接下来的部分，将详细阐述这些变化。首先，我们阐述在实践中，国际贸易是如何不断发展的。接着，我们论述贸易理论文献是如何不断发展以解释这些现实实践的变化。最后，我们介绍对应这些变化，本书是如何安排组织结构的。

那么，国际贸易是如何随着时间的推移而不断发展的？第一，国际贸易规模与国际贸易价值实现了大幅增长。从全球视角看，国际贸易增长与各国家经济体之间相互联系的增加相一致。然而，从国家视角看，国际贸易的重要性对不同国家而言存在显著差异。衡量贸易对具体某一个国家的重要性的一种途径是，从经济意义上分析该国是否应该开放或者闭关锁国。从政治意义上看，一国应该开放还是闭关锁国指的是该国制定贸易政策壁垒的程度。对于开放的经济意义上的理解存在某种程度的差异。经济意义上的开放国家是指其贸易在整体经济活动中所占的份额相对较大的国家。封闭国家是指其贸易在整体经济活动中所占份额相对较小的国家。贸易相对开放的国家在经济上对于国际市场的变化以及政策的变化更加敏感。

第二，国际贸易的构成随着时间的推移而不断发展。农产品贸易和工业制成品贸易具有相当长的历史。然而，在过去的二十年间，尤其是自20世纪80年代以来，服务贸易增长迅速。服务贸易的广义定义为包括所有进行国际交易的方式。举例说明，服务贸易包括金融服务、会计服务、保险服务，以及技术支持服务。服务贸易当然还包括电子通信和运输领域的外国投资。并且，服务贸易还包括以教育、医疗以及教育服务为目的人员的跨国流动。服务贸易的迅速增长很大程度上是信息技术和电子通信技术的进步导致的。

第三，企业的角色也发生了变化。在过去，企业被界定为一国的企业，其生产活动的区位局限于一国的地理范畴。然而，随着对外直接投资的出现，子公司的生产区位已经不再与企业拥有者的区位相一致。此外，随着跨国公司的出现，企业的区位以及所有权均能分散在全世界多个国家。企业的这一新的属性同样与生产要素的跨国流动有关。例如，母公司可以将知识资本或劳动力等生产投入转移至位于其他国家的子公司。

第四，伴随着企业属性的变化，国际贸易的种类也随着时间的推移而不断发展。国际贸易的种类包括产业间贸易、产业内贸易、企业间贸易以及企业内贸易。产业间贸易是指国家之间不同类别商品之间的贸易。产业内贸易是指国家之间具有差异性的同类商品之间的贸易。企业间贸易是指不同国家的企业之间的贸易。企业内贸易是指同一跨国公司内部的跨国贸易。举例说明，如果一个国家向另一国家出口工业制成品，同时从该国进口农产品，这种类型的贸易为产业间贸易，因为所贸易的商品是截然不同的两种类别的商品。然而，如果一个国家向另一国家出口一种电子器件，同时从该国进口另一种电子器件，这种类型的贸易便是产业内贸易。如果贸易发生在不同国家的企业之间，并且这些企业的所有权属于不同的国家，那么这便是企业间贸易。然而，如果贸易发生在母公司与子公司之间，或是两个隶属于同一母公司的企业之间，这便是企业内贸易。

早期的国际贸易模式主要表现为产业间贸易和产业内贸易。然而，产业内贸易的主导地位日益加强，尤其是自20世纪70年代以及20世纪80年代以来。随着外国直接投资和跨国公司生产经营活动的兴起，尤其是自20世纪80年代以后，企业内贸易增长迅速。

1.4 贸易理论是如何发展的?

随着现实世界不断发生变化，贸易理论也随之不断发展。国际贸易的文献包含了反映现实世界发展的理论研究的不同分支。它们包括传统的贸易理论、新贸易理论以及贸易和跨国公司的理论。这些研究文献同样也包括一些贸易理论的应用性研究成果，即分析贸易政策工具以及贸易政策安排的影响作用。

传统贸易理论是建立在比较优势定理的这一核心概念基础上的。它描述的是一国往往出口那些在自给自足条件下（即没有贸易的状态下）拥有较低生产成本，从而拥有较低价格的商品。相反，一国往往进口那些在自给自足条件下生产成本相对较高，从而具有较高价格的商品。那么，这意味着什么？如果我们能够观察到在自给自足条件下，所有国家的所有商品的生产成本（以及商品价格），那么我们便能够预测，当允许贸易时，每一个国家将会进口和出口什么样的商品。

举例说明，假设A国x商品的生产成本相比于y商品的生产成本而言相对较低；同时，B国y商品的生产成本相比于x商品的生产成本而言相对较低。那么，根据比较优势定理可知，A国将专业化生产并出口x商品，同时进口y商品。同样，B国将专业化生产并出口y商品，同时进口x商品。此外，当各国以这种方式专业化生产自己具有比较优势的商品时，两个国家作为一个整体而言，其总产出会更高。因此，贸易使得两国的整体消费水平提高。从这个意义上讲，基于比较优势原理进行国际贸易，能够使两个国家的福利均提高。

比较优势的概念常常容易与绝对优势的概念相混淆。绝对优势是指一国生产一种商品或许多商品的生产成本绝对低于另一国家或其他多个国家。与之形成对比的是，比较优势的概念是比较既定国家内部商品的相对生产成本。如果一国在许多商品的生产上具有绝对优势，也许有人会认为，该国应该生产所有这些具有绝对低成本优势的商品。然而，这种观点的缺陷在于，一国会面临资源的约束。即一国要素投入的供给并非无穷的，因此，必须在生产上做出权衡。即拥有绝对优势的国家仍然能够基于比较优势进行专业化生产和贸易，并从中获益。

将上面的例子进行扩展，假设A国在x商品和y商品的生产上均具有绝对优势，换句话说，A国能够以绝对低于B国的生产成本生产x商品和y商品。然而，在相对概念上，假设A国生产x商品的成本相对于y商品的生产成本较低，并且B国生产y商品的成本相对于x商品的生产成本较低。绝对优势的存在与比较优势的存在并不冲突。即一国（例如A国）能够在x商品和y商品的生产上均具有绝对优势，同时在x商品的生产上具有比较优势。同样，一国（例如B国）能够在x商品和y商品的生产上均具有绝对劣势，同时在y商品的生产上具有比较优势。

当各国基于自身比较优势进行专业化生产时，便会产生专业化生产与贸易的利益。直观上看，各国应该专业化生产那些他们能够以相对较低的成本进行生产的商品，并出口这些商品。同样，各国应该进口那些他们原本会以相对较高的生产成本进行生产的商品。当各国实现专业化生产并且进行贸易时，便出会产生贸易利益。贸易利益表现在更低的生产成本和商品价格上面，以及表现在贸易各国作为一个整体实现更高的总产出与消费水平上面。消费水平的提高与经济生活水平（或福利）的提高相一致。

传统贸易理论是基于比较优势这一核心概念，用以解释产业间贸易。传统贸易理论文献中的各种模型的主要区别在于比较优势的来源不同。即这些理论关于导致国家间相对成本和价格差异的原因的解释不同。例如，在李嘉图模型中，国家间相对技术的差异是产生比较优势的原因。在赫克歇尔-俄林模型中，国家间要素禀赋的相对差异是产生比较优势的原因。在特定要素模型中，国家间特定生产要素禀赋的相对差异是产生比较优势的原因。这些传统模型均基于不同来源所产生的比较优势来解释产业间贸易模式。

这些传统的贸易模型具有一些共同的基本假设前提。例如，它们均假设完全竞争的市场结构。它们均假设规模报酬不变的生产技术。它们均假设贸易是发生在不同国家的企业之间。并且，它们通常假设生产要素不能跨国流动。此外，传统贸易模型预测的贸易类型是相同的，均为产业间贸易和企业间贸易。随着我们偏离传统贸易理论的研究，我们放松这些核心的基本假设来反映贸易在实践中的发展变化。

20世纪70年代末与20世纪80年代初，作为传统贸易理论的延伸，新贸易理论诞生。它最初是随着克鲁格曼的相关研究成果提出的，克鲁格曼与其他国际贸易经济学者观察到，拥有相似技术与相似要素禀赋的国家之间进行相互贸易。此外，他们还观察到，相似国家之间贸易的是同一类别但不同品种的商品。国际贸易的这一新的形式是产业内贸易而不是产业间贸易。但是，传统的贸易理论无法解释这一真实世界的贸易行为。例如，根据传统比较优势理论的研究结论，生产技术或要素禀赋相似的国家间不可能就同一类别、不同品种的商品开展贸易。这一观察结果促进了基于规模经济和在不完全竞争市场上的差异化商品的研究，可作为产业内贸易理论的一种解释。在新贸易理论文献中，产业内贸易能够独立于传统贸易理论解释的基于比较优势的贸易模式而出现。

贸易与跨国公司理论同样出现在20世纪80年代，作为早期贸易理论的扩展。贸易与跨国公司理论是建立在约翰·邓宁（John Dunning）关于跨国公司的研究基础之上的。随后，詹姆斯·马库森和埃尔赫南·赫尔普曼以及其他经济学者将这一理论与国际贸易联系起来。国际贸易经济学者观察到，企业不再被赋予国家的属性。随着外国直接投资的兴起，子公司的生产区位不再与企业所有权的区位保持一致。此外，随着跨国公司的出现，企业的生产区位与所有权区位可能遍布世界各地。母公司与其子公司之间，或者归属于同一母公司的子公司之间的贸易量非常巨大。这些变化要求对国际贸易的研究主体进行重新界定。国际贸易的研究主体从国家属性的企业转为遍布多个国家的企业。经济学者同时也观察到，生产要素尤其是像知识资本这样的流动要素在企业内部的流动。这些现实世界的变化要求对企业内贸易这一新的贸易形式进行研究。企业内贸易包括母公司与其子公司之间的贸易，隶属于同一跨国公司的企业之间的贸易，以及外包和离岸经济活动。

这三类理论研究文献（传统贸易理论、新贸易理论和贸易与跨国公司理论）均已被应用于检验贸易政策工具以及贸易政策安排的影响作用。这些贸易理论应用的不断发展，反映了实践中贸易政策工具以及贸易安排的发展。本书所指的贸易政策工具，是指那些能够被政府控制用于实现社会或经济目标的政策措施。本书所指的贸易政策安排，是指不同国家用以协调贸易政策工具使用的方式。

早期关于贸易政策工具的研究集中在关税这一主要的政策工具上。所有其他政策工具被归入到非关税措施（NTMs）或非关税壁垒（NTBs）这一宽泛的类别下面。非关税措施被定义为那些扭曲国际贸易的政策、法规、条例以及惯例（除关税以外）。非关税壁垒是非关税措施的一个子集，是指那些缩减贸易规模而不是扩大贸易规模的政策措施。而非关税措施包括那些旨在影响贸易的政策措施。这些措施包括人为增加贸易的出口补贴，以及减少贸易的数量限制措施，例如配额。非关税措施同样也包括那些与贸易有关的政策。与贸易有关的政策是指那些旨在实现非贸易目标但却能够对贸易产生副作用的政策措施。它们包括知识产权政策、环境政策、劳工政策和增长与发展政策，以及其他相关的政策。随着非关税措施在实践中的使用，贸易理论被越来越多地应用于检验这些非关税措施的影响作用，尤其是自20世纪80年代以来，并且这也成为国际贸易经济学者一个持续研究的领域。

最后，随着贸易政策安排的属性不断变化，围绕其进行的研究也随之不断发展。这些贸易安排包括双边贸易协定，区域贸易协定诸如关税同盟和自由贸易区，以及多边贸易协定等。关税同盟的典型例子就是欧盟（EU）和中美洲共同市场（CACM）。自由贸易区的典型例子包括北美自由贸易区（NAFTA）和美洲自由贸易区（FTAA）。多边贸易协定的典型例子包括关税与贸易总协定（GATT）以及它的后继世界贸易组织（WTO）。这些贸易安排管理着它们成员之间的贸易。尤其自20世纪90年代以来，这些贸易安排的影响作用以及成员的数量迅速增长。理论研究的不断发展，反映了贸易安排的这些变化。

1.5　本书的结构是如何安排的？

本书的整体结构是基于国际贸易及其政策在现实世界以及学术研究中的发展进程。

本书第一篇集中阐述国际贸易理论，将其作为贸易政策分析的指导。这一篇由两个核心的章节构成。第2章包括三个著名的、用于解释产业间贸易的传统贸易理论模型。这些模型分别是李嘉图模型、赫克歇尔-俄林模型，以及特定要素模型。我们运用李嘉图模型解答的问题是：当国家之间存在技术差异时，贸易的长期影响作用是什么？我们利用赫克歇尔-俄林模型解答的问题是：当国家之间存在要素禀赋差异时，贸易的长期影响作用是什么？我们利用特定要素模型解答的问题是：当国家之间存在非流动要素的禀赋差异时，贸易的短期影响作用是什么？同时，我们分别利用赫克歇尔-俄林模型与特定要素模型分析贸易在长期和短期对一国内部以及国家之间产生的收入分配效应。

接着，第3章研究了产业内贸易和企业内贸易。我们运用新贸易理论的模型框架来阐述的问题是：什么是产业内贸易，它的影响是什么？更加明确地说是，产业内贸易的模式以及贸易利益是什么？我们运用贸易和跨国公司文献中的模型框架阐述的问题是：什么是企业内贸易，它的影响是什么？更加明确地说是，对外直接投资的模式和动机是什么？贸易是如何与对外直接投资相关的？外包和离岸海外建厂的模式和动机是什么？

接着，本书对具体的贸易政策进行研究。第二篇包括传统的贸易政策及其影响作用。所谓传统的贸易政策，是指那些旨在影响国际贸易的政策。第四章对传统的贸易政策做了一个初步的背景介绍。这一章还包括用于贸易政策研究方法的讨论。同时，该章也对福利（或生活水平）的概念，以及自由化贸易政策的福利效应进行了介绍。第二篇的剩余内容集中分析了最主要的传统贸易政策。在每一章，我们均研究的问题是：贸易政策的影响作用是什么？第5章研究了关税的相关问题，第6章研究的是出口补贴，第7章研究的是数量限制，包括进口配额、自愿出口限制和贸易禁止。接着，第8章将这些传统贸易政策措施进行对比分析。通过贸易政策措施的对比分析，能够得出自由化贸易政策的相对影响作用，以及用一种政策（例如数量限制）替代另一种政策（例如关税）的影响作用。这些对比分析为理解现代混合型贸易政策，例如关税配额提供理论基础。

接着，本书第三篇讨论与贸易有关的政策及其影响作用。与贸易有关的政策是指那些为了实现非贸易的政策目标，同时会对贸易产生副作用的政策。第9章对与贸易有关的政策进行初步的背景介绍。这一章研究了针对商品而实施的与贸易有关的政策在实践中是如何发展的。随着服务贸易的飞速发展，这一章也研究了那些针对服务贸易的政策是如何不断发展的。第三篇的其他章节集中讨论了几个最重要的与贸易有关的政策。在每一章，我们均提出双向的问题：与贸易有关的政策对贸易的影响是什么？贸易政策对与贸易有关的政策目标的影响作用是什么？第10章研究了有关知识产权政策的这些问题，第11章研究的是环境政策，第12章研究的是劳工政策，第13章研究的是经济增长与发展政策。上述政策均与贸易密切相关。在最近的贸易协商中，发达国家与发展中国家围绕这些政策展开了激烈的争论。

本书第四篇研究的是贸易政策的制度安排。第14章分析了每一种形式的贸易政策安排，包括双边和多边的安排，以及区域贸易安排，例如自由贸易区和关税同盟。这一章同样阐述了在实践中最重要的多边贸易协定，包括在关税与贸易协定以及它的后继者世界贸易组织的框架内政策协商的发展进程。随后，本章分析了不同贸易政策安排的影响作用。这一章研究的主要问题包括：区域贸易自由化的影响作用是什么？多边贸易自由化的影响作用是什么？多边贸易安排对非成员国家的影响作用是什么？最后，这一章还研究了区域贸易安排是否为更加广泛的多边贸易自由化提供便利；即区域贸易安排是多边贸易自由化的垫脚石还是绊脚石？

本书被命名为全球贸易政策而非更加传统意义上的国际贸易政策。这样的选择是基于两个原因。第一，"全球贸易"一词能够更好地反映当前我们所观察到的现实世界的贸易状态。"国际贸易"通常是指那些影响两个或多个国家的贸易。"全球贸易"更加复杂和综合，并且对贸易的界定也更加宽泛（例如企业内贸易，或者区域与多边贸易）。第二，本书力求将分析思路从国家视角转向更加纯粹的全球视角。从国家视角讨论贸易政策时，往往暗含而非明示"我们与他们"的含义。与之形成对比的是，本书力求尽可能地将研究视角更加明晰化，并且一般化到全球角度。

纵观全书，最终的目标是从国家内部层面、国家层面，以及全球层面阐明国际贸易及其政策对经济福利的影响作用。因此，本书明确地将注意力集中在多元视角的分析，即包括参与贸易国家的消费者、生产者、相关政府，国家与国家之间，以及全球经济。本书最首要的问题是：什么是利害攸关的？对谁而言？答案分别是：经济福利和视情况而定。

📖 延伸阅读　　Feenstra，Robert C.2004. Advanced International Trade：Theory and Evidence. Princeton，NJ：Princeton University Press.

Feenstra，Robert C.，and Alan M. Taylor. 2011. International Trade，2nd edn. New York：Worth Publishing.

Feenstra，Robert C.，and Alan M. Taylor. 2012.International Economics，2nd edn. New York：Worth Publishing.

Helpman，Elhanan.2011.Understanding Global Trade. Cambridge：Harvard University Press.

Krugman，Paul R.，Maurice Olstreld，and Marc J. Melitz. 2010. International Economics：Theory and policy，9th edition. New York：Pearson-Addison Wesley.

Markusen，James R.，J.R. Melvin，K.E.Maskus，and W. Kempfer. 1995. International Trade Theory and Application. New York：McGraw Hill.

Salvatore，Dominick. 2007. International Economics，9th edn. New York：John Wiley and Sons，Inc.

2 产业间贸易

本章为读者呈现三个传统的产业间和企业间贸易模型。所谓产业间贸易是指国家之间，就不同种类的商品而进行的双向贸易。所谓企业间贸易是指不同国家的国家企业之间的贸易。例如，当 A 国出口 x 商品到 B 国，同时从 B 国进口 y 商品，其中 x 商品和 y 商品是不同种类的商品时，A 国与 B 国之间的贸易为产业间贸易。当该贸易发生在 A 国和 B 国的国家企业之间时，则该贸易为企业间贸易。传统的产业间贸易和企业间贸易模型包括李嘉图模型、赫克歇尔 - 俄林模型，以及特定要素模型。

上述三个传统的贸易模型均建立在比较优势概念的基础之上。然而，它们的比较优势来源不同。在李嘉图模型中，比较优势来源于国家之间生产技术的差异；在赫克歇尔 - 俄林模型中，比较优势来源于国家之间要素禀赋的差异；在特定要素模型中，比较优势来源于国家之间不能跨产业部门流动的要素（即"特定要素"）禀赋的差异。此外，李嘉图模型与赫克歇尔 - 俄林模型均是长期模型，因为模型假设生产要素能够跨产业部门自由流动。与之形成对比的是，特定要素模型是赫克歇尔 - 俄林模型的一种变形，适用于分析短期情形。在特定要素模型中，不能跨部门流动的特定要素是一国的丰裕要素。上述三个模型均集中在供给层面的讨论，将需求层面的分析留给后人扩展。

在本章，我们利用上述三个模型来分析三个核心的问题：①当国家之间存在生产技术的差异时，贸易的长期影响是什么？②当国家之间存在要素禀赋的差异时，贸易的长期影响是什么？③当国家之间存在特定要素禀赋的差异时，贸易的短期影响是什么？

2.1 当国家之间存在生产技术差异时，贸易的长期影响是什么？

我们从李嘉图模型入手，来分析贸易的长期影响。李嘉图模型是最基础的国际贸易一般均衡模型。在李嘉图模型中，比较优势来源于国家之间生产技术的差异。这些生产技术的差异决定了生产可能性边界，以及一国在自给自足条件下进行生产时，商品的相对成本与相对价格。因此，生产技术的差异决定了国家之间的贸易模式。这些贸易模式是在长期中，资源（即生产要素）在一国内部各行业之间重新配置之后形成的。

我们在分析李嘉图模型时，对于代表性的本国和外国，主要分析以下几个问题：①生产可能性边界是什么？②自给自足时的相对成本和相对价格是什么？③贸易时的世界价格以及贸易模式是什么？④贸易利益是什么？⑤自由化贸易政策的影响作用是什么？我们通过列出最核心的基本假设来引入这个模型。然后通过对自给自足（没有贸易）时的均衡状态与自由贸易（没有贸易障碍）时的均衡状态进行比较分析，来研究上述五个问题。

首先，李嘉图模型与其他传统模型的不同之处在于，它放松了国家之间具有相同生产技术这一假设。在李嘉图模型中，生产技术被表示为要素的生产效率或者说是既定数量产出所需要的生产要素的投入量。通常而言，且从历史的角度来看，李嘉图模型用劳动生产效率的差异来表示生产技术的差异。事实上，生产技术的差异能够用任何要素投入来表示。因此，在接下来的例子中我们考虑一个一般性的生产要素（f）。

为了更加清晰地进行阐述，本章采用的是李嘉图模型的一个简化的表述。但是要记住，这一表述能够被扩展为更加复杂的情形并且得到相似的结果。本章模型的基本假设前提如下：存在两个国家，本国和外国（本书各章用星号表示外国的相应变量）；存在两种商品，x商品和y商品；存在一个一般性的生产要素，f；市场结构是完全竞争的，因此商品以生产成本定价；生产要素的流动性被假设为，它能够跨部门自由流动，但不能跨国流动；国家之间生产要素的生产效率存在差异。最后一个假设反映了国家之间生产技术的差异。

此外，本国和外国的两种商品的生产技术均是规模报酬不变的。这意味着每生产一单位的商品所需要的要素投入量是固定的。生产效率（或者生产技术）由单位商品的要素投入来表示，即生产一单位商品所需的要素投入量。例如，a_x表示生产一单位x商品所需要的一般性的要素f的投入量；a_y表示生产一单位y商品所需要的一般性要素f的投入量。这些生产技术能够用相对量a_y/a_x或者a_x/a_y来表示。并且，本国和外国存在相对生产技术的差异。例如，我们也许观察到$a_y/a_x < a_y^*/a_x^*$，不等号左边为本国的相对生产效率，不等号右边为外国的相对生产效率。在这种情况下，本国生产y商品所需要的f要素的相对投入量较低，而外国生产y商品所需要的f要素的相对投入量较高。同样的，本国生产x商品的f要素的相对投入量较高，而外国生产x商品的f要素的相对投入量较低。

2.1.1 生产可能性是什么？

利用已知的两个国家的生产技术的差异以及生产要素的总供给量，我们能够确定两个国家的生产可能性。生产可能性边界（PPF）表示在给定生产技术和要素总供给的条件下，各国所能够生产的x商品数量（Q_x）和y商品数量（Q_y）之间的一种权衡。公式（2.1）和公式（2.2）分别表示本国和外国的生产可能性：

$$a_x Q_x + a_y Q_y \leqslant F \tag{2.1}$$

$$a_x^* Q_x^* + a_y^* Q_y^* \leqslant F^* \tag{2.2}$$

式中，F 与 F^* 分别表示本国和外国的一般性要素f的总供给量；其他变量的定义如前文所述。公式（2.1）表明，本国用于生产x商品的一般性要素投入量加上用于生产y商品的一般性要素投入量应该小于或等于本国要素的总供给量。公式（2.2）表明，外国用于生产x商品的一般性要素投入量加上用于生产y商品的一般性要素投入量应该小于或等于外国要素的总供给量。假设一般性要素在两个国家均充分就业（即不存在要素的失业），从而使公式（2.1）和公式（2.2）均取等号。

图2.1分别显示了本国（a）和外国（b）的生产可能性。这两幅图是将公式（2.1）和公式（2.2）重新整理为如下的方程，并通过描点法得到的：

$$Q_x = F/a_x - (a_y/a_x)Q_y \tag{2.3}$$

$$Q_x^* = F^*/a_x^* - (a_y^*/a_x^*)Q_y^* \tag{2.4}$$

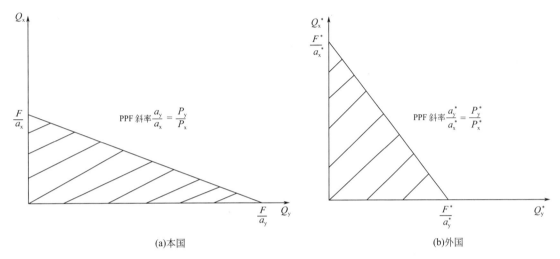

(a)本国　　　　　　　　　　　　　　　　　(b)外国

图2.1　李嘉图模型——本国和外国的生产可能性

图和公式均表明，生产可能性边界的斜率（a_y/a_x）和（a_y^*/a_x^*），反映了在给定相对生产技术条件下，各国在生产x商品和生产y商品之间的权衡。直观上看，生产可能性边界的斜率表示用放弃生产y商品的数量来衡量生产x商品的机会成本，反之亦然。根据上述情况描述，由于$a_y/a_x < a_y^*/a_x^*$，可见，本国的生产技术更加擅长生产y商品，而外国的生产技术更加擅长生产x商品。

2.1.2　自给自足时的相对成本和价格是什么？

现在，我们能够用生产可能性边界来回答自给自足假设状态下的问题了。具体而言，本国和外国在自给自足时的相对成本和价格是什么？回忆前文所述，相对成本和相对价格反映了每个国家的比较优势（参见本书第1章的论述）。

在本章设定的模型中，存在一种生产要素（f）和两种商品（x商品和y商品）。当我们提到相对成本时，是指要素f在两个产业部门的相对价格。我们将一般性要素的价格理解为租金率。此外，P_x表示x商品的价格，P_y表示y商品的价格。商品的价格和要素的价格相互关联。具体而言，在完全竞争假设前提下，企业的垄断利润为零，要素价格等于要素的边际产品价值。从而得出下列关系式：

$$r_x = P_x/a_x \tag{2.5}$$

$$r_y = P_y/a_y \tag{2.6}$$

式中，r_x和r_y分别为用于生产x商品和y商品的一般性要素的价格。

此外，基于一般性要素能够跨产业部门自由流动的假设，我们得知$r_x = r_y$。这是因为生产要素总是会自由地流动到具有更高收益率的产业部门。举例说明，如果$r_x \geq r_y$，那么一般性生产要素就会从y产业部门流向x产业部门。这样的流动，会对x产业部门的一般性要素的租金收益率产生向下的压力，同时对y产业部门一般性要素的租金收益率产生向上的拉力。直到两个产业部门的要素价格（租金率）相等，要素流动才停止。同样地，如果$r_x \leqslant r_y$，一般性要素会从x产业部门流向y产业部门，直到两个产业部门的要素价格（租金率）相等。当令公式（2.5）和公式（2.6）中的要素价格相等后，能够得到

$$r_x = r_y = P_x/a_x = P_y/a_y \qquad (2.7)$$

当两部门要素价格实现均等化后，国家在x商品与y商品的生产上无差异。直觉上讲，这意味着本国和外国可能会选择在生产可能性曲线上的任意一点进行生产，如图2.1（a）和（b）所示。

通过重新整理公式（2.7），我们现在能够确定自给自足条件下商品的相对价格为

$$P_y/P_x = a_y/a_x \qquad (2.8)$$

式中，等号左边是y商品相对于x商品的价格，等号右边是需要投入的相对要素数量。公式（2.8）表明，在自给自足的状态下，两部门商品的相对价格等于两部门的相对生产技术。这一关系同样能够在图2.1（a）和（b）中进行说明，本国和外国的生产可能性曲线的斜率均等于各自的相对生产技术以及自给自足条件下商品的相对价格。在这个例子中，本国y商品的相对价格较低，而外国x商品的相对价格较低。在自给自足条件下，商品相对价格的差异，是国家之间生产技术的差异造成的。·

2.1.3 贸易时的世界价格与贸易模式是什么？

现在，我们能够将模型的分析扩展至自由贸易的假设状态。自由贸易状态是自给自足状态的对立面。在自由贸易状态下，x商品与y商品的相对价格是什么？这些相对价格与自给自足状态下商品的相对价格相比如何？在世界相对价格水平上，贸易的模式是什么？

继续用我们前面的例子进行分析，假设本国和外国之间存在生产技术差异，例如

$$a_y/a_x < a_y^*/a_x^* \qquad (2.9)$$

这一假设表明，本国生产y商品所需要素f的投入量相对较低，而外国生产y商品所需要素f的投入量较高。同时，外国生产x商品所需要素f的投入量较低，而本国生产x商品所需要素f的投入量较高。将公式（2.8）与公式（2.9）合并，我们能够得到

$$P_y/P_x < P_y^*/P_x^* \qquad (2.10)$$

式中，本国y商品的相对价格较低，而外国y商品的相对价格较高。换句话说，本国x商品的相对价格较高，而外国x商品的相对价格较低。上述相对价格分别是本国和外国在自给自足状态下商品的相对价格。

接下来，当两国进行贸易时，世界市场上商品的相对价格是多少呢？一个直觉上的答案是，当世界相对价格比各国封闭条件下的相对价格更有利时，两个国家才会进行贸易。这意味着，与自给自足状态下的相对价格相比，各国会以更高的价格出口，以更低的价格进口。为了阐明这一直觉上的结论，我们必须在世界市场上对x商品和y商品进行分析。

世界市场由"世界"这个国家的供给和需求构成。基于我们的两国模型假设，x商品和y商品的世界总供给量为两个国家相应商品的供给量之和。因此

$$Q_x^W = Q_x + Q_x^*$$
$$Q_y^W = Q_y + Q_y^* \qquad (2.11)$$

式中，Q_x^W为x商品的世界总供给量；Q_y^W为y商品的世界总供给量。

图2.2描述了世界均衡相对价格的确定。该图使用相对量来表示我们熟知的供给曲线和需求曲线。即该图描绘了 x 商品和 y 商品的世界相对供给曲线 S^W 和相对需求曲线 D^W。世界相对需求曲线表明，y 商品的世界相对需求随 y 商品的相对价格的下降而增加。❶当世界相对价格（P_y^W/P_x^W）等于本国自给自足条件下的相对价格时，本国在供给 x 商品与供给 y 商品之间无差异。同样，当世界相对价格（P_y^W/P_x^W）等于外国自给自足条件下的相对价格时，外国在供给 x 商品与供给 y 商品之间无差异。图2.2中，相对供给曲线的两段水平部分分别与图2.1（a）和（b）中沿生产可能性边界上的点相对应。

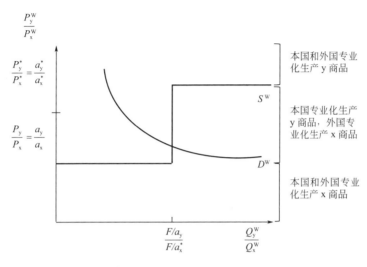

图2.2　李嘉图模型——世界相对供给和需求

自由贸易均衡时，世界相对价格的可能取值位于两国自给自足均衡条件下的相对价格之间（P_y/P_x 和 P_y^*/P_x^*）。在这一区间内，本国将会专业化生产 y 商品，因为 y 商品的世界相对价格比本国自给自足条件下 y 商品的相对价格高。同样，外国将会专业化生产 x 商品，因为 x 商品的世界相对价格比外国自给自足条件下 x 商品的相对价格高。因此，在下列相对价格区间内，两国将会各自进行专业化生产并贸易，

$$P_y^*/P_x^* > P_y^W/P_x^W > P_y/P_x$$
$$a_y^*/a_x^* > P_y^W/P_x^W > a_y/a_x$$
（2.12）

在这一价格区间内，对于两个国家而言，贸易相对于自给自足状态均是有利的。

对于其他世界相对价格水平而言，是非均衡状态。当世界价格大于 P_y^*/P_x^* 时，两国都会专业化生产 y 商品。同样的，当世界价格小于 P_y/P_x 时，两个国家都将专业化生产 x 商品，在这些情况下，两个国家之间不存在贸易。即贸易不能使两个国家同时获益。

直观上看，图2.2表明，世界相对价格（P_y^W/P_x^W）必须位于本国和外国自给自足条件下的相对价格之间（P_y/P_x 和 P_y^*/P_x^*），两个国家才会进行贸易。由于自给自足时的相对价格反映了潜在的生产技术，这些生产技术确定了均衡时世界相对价格的下边界和上边界。在这一价格区间内，贸易将会依据比较优势而产生。在自给自足条件下，本国 y 商品的相对价格较低，而外国 x 商品的相对价格较低。因此，通过将自给自足条件下的相对价格与贸易时的相对价格进行比较，我们可以知道，本国将会出口 y 商品并进口 x 商品，而外国

---

❶ 译者注：因存在逻辑错误，将原文中"世界相对供给曲线是非连续的。"这句话作删除处理。

将会出口 x 商品并进口 y 商品。即各国将会生产并出口在自给自足条件下具有较低相对成本从而有较低相对价格的商品。

2.1.4　贸易利益是什么?

在这样的贸易模式下，贸易利益是什么? 为了回答这一问题，我们需要将自由贸易条件下的国家福利与自给自足条件下的国家福利进行对比分析。图 2.3 显示了自给自足条件下与自由贸易条件下本国（a）与外国（b）的对比分析。图 2.3 包含了图 2.1 与图 2.2 中所有信息。利用这一新图，我们能将两个国家在自给自足条件下与自由贸易条件下的生产可能性和消费可能性进行对比。通过对比，能够有助于我们理解本国和外国的贸易利益。

图 2.3 显示了从图 2.1 中获取的本国和外国的生产可能性边界的信息。生产可能性边界是图 2.3 中最靠近原点的那条直线。如前文所述，在自给自足条件下，各国均会沿各自的生产可能性边界进行生产。同时，各国都将在同一均衡点上进行消费，即消费等于生产。也就是说，在没有贸易的状态下，各国只能消费其生产的商品。各国商品的相对价格等于单位商品的要素投入比。这意味着，在没有贸易的状态下，各国商品的相对价格等于其生产可能性边界的斜率（即 $P_y/P_x=a_y/a_x$ 以及 $P_y^*/P_x^*=a_y^*/a_x^*$）。因此，在自给自足条件下，一国消费的机会等于该国的生产可能性。

如果我们知道了各国的消费偏好，那么我们就能够确定各国在自给自足条件下的生产均衡点和消费均衡点。举例说明，假设本国和外国具有相同的消费偏好，分别由效用无差异曲线 i 和 i^* 表示，那么在自给自足均衡条件下，本国的消费等于生产，即点 $c_a=p_a$ 处; 外国的消费等于生产，即点 $c_a^*=p_a^*$ 处。自给自足时的均衡点意味着，在消费不能够超过生产的预算约束下，最大化消费的点。

与之形成对比的是，在自由贸易条件下，一国的消费可能性不再受到其生产可能性的限制。自由贸易时，两个国家将会在各自的生产可能性边界上进行生产。但是，两个国家将会在新的世界相对价格水平上，并且在各自的生产可能性边界以外进行消费。这一新的世界相对价格水平由图 2.3（a）和（b）中的贸易线来表示。贸易线是指距离原点较远，并且其斜率与世界相对价格（P_y^w/P_x^w）相等的那条直线。本国和外国面对的世界相对价格一样。

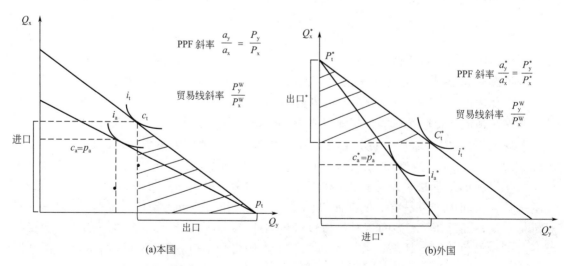

图 2.3　李嘉图模型——本国和外国自给自足状态与自由贸易状态的比较

当允许自由贸易时，生产和消费是如何变化的？贸易时，各国将会基于各自的比较优势进行专业化生产。如前文所述，贸易模式反映了技术差异所导致的相对成本和价格的差异，技术差异是李嘉图模型比较优势的来源。具体而言，本国将会专业化生产y商品，并且生产均衡点为p_t。与之形成对比的是，外国将会专业化生产x商品，并且生产均衡点为p_t^*。各国将会完全专业化生产自己具有比较优势的商品，并且不生产另一种商品。此时，两个国家的专业化生产是完全的，因为在自给自足状态下，生产可能性边界上所有的点表示的商品相对价格是固定的。

那么两个国家将会在图2.2中所确定的世界相对价格$(P_y/P_x)^W$水平上进行贸易。如前文所述，均衡时的世界相对价格必须位于两个国家自给自足均衡时的相对价格之间。在图2.3中，这一相对价格由贸易线的斜率来表示，两个国家面对的贸易线是相同的。自由贸易时，两个国家能够在贸易线上进行消费，但必须在各自的生产可能性曲线上进行生产。即消费不必与生产相等。因此，自由贸易时，两个国家的消费可能性均增加。

此外，如果我们知道各国的消费偏好，便能够确定在世界相对价格水平上，各国具体的消费均衡点以及两国之间的贸易量。自由贸易时，各国将会在世界价格曲线所确定的预算约束下，最大化自身的效用水平。在这一背景下，效用水平描述了国家整体的经济福利，消费者的满足程度或幸福程度。图2.3阐述了在世界相对价格P_y^W/P_x^W水平上，本国和外国的消费均衡点分别为c_t和c_t^*。

两个国家之间的贸易量等于各自的商品产量与商品消费量的差值。当商品产量超过消费量时，二者的差值为出口量。相反，当商品的消费量超过产量时，二者的差值为进口量。此时，两个国家之间的贸易由图2.3中阴影部分的贸易三角形来表示。对本国而言，贸易三角形的高表示x商品的进口量，而贸易三角形的底表示y商品的出口量。贸易三角形的斜边表示自由贸易时的世界相对价格。外国情形刚好与本国相反，其贸易三角形的高表示x商品的出口量，而贸易三角形的底表示y商品的进口量。

综上所述，由于自由贸易时，两个国家的消费可能性和用效用表示的生活水平均提高，因此，两个国家均从贸易中获益。对本国而言，自由贸易时，消费从c_a增加到c_t，这一变化与本国的效用水平从i_a增加到i_t相一致。对外国而言，消费从c_a^*增加到c_t^*，这一变化与外国的效用水平从i_a^*增加到i_t^*相一致。从这个意义上讲，两个国家的生产技术差异导致贸易，而贸易能够使两个国家均获益。

2.1.5　自由化贸易政策的影响是什么？

简化版的李嘉图模型帮助我们分析了从自给自足假设状态到自由贸易假设状态，贸易的模式和贸易利益（当然，我们也能够倒过来进行分析，研究从自由贸易状态到自给自足状态）。现实中，我们生活的世界是介于这两个极端状态之间的。理论模型能够为我们提供一个向导，帮助我们理解，如果更加接近自由贸易状态（或者更加接近自给自足状态）会发生什么。更加接近自给自足状态，代表保护主义的情形，即政策障碍导致贸易的减少。更加接近自由贸易，代表贸易自由化的情形，即政策障碍的消除导致贸易的增加。

那么，当两个国家之间存在技术差异时，自由化贸易政策的长期影响是什么？

首先，生产模式和贸易模式是清晰明确的。两个国家将会生产并出口在自给自足条件下具有较低机会成本（从而具有较低相对价格）的那些商品。这些商品是由各国具有比较优势的产业部门生产的。各国的生产要素将会从具有比较劣势的产业部门中流出，并且流入到具有比较优势的产业部门中去。从而，各国具有比较优势的产业部门的生产规模扩大，而具有比较劣势的产业部门的生产规模缩小。各国将出口具有比较优势的产业部门的商品，进口具有比较劣势的产业部门的商品。

其次，贸易利益也是清晰明确的。表2.1（a）将贸易利益进行了总结。只要贸易时的世界相对价格位于两个国家自给自足条件下的相对价格之间，各国均能够从贸易中获益。在这种情况下，两个国家均有参与贸易的动机。专业化生产和贸易能够导致世界总产出以及世界总消费的增加。这些利益是对一国整体而言的。因此，两个国家的消费可能性与国家整体效用水平增加。整体效用水平代表了一国消费者的福利水平。

表2.1 贸易的比较福利效应

（a）李嘉图	
本国/外国	福利效应
整体利益	本国和外国的消费可能性和效用水平提高
国家间的收入分配	比较优势产业部门使用的流动要素的价格（工资或租金）上升。比较劣势产业部门使用的相同要素的价格下降。要素价格改变直到两部门要素价格相等
（b）赫克歇尔-俄林	
本国/外国	福利效应
整体利益	本国和外国的消费可能性和效用水平提高
国家间的收入分配	国家丰裕要素的名义和实际价格（租金或工资）上升。国家稀缺要素的名义和实际价格下降（S-S理论）。要素价格改变直到国家间要素价格相等（要素价格均等化理论）
（c）特定要素	
本国/外国	福利效应
整体利益	本国和外国的消费可能性和效用水平提高
国家内部的收入分配（流动要素）	国家流动要素的名义价格（租金或工资）上升。流动要素用进口品来衡量的实际价格上升。流动要素用出口品来衡量的实际价格下降
国家内部的收入分配（特定要素）	国家丰裕型特定要素的实际价格上升 国家稀缺型特定要素的实际价格下降

注：要素价格包括劳动力工资、资本和土地拥有者的租金报酬等。

该模型仅仅分析了贸易利益在两个国家之间是如何分配的。这是因为模型假设一般性生产要素能够在一国内部跨部门自由流动。一般性生产要素通常被假设为劳动力。

将上述结论总结在一起，贸易能够使一国作为一个整体而获益。然而，这些贸易利益在一国内部不同经济主体（例如劳动力）之间的分配存在差异。后面的这一结论推动了贸易经济学者提出一个问题：贸易利益是否能够在国家内部被再分配，从而使国内所有经济主体的福利都因贸易而提高？萨缪尔森（Samuelson）（1939）首次对这一问题进行了解答。他阐明了所有贸易国家的消费者都能够潜在地从贸易中获益，因为那些因贸易而获益的人能够补偿那些因贸易而受损的人，并且福利仍然比自给自足状态下高。即他论证了通过收入的再分配，贸易能够增加一国内部所有经济主体消费的可能性。这一理论性的结论能够应用在李嘉图模型以及本书随后提出的理论模型环境中。关于贸易利益以及贸易利益的再分配问题将会在本书第4章和第12章中用更长的篇幅进行阐述。

最后，需要注意的是，李嘉图模型的结论是长期结论。所谓长期是指随着贸易带来的专业化生产，国内生产要素有充分的时间能够从比较劣势产业部门流向比较优势产业部门。

2.2 当国家之间存在要素禀赋差异时，贸易的长期影响是什么？

我们通过提出赫克歇尔-俄林（H-O）模型，来继续分析贸易的长期影响作用。与李嘉图模型一样，赫克歇尔-俄林模型是用于解释产业间贸易的一般均衡模型。此外，赫克歇尔-俄林模型是贸易的长期理论模型。

赫克歇尔-俄林模型与李嘉图模型存在一些重要的区别。首先，赫克歇尔-俄林模型的比较优势来源于国家之间禀赋的差异。禀赋是指一国能够用于生产的要素的总量。这些禀赋常常被称为要素禀赋。要素禀赋不同于要素投入，它们不特定化为某一产业部门。这些要素禀赋的相对丰裕度（或稀缺度）是一国比较优势的来源。其次，赫克歇尔-俄林模型假设商品生产需要多种要素投入，而李嘉图模型假设只有一种生产要素。上述两个区别能够使我们从赫克歇尔-俄林模型中获取更多关于贸易在一国内部产生的收入分配效应的信息。最后，与李嘉图模型假设两国之间存在技术差异不同，赫克歇尔-俄林模型假设两个国家相同产业部门具有同样的生产技术。在赫克歇尔-俄林模型中，国家之间存在要素禀赋的差异——而不是生产技术的差异——导致比较优势的产生。

在分析赫克歇尔-俄林模型时，对于代表性的本国和外国，主要分析以下几个问题：①要素禀赋是如何与产出相关的？②商品价格是如何与要素价格相关的？③生产可能性是什么？④自给自足时的相对成本和相对价格是什么？⑤自由贸易时的世界价格与贸易模式是什么？⑥贸易利益是什么？⑦自由化贸易政策的影响作用是什么？⑧要素的流动性是如何影响贸易模式的？我们通过从该模型中总结出的四个定理，以及罗列模型的核心基础假设来引入这一模型。然后，通过对自给自足（没有贸易）状态与自由贸易（不存在贸易障碍）状态进行比较分析，来研究上述问题。

基于赫克歇尔-俄林模型框架，我们能够总结出四个定理。其中两个定理揭示了生产模式和贸易模式，另外两个定理揭示了贸易利益在一国内部以及贸易国家之间的分配问题。

第一，赫克歇尔-俄林定理阐述了各国将会生产并出口那些密集使用其丰裕要素生产的商品，同时进口那些密集使用其稀缺要素生产的商品。因此，这个定理将要素禀赋与贸易模式联系在一起。

第二，罗伯津斯基定理表明，增加一种要素禀赋，将会导致密集使用该要素生产的商品的产量增加，并且另一种没有密集使用该要素生产的商品的产量减少。❶因此，这一理论将要素禀赋与产出联系在一起。这一要素禀赋与产出之间的关系（由罗伯津斯基理论表述）是要素禀赋与贸易关系（由赫克歇尔-俄林理论表述）的基础。

第三，斯托尔珀-萨缪尔森定理论述了贸易（以及与之相关的商品价格的变化）使得一国丰裕要素的价格上升，而稀缺要素的价格下降。因此，这一理论将贸易与一国内部的贸易利益分配联系在一起。

---

❶ 译者注：罗伯津斯基一理的完整表述应为要素的相对价格不变，增加一种要素禀赋，将会导致密集使用该要素生产的商品的产量增加，并且另一种没有密集使用该要素生产的商品的产量减少。

第四，要素价格均等化定理描述了贸易导致国家之间同种要素的价格（或者租金率）实现均等化。因此，这一理论将贸易与贸易伙伴国之间的贸易利益分配联系在一起。

在接下来的讨论中，我们将对赫克歇尔-俄林模型的这些定理进行阐述。

赫克歇尔-俄林模型的关键假设是国家之间存在要素禀赋差异。这些要素禀赋通常被定义为资本要素和劳动力要素。然而，要素禀赋更加广义的定义可以包括自然资源以及其他资源。要素禀赋的广义定义可以进一步按种类进行细分，例如分为实物资本和知识资本，或技能型劳动力和非技能型劳动力，或者森林与牧场。

在这一部分，我们提出赫克歇尔-俄林模型的简化版。简化版的模型假设如下：存在两个国家，本国和外国；存在两种商品，x商品和y商品；存在两种要素禀赋，资本要素和劳动力要素；市场结构是完全竞争的；生产技术为规模报酬不变；关于要素流动性的假设为，要素能够在一国内部跨部门自由流动，但不能跨国流动；关于生产技术的假设为，每一种商品的生产均需要两种要素禀赋的投入；此外，每一种商品的生产所使用的要素禀赋组合是固定不变的，这一要素组合反映了固定系数的生产技术。

固定系数生产技术表示为单位商品的要素投入。所谓单位商品的要素投入，是指生产一单位商品所需要的要素禀赋投入量。例如，k_x 为生产一单位x商品所需要的资本要素投入数量；l_x 为生产一单位x商品所需要的劳动力要素投入数量；k_y 为生产一单位y商品所需要的资本要素投入数量；l_y 为生产一单位y商品所需要的劳动力要素投入数量。不同生产部门的生产技术存在差异。然而，不同国家相同生产部门的生产技术相同。这是一个关键假设。举例说明，我们可以观察到，x商品是资本密集型商品，而y商品是劳动密集型商品。这意味着x商品要求更高比例的资本与劳动力要素的投入比，而y商品要求更高的劳动与资本要素的投入比。关于要素密集度的假设被表示为：

$$k_x/l_x > k_y/l_y \quad \text{或者} \quad k_x/k_y > l_x/l_y \tag{2.13}$$

利用已知的国家要素相对禀赋，以及商品的要素密集度，我们能够确定一国的生产可能性。在我们的模型中，生产可能性边界描述的是在给定一国的各商品的要素密集度以及国家的要素禀赋前提下，x商品的产量（Q_x）和y商品的产量（Q_y）之间的权衡。生产可能性受到一国可以获得的所有要素禀赋的预算约束，例如：

$$k_x Q_x + k_y Q_y \leqslant K \tag{2.14}$$

$$l_x Q_x + l_y Q_y \leqslant L \tag{2.15}$$

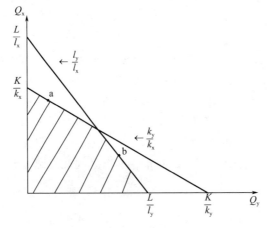

图2.4 赫克歇尔-俄林模型——生产可能性

　　式（2.14）含义为，投入 x 商品生产的资本要素与投入 y 商品生产的资本要素之和小于或等于一国的资本要素的供给总量。同样，式（2.15）含义为，投入 x 商品生产的劳动力要素与投入 y 商品生产的劳动力要素之和小于或等于一国的劳动力要素的供给总量。假设国内资本要素和劳动力要素均充分就业（即没有失业），那么式（2.14）和式（2.15）取等号。

　　图 2.4 显示了一国 x 商品和 y 商品的生产可能性。用描点法能够简单的描绘出式（2.14）和式（2.15），我们通过重新整理得出下列等式：

$$Q_x = K/k_x - (k_y/k_x)Q_y$$
$$Q_x = L/l_x - (l_y/l_x)Q_y$$

（2.16）

　　图 2.4 显示的是在给定两种商品的相对要素密集度的前提下，生产 x 商品与生产 y 商品之间的权衡。两种商品的相对要素密集度分别由图中的生产约束线的斜率（k_y/k_x 与 l_y/l_x）来表示。由于两种资源约束必须同时满足，生产可能性集为图中阴影部分。

　　直观上看，图 2.4 中每一条预算约束线的斜率反映的是用所放弃 y 商品的数量来衡量 x 商品的机会成本，反之亦然。由于我们假设存在多种生产要素（在这一简化的模型中，存在两种生产要素），在赫克歇尔-俄林模型中，生产可能性曲线上不同点的机会成本是不同的（例如图中点 a 和点 b）。在简化版的模型中，生产可能性边界为一条折线，并且具有两个斜率。如果我们将两种生产要素模型一般化为多种生产要素模型，那么生产可能性边界将会是所有生产要素的约束条件同时满足的那个区域。在多种要素禀赋的一般化模型中，生产可能性边界将会是一条平滑的凹向原点的曲线。

2.2.1　要素禀赋与产出的关系如何？

　　接下来，我们进行几种类型的比较静态分析。首先，我们阐述罗伯津斯基定理——要素禀赋与产出之间的关系。要素禀赋与产出之间的关系可以从几个方面进行审视。例如，一国要素禀赋可能随时间的推移而改变。在这种情况下，罗伯津斯基定理描述的是随着时间的推移，要素禀赋变化与产出变化之间的关系。这一方法能够被应用于单一国家的问题研究。此外，要素禀赋可能存在国别差异。在这种情况下，罗伯津斯基定理描述的是国家之间要素禀赋的差异是如何解释国家之间产出的差异。这一方法能够被用于比较不同国家的产出行为。

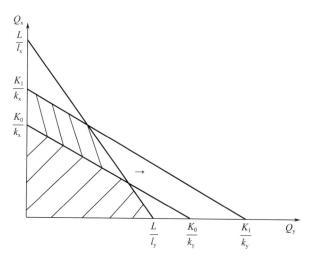

图 2.5　赫克歇尔-俄林模型——罗伯津斯基效应

图2.5阐明了罗伯津斯基定理。该图显示了资本要素和劳动力要素随时间的变化（或国别差异）对x商品和y商品的产出的影响作用。具体而言，该图显示了资本要素的增加对生产可能性的影响作用。我们能够看到，资本要素从K_0增加到K_1，导致密集使用资本要素的x商品的生产可能性向外扩张。反过来，如果我们放松劳动力要素的约束，即劳动力要素供给总量增加，那么劳动密集型商品y的产出将会增加。

我们现在能够得出两个一般性的结论。首先，要素禀赋随时间的推移而增加，会导致密集使用该要素生产的商品的产出增加。这一影响作用是跨期效应。在这种情况下，图2.5中资本要素的约束线的移动表示的是，同一个国家两个不同时点的资本要素约束线。其次，要素禀赋不同的两个国家将会生产密集使用其丰裕要素生产的商品。这是国别效应。在这种情况下，图2.5显示的两条资本要素的约束线分别表示不同国家的约束线。

2.2.2　商品价格与要素价格的关系如何？

接下来，我们阐述斯托尔珀-萨缪尔森定理——商品价格与要素价格之间的关系。如前文所述，商品价格与要素价格之间的关系能够从多个视角进行审视。例如，商品的价格可能随时间的推移而改变。在这种情况下，斯托尔珀-萨缪尔森定理描述的是，随着时间的推移，商品价格变化与要素价格变化之间的关系。这一方法能够被应用于单一国家的问题分析。另一种可能是，商品价格表现为国别差异。在这种情况下，斯托尔珀-萨缪尔森定理描述的是，国家之间商品价格的差异是如何与要素价格的差异相联系的。国际贸易能够导致国家之间商品价格的差异，从而导致要素价格的差异。这一视角能够对国家之间的价格差异问题进行对比分析。

为了阐明斯托尔珀-萨缪尔森定理，我们必须审视要素市场的均衡状态。由于赫克歇尔-俄林模型假设市场是完全竞争的，我们就能够知道，均衡时商品价格等于其所使用的生产要素的价值之和。在模型中，这一均衡条件表示为

$$P_x = k_x r_x + l_x w_x$$
$$P_y = k_y r_y + l_y w_y$$

（2.17）

式中，r为支付给资本要素的租金率；w是支付给劳动力要素的报酬（即工资）；P_x和P_y分别为x商品和y商品的价格。

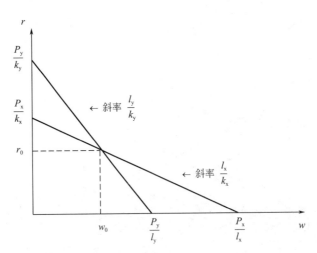

图2.6　赫克歇尔-俄林模型——要素市场均衡

为了能够在图形中表示出这两个等式，我们简单地对它们进行重新整理，得到

$$r=P_x/k_x-(l_x/k_x)w$$
$$r=P_y/k_y-(l_y/k_y)w$$

（2.18）

此外，我们还需要运用商品的要素密集度的知识。举例说明，我们可能观察到 x 商品是资本密集型商品，y 商品是劳动密集型商品。这种情况符合式（2.13）的设定。图 2.6 显示了满足上述条件下，劳动力市场的均衡；即图形表述了等式（2.18），并且满足式（2.13）关于商品要素密集度的假设条件。均衡时的资本要素和劳动力要素的价格分别为 r_0 和 w_0。

我们现在能够阐述斯托尔珀-萨缪尔森定理。图 2.7 显示了商品价格的变化（差异）对要素价格的影响。具体而言，图中显示了 x 商品价格的上升（从 P_{x0} 到 P_{x1}）对资本和劳动力要素报酬的影响。我们能够看到，这一变化导致了资本拥有者的租金率上升（从 r_0 到 r_1），并且劳动力的工资报酬下降（从 w_0 到 w_1）。另外，我们也可以阐明商品 y 价格的上升将会导致劳动力工资报酬上升，而资本拥有者的租金率下降。上述资本和劳动收入变化均为要素的名义收入变化。

我们也能够分析商品价格的变化对资本拥有者实际租金率和劳动力的实际工资报酬的影响。为了实现这一研究目的，我们需要审视一下要素与商品的相对价格。举例说明，用 x 商品和 y 商品来衡量的资本拥有者的实际租金率分别为 r/P_x 和 r/P_y。同样的，用 x 商品和 y 商品来衡量的劳动力的实际工资报酬为 w/P_x 和 w/P_y。因此，为了确定实际工资和实际租金率，我们需要研究要素价格的变化相对于商品价格的变化。在图 2.7 中，我们能够发现，租金和工资的变化幅度相对于 x 商品的价格变化幅度更大。即

$$|(r_1-r_0)| > |(P_{x1}-P_{x0})|$$
$$|(w_1-w_0)| > |(P_{x1}-P_{x0})|$$

（2.19）

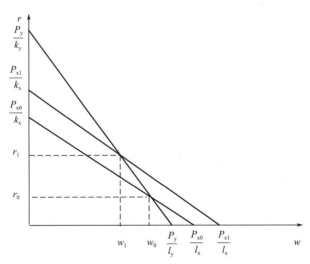

图 2.7   赫克歇尔-俄林模型——斯托尔珀-萨缪尔森效应

因此，用 x 商品衡量的资本拥有者的实际租金率上升，而用 x 商品衡量的支付给劳动力的实际工资报酬下降。并且，由于在模型中，y 商品的价格没有发生变化，那么用 y 商品衡量的支付给资本拥有者的实际租金率的变化与名义租金率的变化相同；并且用 y 商品衡量的支付给劳动力的实际工资报酬的变化与名义工资报酬的变化也相同。

我们能够得出两个一般性的结论。第一，商品价格的上升，将导致该商品密集使用的要素的名义报酬和实际报酬都上升。这属于跨期效应。在这种情况下，图2.7中显示的变化代表的是不同时点的两种状态。第二，当商品价格存在国别差异（或变化）时，名义的和实际的要素报酬同样存在国别差异（变化）。这属于国别效应。在这种情况下，图2.7中显示的变化代表的是两个不同国家的状态。

此外，还存在放大效应。即名义要素价格（租金和工资率）变化的幅度超过商品价格变化的幅度。结果导致随着商品价格的变化，实际和名义的要素价格同方向变化。

我们现在能够验证在赫克歇尔-俄林模型框架内，从自给自足状态到自由贸易状态的影响。为了更好地进行阐述，假设存在两个国家——本国和外国。这两个国家具有完全相同的生产技术，即

$$(k_x/l_x) = (k_x^*/l_x^*)$$
$$(k_y/l_y) = (k_y^*/l_y^*)$$
(2.20)

但是，生产技术存在产业部门之间的差异，如式（2.13）所示，即

$$(k_x/l_x) > (k_y/l_y)$$
$$(k_x^*/l_x^*) > (k_y^*/l_y^*)$$
(2.21)

式中，x为资本密集型商品；y为劳动密集型商品。此外，两个国家的相对要素禀赋存在差异。具体而言，本国为资本丰裕型国家，外国为劳动丰裕型国家。因此，由式（2.14）与式（2.15）所表示的两个国家的生产约束存在差异，即

$$K/L > K^*/L^*$$
(2.22)

式中，K/L 为本国资本/劳动的比率；K^*/L^* 为外国资本/劳动的比率。

2.2.3 生产可能性是什么？

我们能够通过描绘出两个国家的生产可能性边界来阐述它们的要素禀赋差异。图2.8显示了在这些前提假设条件下，本国和外国的生产可能性边界。如图2.8所示，本国资本要素的约束线距离原点较远，表明本国为资本要素丰裕型国家。类似的，外国劳动力要素的约束线距离原点较远，表明外国为劳动力要素丰裕型国家。然而，两个国家同种要素的约束线的斜率完全一样，表明两个国家相同产业部门具有同样的生产技术。该图中的阴影部分为两个国家的生产可能性。我们能够看出，两个国家的产出分别偏向于密集使用各自丰裕要素生产的商品部门。

2.2.4 自给自足时的相对成本和价格是什么？

在自给自足条件下，两个国家的生产均衡点和消费均衡点可以是生产可能性边界上的任意一点。具体在哪一点上进行生产和消费，取决于各国消费者的偏好。我们可以想象各国的一条效用无差异曲线与自身的生产可能性边界相切，比如说 i 和 i^*。由于在自给自足条件下，各国只能消费自己生产的商品，因此这条效用无差异曲线代表了该国最大化的效用水平。在这种情况下，本国将会沿着斜率为 l_y/l_x 的生产可能性边界进行生产和消费；而外国将会沿着斜率为 k_y/k_x 的生产可能性边界进行生产和消费。

接着，我们能够看到，各国在自给自足均衡时的商品价格存在差异。与李嘉图模型一样，商品价格由生产技术决定，并反映在生产可能性边界的斜率中。如图2.8所示，在自给自足条件下，本国x商品的相对价格较低，而外国y商品的相对价格较低。

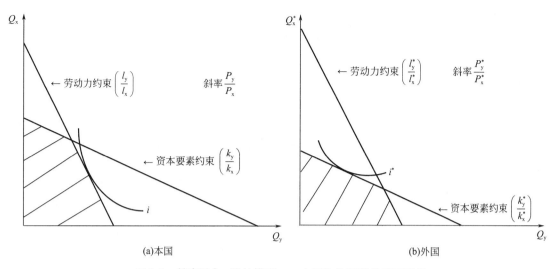

图2.8　赫克歇尔-俄林模型——本国和外国的生产可能性

2.2.5　贸易时的世界价格与贸易模式是什么?

贸易时,世界市场上商品的(相对)价格将会是什么?如李嘉图模型所述,直观的答案是,各国将会在比自给自足条件下更有利的价格水平上进行贸易。即各国将会以更高的价格出口商品,同时以更低的价格进口商品(相对于自给自足均衡时的价格而言)。为了阐明这些价格,我们必须重新审视 x 商品和 y 商品的世界市场。基于我们简单的两国模型的设定,x 商品和 y 商品的世界供给量为两个国家相应商品的供给量之和。即

$$Q_x^w = Q_x + Q_x^*$$
$$Q_y^w = Q_y + Q_y^*$$

(2.23)

式中,Q_x^w 为 x 商品的世界总产出;Q_y^w 为 y 商品的世界总产出。

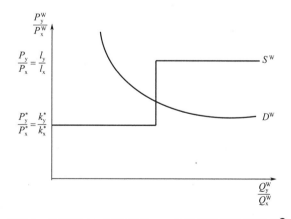

图2.9　赫克歇尔-俄林模型——世界相对供给和需求❶

图2.9显示了世界均衡价格的决定。该图描绘了 x 商品和 y 商品的世界相对供给曲线 S^w 和相对需求曲线 D^w。对 y 商品的世界相对需求随 y 商品的相对价格上升而减少。❷从图2.8

---

❶ 译者注:译者认为相对供给曲线是连续的。因此,将原文中 S^w 竖直段的虚线改为实线。

❷ 译者注:因逻辑错误,将原文中"世界相对供给曲线是非连续的。"这句话作删除处理。

中可知，本国自给自足均衡时的相对价格与其劳动力要素约束线的斜率（$P_y/P_x=l_y/l_x$）相一致，同时外国自给自足均衡时的相对价格与其资本要素的约束线的斜率（$P_y^*/P_x^*=k_y^*/k_x^*$）相一致。直观上看，这意味着本国是劳动稀缺型国家，而外国为资本稀缺型国家。因此，均衡时的世界价格必须位于两个国家自给自足均衡时的价格之间。在这一区间内，本国将专业化生产x商品，因为x商品的世界相对价格比本国自给自足均衡时的相对价格更高。同样的，外国将专业化生产y商品，因为y商品的世界相对价格比外国自给自足均衡时的相对价格更高。因此，在满足下列条件的所有价格水平上，两个国家将会进行专业化生产与贸易

$$P_y^*/P_x^* < P_y^w/P_x^w < P_y/P_x$$
$$k_y^*/k_x^* < P_y^w/P_x^w < l_y/l_x$$

（2.24）

对于所有其他的世界价格水平，均为非均衡状态。即当世界价格高于P_y/P_x时，两个国家均将专业化生产y商品。同样的，当世界价格低于P_y^*/P_x^*时，两个国家都将专业化生产x商品。在这些情况下，不存在国际贸易。即国际贸易不能使两个国家同时获益。

通过回顾生产可能性以及分析世界均衡价格，我们能够得出赫克歇尔-俄林模型的生产模式和贸易模式。即在自由贸易状态下，本国将会沿着其生产可能性边界增加x商品的生产，同时减少y商品的生产。同样，外国将会沿着其生产可能性边界增加y商品的生产，同时减少x商品的生产。在式（2.24）所确定的世界相对价格水平上，本国将会出口x商品，外国将会出口y商品。贸易将会使两个国家在各自的生产可能性边界之外进行消费。

更加一般性的表述是，各国将生产并出口那些密集使用其丰裕要素生产的商品，同时进口那些密集使用其稀缺要素生产的商品。

2.2.6 贸易利益是什么？

那么，贸易利益是什么？从一国整体水平上看，我们知道两个国家均能从贸易中获益，因为它们的消费可能性随着专业化生产和贸易而增加。具体而言，在均衡世界价格水平上，两个国家都能够在各自的生产可能性边界之外的效用无差异曲线上进行消费（如图2.8所示）。

我们也能够观察到这些贸易利益在一国内部的分配情况。为了达到这一目的，需要重新审视劳动力市场的约束。我们分析由贸易引起的商品价格的变化对要素价格变化的影响作用。图2.9和式（2.24）描述了两个国家从自给自足状态到自由贸易状态过程中的价格变化。具体而言，自由贸易导致本国x商品的相对价格上升，同时外国y商品的相对价格下降。

这些商品价格的变化会对两个国家资本要素的租金率和劳动力的工资报酬产生什么影响？图2.10显示了贸易对本国（a）和外国（b）要素价格的影响作用。对本国而言，x商品价格相对于y商品的价格上升。我们通过令x商品的价格上升，同时维持y商品的价格不变来表示这一相对价格的变化。x商品的相对价格上升，将会导致支付给资本拥有者的名义租金率（r）上升，同时实际租金率（r/P_x和r/P_y）也上升。x商品的相对价格上升也会导致支付给劳动力的名义工资报酬（w）和实际工资报酬（w/P_x和w/P_y）均下降。即贸易导致资本拥有者的福利用两种商品的购买力来衡量均上升，而劳动力的福利用两种商品的购买力来衡量均下降。

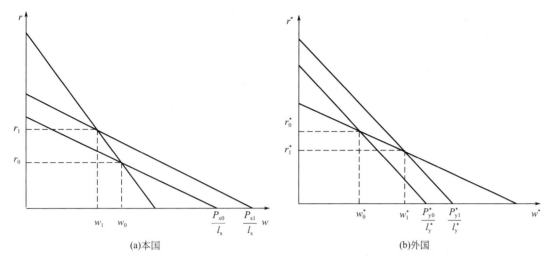

图2.10   赫克歇尔-俄林模型——本国和外国自给自足状态与自由贸易状态的比较

与之形成对比的是，对外国而言，y商品价格相对于x商品价格上升。我们通过增加y商品的价格，同时维持x商品的价格不变来描述这一相对价格的变化。y商品的相对价格上升，将会导致支付给资本拥有者的名义租金率（r^*）下降，同时实际租金率（r^*/P_x^*和r^*/P_y^*）也下降。y商品的相对价格上升，也会导致付给劳动力的名义工资报酬（w^*）和实际工资报酬（w^*/P_x^*和w/P_y^*）均上升❶。亦即，贸易导致资本拥有者的福利用两种商品的购买力来衡量均下降，劳动力的福利用两种商品的购买力来衡量均上升。

最后，我们能够用两个国家的要素价格差异来描述贸易利益。具体而言，要素价格均等化定理阐述的是，贸易会导致国家之间同种要素的价格（或工资和租金率）实现均等化。这是贸易引起商品价格的变化所导致的结果（如图2.9所示）。商品价格的变化导致要素价格的变化（如图2.10所示）。在模型中，本国为资本丰裕型国家，在自给自足条件下，资本要素的租金率相对较低，而劳动力要素的工资报酬相对较高。随着本国开放贸易并且专业化生产资本密集型商品x，资本要素的租金率上升，同时劳动力要素的工资报酬下降（名义量与实际量）。同样的，外国为劳动丰裕型国家，在自给自足条件下，劳动要素的工资报酬相对较低，而资本要素的租金率相对较高。随着外国开放贸易并且专业化生产劳动密集型商品y，劳动要素的工资报酬上升，同时资本要素的租金率下降（名义量与实际量）。通过这一变化过程，两个国家的资本要素的租金率和劳动要素的工资报酬持续变化，直到同种要素的报酬实现均等化。在自由贸易条件下，两种商品的世界均衡价格分别为

$$P_x^w = w^w l_x + r^w k_x$$
$$P_y^w = w^w l_y + r^w k_y$$

（2.25）

式中，世界工资水平和租金率等于本国和外国的工资水平和租金率（$w^w = w = w^*$并且$r^w = r = r^*$）。

2.2.7   自由化贸易政策的影响是什么？

本章提出的赫克歇尔-俄林模型的简化版有助于我们分析从假设的自给自足状态到自由贸易状态（或反过来）的贸易模式和贸易利益。如前文所述，我们生活的现实世界是处

---

❶ 译者注：此段原文描述外国变量时没有加"*"号，译者加上*，有助于理解。

于两种假设的极端状态之间的某种状态。因此，模型能够提供指导，帮助我们理解通过改变贸易政策，更接近自给自足状态或是更接近自由贸易状态会发生什么？

那么，如果国家之间存在要素禀赋差异，自由化贸易政策的长期影响作用是什么？

首先，生产模式和贸易模式是确定的。各国将会生产并出口那些在自给自足条件下具有更低机会成本（从而更低价格）的商品。这些商品是密集使用各国相对丰裕要素生产的商品。

其次，贸易利益同样是确定的，表2.1（b）总结了贸易利益。只要贸易时的世界相对价格位于两国自给自足时的相对价格之间，那么参与贸易的两个国家均能够从贸易中获益。在这种情况下，两个国家有动机进行国际贸易。作为专业化生产和贸易的结果，世界总产出和世界总消费增加。这些利益是针对每个参与贸易的国家整体而言的。亦即，每个国家的整体效用水平（或福利水平）上升。

模型同样告诉我们，贸易利益在国家内部的分配。具体而言，各国丰裕要素因贸易而获益，各国稀缺要素因贸易而受损。从理论层面上看，贸易导致要素价格变化会一直持续，直到两国同种要素的价格实现均等化为止。

赫克歇尔-俄林模型的这些结论是长期性结论。所谓长期是指，随着专业化生产和贸易的进行，国内生产要素有充分的时间能够从比较劣势的生产部门流向比较优势的生产部门。

2.2.8　要素的流动性如何改变贸易模式？

赫克歇尔-俄林模型的要素含量的表述通过放松要素禀赋不能够跨国流动这一假设前提扩展了上述结论。在要素能够跨国流动的条件下，一国可能出口具有比较优势的商品或者出口该商品密集使用的要素禀赋。同样地，一国可能进口具有比较劣势的商品或者进口该商品密集使用的要素禀赋。这种类型的贸易被称为"要素服务贸易"。要素含量表述的主要意义是，要素禀赋能够代替商品进行跨国流动，或者在商品跨国流动的基础上进行跨国流动。

为了更好地进行阐述，我们分析前述模型的一种扩展。假设本国为资本丰裕型国家，外国为劳动丰裕型国家。我们假设x商品的生产更加密集使用资本要素，y商品的生产更加密集使用劳动要素。前述假设资本要素和劳动力要素均不能够跨国流动。现在我们放松这一假设前提，允许资本和劳动能够跨国流动。相应地，赫克歇尔-俄林理论的要素含量表述如下。本国将会出口x商品或资本要素，同时进口y商品或劳动力要素。类似地，外国将会出口y商品或劳动力要素，同时进口x商品或资本要素。要素禀赋"蕴含"在贸易中。

要素含量表述的一般性结论是，一国将会出口其丰裕要素禀赋服务，并且进口其稀缺要素禀赋服务。因此，这一理解能够使我们对贸易模式进行更加一般化的预测。从要素含量角度理解的贸易利益与传统的赫克歇尔-俄林理论视角结论完全一样。

2.3　当国家之间存在非流动要素禀赋差异时，贸易的短期影响是什么？

在这一部分，通过提出特定要素（SF）模型继续我们对贸易的分析。如前述模型一样，特定要素模型是解释产业间贸易和企业间贸易的一般均衡模型。

　　特定要素模型从几个方面对前述模型进行扩展。特定要素模型中比较优势的来源是国家间特定要素禀赋的差异。所谓特定要素，是指不能够跨部门自由流动的生产要素。这些生产要素在短期不能轻易地从一个产业部门流动到其他产业部门。因此，特定要素模型属于短期模型。我们可以将这个模型看作是前述长期模型在短期中的扩展应用。

　　特定要素模型在几个关键方面与前述模型相似。它们都是一般均衡模型；它们具有相同的基本假设前提，例如完全竞争的市场结构，规模报酬不变的生产技术；它们都集中在供给层面的分析，而将需求层面的分析留给读者自行扩展；它们都是解释产业间贸易模式的理论模型。

　　然而，特定要素模型与李嘉图模型和赫克歇尔-俄林模型存在一个显著的差别。特定要素模型放松了生产要素在国内能够跨部门自由流动的前提假设，取而代之的是，特定要素模型假设一些生产要素能够跨部门自由流动，而另一些生产要素不能够跨部门自由流动。由于这些不能够跨部门自由流动的要素是针对某一特定部门而言的，因此它们被称为"特定要素"。这一点不同于前述模型，前述模型假设所有生产要素均能够瞬时跨部门自由流动。

　　特定要素模型关于要素流动性的这一不同假设能够使我们理解，短期贸易对一国内部的收入分配的影响。具体而言，特定要素模型能够使我们理解在短期内，贸易对流动要素和非流动要素的价格的影响。所谓短期，是指在这一段时期内，一些生产要素不能够轻易地流向具有比较优势的产业部门。要素被用于不同产业部门的生产是需要耗费一定时间的。根据不同的要素，这一时间的耗费可能是更换设备、再培训、重新设计或者重新配置导致的。

　　在分析特定要素模型时，对于代表性的本国和外国，主要分析以下几个问题：①生产可能性是什么？②自给自足时的相对成本和价格是什么？③贸易时的世界价格是什么？④贸易模式是什么？⑤贸易利益与收入分配效应是什么？⑥自由化贸易政策的影响是什么？我们通过列出一些核心基本假设以及模型框架，来引入这个模型。然后，通过对自给自足（没有贸易）状态与自由贸易（没有贸易障碍）状态进行比较分析，来研究上述问题。

　　特定要素模型的关键假设是，一些生产要素能够在产业部门间自由流动，而另一些生产要素不能在产业部门间自由流动。流动要素通常被定义为劳动要素，而非流动要素通常被定义为资本和土地要素。然而，这种界定仅仅用作解释说明。关于流动要素与非流动要素的其他不同的界定，是模型在应用方面的简单变形。举例说明，可以定义技能型劳动力和非技能型劳动力为不同部门的特定要素。这些要素在短期内可能是非流动的，但是在长期能够相互转换。

　　特定要素模型的第二个关键假设是不同产业部门所使用的生产要素存在差异。举例说明，资本可能是制造业的特定要素，土地可能是农业的特定要素。

　　模型的第三个关键假设是，流动要素遵循边际报酬递减规律。亦即，越多的流动要素与既定的特定要素相结合进行生产活动，流动要素的边际产出越少。举例说明，随着更多的劳动与土地相结合用于农产品的生产，劳动的边际产出减少。

　　在这一部分，我们提出特定要素模型的一种简单的表述。这一简单版本模型的假设如下。存在两个国家，本国和外国。存在两种商品，x商品和y商品；存在三种生产要素禀赋，劳动、资本和土地，这些要素在产业之间的流动性存在差异，具体而言，假设劳动；

能够在产业部门间自由流动；资本和土地不能在产业部门间流动。此外，我们假设要素的非流动性是针对某一特定部门而言的，即资本是 x 商品部门的特定要素，土地是 y 商品部门的特定要素。

2.3.1　生产可能性是什么？

现在，我们能够在特定要素模型框架内确定一国的生产可能性。我们确定该国的生产可能性是利用已知的该国流动要素与非流动要素禀赋。起初，我们需要确定每个产业部门所使用的流动要素的预算约束。在模型中，这指的是该国劳动力供给总量在 x 商品和 y 商品两个产业部门之间的分配。同时还需要确定在给定流动要素和非流动要素禀赋条件下，两个产业部门的生产函数。在模型中，这指的是给定流动要素与非流动要素的资源禀赋时，该国能够生产出的 x 商品与 y 商品的数量。

图 2.11 显示了该国 x 商品和 y 商品生产可能性的推导过程。

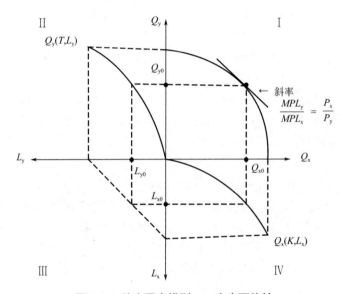

图 2.11　特定要素模型——生产可能性

该国劳动力要素的约束为

$$L_x + L_y \leqslant L \tag{2.26}$$

式中，L_x 表示用于生产 x 商品的劳动力；L_y 表示用于生产 y 商品的劳动力；L 为该国劳动力供给总量。假设不存在劳动力失业，上述预算约束条件取等号。在图 2.11 中，第 III 象限描绘了该国劳动力要素的约束条件。从直观上看，这一约束显示了用于 x 商品生产和 y 商品生产的劳动力总量必须小于或等于该国劳动力的供给总量。劳动力供给总量在两个产业部门之间的配置存在多种可能性。增加用于生产 x 商品的劳动力就会减少用于生产 y 商品的劳动力，反之亦然。

图 2.11 同样显示出了两个产业部门的生产函数。第 II 和 IV 象限分别显示了 x 商品和 y 商品的生产函数。生产函数描述了在既定要素投入下，该国能够生产 x 商品与 y 商品的数量。这些生产要素包括 x 商品部门的特定要素资本，y 商品部门的特定要素土地，以及能够在产业部门之间自由流动的劳动要素。第 II 象限的生产函数描绘的是给定 y 商品部门的特定要素土地（T）的数量，流动要素劳动力投入（L_y）和 y 商品的产出（Q_y）之间的关

系。第Ⅳ象限的生产函数描绘的是给定 x 商品部门的特定要素资本（K）的数量，流动要素劳动力投入（L_x）和 x 商品的产出（Q_x）之间的关系。这些生产函数分别为

$$Q_y = f(T, L_y)$$
$$Q_x = f(K, L_x)$$

（2.27）

式中，所有的变量定义如上文所述。

各产业部门生产函数的切线斜率表示该部门劳动力的边际产出（MPL）。边际产出表示每增加一单位的劳动力投入所增加的产出数量。凹向原点的生产函数表明边际产出递减。这意味着，给定非流动要素投入的数量，每增加一单位的劳动力投入所带来的产出的增量随劳动力投入的增加而减少。边际产出递减规律是非常重要的性质，它有助于我们分析短期贸易利益。

现在我们能够确定该国的生产可能性边界。生产可能性边界表示，给定流动要素在两个产业部门之间的所有可能的分配情况下，该国 x 商品和 y 商品的所有可能的最大产出组合。第Ⅰ象限显示了该国的生产可能性边界，它是由第Ⅱ象限、第Ⅲ象限和第Ⅳ象限推导得出的。为了更好地进行说明，我们假设劳动力在两个产业部门的配置分别为 L_{x0} 和 L_{y0}。与之相应的，两个部门的产出分别为 Q_{x0} 和 Q_{y0}。利用这一产出组合能够确定生产可能性边界上的一个点。我们能够用这种方法描绘出生产可能性边界上所有的点。简单的考虑第Ⅲ象限劳动力在两个产业部门之间的所有可能的分配情况，然后分别观察到在第Ⅱ象限和第Ⅳ象限与这一分配情况相对应的两个部门的产出。接着在第Ⅰ象限将相应的产出点的组合描绘出来，从而得到生产可能性边界。生产可能性边界上某一点的斜率表示的是，给定该点相应的劳动力在两个部门之间的分配情况，MPL_y/MPL_x 的比值。直观上看，这一比值表示的是，用所放弃生产的 y 商品的数量所衡量的生产 x 商品的机会成本，反之亦然。

2.3.2 自给自足时的相对成本和价格是什么？

现在，我们能够用生产可能性边界回答一些关于自给自足状态下的问题。具体而言，本国和外国在自给自足时的相对成本和价格是什么？换句话说，比较优势的模式是什么？为了回答这一问题，我们首先需要观察自给自足条件下的要素价格和商品价格。

为了达到这一目的，我们必须考察流动要素市场均衡时的状态。在我们的模型设定中，流动要素是劳动力，并且支付给劳动力的报酬是工资。一国劳动力的供给总量既定，如式（2.26）所表示的劳动力的资源约束。劳动力需求满足的均衡条件为，工资报酬等于其边际产出价值。对这一均衡条件的直观理解是，在某一点处的劳动力需求应该满足在该点增加一单位劳动力所创造出的价值，应该等于这一单位劳动力的成本。这一关系能够由下列式子所表示

$$w_x = P_x MPL_x$$
$$w_y = P_y MPL_y$$

（2.28）

式中，w_x 和 w_y 分别表示 x 商品部门和 y 商品部门支付给劳动力的工资报酬；P_x 和 P_y 分别表示自给自足条件下，x 商品和 y 商品的价格。

并且，在模型假设中，劳动力为流动要素，能够跨部门自由流动。因此，均衡时两个产业部门支付给劳动力的名义工资报酬必须相等。举例说明，如果 x 产业部门支付给劳动力的工资报酬更高，那么劳动力将会有动机从 y 商品部门流向 x 商品部门。劳动力的这一流动将会导致 x 部门劳动力的工资报酬下降，而 y 部门劳动力的工资报酬上升，直到两个

部门劳动力的工资报酬相等。因此，均衡时 x 商品部门与 y 商品部门支付给劳动力的工资报酬相等，即为

$$w=w_x=w_y \tag{2.29}$$

图2.12显示了流动要素市场的均衡状态。图中水平的宽度表示能够在两个产业部门之间进行分配的既定数量的劳动力供给（L），如式（2.26）所示。x 商品部门雇佣的劳动力数量由从左向右的距离来表示。y 商品部门雇佣的劳动力数量由从右向左的距离来表示。图中纵轴表示劳动力的工资报酬，它等于边际产出的价值，如等式（2.28）所示。两条曲线分别表示，给定劳动力在两个部门之间的各种分配情况，x 商品部门和 y 商品部门与之相应的名义工资水平（这两条曲线是并排画在同一幅图中，y 商品部门的工资曲线做了一个水平翻转）。两条曲线均凸向各自的原点。两条曲线凸向原点的特征反映了边际产出递减的性质。这一性质意味着，随着该部门增加劳动力的使用，其边际产出的价值递减，但是递减的速度减小。

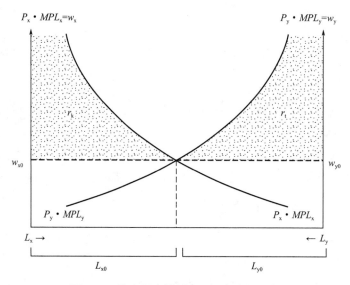

图2.12　特定要素模型——要素市场均衡

在图2.12中，流动要素（劳动力）的均衡价格水平为两个商品部门支付给劳动力的报酬相等时的工资水平，即 $w_{x0}=w_{y0}$，如式（2.29）所示。图中两条曲线的交点决定了均衡时两个部门支付给劳动力的均衡工资水平。与之相对应的，劳动力在两个部门的配置分别为：L_{x0} 数量的劳动力用于 x 部门的生产；L_{y0} 数量的劳动力用于 y 部门的生产。

图2.12同样能够用于分析非流动生产要素的实际收入，即各部门特定要素的实际收入。这些特定要素的实际收入包括资本拥有者的租金报酬（r_k），以及土地拥有者的租金报酬（r_t）。如前文所述，资本是 x 部门的特定要素，因此资本拥有者的实际租金率为图中 x 商品部门工资曲线下方与均衡工资水平上方所围成的阴影部分的面积。同样，土地是 y 部门的特定要素，土地拥有者的实际租金率为 y 商品部门工资曲线下方与均衡工资上方所围成的阴影部分的面积。直观上看，这些租金率表示的是各部门每雇佣一单位劳动力所生产的边际产出的价值高于支付其工资的剩余部分。

最后，我们重新回到图2.11来考察在自给自足条件下，商品市场均衡时的产出。为了达到这一目的，我们将式（2.28）和式（2.29）所表示的均衡条件联立起来得到

$$P_x/P_y=MPL_y/MPL_x \qquad\qquad （2.30）$$

等号右边的表达式为图2.11中生产可能性边界的斜率。等号左边的表达式为自给自足条件下，给定的一组商品市场的相对价格。在自给自足条件下，与这一组相对价格水平相对应的 x 商品和 y 商品的均衡产出分别为 Q_{x0} 和 Q_{y0}。

现在，我们能够在特定要素模型框架内考察从自给自足状态到自由贸易状态所产生的影响。为了阐明这一问题，假设存在两个国家——本国和外国。本国和外国存在一个根本性区别，即两个国家非流动要素资本和土地的禀赋不同。假设本国是资本丰裕型国家，而外国是土地丰裕型国家。我们能够通过描绘两个国家的生产可能性边界来表示这一区别。

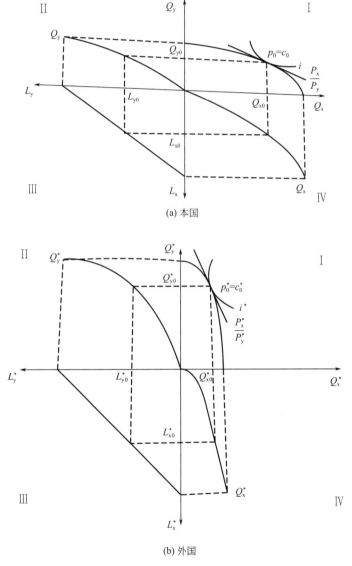

(a) 本国

(b) 外国

图2.13　特定要素模型——本国和外国自给自足条件下的均衡

图2.13显示了在上述假设前提下，本国（a）和外国（b）的生产可能性边界的推导过程。如图所示，本国第Ⅱ象限 x 部门的生产函数和第Ⅳ象限 y 部门的生产函数分别与外国相应部门的生产函数存在差异。由于本国是资本丰裕型国家，本国 x 商品部门的边际产

出相对较高。与之形成对比的是，外国是土地丰裕型国家，外国 y 部门的边际产出相对较高。因此，当我们分别在本国和外国的第 I 象限描绘生产可能性边界时，两个国家的生产可能性边界的斜率反映了上述边际生产效率的差异。如图所示，两个国家的产出均偏向密集使用其丰裕型特定要素生产的商品部门。这一结论与赫克歇尔-俄林模型非常相似。

两个国家在自给自足条件下的生产和消费可以是其生产可能性边界上的任意一点，具体在哪一点上进行生产和消费取决于各自的消费者偏好。我们能够想象一下，分别有两条效用无差异曲线 i 和 i^* 与本国和外国的生产可能性边界相切。由于在自给自足条件下，各国仅能够消费自己生产的商品，因此这条效用无差异曲线代表了效用最大化的消费水平。在这种情况下，本国将会在 $p_0=c_0$ 处进行 x 商品和 y 商品的生产与消费。同样的，外国将会在 $p_0^*=c_0^*$ 处进行 x 商品和 y 商品的生产与消费。

接着，我们能够发现，两国自给自足均衡时商品的相对价格存在差异。两个国家各产业部门的商品价格由该部门的边际产出决定，并反映在生产可能性边界的斜率上。如图所示，自给自足条件下，本国 x 商品的相对价格较低，而外国 y 商品的相对价格较低，并且在自给自足条件下 $P_x/P_y < P_x^*/P_y^*$。

2.3.3 贸易时的世界价格是什么？

那么，当世界市场上进行贸易时，商品的相对价格是什么？如前述模型，直观的答案是，各国将会在比自给自足条件下更优的价格水平上进行贸易。即，各国将会以相对于自给自足条件下更高的价格出口商品，以相对于自给自足条件下更低的价格进口商品。为了阐明这些价格，我们必须审视 x 商品和 y 商品的世界市场。在我们简单的两国模型框架内，x 商品和 y 商品的世界供给总量分别为两个国家相应商品的供给量之和。即

$$Q_x^w = Q_x + Q_x^*$$
$$Q_y^w = Q_y + Q_y^*$$

（2.31）

式中，Q_x^w 为 x 商品的世界总供给量；Q_y^w 为 y 商品的世界总供给量。

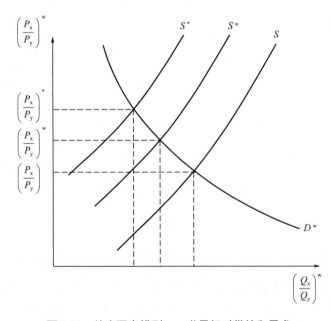

图2.14 特定要素模型——世界相对供给和需求

图2.14显示了世界价格是如何确定的。该图描绘了本国的相对供给曲线（S），外国的相对供给曲线（S^*）以及世界相对供给曲线（S^w）。如图所示，在每一个相对价格水平上，本国x商品（相对于y商品）的供给量均超过外国（我们也可以通过分析图2.13中所有可能的相对价格，得出这一关系）。世界相对供给是两个国家供给的水平加总，因此位于两个国家相对供给曲线之间。世界相对供给曲线是一条向上倾斜的曲线，一方面表明随着x商品的相对价格上升，x商品的相对供给量增加；另一方面，x商品的世界相对需求（相对于y商品）随着x商品价格（相对于y商品）的上升而减少。假设两个国家具有相同的消费偏好，外国和本国的相对需求曲线以及世界相对需求曲线一致。

图2.14表明，均衡时的世界价格位于两个国家自给自足均衡时的相对价格之间。在这一世界相对价格水平上，本国将会专业化生产x商品，因为x商品的世界相对价格比本国自给自足均衡时的相对价格更高。同样地，外国将会专业化生产y商品，因为y商品的世界相对价格比外国自给自足均衡时的相对价格更高。因此，在满足下列条件的所有世界价格水平上，两个国家均有动机进行专业化生产和贸易

$$P_x/P_y < P_x^w/P_y^w < P_x^*/P_y^* \qquad (2.32)$$

对于其他水平的世界价格，均为非均衡状态。即，对于所有高于 P_x^*/P_y^* 的世界相对价格水平，两个国家都将会专业化生产x商品。同样地，对于所有低于 P_x/P_y 的世界相对价格水平，两个国家都将会专业化生产y商品。在这些情况下，两个国家之间不存在贸易，因为贸易不能使两个国家同时获益。

2.3.4　贸易模式是什么？

现在，我们通过重新审视两个国家的生产可能性，并分析它们在均衡世界价格水平上的生产行为，能够得出两个国家的生产模式和贸易模式。图2.15中的（a）和（b）分别显示的是图2.13中（a）和（b）第Ⅰ象限的生产可能性边界。在图2.15中，我们将两个国家的自给自足状态与自由贸易状态进行对比分析。如图所示，随着两国之间自由贸易的进行，本国（a）沿着生产可能性边界增加x商品的生产，同时减少y商品的生产（从 p_0 到 p_1）。同样的，外国（b）沿着生产可能性边界增加y商品的生产，同时减少x商品的生产（从 p_0^* 到 p_1^*）。在新的世界均衡价格水平上，本国出口x商品，外国出口y商品。贸易使得两个国家在各自生产可能性边界之外的某一点上进行消费。两个国家新的消费均衡点是新的世界价格曲线与各自的效用无差异曲线（分别为 i_1 和 i_1^*）相切的切点。本国和外国在自由贸易状态下的消费均衡点分别为 c_1 和 c_1^*。

贸易模式是什么？两个国家生产并出口那些使用其丰裕型特定（非流动）要素生产的商品。同时，两个国家进口那些使用其稀缺型特定（非流动）要素生产的商品。

2.3.5　贸易利益与贸易的收入分配效应是什么？

贸易利益是什么？通过上述分析我们能够知道，对于国家整体而言，两个国家均能够从自由贸易中获益，因为专业化生产和自由贸易能够使它们的消费可能性增加。具体而言，在均衡的世界相对价格水平上，两个国家均能够在各自的生产可能性边界之外的效用无差异曲线上进行消费，如图2.15所示。

我们同样能够考察贸易利益在一国内部的分配情况。为了达到这一目的，我们需要重新审视劳动力市场的情况，并且分析贸易导致的商品价格的变化对要素价格产生的影响作

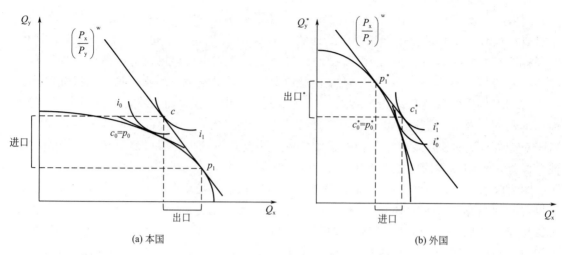

图2.15　特定要素模型——本国和外国整体的贸易利益

用。图2.14和式（2.32）描述的是从自给自足状态到自由贸易状态本国和外国的商品价格的变化情况。具体而言，两个国家自由贸易之后，本国x商品的相对价格上升，并且外国y商品的相对价格上升。这些商品价格的变化对各国劳动力的工资以及资本和土地拥有者的租金率会产生什么影响作用？

图2.16阐述了贸易对本国（a）和外国（b）的影响作用。对于本国而言，x商品的价格相对于y商品的价格上升。我们通过增加x商品价格同时维持y商品价格不变来表示这一相对价格的变化。这一相对价格的变化导致劳动力从y商品部门流出，而流入到x商品部门。劳动力流动的数量由图2.16（a）中L_0到L_1的水平距离表示。同时，x商品部门和y商品部门支付给劳动力的名义工资报酬上升。劳动力的名义工资从w_0上升至w_1。但是，我们能够从图2.16中看出，劳动力名义工资上升的幅度小于x商品价格上升的幅度。因此，用x商品的购买力来衡量的劳动力的实际工资（w/P_x）下降。同时，由于y商品的价格维持不变，用y商品的购买力来衡量的劳动力的实际工资（w/P_y）上升。

此外，本国非流动要素的实际收入也发生了变化。回顾前文所述，资本拥有者的实际租金率是x商品边际产出的价值在均衡工资以上的剩余部分。同时，土地拥有者的实际租金率是y商品边际产出的价值在均衡工资以上的剩余部分。我们能够从图中看到，在自由贸易状态下，本国资本拥有者的实际租金率上升，而土地拥有者的实际租金率下降。具体而言，资本拥有者的实际租金率从（a+b）的面积增加到（a+c）的面积；而土地拥有者的实际租金率从（d+e+f+g）的面积减少到（d）的面积。

我们同样能够观察到自由贸易对外国产生的影响。对于外国而言，从自给自足状态到自由贸易状态，y商品的价格相对于x商品的价格上升。我们通过增加y商品的价格同时维持x商品价格不变来表示这一相对价格的变化。这一相对价格的变化导致劳动力从x商品部门流出，而流入到y商品部门。劳动力流动的数量由图2.16（b）中L_0^*到L_1^*的水平距离来表示。同时，x商品部门和y商品部门支付给劳动力的名义工资报酬上升。劳动力的名义工资从w_0^*上升到w_1^*。但是，我们能够从图中看出，劳动力名义工资上升的幅度小于y商品价格上升的幅度。因此，用y商品的购买力来衡量的劳动力的实际工资（w^*/P_y）下降。同时，由于x商品的价格不变，用x商品的购买力来衡量的劳动力的实际工资（w^*/P_x）上升。

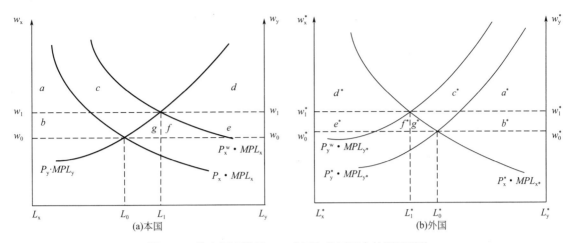

图2.16　特定要素模型——本国和外国国内的贸易利益

此外，外国非流动要素的实际收入也发生了变化。同样的，我们审视边际产出的价值曲线以下与均衡工资以上的剩余部分。我们能够从图2.16（b）中得出，自由贸易状态下，外国土地拥有者的实际租金率增加，而资本拥有者的实际租金率下降。具体而言，土地拥有者的实际租金率从（a^*+b^*）的面积增加到（a^*+c^*）的面积；而资本拥有者的实际租金率从（$d^*+e^*+f^*+g^*$）的面积减少到（d^*）的面积。

2.3.6　自由化贸易政策的影响是什么？

本节提出的简化版的特定要素模型有助于我们分析从假设的自给自足状态到自由贸易状态（或反过来）的贸易模式和贸易利益。如前文所述，我们生活的现实世界是处于这两种极端假设状态之间的某种状态。因此，理论模型能够提供一种引导，帮助我们理解通过改变贸易政策使现实更接近自给自足状态，或是更接近自由贸易状态会发生什么？

那么，当国家之间存在特定要素禀赋差异时，自由化贸易政策的短期影响作用是什么？

首先，自由化贸易政策对生产模式和贸易模式的影响是确定的。各国将会生产并出口那些自给自足条件下具有相对较低的机会成本（从而较低相对价格）的商品。这些商品是各国使用其相对丰裕的非流动要素（即特定要素）禀赋生产的商品。

其次，自由化贸易政策对贸易利益的影响同样是确定的。表2.1（c）对这些贸易利益进行了总结。只要世界均衡相对价格位于两个国家自给自足均衡时的相对价格之间，两个国家都能够从贸易中获益。在这种情况下，本国和外国均有参与贸易的动机。专业化生产与贸易的结果将导致世界总产出与世界总消费增加。上述贸易利益是针对参与贸易的国家整体而言的。也就是说，每个国家的整体效用水平（或福利水平）上升。

理论模型也能够告诉我们贸易利益在国家内部是如何分配的。具体而言，本国和外国的流动要素（即劳动力）用名义工资衡量的福利水平上升。然而对于流动要素的实际收入而言，用该国出口商品的购买力衡量的实际收入下降，而用该国进口商品的购买力衡量的实际收入上升。模型同样能够得出特定的非流动要素（例如资本和土地）的实际租金率的变化。即因贸易而获益的是一国丰裕型非流动要素的拥有者，因贸易而受损的是一国稀缺型非流动要素的拥有者。

特定要素模型的结论是短期的结论。所谓短期是指在这一时期，一些生产要素不能够轻易地移动到其他产业部门。

2.4 　总结评论

　　本章探索了产业间贸易和企业间贸易。这种贸易类型是不同国家的企业之间进行的不同种类商品的双向贸易。我们使用三个传统的贸易模型来分析这种贸易类型，这三个传统贸易模型分别是：李嘉图模型、赫克歇尔-俄林模型以及特定要素模型。这三个模型都是以比较优势的概念为基础的。比较优势理论认为，一国将会生产并出口那些在自给自足条件下具有较低的相对成本，从而具有较低相对价格的商品。在李嘉图模型中，比较优势来源于国家之间生产技术的差异。在赫克歇尔-俄林模型中，比较优势来源于国家之间要素禀赋的差异。在特定要素模型中，比较优势来源于国家之间非流动要素禀赋的差异。李嘉图模型与赫克歇尔-俄林模型属于长期模型，因为模型假设所有的生产要素均能够跨部门自由流动。而特定要素模型为短期模型，因为它考虑了不能跨部门自由流动的生产要素。接下来，我对上述模型的一些关键性结论进行总结。

　　当国家之间存在生产技术差异时，贸易的长期影响作用是什么？我们利用李嘉图模型分析当国家之间存在生产技术差异时，贸易的长期影响作用。当国家之间存在生产技术差异时，各国的生产可能性偏向于各自具有相对较高生产效率的产业部门。在自给自足条件下，这些产业部门具有相对较低的生产成本和商品价格。当允许自由贸易时，各国将会出口那些在自给自足条件下具有较低生产成本/价格的商品，并且进口那些自给自足条件下具有相对较高生产成本/价格的商品。即各国将会出口那些具有相对较高生产效率的商品，并且进口那些具有相对较低生产效率的商品。贸易时的世界均衡相对价格比各国自给自足均衡时的相对价格更具有优势。也就是说，在世界相对价格水平上，各国贸易时的出口商品与进口商品的相对价格要比自给自足条件下的相对价格更高。随着各国专业化生产自己具有比较优势的商品并进行贸易，世界总产出增加。这种专业化的生产和贸易模式能够产生贸易利益。贸易利益表现为各国的消费可能性以及效用水平（或福利水平）提高。

　　当国家之间存在要素禀赋差异时，贸易的长期影响作用是什么？我们用赫克歇尔-俄林模型分析当国家之间存在要素禀赋差异时，贸易的长期影响作用。当国家之间存在要素禀赋差异时，各国的生产可能性偏向于密集使用其丰裕要素生产的商品部门（即罗伯津斯基理论）。在自给自足条件下，这些产业部门具有相对较低的成本和商品价格。当允许自由贸易时，各国将会出口那些在自给自足条件下具有较低生产成本/价格的商品，进口那些自给自足条件下具有相对较高生产成本/价格的商品。即各国将会出口密集使用其相对丰裕要素生产的商品，并且进口密集使用其相对稀缺要素生产的商品（即赫克歇尔-俄林理论）。贸易时的世界均衡相对价格比各国自给自足均衡时的相对价格更具有优势。也就是说，在世界相对价格水平上，各国贸易时的出口商品与进口商品的相对价格比自给自足条件下的相对价格更高。随着各国专业化生产自己具有比较优势的商品并进行贸易，世界总产出增加。这种专业化生产和贸易模式能够产生贸易利益。贸易利益表现为各国的消费可能性以及效用水平（或福利水平）提高。

　　在长期，专业化生产和贸易也会产生收入分配效应。即贸易导致一国丰裕要素的价格（工资或租金率）上升，同时导致该国稀缺要素的价格下降（即斯托尔珀-萨缪尔森理论）。要素价格变化的幅度超过了商品价格变化的幅度（即放大效应）。结果导致，一国丰裕要素的实际和名义要素价格上升，同时该国稀缺要素的实际和名义要素价格下降。此外，贸易导致国家之间要素价格实现均等化（即要素价格均等化理论）。这是因为，在自给自足条件下，丰裕要素的价格相对较低，而稀缺要素的价格相对较高。随着各国参与贸易，丰裕要素较低的价格上升，稀缺要素较高的价格下降，直到这些要素价格在国家之间实现均等化。

最后，如果我们允许要素禀赋能够长期进行跨国流动，那么上述结论能够进行扩展。即一国可以出口具有比较优势的商品，也可以出口该商品密集使用的丰裕要素（即要素含量理论）。因此，在要素能够跨国流动的条件下，各国能够通过出口丰裕要素，进口稀缺要素来替代商品贸易或是作为要素投入蕴含在贸易商品中。

当国家之间存在非流动要素禀赋差异时，贸易的短期影响作用是什么？我们用特定要素模型来分析当国家之间存在非流动的特定要素禀赋差异时，贸易的短期影响作用。在短期，各国拥有能够跨部门自由流动的生产要素（例如劳动力）和不能够跨部门自由流动的生产要素（例如资本和土地）。由于非流动要素被锁定在特定的产业部门中，从而成为该产业部门的特定要素。当国家之间存在特定要素禀赋差异时，一国的生产可能性偏向于密集使用其相对丰裕的特定要素生产的商品部门。在自给自足条件下，这些产业部门具有相对较低的成本和商品价格。当允许自由贸易时，各国将会出口那些在自给自足条件下具有较低生产成本/价格的商品，进口那些自给自足条件下具有相对较高生产成本/价格的商品。即各国将会出口那些密集使用其相对丰裕的特定要素生产的商品，并且进口那些密集使用其相对稀缺的特定要素生产的商品。贸易时的世界均衡相对价格比各国自给自足均衡时的相对价格更具有优势。也就是说，在世界相对价格水平上，各国贸易时的出口商品与进口商品的相对价格比自给自足条件下的相对价格更高。随着各国专业化生产自己具有比较优势的商品并进行贸易，流动要素流向出口部门。此外，世界总产出增加。这种专业化生产和贸易模式能够产生贸易利益。贸易利益表现为各国的消费可能性和效用水平（或福利水平）的提高。

在短期，专业化生产和贸易同样具有收入分配效应。即，贸易导致一国流动要素禀赋的价格（工资或租金率）上升。然而，流动要素价格上升的幅度小于商品价格上升的幅度。结果导致，一国流动要素禀赋的名义要素价格上升，而用出口商品价格衡量的实际价格下降，用进口商品价格衡量的实际价格上升。因此，贸易导致一国流动要素的福利改善还是恶化取决于该流动要素的消费偏好。如果流动要素的消费更加偏好出口（进口）商品，那么其实际收入恶化（改善）。与之形成对比的是，贸易导致一国非流动丰裕要素的租金率上升，同时该国非流动稀缺要素的租金率下降。需要注意的是，上述短期收入分配效应（根据特定要素模型得出的结论）与长期收入分配效应（通过赫克歇尔-俄林模型得出的结论）存在一些差异。

自由化贸易政策的效果是什么？通过在模型中将自给自足状态（即没有贸易的状态）与自由贸易状态进行对比分析，能够阐明贸易自由化的影响作用。那么，这些模型是如何为贸易政策提供指导的呢？

李嘉图模型适用于具有生产技术差异的国家之间贸易自由化的长期分析，该模型也能够用于分析那些改变国家之间产业的相对劳动生产效率的技术的变化所产生的影响作用。与之形成对比的是，赫克歇尔-俄林模型适用于要素禀赋存在差异但生产技术相似的国家之间贸易自由化的长期分析，该模型也能够用于分析国家之间相对要素禀赋变化所产生的影响。最后，特定要素模型适用于特定于某一产业的非流动要素禀赋存在差异的国家之间的短期分析，该模型也能够用于分析流动要素和非流动要素的相对禀赋变化的影响作用。

　　赫克歇尔-俄林模型和特定要素模型能够用于分析贸易自由化对国家内部产生的收入分配效应，这些影响效应包括流动要素和非流动要素的工资和租金率的变化。同时，这些模型有助于我们理解在长期和短期，谁因贸易自由化（或贸易保护主义）而获益，谁因贸易自由化（或贸易保护主义）而受损。这些结论有助于解释为什么一国丰裕要素支持自由贸易，而稀缺要素反对自由贸易。这些模型同样有助于解释为什么流动要素禀赋在短期内可能支持也可能不支持贸易自由化，这取决于流动要素的消费偏好。

　　最后，需要注意的是，本章总结的贸易（或贸易自由化）的影响作用是从一国整体的视角，以及一国内部不同要素（即资本、劳动力、土地拥有者）的视角来看的。从全球视角进行研究，我们能够得出另一个结论。贸易自由化使得全球产出增加。在本章罗列的假设前提下，这一结果将导致全球的消费可能性和效用增加。换句话说，贸易（贸易自由化）能够使得全球的福利水平上升。

应用问题

　　2.1　考虑存在两个国家、两个产业和一种生产要素的情形。阐述具有不同生产技术的国家之间，贸易自由化所产生的长期影响作用。具体而言，分析贸易模式（a）以及贸易利益（b）。接着，分析贸易保护政策产生的影响作用。

　　2.2　考虑存在两个国家、两个产业和两种生产要素的情形。阐述具有不同要素禀赋的国家之间，贸易自由化所产生的长期影响作用。具体而言，分析贸易模式（a）以及贸易利益（b）。接着，分析贸易保护政策产生的影响作用。

　　2.3　考虑存在两个国家、两个产业和三种生产要素的情形。阐述具有不同非流动的特定要素禀赋的国家之间，贸易自由化所产生的短期影响作用。具体而言，分析收入分配效应自由化贸易政策（a）以及贸易保护主义政策（b）。

　　2.4　关税与贸易总协定以及世界贸易组织通过多边贸易安排大大推动了贸易自由化进程。利用所学的传统贸易理论，分析从限制贸易的世界到自由贸易的世界过程中，对下列产生的长期影响作用：（a）国家之间的福利；（b）国家内部的收入分配。

　　2.5　分析两个国家集团（工业化国家和发展中国家），以及两个产业（制造业和农业），利用这些国家集团和产业回答下列问题：贸易自由化在短期（a）及长期（b）对收入分配的影响作用是什么？

　　2.6　政治家常常主张限制自由贸易。利用所学的传统贸易理论知识，评价实施贸易保护政策对下列产生的影响作用：（a）在短期，国家内部的收入分配；（b）在长期，国家内部的收入分配；（c）在长期，国家的总福利。

　　2.7　利用所学的传统贸易理论知识，解释为什么美国非技能型劳动力反对北美自由贸易区协议，而美国技能型劳动力不反对这一协议。

　　2.8　阅读本章最后"延伸阅读"所列出的研究文献，回答下列问题：（a）这些研究文献试图解释的真实的世界经济问题是什么？（b）这些研究文献是从哪些方面对本章提出的传统贸易理论进行扩展的？例如，放松了哪些假设？模型增加了哪些特点？（c）这些扩展的意义是什么？例如对产业间贸易模式、贸易利益和贸易政策的影响作用做出了哪些预测？

延伸阅读

Bhagwati, Jagdish. 1964. The pure theory of international trade：a survey. Economic Journal 74 (293)：1-84.

Collins，Susan M. 1985. Technical progress in a three-country Ricardian model with a continuum of goods. Journal of International Economics 19 (1-2)：171-179.

Deardorff，Alan V. 2001. Fragmentation in simple trade models. North American Journal of Economics and Finance 12 (2)：121-137.

Dornbusch，Rudiger，Stanley Fischer，and Paul A. Samuelson. 1977. Comparative advantage，trade，and payments in a Ricardian model with a continuum of goods. American Economic Review 67 (5)：823-839.

Eaton，Jonathan，and Samuel Kortum. 2002. Technology，geography，and trade. Econometrica 70 (5)：1741-1779.

Heckscher，Eli. 1919. The effect of foreign trade on the distribution of income. Ekonomisk Tidskrift 21：497-512.

Hicks，John R. 1953. An inaugural lecture. Oxford Economic Papers 5 (2)：117-135.

Jones，Ronald W. 1961. Comparative advantage and the theory of tariffs：a multi-country，multi-commodity model. Review of Economic Studies 28 (3)：161-175.

Jones，Ronald W. 1971. A three-factor model in theory，trade，and history. In Trade，Balance of Payments，and Growth (eds Jagdish Bhagwati，Ronald Jones，Robert Mundell，and Jaroslav Vanek)，Amsterdam：North-Holland.

Jones，Ronald W. 2007. Specific Factors and Heckscher-Ohlin：an intertemporal blend. Singapore Economic Review 52：1-6.

Jones，Ronald W.，and Sugata Marjit. 1991. The Stolper-Samuelson Theorem，the Leamer Triangle，and the Produced Mobile Factor Structure. In Trade，Policy，and International

Adjustments (eds A. Takayama，M. Ohyama，and H. Ohta)，San Diego，CA：Academic Press.

Jones，Ronald W.，and Sugata Marjit. 2003. Economic development，trade，and wages. German Economic Review 4：1-17.

Kemp，Murray，and Leon Wegge. 1969. On the relation between commodity prices and factor rewards. International Economic Review 9：497-513.

Krugman，Paul R. 1995. Growing world trade：causes and consequences. Brookings Papers on Economic Activity 1：327-362.

Lawrence，Robert Z.，and Mathew J. Slaughter. 1993. International trade and American wages in the 1980s：giant sucking sound or a small hiccup? Brookings Papers on Economic Activity 2：161-226.

Magee，Stephen. 1980. Three simple tests of the Stolper-Samuelson Theorem. In Issues in International Economics (ed. P. Oppenheimer)，London：Oriel Press，pp. 138-153.

Melitz，Marc J. 2003. The impact of trade on intra-industry reallocations and aggregate industry productivity. Econometrica 71 (6)：1695-1725.

Neary，J. Peter. 1978. Short-run capital specificity and the pure theory of international trade.

Economic Journal 88：488-510.

Ohlin，Bertil. 1933. Interregional and International Trade. Cambridge，MA：Harvard University Press.

Panagariya，Arvind. 2000. Evaluating the factor-content approach to measuring the effect of trade on wage inequality. Journal of International Economics 50 (1)：91-116.

Ricardo，David. 1817. The Principles of Political Economy and Taxation，reprint，1981. Cambridge：Cambridge University Press.

Ruffin，Roy，and Ronald W. Jones. 1977. Protection and real wages：the neo-classical ambiguity. Journal of Economic Theory 14：337-348.

Rybczynski，T.M. 1955. Factor endowments and relative commodity prices. Economica 22 (87)：336-341.

Samuelson，Paul A. 1948. International trade and the equalization of factor prices. Economic Journal 58 (230)：163-184.

Samuelson，Paul A. 1971. Ohlin was right. Swedish Journal of Economics 73：365-384.

Sanyal，Kalyan，and Ronald W. Jones. 1982. The theory of trade in middle products. American Economic Review 72：16-31.

Stern，Robert M. 1962. British and American productivity and comparative costs in international trade. Oxford Economic Papers 14 (3)：275-296.

Stolper，Wolfgang，and Paul A. Samuelson. 1941. Protection and real wages. Review of Economic Studies 9 (3)：58-73.

Wilson，Charles A. 1980. On the general structure of Ricardian models with a continuum of goods. Econometrica 48 (7)：1675-1702.

3 产业内贸易与企业内贸易

上一章集中对传统的产业间与企业间贸易理论进行了探讨。而本章集中对更新的产业内与企业内贸易理论进行分析研究。所谓产业内贸易是指，国家之间相似类别不同品种的商品之间的双向贸易。所谓企业内贸易是指，同一企业内部的跨国贸易——例如母公司与子公司之间或者是附属于同一跨国集团的附属机构之间的贸易。产业内贸易不一定是企业内贸易；同时，企业内贸易也不一定是产业内贸易。即产业内贸易可能是不同国家的企业之间的产业内贸易，也可能是附属于同一跨国集团的附属机构之间的贸易。同时，企业内贸易包括不同类别的商品之间的贸易，或者同一类别但不同品种商品之间的贸易。产业内贸易与企业内贸易都已经成为全球经济中突出的和不断增长的新贸易形式。

经济学中关于新贸易理论的文献探索了产业内贸易的决定因素。新贸易理论的研究文献与前述传统贸易理论研究文献存在的显著区别是，它放松了完全竞争市场结构与规模报酬不变这两个假设前提。取而代之的是，新贸易理论假设存在不完全竞争的市场结构与规模经济。这些假设有助于解释无法被基于比较优势的传统贸易理论解释的产业内贸易形式。

经济学中跨国公司理论文献研究的是企业内贸易。这类文献区别于传统贸易理论文献之处在于，它放松了传统贸易理论关于贸易是发生在国家的企业之间的假设前提。取而代之的是，跨国公司理论研究的是位于不同国家，但附属于同一跨国公司内部的企业之间的贸易、或母公司与其附属机构之间的贸易。这一新的假设前提改变了传统国际贸易理论研究的主体，从对国家企业的贸易研究转向对分布在多个国家的同一企业的贸易进行研究。此外，跨国公司理论考虑更广义的生产要素，例如知识资本在公司内部的跨国流动。

新贸易理论与跨国公司理论研究文献存在广泛的重叠。这些研究文献的出现，是因为所观察到的国际贸易行为不能够被传统的贸易理论来解释。所观察到的贸易行为总结为下列典型的事实：首先，相似的工业化国家之间的贸易额占比很高且呈持续上升趋势；其次，相似工业化国家之间的贸易很大比例是产业内贸易；最后，附属于同一跨国公司内部的企业内贸易比重上升。这些典型的事实由赫尔普曼和克鲁格曼（1985）以及其他经济学者在早期关于产业内贸易和企业内贸易的研究文献中清晰地阐明。上述标准化事实均与本书第2章研究的传统产业间和企业间贸易理论不相一致。

在本章，我们探索产业内贸易和企业内贸易。首先研究产业内贸易以及它的影响作用。具体而言，我们研究下列问题：首先，产业内贸易模式和贸易利益是什么？接着，我们转向研究企业内贸易及其影响作用。主要研究下列问题：①外国直接投资的模式和动机是什么？②贸易是如何与外国直接投资相关的？③外包和离岸生产经营的模式和动机是什么？

3.1　产业内贸易及其影响是什么？

产业内贸易是指国家之间相似类别不同品种的商品之间的贸易。相似类别通常被定义为那些归属于同一产业部门的商品。例如，美国同时出口和进口不同种类的汽车。然而出口汽车的类型和进口汽车的类型是不一样的。

产业内贸易的模式与基于比较优势的传统贸易理论不相一致。举例说明，如果美国在汽车产业具有比较优势，那么美国将出口汽车，而不是进口汽车。传统贸易理论认为，美国将会出口汽车，并从其他国家进口不同类别的商品。这一传统形式的国际贸易是产业间贸易。

在实践中，确定商品的相似程度或差异程度是一项具有挑战的工作。例如，一国可能在一种类型的汽车生产上具有比较优势，而在其他类型的汽车生产上具有比较劣势。在这种情况下，汽车产业内的双向贸易可能会被视为产业间贸易，因为不同类型汽车之间的差异足够大，从而产生比较优势和比较劣势。然而，经济学家们同样观察到在没有太大差异而不足以产生比较优势或比较劣势的商品之间的双向贸易。这种贸易就是我们认为的产业内贸易。亦即，产业内贸易不能被基于比较优势的传统贸易理论解释。

产业内贸易包括两种类型：水平型和垂直型。水平型产业内贸易是指在生产过程中位于相同加工阶段的相似商品之间的贸易。举例说明，一些商品都属于最终商品的范畴（例如汽车），但是它们之间存在微小的差别来吸引消费者，满足其多样性的需求（例如安全性或外观设计方面的差异）。与之形成对比的是，垂直型产业内贸易是指生产过程中位于不同加工阶段的相似商品之间的贸易。举例说明，一国可能进口用于组装最终商品的中间投入品（如汽车零部件和材料），同时出口最终商品（如汽车）。

20世纪60年代和70年代首次观察到了产业内贸易的经验证据。产业内贸易通常由格鲁贝尔-劳埃德（1975）构建的指数进行测算。该指数的表达式为

$$IIT_i = 1 - (|X_i - M_i|)/(|X_i + M_i|) \tag{3.1}$$

式中，IIT_i 为产业 i 的产业内贸易指数，X_i 是产业 i 的出口，而 M_i 为产业 i 的进口。当该产业不存在产业内贸易时，该指数为零；当该产业全部为产业内贸易时，该指数为1。如果指数大于0.50则表明产业 i 中，产业内贸易占主导地位。

在使用这个指数时，我们需要做出多少有些任意性的决策，即关于哪些商品构成了产业 i。举例说明，当产业 i 被定义为一个更加宽泛的整体（例如制造业）时，那么就会观测到更多的产业内贸易。当产业 i 被定义为一个更加精细的子类别（如电子商品）时，那么就会观测到更少的产业内贸易。

尽管对产业内贸易进行测算存在很大的困难，但是产业内贸易指数确实揭示了一些典型的事实❶。第一，20世纪80年代以来，产业内贸易增长迅速。第二，复杂的工业制成品

---

❶ 参见 Organisation for Economic Co-operation and Development（2002）对于这些产业内贸易的典型事实的进一步的探讨。

的产业内贸易程度高。第三，贸易占 GDP 比重大的开放经济体的产业内贸易程度高。第四，产业内贸易与外国直接投资的流入正相关。第五，产业内贸易与优惠的贸易安排正相关。第六，产业内贸易中很大比例是企业内贸易——位于不同国家但归属于同一跨国公司的企业贸易。

关于这一新型贸易模式的理论基础是在 20 世纪 80 年代至 90 年代期间新贸易理论文献中建立起来的。这些文献中构建的产业内贸易模型往往采用以下两种研究方法之一。第一种是假设异质性商品的垄断竞争市场结构❶。第二种是假设寡头垄断市场结构❷。本节我们采用保罗克鲁格曼提出的垄断竞争模型的一个简单表述。利用这一模型研究接下来的这一问题：产业内贸易的模式和贸易利益是什么？

产业内贸易模式和贸易利益是什么？

首先，考虑如下的假想实验来阐明产业内贸易模型背后的直觉。考虑两个完全相同的国家。具体而言，假设这两个国家具有相同的生产技术、相同的要素禀赋、相同的非流动特定要素禀赋，以及相同的消费偏好。并且，假设规模报酬不变的生产技术和完全竞争的市场结构。换句话说，不存在传统的比较优势来源。那么这两个国家之间会进行贸易吗？答案是否定的。根据传统贸易理论，两个国家自给自足均衡时的相对成本和价格相同。因此，这种情况下不会产生比较优势以及贸易利益。

或者，如果我们放松关于生产技术的前提假设，允许存在规模经济，两个完全一样的国家之间会进行贸易吗？答案是肯定的。贸易时，各国将会专业化生产同种类别但不同品种的商品，增加每个品种的生产规模。规模经济的存在提高了成本效率。贸易能够使企业的生产规模扩大，因为一国企业现在向世界市场提供商品（即两个国家）而不是仅仅提供本土市场（即本国）。各国生产有限品种的商品，并用所生产的品种与对方国家进行贸易。这种形式的贸易为产业内贸易。然而我们不能预测产业内贸易的方向。即我们不知道哪一个国家将会专业化生产哪些品种的商品，因为这两个国家是完全一样的。

在上述分析中，产业内贸易利益表现为两个方面。专业化生产和贸易提高了企业的生产效率，从而使两个国家的总产出更高。因此，两个国家的整体消费可能性和效用水平更高。此外，如果我们假设消费者偏好更多品种的商品，那么产业内贸易提高了消费者的效用水平，因为消费者能够接触到更多品种的商品。

本节，我们提出一个垄断竞争模型的简单表述，来阐明上述关于产业内贸易的直观理解。该模型与传统贸易模型的不同之处在于，它放松了生产技术规模报酬不变的假设前提。相反，该模型假设存在规模经济。这里的规模经济指的是内部规模经济，即企业层面的规模经济。即企业的单位成本取决于其生产规模。随着企业生产规模的扩大，企业的生产效率提高。通常，生产效率的提高来源于在一个更大的企业内部，要素投入的专业化。由于生产规模扩大带来生产效率的提高存在于企业内部，企业在做出利润最大化决策时将生产效率的提高考虑进来。

企业层面的规模经济产生了不完全竞争的市场结构。不完全竞争市场结构包括独占、寡头垄断和垄断竞争三种类型。本节模型的前提假设为垄断竞争市场结构。在这种情况

---

❶ 关于垄断竞争模型，参见迪克西特（Dixit）和斯蒂格利茨（Stigliz）（1997）以及克鲁格曼（1979；1981）。

❷ 关于寡头垄断模型，参见布兰德（Brander）（1981）以及布兰德和克鲁格曼（1983）。

下，意味着市场中存在多个企业，企业的行为能够影响商品价格。每个企业对它自己的商品种类拥有垄断力量。然而，在市场上，各企业之间存在竞争关系，因为不同品种的商品——同一商品的不同品种之间具有替代性。因此，垄断竞争是垄断与完全竞争的综合体。

我们首先研究企业对于其自身生产的商品品种的垄断行为。传统的垄断是存在一个企业能够决定市场价格。那么，我们将这一论述扩展至垄断竞争模型框架。

垄断企业面对的需求函数为

$$x=A-Bp \tag{3.2}$$

式中，x为商品产出的数量；p为每单位商品的价格；A为固定不变的截距项；B为固定不变的斜率。相应的边际收益（MR）为

$$MR=p-(x/B) \tag{3.3}$$

上式中的各变量定义如前文所述。从概念上讲，边际收益是指每多生产一单位的商品所带来的收益增量。

总成本等于固定成本与可变成本之和，定义为

$$C=F+cx \tag{3.4}$$

式中，C为总成本；F为固定成本；cx为可变成本。将总成本除以产量，得到平均成本为

$$AC=(C/x)=(F/x)+c \tag{3.5}$$

如式（3.5）所示，平均成本随着产出的增加而下降。这是因为固定成本分摊到更大数量的产出上。这种关系显示了内部规模经济的特点：随着企业生产规模的扩大，企业的平均成本下降。图3.1阐明了生产规模和平均成本之间的关系。该图显示了随着x商品的产量（Q）增加，平均成本（AC）下降。

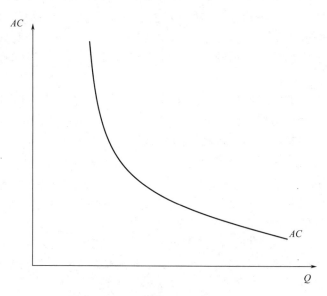

图3.1　存在规模经济时的平均成本

将总成本对产出求偏导，得到边际成本为

$$MC=c \tag{3.6}$$

式中，c为边际成本。概念上讲，边际成本是指每多生产一个单位的商品所带来的成本增量。将式（3.5）与式（3.6）进行比较，我们会发现，平均成本高于边际成本（$AC>MC$）。我

们同样能够看到，平均成本与产出反相关。亦即，随着产出的增加，平均成本下降。平均成本的下降反映了企业因生产规模扩大而带来的生产效率的提高。

通过令边际收益［见式（3.3）］等于边际成本［见式（3.6）］，垄断企业实现利润最大化。我们能够得到垄断企业的均衡价格和均衡产量。

垄断竞争是上述垄断情形的一种变形。在垄断竞争情形下，需求曲线为

$$x=S[(1/n)-b(p-p')] \tag{3.7}$$

式中，S 为该产业的总产出；n 为产业中企业的数量；p 为单个企业的价格；p' 为竞争者的平均价格；b 为需求曲线的斜率。此时，边际收益为

$$MR=p-(x/Sb) \tag{3.8}$$

式中，根据垄断情形的式（3.3）可知 $Sb=B$。

假设，由于商品存在较强的替代性，对称性企业在市场中相互竞争，那么企业的商品价格将会等于其竞争对手的平均价格，即 $p=p'$。将上述假设与式（3.7）的需求函数联立得到

$$x=S/n \tag{3.9}$$

上式为对称性企业假设情形下的产出。在这种情况下，每一个企业的产出在该产业总产出中所占的份额相等。市场中的企业数量越多，每个企业所占市场份额越小。

现在我们能够确定在垄断竞争情形下，均衡时的企业数量和均衡价格。

首先，我们将式（3.9）中的企业数量带入式（3.5）的平均成本中。从而得到

$$AC=n(F/S)+c \tag{3.10}$$

式（3.10）显示了企业数量与垄断竞争情形下，企业的平均成本之间存在正相关关系。亦即，随着企业数量的减少，单个企业的平均成本下降。

其次，我们利用企业利润最大化条件，即令式（3.8）的边际收益等于式（3.6）的边际成本。从而得到

$$c=p-(x/Sb) \quad 或者 \atop p=c+(x/Sb) \tag{3.11}$$

接着，将式（3.9）带入式（3.11）中得到

$$p=c+1/nb \tag{3.12}$$

式（3.12）表明，企业数量与商品价格存在负相关关系；即随着企业数量的减少，商品价格上升。

最后，我们利用均衡条件，即令 $p=AC$。即我们利用式（3.12）与式（3.10）相等来确定均衡时的企业数量和商品价格。这一均衡条件是基于企业能够自由进出市场的条件得出。

图3.2阐明了垄断竞争情形下的均衡状态。图中的横轴表示企业数量，纵轴表示价格和平均成本。式（3.10）由向上倾斜的 CC 曲线描述。该曲线表明企业数量与平均成本之间存在正相关关系。式（3.12）由向下倾斜的 PP 曲线描述。该曲线显示企业数量与商品价格之间存在负相关关系。两条曲线的交点为均衡时的企业数量和均衡价格。在均衡点的右边，企业平均成本大于商品价格，此时企业会退出该产业——即企业数量减少。在均衡点的左边，商品价格大于企业平均成本，此时会有更多的企业进入该产业——即企业数量增加。

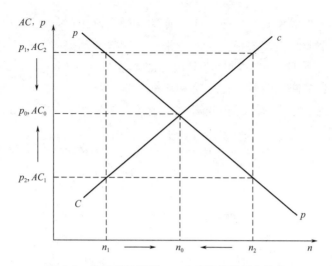

图3.2　垄断竞争模型——企业均衡数量和价格

　　当允许自由贸易时，在这一模型框架内会发生什么呢？或者说，当一国实施自由化贸易政策从而降低贸易壁垒，那么会发生什么呢？自由贸易的影响是扩大了市场容量。亦即，随着国家之间进行自由贸易，各国企业所面对的市场不再局限于本土市场，而是容量更大的全球市场。进入到更大的全球市场之后，企业获得由规模经济带来的平均成本的下降和生产效率的提高。式（3.10）显示了这一影响作用。随着整个产业规模（S）的增加，单个企业的平均成本（AC）下降。

　　图3.3阐明了贸易对垄断竞争情形下均衡状态的影响作用。贸易使得市场总产出（S）增加，从而使每个企业的产出（x）增加，每个企业的平均成本（AC）下降。这一结果导致图3.3中CC曲线从C_0C_0移动到C_1C_1。这一变化导致均衡价格下降（p_0到p_1）以及均衡企业数量增加（n_0到n_1）。

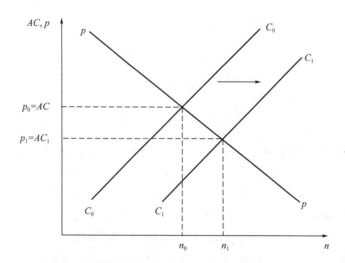

图3.3　垄断竞争模型——贸易对均衡的影响作用

　　那么，当生产技术呈现规模经济的特点时，贸易的影响或者贸易自由化的影响作用是什么呢？换句话说，产业内贸易模式和贸易利益是什么呢？产业内贸易模式是不确定的；即产业内贸易能够发生在两个相似国家之间，各国均专业化生产相同种类但不同品种的商品。由于国家之间的相似性，不能确定哪一个国家将专业化生产哪些品种的商品。然而，产业内贸易的贸易利益是确定的。产业内贸易（或是贸易自由化）导致市场容量增加，因为此时企业在更大的世界市场上进行贸易，而不是仅仅供给较小的本土市场。企业增加既定品种商品的生产规模，以便利用规模经济。规模经济导致商品价格和企业平均成本下降。因此，产业内贸易使得参与贸易的各国消费者能够消费更多品种的商品，同时各品种商品的价格更低。参与贸易国家的消费者的效用水平提高；即消费者因产业内贸易而获益。

最后，需要注意的是，产业内贸易模型不能与产业间贸易模型兼容。新贸易理论文献中的产业内贸易模型扩展了传统贸易理论文献中的产业间贸易模型。产业间贸易的产生是由于存在比较优势——国家之间因生产技术差异、要素禀赋差异或者特定要素禀赋差异产生的比较优势。产业内贸易的产生，是因为规模经济的存在——生产规模扩大带来生产效率的提高。上述模型方法能够合并到更加复杂的模型框架中，其中一些产业存在规模经济，而另一些产业具有规模报酬不变的生产技术。在这种情形下，我们能够观察到产业间贸易和产业内贸易同时存在。

3.2　企业内贸易及其影响是什么？

企业内贸易是指发生在不同国家之间同一企业内部的贸易——例如归属于同一跨国公司的不同附属机构之间的贸易。跨国公司是指在一个以上国家拥有附属机构的公司，并且这些在不同国家的附属机构的生产经营行为受到一个或多个总部的协调管理。大多数跨国公司的组织模式为，一个总部位于母国，其他多个附属机构位于各东道国。然而，其他类型的组织模式也日益显著。建立在本国的机构通常被称为母公司。企业内贸易包括母公司与其附属机构之间的贸易，以及各附属机构之间的贸易。

企业内贸易可以是产业间贸易也可以是产业内贸易，可以是水平型贸易也可是垂直型贸易。换句话，归属于同一跨国公司的不同附属机构之间进行的贸易可以是不同类别的商品之间的贸易（即产业间贸易），也可以是同类商品不同品种之间的贸易（即产业内贸易）。此外，归属于同一跨国公司的不同附属机构之间进行的贸易可以是位于相同生产加工阶段的同类商品但不同品种之间的贸易（即水平型产业内贸易）；也可以是位于不同生产加工阶段的同类商品但不同品种之间的贸易（即垂直型产业内贸易）。然而，这些贸易形式并不一定是企业内贸易。它们可以是不同国家的企业之间的贸易（即企业间贸易）或者归属于同一跨国公司的不同附属机构之间的贸易（即企业内贸易）。

企业内贸易的规模具有相当大的国别差异和产业差异。跨国公司经济活动的主体是来自发达国家的企业。与发展中国家相关的跨国公司的经济活动往往集中在新兴市场国家和转轨经济体。此外，很大比例的跨国公司的生产经营活动集中在两种类型的产业。第一种类型的产业特点是高增长率并且/或者是新兴技术产业。另一种是成熟的产业，即规模经济和无形资产——例如知识或商誉——扮演重要角色的产业❶。

本章中，我们使用"企业内贸易"一词来描述广义上的不同国家、同一跨国公司内部

---

❶ 参见 Organisation for Economic Co-operation and Development（2006）关于不同国家和产业的跨国公司生产经营活动的数据统计。

的流动。这些流动的形式包括：对外直接投资、商品和服务贸易以及外包和离岸生产经营。跨国公司是一种使这种流动在各附属机构之间更加便利化的组织单位。然而，应该注意到的是，跨国公司并不总是像蜂后一样自上而下地做出全球决策，而是集中决策和分散决策的程度各有不同，一些附属机构较之其他附属机构具有更多的自主决定权。

3.2.1　对外直接投资的模式和动机是什么？

对外直接投资（FDI）被定义为企业跨越国境进行的投资，以获得国外企业的实体（或控制其利益）。如前文所述，对外进行直接投资的企业被称为跨国公司。对外直接投资和跨国公司经常被混用。然而，更准确的是将对外直接投资视为一种模式，通过这种模式，跨国公司能够参与国际生产经营活动。其他模式包括合作协议和离岸生产。

在国际贸易文献中，几个典型的事实促进了对对外直接投资的研究[1]。第一，高收入发达国家是对外直接投资的提供国和接受国。这一现实与传统国际贸易理论的预测相悖，传统国际贸易理论认为，资本将会以商品或要素投入的形式从资本丰裕的国家流向资本稀缺的国家。第二，接受对外直接投资的东道国往往具有较大的市场容量。第三，对外直接投资生产的商品往往被东道国消费，或被与东道国处于同一区域的第三国家消费。这三个典型的事实表明，对外直接投资除了供给层面的动机之外，还存在需求层面的动机。

对外直接投资主要有两种进入方式——绿地投资和褐地投资/跨国并购。所谓绿地投资是指，企业重新创建一个新的外国企业。所谓褐地投资或跨国并购投资是指，企业并购一个现有的外国企业[2]。此外，对外直接投资有两种主要的类型——水平型和垂直型[3]。水平型对外直接投资是指海外附属机构重复母公司的生产经营活动或商品和服务[4]。例如，海外分公司可以将原母公司设计的商品进行修改，以适应海外当地市场销售。此外，海外分公司和总公司可以共享资产——例如知识资本——即那些具有公共产品性质的资产。这些资产能够同时在多个区位使用而不削弱它们的自身价值和供给量。水平型对外直接投资通常发生在相似国家之间。水平型对外直接投资的动机与产业内贸易的动机相似，例如利用公司/企业层面规模经济的能力。通过水平型对外直接投资，企业在海外市场生产并销售商品和服务。因此，水平型对外直接投资常常被称为市场寻求型，因为这是它最主要的潜在动机。

垂直型对外直接投资是指海外附属机构参与的生产经营活动与母国企业的生产经营活动不同[5]。例如，母国企业可能提供总部服务，而海外企业可能承担各种不同的生产活动。不同区位的附属机构的生产活动通常具有不同的要素密集度。在这种情况下，跨国公司将其生产过程分割成不同的部分，并且将这些部分配置在不同的国家。垂直型对外直接投资

---

❶ 贸易文献中关于对外直接投资的实证分析，参见布拉科涅尔（Braconier），诺贝克（Norback）和厄本（Urban）（2006），布雷纳德（Brainard）（1997），卡夫（Caves）（2007），赫尔普曼、梅尔利兹和耶普尔Yeaple（2004），以及马库森（2002）。

❷ United Nations Conference on Trade and Development（2006）提供了证据，即褐地投资相对于绿地投资更加占据主导地位。关于褐地投资的讨论属于跨国并购文献研究的范畴。

❸ 关于垂直一体化和水平一体化对外直接投资研究的理论模型，参见马库森（2002）和伯格斯特朗（Bergstrand）和埃格Egger（2007）。

❹ 关于水平型对外直接投资的理论研究，参见伯纳德（Brainard）（1997），霍斯特曼（Horst-mann）和马库森（1992）马库森（1984），以及马库森和维纳布尔斯（Venables）（1998；2000）。

❺ 参见赫尔普曼（1984）关于垂直型对外直接投资的早期理论模型研究。

通常出现在具有较大差异的国家之间。垂直型对外直接投资的动机与产业间贸易的动机相似，例如利用国家之间要素价格差异的能力。因此，垂直型对外直接投资通常被称为资源寻求型，因为这是它的潜在动机。

关于对外直接投资动机的研究很大程度上受益于邓宁（1973）在国际商务领域的早期研究成果。邓宁提出的所有权 - 区位 - 内部化（OLI）模型框架描述了产生对外直接投资的前提条件。根据这一模型框架，新建或获取外国企业存在的三个前提条件是：①所有权优势；②区位优势；③内部化优势。接下来阐述对这一理论的直观理解。

首先，企业必须具有所有权优势才能进行国际贸易或对外直接投资。所有权优势是指企业必须拥有自身特定的资产，从而使其在东道国市场上具有较当地企业更加有利的地位。将所有权优势作为企业进行国际贸易或对外直接投资的前提条件是因为，与其相竞争的当地企业具有天然的本土市场优势。企业自身的特定资产包括专有无形资产，例如能够受到知识产权保护的知识资产。这种知识资产能够被多个生产区位同时使用❶。所有权优势是企业通过对外直接投资和国际贸易进入外国市场必须具备的条件。

第二，企业必须具备区位优势才能选择对外直接投资而非贸易向外国市场提供服务。区位优势是指，当在海外建立附属机构比通过贸易进入海外市场具有成本优势时，企业选择对外直接投资而非贸易进入海外市场。在水平型对外直接投资情形下，对外直接投资的动机是服务当地市场。在这种情况下，对外直接投资的成本优势可能来自于直接进入到大的市场以及工厂层面的规模经济。对外直接投资的成本优势也可能来自于为规避政策壁垒（例如关税）而导致高的贸易成本或运输成本。另一方面，在垂直型对外直接投资情形下，对外直接投资的动机是将海外附属机构生产的商品和服务出口至本国或第三国家市场。在这种情况下，对外直接投资的成本优势包括低的投入成本以及从该地区进口中间产品和出口最终商品所节约的贸易成本。换句话说，当外国市场容量大并且贸易成本高时，企业选择水平型对外直接投资而不是贸易；当外国市场的贸易成本和要素价格低时，企业选择垂直型对外直接投资而非贸易。

最后，企业必须具有内部化优势才能选择对外直接投资而不是向非附属机构许可一项资产或生产经营活动。内部化是指，将资产或生产经营活动控制在企业（跨国公司）内部，而不是将资产或生产经营活动转移给外部企业。内部化动机包括：力图控制生产质量和企业声誉，二者很难在两个国家企业之间通过契约的形式实现；力图控制企业的专有知识，这很难在两个国家企业之间通过许可合同进行控制；力图通过将收入转移到低税收国家的附属机构从而规避税收。这些动机均受到东道国各种政策的影响。例如，当东道国的知识产权保护力度较弱时，控制企业专有知识财产尤为重要。

3.2.2　贸易与对外直接投资的关系如何？

商品和服务贸易与对外直接投资的关系如何？如前文所述，企业需要具有所有权优势才能参与国际贸易或进行对外直接投资。企业必须具有区位优势才能进行对外直接投资而非贸易。企业必须具有内部化优势才能进行贸易或者对外直接投资而不是将生产经营活动转移至非附属机构，例如通过许可协议或外包进行转移。这一部分研究的是影响企业向海外市场提供商品和服务方式决策的条件。具体而言，我们研究在什么条件下，对外直接投

---

❶ 实证研究结论显示跨国公司拥有很高价值的无形资产。参见马库森（2002）和卡夫（2007）的研究。

资与贸易呈替代关系，以及在什么条件下对外直接投资与贸易呈互补关系。亦即，我们研究对外直接投资和贸易之间存在的负相关和正相关关系。正如接下来将要讨论的内容所述，对外直接投资和贸易之间的关系部分取决于对外直接投资的形式。

在什么情况下对外直接投资与贸易呈替代关系呢？根据邓宁（1973）的OLI模型框架，当存在区位优势时，对外直接投资与贸易呈替代关系。在这种情况下，将生产活动配置在外国并将生产的商品和服务在当地销售是具有成本优势的。如前文所述，主要的成本优势包括规避贸易成本的能力，尤其是那些因政策壁垒和运输成本导致的贸易成本。临近 - 集中权衡指的就是这种情形❶。该模型框架认为，当贸易成本很高，超过了由于因在母国集中生产实现工厂层面的规模经济而带来的成本节约时，企业会选择对外直接投资而非贸易。跳过关税就属于这一情形。在这种情况下，企业进行对外直接投资从而规避（亦即跳过）因贸易而产生的高的关税壁垒。

在什么情况下对外直接投资与贸易呈互补关系呢？当对外直接投资建立了一个出口平台时，贸易和对外直接投资呈互补关系。当自由贸易协议带来区块内的国家之间贸易政策的自由化，而区块内各国对区块外国家仍然维持较高的关税水平时，就会出现出口平台。在这种情况下，区块外国家可以在区块内某国建立生产工厂。该工厂随后将生产的商品和服务出口至区块内的其他国家。区块外的企业通过对外直接投资进入该区块，随后通过贸易将商品和服务提供给区块内的各国消费者。对外直接投资被吸引至区块内生产成本最低的国家。在这种情况下，区域贸易自由化将对外直接投资吸引至贸易区块内部，对外直接投资的目的是建立一个出口平台，与区块内的其他国家进行贸易❷。

贸易和对外直接投资同样能够在垂直型对外直接投资情形下呈互补关系。如前文所述，当企业将其生产活动进行分割以利用不同国家的成本优势时，便会出现垂直型对外直接投资。企业将每一个生产阶段配置在成本最低的国家进行，所生产的商品随后被出口到母国或其他第三国市场。这种情况的出现要求生产分割的成本优势必须超过将这些商品出口到母国或第三国家的贸易成本。在这种情况下，降低贸易壁垒能够同时增加对外直接投资和国际贸易，但要注意的是对外直接投资和贸易的方向是不同的。

综上所述，对外直接投资和贸易密切相关。当存在区位优势时，对外直接投资可能与贸易呈替代的关系。当附属机构所生产的商品供给东道国市场，并且东道国市场容量较大时，就会出现这种情况。例如，在水平型对外直接投资情形下，附属机构生产的各种商品是为了供给东道国市场消费者。然而，对外直接投资也可能与贸易呈互补关系。当对外直接投资导致贸易的新形式时，对外直接投资与贸易呈正相关关系。例如，建立出口平台型的对外直接投资导致出口平台与区块内其他国家之间产生新的贸易。此外，在垂直型对外直接投资的情形下，组装最终商品的各种中间投入品在多个区位进行。随后，这些中间投入品以贸易的形式移动到最终商品的装配地。因此，生产和装配的区位可以作为向第三国市场出口的平台。

3.2.3　外包和离岸生产的模式与动机是什么？

外包描述的是这样一种生产活动，即商品和服务的各个组成部分是在几个国家进行生

---

❶ 关于临近一集中之间的权衡的研究，参见布雷纳德（Brainard）（1997）。

❷ 贸易自由化对对外直接投资的影响作用研究，参见埃克霍尔姆（Ekholm），福斯里德（Forslid）和马库森（2007）以及兰詹（Ranjan）（2006）。

产的。然而，外包并不一定非要具有国际属性。例如，企业可以将生产活动交给本国的其他企业进行（即本土外包）或者是外国的一些企业（即国际外包）。与之形成对比的是，离岸生产是指企业将自身的一些操作转移至其他国家，但是企业自身仍然保留这些操作的所有权。在这种情况下，操作被转移至同一企业的附属机构。因此，外包和离岸生产的区别在于海外生产活动的所有权。在实践中，所有权的程度存在相当大的区别，一些附属机构是全资企业，而另一些是合资企业。尽管所有权存在差别，但在文献中外包和离岸常常被同时使用。

外包和离岸生产对贸易的影响作用是不同的。贸易可以是企业间贸易或企业内贸易。当分割的生产活动出现在同一跨国公司内部的不同附属机构时，相应的流动被视为是"企业内"的。这是离岸生产的情形。当分割的生产活动由不同的国家企业承担时，相应的流动被视为是"企业间"的。这是外包的情形。这些分割的生产活动既可以是生产活动，也可以是服务活动。

企业究竟是选择外包还是进行离岸生产很大程度上取决于前文提到的内部化优势。即企业必须选择是将特有资产和生产经营活动内部化，还是与外部企业建立契约关系。与非附属企业签订契约可以是将知识资产许可给外国非附属企业，或者是将一些生产环节通过合同的形式交由外国非附属企业承担。在离岸生产的情况下，海外生产活动的所有权仍然被控制在企业内部，并且资产的转移也是在企业内部进行。而在外包的情况下，海外生产活动的所有权并不归企业内部所有，并且资产的转移也跨越了企业的边界。

外包决策和许可决策具有相似性。二者均需要企业做出选择，究竟是将资产和生产活动控制在企业内部，还是与外国非附属企业建立契约关系。许可往往与水平型对外直接投资相关。即企业需要做出选择，究竟是在海外建立一个与母公司从事相同生产经营活动的企业，还是授权一个外国非附属企业从事这一生产经营活动。与之不同的是，外包往往是与垂直型对外直接投资相关。即企业需要做出选择，究竟是在跨国公司内部位于不同区位进行生产分割，还是将分割的生产阶段外包给在外国非附属企业。企业的外包决策与许可决策均受到与非附属企业签订契约和信息不对称而产生的成本的影响。另一方面，离岸生产能够为企业提供一种途径，将分割的生产环节配置在不同的区位，同时这些不同区位的生产经营活动仍然被控制在跨国公司内部。离岸生产与垂直型对外直接投资相关。

实证研究结论表明，在20世纪80年代和90年代期间，外包和离岸生产呈现增长趋势❶。这一趋势能够通过两种测算指标看出：加工贸易和中间投入品贸易。加工贸易的指标显示，用于进行最终商品的加工并且随后复出口的中间投入品的进口呈增长趋势。例如芬斯特拉和汉森（2004）研究认为，从1988～1998年间，中国的加工贸易出口额占中国对外贸易出口总额的比例从三分之一增长到二分之一。类似的，中间投入品贸易指标显示，一国在生产中所使用的进口中间投入品占购买的中间投入品总额的比例呈增长趋势。例如坎帕（Campa）和戈德伯格（1997）研究表明，从1974～1993年间，加拿大和英国的这一比例分别大约增长了27%和61%。这两个国家，在这一时期结束时，所进口的中间投入品占其采购的中间投入品总额的比例均超过20%。

当前，许多围绕外包和离岸生产的研究集中在其对要素价格的影响作用领域，尤其是

❶　关于外包和/或离岸的研究，参见芬斯特拉和汉森（1996；1999；2004），乔治（Gorg）（2000），以及卡姆帕（Campa）和戈德伯格（1997）。

对技能型劳动力和非技能型劳动力工资的影响。对这一领域的研究，最初是因为观察到在20世纪80年代期间，技能型劳动力的工资和就业呈上升趋势，而同期非技能型劳动力的工资和就业呈下降趋势。这一相对工资的变化在发达国家和发展中国家均有出现，并且伴随着全球收入失衡的加剧。芬斯特拉（2010）提供了关于外包影响作用的综合性研究，从而解释了劳动力相对工资的变化原因。该研究采取非常微观的方法考察外包活动中所使用的劳动力的技能含量。在这一研究中，发达国家"相对非技能型"劳动力在发展中国家是"相对技能型"劳动力。主要的研究结论显示，发达国家将自身技术含量相对较低的生产活动外包给发展中国家，从而导致发达国家的非技能型劳动力的工资（相对于技能型劳动力）下降。发展中国家所承接的外包生产活动相对于本国的生产活动而言，技能型劳动力的密度相对更高。因此，承接外包使得发展中国家本土技能型劳动力（相对于非技能型劳动力）的工资收入上升。这些研究结论与所观察到的发包国和接包国的收入差距扩大相一致。

3.3　总结评论

本章探索了产业内贸易及其影响作用。产业内贸易是指国家之间相似商品不同品种之间的贸易。产业内贸易包括两种类型。水平型产业内贸易是指国家之间所贸易的商品位于相同的生产加工阶段。垂直型产业内贸易是指国家之间所贸易的商品位于不同的生产加工阶段。产业内贸易的模式不能被基于比较优势的传统贸易理论解释，因为产业内贸易能够发生在具有相同要素禀赋、生产技术和特定要素禀赋的国家之间。新贸易理论文献探索了产业内贸易的决定因素。新贸易理论文献通过放松完全竞争市场和生产技术规模报酬不变这两个假设，对传统贸易理论进行扩展。与传统贸易理论的假设前提不同，产业内贸易考虑了不完全竞争市场结构和规模经济对贸易的影响作用。产业内贸易的重要性得到了实证研究的证实，即使用格鲁贝尔和劳埃德指数来衡量既定产业的产业内贸易的显著性。这类研究表明，在当前全球经济中，产业内贸易是国际贸易的重要组成部分。

产业内贸易的模式和贸易利益是什么？为了回答这一问题，我们总结了保罗·克鲁格曼提出的垄断竞争模型的一些关键结论。该模型阐述了均衡时的企业数量以及商品价格/平均成本的决定。利用这一模型框架，我们研究了贸易（或贸易自由化）对模型均衡解的影响。贸易（或贸易自由化）的影响作用是扩大了市场容量。企业面对一个更大的市场，实现了规模经济、提高了生产效率，进而使得企业平均成本下降。这些效率的提高为那些专业化生产既定品种商品的国家提供了机会，将自己所生产的商品品种出口至贸易伙伴国，用以交换其他品种的商品。

产业内贸易的方向是不确定的。即模型并不能预测各国将会出口哪些品种的商品。然而产业内贸易的利益是确定的。通过贸易（或贸易自由化），企业增加了既定商品品种的生产规模以利用规模经济。结果使得这些品种的商品价格和平均成本均下降。消费者能够以更低的商品价格购买到更多品种的商品。即产业内贸易能够使得消费者的效用水平提高。

企业内贸易及其影响作用是什么？企业内贸易是指国家之间的贸易是发生在同一企业内部，例如同一跨国企业的不同附属机构之间的贸易。企业内贸易的形式多种多样。例如，它可以是产业间贸易或是产业内贸易。同时，它也可以是水平型产业内贸易或是垂直型产业内贸易。此外，企业内贸易能够通过多种方式实现。这些方式包括对外直接投资、与对外直接投资相关的商品贸易和服务贸易，以及外包和离岸生产。下面对本章探讨的企业内贸易的不同形式和方式的关键性结论进行总结。

对外直接投资的模式和动机是什么？本章讨论了对外直接投资的类型、方式和动机。对外直接投资是指获取外国企业实体或获取控制权利的一种投资方式。对外直接投资的最主要的方式包括绿地投资和褐地收购投资。绿地投资是指企业在外国重新建立一个新的企业。与之形成对比的是，褐地投资或者并购投资是指企业并购一家已经存在的外国企业。此外，对外直接投资的主要类型包括水平型对外直接投资和垂直型对外直接投资。水平型对外直接投资是指外国附属机构从事的生产经营活动或生产的商品和服务与本国的母公司生产经营活动或生产的商品和服务完全一样。水平型对外直接投资最主要的潜在动机是寻求市场。垂直型对外直接投资是指外国附属机构参与生产经营活动与本国的生产经营活动完全不同。垂直型对外直接投资最主要的潜在动机是寻求资源。

本章研究了所有权-区位-内部化（OLI）模型框架，考察了这些形式的对外直接投资的模式和动机。根据这一模型框架，企业必须具有所有权优势才能进行对外直接投资和/或贸易。即对外投资的企业必须拥有特有的资产（例如知识资产），从而使其在东道国市场较之当地企业更具优势。企业必须具有区位优势才能进行对外直接投资而非贸易。即当在海外建立附属企业比向海外市场出口更具成本优势时，企业选择对外直接投资而不是贸易。例如，当海外市场容量较大并且贸易成本较高的时候，企业选择水平型对外直接投资而不是贸易。另一种情形，当海外市场的贸易成本和要素价格均较低时，企业选择垂直型对外直接投资而不是贸易。最后，企业必须具有内部化优势才能选择对外直接投资而非许协议向海外市场提供服务。即企业选择将资产/生产经营活动控制在企业内部，而不是许可给其他外部企业。例如，内部化能够使企业控制商品质量、控制专有知识、规避税收。

贸易和对外直接投资的关系如何？本章研究了贸易和对外直接投资的关系。具体而言，本章研究了在什么情况下，贸易与对外直接投资呈现替代关系；以及在什么情况下，贸易与对外直接投资呈现互补关系。我们再次利用从OLI模型框架中获得的直观信息来启发我们的分析。当存在区位优势时，对外直接投资与贸易呈相互替代关系。在这种情况下，企业通过对外直接投资将生产经营活动配置在商品销售目标的海外市场是具有成本优势的。企业基于各种成本因素的考虑将会选择对外直接投资而非贸易，这些成本因素包括规避贸易壁垒的能力（即跳过关税），或规避过高的运输成本。另一种情形，当企业通过对外直接投资建立一个出口平台时，对外直接投资与贸易呈互补关系。在这种情况下，企业进行对外直接投资的目的是为了进入贸易区块。企业在区块内部成本最低的国家建立工厂，随后将所生产的商品出口到区块内部的其他国家供消费者消费。垂直型对外直接投资与贸易也可能呈互补的关系。在这种情况下，企业进行生产分割，以利用各国的成本优势，并且随后将所生产的商品出口到母国或第三国家。在这种情况下，对外直接投资与贸易均随着政策壁垒和运输成本的降低而增加。

外包和离岸生产的模式和动机是什么？外包是指企业将一些生产经营活动转移至本国或海外的其他非附属机构。离岸生产是指企业将生产经营活动转移至其他国家，但是仍然控制这些生产经营活动的所有权。外包和离岸生产的主要区别在于海外生产经营活动的所有权。外包和离岸生产对贸易的影响作用不同。离岸生产模式下，相应的贸易流为企业内贸易；在外包模式下，相应的贸易流为企业间贸易。企业选择外包还是离岸生产的决策取决于内部化优势。在离岸生产模式下，转移的资产仍然被控制在企业内部；在外包模式下，转移的资产被移动到企业边界之外。此外，外包和许可决策紧密相关。无论是外包还是许可协议，企业均需要决定是将资产和生产活动控制在企业内部，还是与非附属企业建立契约关系。二者均受到与非附属企业的契约安排和信息不对称产生的成本的影响。实证研究显示，外包和离岸生产均呈增长趋势，这与加工贸易和中间投入品贸易所显示的证据一致。关于外包和离岸生产对母国和东道国非技能型劳动力与技能型劳动力工资的影响作用仍然存在很多争论。

应用问题

3.1 分析产业内贸易理论和企业内贸易理论回答下列问题。（a）什么是产业间贸易？（b）产业间贸易的模式和贸易所得是什么？（c）什么是企业间贸易？❶（d）对外直接投资的模式和动机是什么？（e）贸易与对外直接投资的关系如何？（f）外包和离岸生产的模式和动机是什么？

3.2 分析垄断竞争贸易模型回答下列问题。（a）企业数量和平均成本的关系是什么？（b）企业数量和价格的关系是什么？（c）均衡式时的企业数量、价格和平均成本是什么？（d）贸易对均衡状态的影响作用是什么？

3.3 分析垄断竞争贸易模型回答下列问题。（a）考虑两个国家进行贸易战，从而缩小了对方生产者所面对的有效市场规模，贸易战对企业产出、平均成本、价格以及企业数量的影响作用是什么？（b）如果贸易战被延长，其对国家从外部规模经济中获益的能力的影响作用是什么？

3.4 考虑一个这样的世界，即所有工业化国家除了市场规模不同以外，其他各方面都是完全一样的；同时，所有发展中国家的市场规模是完全一样的，然而他们的相对要素禀赋不同。此外，假设工业化国家专业化生产具有规模经济的高技术含量的商品，而发展中国家专业化生产不存在规模经济的低技术含量的商品。基于上述假设，试预测工业化国家之间、发展中国家之间的产业内贸易模式，以及工业化国家与发展中国家之间的产业间贸易的模式。

3.5 约翰·邓宁提出了所有权、区位和内部化的概念来解释跨国公司生产经营行为背后的动机。这些概念已经被融合在贸易和跨国公司的研究文献中。这些概念是如何解释企业进行贸易、对外直接投资以及许可动机的？

3.6 贸易理论的研究不断发展，包括传统贸易理论、要素含量理论、新贸易理论和贸易与跨国公司理论。利用所学的这些理论文献回答下列问题。（a）这些理论文献的关键假设是什么？换句话说，这些理论文献放松了前人研究的哪些假设？（b）随着假设的放松，模型预测的结论有何变化？

3.7 分析贸易理论文献的发展进程，回答下列问题。（a）放松完全竞争假设，分析存在规模经济对贸易有什么影响作用？（b）放松国家企业假设，分析跨国公司对贸易的影响作用是什么？

3.8 随着时间的推移，四个截然不同的贸易理论先后出现，包括传统贸易理论、要素含量理论、新贸易理论、贸易与跨国公司理论。研究这些理论文献的发展历程，回答下列问题。（a）在真实经济世界中，哪些经济现象分别启发了上述四种贸易理论？（b）每种理论关于贸易利益、贸易模式以及贸易保护主义或自由化贸易政策所做的预测是什么？

3.9 李嘉图模型和赫克歇尔-俄林模型是早期正统的国际贸易理论模型。在

❶ 译者注：原书为产业间贸易和企业间贸易。但结合本章内容，译者改为产业内贸易和企业内贸易。

当前的经济世界环境中，这些理论模型的前提假设不切实际。许多新近的模型被视为这两种模型的扩展，即放松了这两种模型的一些前提假设。简要描述当前的贸易现象能够通过放松下列假设之后被检验：（a）国家作为贸易理论研究的单位主体；（b）生产要素不能够跨国流动；（c）生产技术具有规模报酬不变的属性。

　　3.10　利用贸易和跨国公司理论的知识，研究下列典型事实：（a）国际贸易和对外直接投资很大比例出现在相似经济体之间——具有相似规模和相对要素禀赋的国家；即商品流动或资本流动往往发生在北北国家或南南国家之间，而不是南北国家或北南国家之间；（b）国际贸易和对外直接投资很大比例是相似商品的双向流动——产业内贸易；（c）近几年，对外直接投资比国际贸易增长更为迅速；（d）对外直接投资的很大比例集中在工业化国家之间；即对外直接投资流动的方向往往是从北方国家到北方国家，而不是从北方国家到南方国家或从南方国家到北方国家。这些对外直接投资往往具有水平型直接投资的特点。

　　3.11　阅读本章最后"延伸阅读"中列出的期刊文献，然后回答下列问题。（a）这些期刊文献尝试解释的经济现实是什么？（b）这些期刊文献以什么方式对本章提出的贸易和跨国公司理论进行了扩展？（c）这些扩展的意义是什么？例如，对于产业内贸易和企业内贸易的模式、贸易利益，以及贸易政策的作用所做出的预测是什么？

延伸阅读　　Amiti，Mary，and Shang-Jin Wei. 2006. Service Off-shoring and Productivity：Evidence from the United States. NBER Working Paper No. 1 1926. Cambridge：MA：National Bureau of Economic Research.

Antras，Pol. 2003. Firms，contracts，and trade structure. Quarterly Journal of Economics 118 (4)：1375-1418.

Bergstrand，Jeffrey H.，and Peter Egger. 2007. A knowledge-and-physical-capital model of international trade，foreign direct investment，and multinational enterprises. Journal of International Economics 73 (2)：278-308.

Borga，Maria，and William J. Zeile. 2004. International Fragmentation of Production and International Trade of US Multinational Companies. Bureau of Economic Analysis Working Paper No. 2004-02. Washington，D.C.：BEA.

Braconier，Henrik，Pehr-Johan Norback，and Dieter Urban. 2005. Reconciling the evidence on the knowledge-capital model. Review of International Economics 13 (4)：770-786.

Brainard，S. Lael. 1997. An empirical assessment of the proximity-concentration trade-off between multinational sales and trade. American Economic Review 87 (4)：520-544.

Brander，James A. 1981. Intraindustry trade in identical commodities. Journal of International Economics 11 (1)：1-14.

Campa，Jose，and Linda Goldberg. 1997. The Evolving External Orientation of Manufacturing Industries：Evidence for Four Countries. NBER Working Paper No. 5919. Cambridge，MA：National Bureau of Economic Research.

Carr，David L.，James R. Markusen，and Keith E. Maskus. 2001. Estimating the knowledge-capital model of the multinational enterprise. American Economic Review 91 (3)：693-708.

Caves，Richard E. 2007. Multinational Enterprises and Economic Analysis. Cambridge：Cambridge University Press.

Clausing，Kimberly A. 2003. Tax-motivated transfer pricing and US intrafirm trade prices. Journal of Public Economics 87 (9/10)：2207-2223.

Clausing，Kimberly A. 2006. International tax avoidance and US international trade. National Tax Journal 59 (2)：269-287.

Dixit，Avinash K.，and Joseph E. Stiglitz. 1977. Monopolistic competition and optimum product diversity. American Economic Review 67 (3)：297-308.

Dunning，John H. 1973. The determinants of international production. Oxford Economic Papers 25 (3)：289-336.

Dunning，John H. 1988. Explaining International Production. London：Unwin Hyman.

Dunning，John H. 1993. Multinational Enterprises and the Global Economy. Wokingham，UK：

Addison Wesley.

Dunning，John H.，and Rajneesh Narula. 2004. Multinationals and Industrial Competitiveness：A New Agenda. Cheltenham，UK：Edward Elgar.

Eaton，Jonathan，and Gene M. Grossman. 1986. Optimal trade and industrial policy tinder oligopoly. Quarterly Journal of Economics 101 (May)：383-406.

Feenstra，Robert C.，and Gordon H，Hanson. 1996. Foreign investment，outsourcing，and relative wages. In The Political Economy of Trade Policy：Papers in Honor of Jagdish Bhagwati (eds R.C. Feeenstra，G.M. Grossman，and D.A. Irwin)，Cambridge，MA：MIT Press，pp. 89-127.

Feenstra，Robert C.，and Gordon H. Hanson. 1999. The impact of outsourcing and high-technology capital on wages：estimates for the US，1979-1990. Quarterly Journal of Economics 114 (3)：907-940.

Feenstra，Robert C.，and Gordon H. Hanson. 2004. Intermediaries in entrepot trade：Hong Kong re-exports of Chinese goods. Journal of Economics and Management Strategy 13 (1)：3-35.

Feinberg，Susan E.，and Michael R Keane. 2006. Accounting for the growth of MNC-based trade using a structural model of US MNCs. American Economic Review 96 (5)：1515-1558.

Feinberg，Susan E.，and Michael P. Keane. 2007. Advances in logistics and the growth of intrafirm trade：the case of Canadian affiliates of US multinationals，1984-1995. Journal of Industrial Economics 55 (4)：571-623.

Gordon，Roger H.，and James R. Hines. 2002. International taxation. In Handbook of Public Economics，vol. 4 (eds Alan Auerback and Martin Feldstain)，North Holand，pp. 1935-1995.

Gorg，Holger. 2000. Fragmentation and trade：US inward processing trade in the EU. Review of World Economics 136：403-422.

Graham. Edward M. 2001. Fighting the Wrong Enemy：Anti-globalization Activists and Multinational Corporations. Washington，D.C.：Institute for International Economics.

Grossman，Gene M.，and Elhanan Helpman. 2002. Integration versus outsourcing in industry equilibrium. Quarterly Journal of Economics 117 (1)：85-120.

Grossman，Gene M.，and Elhanan Helpman. 2005. Outsourcing in a global economy. Review of Economic Studies 72：135-159.

Grossman，Gene M.，and Esteban Rossi-Hansberg. 2006. Trading Tasks：A Simple Model of Outsourcing. NBER Working Paper No. 12721. Cambridge，MA：National Bureau of Economic Research.

Gruebel，Herbert G.，and Peter Lloyd. 1975. Intra-industry Trade：The Theory and Measurement of International Trade in Differentiated Products. London：Macmillan.

Helpman，Elhanan. 1984. A simple theory of trade with multinational corporations. Journal of Political Economy 92 (3)：451-471.

Helpman，Elhanan. 2006. Trade，FDI，and the organization of firms. Journal of Economic Literature 44 (3)：589-630.

Helpman，Elhanan and Paul R. Krugman. 1985. Market Structure and Foreign Trade. Cambridge，MA：MIT Press.

Helpman，Elhanan and Paul R. Krugman. 1987. Market Structure and Foreign Trade：Increasing Returns，Imperfect Competition，and the International Economy. Boston：MIT Press.

Helpman，Elhanan and Paul R. Krugman. 1989. Trade Policy and Market Structure. Cambridge，MA：MIT Press.

Helpman，Elhanan，Marc Melitz，and Stephen Yeaple. 2004. Exports versus FDI with heterogeneous firms. American Economic Review 94 (1)：300-316.

Hines，James R. 1999. Lessons from behavioral responses to international taxation. National Tax Journal 52 (2)：305-322.

Horstmann，Ignatius，and James R. Markusen. 1987. Licensing versus direct investment：a model of internalization by the multinational enterprise. Canadian Journal of Economics 20：464-481.

Horstmann，Ignatius，and James R. Markusen. 1992. Endogenous market structures in international trade. Journal of International Economics 32 (1-2)：109-129.

Jenson，J. Bradford，and Lori Klezer. 2006. Tradable services：understanding the scope and impact of services offshoring. In Offshoring White-Collar Work-Issues and Implications (eds Lael Brainard and Susan M. Collins)，Washington，D.C.：Brookings Institute Trade Forum 2005，pp. 75-134.

Krugman，Paul R. 1979. Increasing returns，monopolisitic competition，and international trade. Journal of International Economics 9 (4)：469-479.

Krugman，Paul R. 1980. Scale economies，product differentiation，and the patterns of trade. American Economic Review 70 (5)：950-959.

Krugman，Paul R. 1981. Intraindustry specialization and the gains from trade. Journal of Political Economy 89 (5)：959-973.

Markusen，James R. 1984. Multinationals，multi-plant economies，and the gains from trade. Journal of International Economics 16 (3-4)：205-226.

Markusen，James R. 2002. Multinational Firms and The Theory of International Trade. Cambridge，MA：MIT Press.

Markusen，James R.，and Anthony J. Venables. 1998. Multinational firms and the new trade theory. Journal of International Economics 46 (2)：183-203.

Markusen，James R.，and Anthony J. Venables. 2000. The theory of endowment，intraindustry，and multinational trade. Journal of International Economics 52 (2)：209-234.

Melitz，Marc J. 2003. The impact of trade on intra-industry reallocations and aggregate industry productivity. Econometrica 71 (6)：1695-25.

Narula，Rajneesh，and John H. Dunning. 2000. Industrial development，globalization，and multinational enterprises：new realities for developing countries. Oxford Development Studies 28(2)：141-167.

Navaretti，Giorgio Barba，and Anthony J. Venables. 2006.Multinational Firms in the World Economy. Princeton，New Jersey：Princeton University Press.

Organisation for Economic Co-operation and Development (OECD). 2002. Intraindustry and intrafirm trade and the internationalisation of production. Economic Outlook no. 71, chap. 6, pp. 159-170.

Ranjan, Priya. 2006. Preferential trade agreements, multinational enterprises, and welfare. Canadian Journal of Economics 39 (2) : 493-515.

United Nations Conference on Trade and Development. 2000. World Investment Report : Cross-Border Mergers and Acquisitions and Development. Geneva : United Nations

United Nations Conference on Trade and Development. 2006. World Investment Report 2006. Geneva : United Nations.

Wilkins, Mira. 2001. The history of the multinational enterprise. In The Oxford Handbook of International Business (eds Alan Rugman and Thomas Brewer), Oxford : Oxford University Press, pp. 3-35.

Yi, Kei-Mu. 2003. Can vertical specialization explain the growth of world trade? Journal of Political Economy 111 (1) : 52-102.

第二篇
贸易政策及其影响

4 前言 贸易政策与福利分析

4.1 什么是传统的贸易政策？

本书在第一篇探讨了国际贸易理论的三个最主要的问题：贸易模式是什么？贸易利益是什么？贸易保护与贸易自由化的影响作用是什么？为了分析这些问题，本书研究从自给自足状态到自由贸易状态过程的影响，以及从自由贸易状态到自给自足状态过程的影响。前者影响的方向与自由化贸易政策的效果相对应，而后者影响的方向与实施贸易保护政策的效果相对应。在第一篇，我们对贸易自由化和贸易保护进行一般性的分析，而没有对用于导致这些变化影响的贸易政策工具进行分析。在现实中，各国使用具体的政策来影响贸易。这些政策被国际贸易经济学家称为贸易措施或者工具。将这些贸易政策措施和工具综合在一起，称为贸易政策组合。

本书剩余各篇是在第一篇的研究基础上，分析实践中用于进行贸易保护或促进贸易自由化的那些具体的贸易政策工具和安排。本书第二篇研究了传统贸易政策，即被用于直接影响贸易的那些政策。第三篇研究与贸易有关的政策，这些政策被用于实现非贸易的政策目标，但能够对贸易产生副作用。第四篇研究了贸易安排，即多个国家协调自身的贸易政策组合。

在本书的第二篇，我们研究传统的贸易政策，关税、出口补贴和数量限制，包括进口配额、出口配额（或自愿出口限制），以及贸易禁止。之所以将这些政策称为"传统的"贸易政策，是因为这些政策无论是在真实的世界经济实践中，还是在国际贸易的理论和实证研究中均具有相当长的历史。我们同样使用"传统的"一词来将这些政策与第三篇研究的"与贸易有关的"的政策区分开来。与贸易有关的政策相对于传统贸易政策，无论是真实世界实践中还是在理论研究中的历史均相对较短。

4.2 贸易政策的研究方法是什么？

本书研究具体的贸易政策工具和贸易安排（第二篇、第三篇和第四篇）的模型方法与研究一般性的贸易保护或贸易自由化（第一篇）的方法截然不同。本书第一篇呈现的模型为一般均衡分析模型，而接下来的篇使用的模型为局部均衡模型。所谓一般均衡模型是指，在整个经济体（包括全球经济体）框架内研究经济行为，框架内部的所有市场相互影响，并且所有市场都要出清。与之形成对比的是，所谓局部均衡模型是指，在单一的市场（包括单一全球市场）中研究经济行为，同时假设其他条件不变，即假设其他市场中的经济行为是既定不变的。局部均衡模型为研究具体政策措施对某一特定产业或产业组合的影响提供了一种非常有效的分析方法。局部均衡模型能够使我们研究政策实施前后或者政策取消前后，单一市场中的经济行为。因此，局部均衡方法非常适合本书剩余篇关于具体贸易政策和安排的研究。

我们将采用局部均衡方法进行比较静态分析。所谓比较静态分析是指，诸如政策变化等波动前后，将形成新的均衡状态与旧的均衡状态进行比较分析。这一方法并不考虑新均衡状态实现的动态路径，而是研究政策的变化导致系统中的各经济变量变化的方向。根据研究目的，我们关注的经济变量包括数量变量，例如供给量、需求量和贸易量（出口和进口），以及衡量人们生活水平或"福利"水平的变量。举例说明，我们将分析传统贸易政策（在本书第二篇）、与贸易有关的政策（在本书第三篇）、以及贸易安排（在本书第四篇）的变化对人们的福利影响作用。这些"政策变化"包括具体贸易政策工具或安排的实施、废除或者替代。我们将考察这些政策变化的福利影响效应。

在后面的研究中，本书将明确从不同视角进行福利问题的探讨。我们将研究国家内部和国家之间消费者、生产者、政府以及许可持有人的福利问题。我们也会研究国家内部和国家之间技能型劳动力和非技能型劳动力，以及资本拥有者（即生产要素）的福利问题。同时，我们还将分析各种类型的国家（大国和小国），以及它们的贸易伙伴国的整体福利水平。在可行的情况下，我们还会分析全球范围的整体福利水平。最后，本书还会在各种贸易政策安排的框架内，分析各国家集团，以及各类经济主体的福利水平。区分不同的视角进行研究是非常重要的，因为这样做能够清楚地辨别围绕政策决策经常出现的利益分歧。从不同的视角对福利问题进行研究，可以使我们更加全面地理解各国之间进行政策协调的，以及制定平衡福利增加和福利损失政策的基础。因此，本书剩余的篇集中对下列核心问题进行研究：具体的贸易政策和贸易安排导致的贸易利益（和贸易损失）是什么？这些贸易利益（和贸易损失）是如何分配的？

这些福利问题是国际贸易理论文献研究的核心内容。同时，这些福利问题也是国际上围绕贸易政策保护和贸易政策自由化争论的焦点。支持贸易保护政策（即限制自由贸易）往往将焦点集中在贸易导致的福利损失方面，而支持贸易自由化政策（即自由贸易）往往将焦点集中在贸易带来的福利增加。之所以存在这样的争论，往往是因为没有明确研究分析问题的视角。然而，识别因贸易而获益或受损的各经济主体以及各经济主体集团的不同视角，是为政策争论发展经济指引的先决条件。识别贸易政策以及贸易安排对国家整体以及全球经济的影响作用，同样有利于从更加广义的全球福利视角对政策提供经济学的理论支持。

鉴于这些福利问题的重要性，我们接下来讨论国际贸易经济学家所谓的贸易利益（贸易自由化）的概念。在本书剩余的篇，我们将讨论这些概念是如何被阐明的。

4.3 自由化贸易政策的福利效应是什么？

贸易利益的概念是指贸易对参与贸易的国家的福利影响。所谓福利，经济学家指的是各经济主体的生活水平，这些经济主体包括消费者、生产者、政府、国家整体、全球经济或者其他集团。经济学家常常将"福利"一词与生活水平、效用水平、满足感和幸福感同时使用。

经济学家也使用一组概念来衡量福利水平以及福利水平的变化。这些概念包括：代表相对效用水平的效用无差异曲线；分别代表生产者和消费者的净利益或效用的生产者剩余和消费者剩余；代表支付给生产要素报酬的要素价格（例如劳动力的工资和资本的租金率）；代表对经济主体例如许可证持有人的超额支付的租金等。这些指标通常提供了衡量不同经济主体以及经济整体福利水平的手段，而这些经济主体以及经济整体的福利水平最终将与他们的消费可能性联系在一起。

在国际贸易研究文献中，国家层面的贸易利益本质上与消费可能性的概念相联系。即如果贸易导致该国消费可能性增加，那么则表明该国因参与贸易而获益。例如，传统贸易理论（在本书第2章进行阐述）表明，一国的消费可能性因参与贸易而增加。整体国家层面的贸易利益来自于根据比较优势进行资源配置带来的效率提高。当各国基于比较优势进行专业化生产并贸易时，世界的总产出增加。各国在优于自给自足价格的世界价格水平上进行商品交换，结果使得每个国家的消费可能性均增加。这些国家层面的贸易利益在绝大多数的国际贸易文献的案例中得到体现[1]。

然而，各国获得的国家层面的贸易利益并不必然相等。传统贸易理论（在第2章中阐述的）也显示，参与贸易的各个国家所获得的国家层面的贸易利益并不必然相等。举例说明，如果一个国家自给自足均衡时的价格与开放条件下的世界均衡价格相近，那么该国在开放条件下的贸易利益相对较小。即国家层面的消费可能性增长的幅度较小。与之形成对比的是，如果一国自给自足均衡时的价格与开放条件下的世界价格相差较大，那么该国在开放条件下的贸易利益较大。即国家层面的消费可能性增长幅度较大。因此，福利分配问题也包括贸易利益在各国之间的分配。

此外，一国获得的整体贸易利益在国家内部不同经济主体之间的分配也并不均等。举例说明，传统贸易理论（在第2章中阐述的）显示，贸易导致不同经济主体的福利增加与福利损失。在本书的模型中，我们特别关注支付给劳动力的工资，以及支付给资本和土地拥有者的租金率（也称为生产要素的价格）。通过研究发现，贸易利益和贸易损失取决于经济条件，包括生产要素在短期和长期的流动性。例如，斯托尔珀-萨缪尔森理论显示，贸易导致一国具有比较优势的商品部门密集使用的生产要素的名义报酬和实际报酬均上升，而该国具有比较劣势的商品部门密集使用的生产要素的名义报酬和实际报酬均下降。这是贸易对要素价格的长期影响作用。特定要素模型显示，流动要素和非流动要素的贸易利益和贸易损失存在差异，并且消费者的购买力取决于其对进口商品和出口商品的消费偏好。特定要素模型的这一结论描述了贸易对要素价格的短期影响作用。上述两个理论均描述的是产业间贸易的收入分配效应。

新贸易理论同样分析了贸易利益问题。新贸易理论模型强调规模经济（而非比较优势）对确定贸易以及贸易利益的作用。例如，垄断竞争模型（在本书第3章中进行阐述）表明，即使是两个一模一样的国家，如果它们专业化生产具有规模经济属性的商品，仍然能够从贸易中获益。贸易利益产生于同类商品不同品种之间的产业内贸易。这些贸易利益包括增加消费可能性，以及增加可供消费商品的品种。也就是说，如果消费者偏好商品的

---

[1] 一个著名的例外就是悲惨增长的情况，将在本书第13章进行详细讨论。

多样性，那么由于消费异质性商品带来的福利增加，扩大了传统的贸易利益（消费可能性增加而产生的贸易利益）。两种方式均表明，自由贸易比自给自足状态更优。

上述围绕贸易利益的讨论在本书第一篇采用一般均衡模型进行了详细地阐述。

贸易政策文献（本书第二篇）采用不同的方法对贸易利益以及贸易利益的分配问题进行研究。我们将采用局部均衡模型阐明，贸易政策（例如关税、出口补贴和数量限制）的自由化导致国家整体福利以及全球福利增加。我们也将阐明，这些政策的自由化带来的福利增加在参与贸易的国家之间的分配是不平衡的。一般性的研究结论表明，因自由化贸易政策而获益的经济主体是实施自由化贸易政策国家的消费者以及它的贸易伙伴国的生产者；因自由化贸易政策而受损的经济主体是实施自由化贸易政策国家的生产者，以及它的贸易伙伴国的消费者。然而，我们的研究也将显示，实施贸易政策自由化的国家对其贸易伙伴国的影响程度取决于经济条件，例如该国对世界均衡价格的影响能力。我们也将阐明（在本书第四篇），政策自由化的福利分析能够被扩展到多个国家组成的区域集团以及多边贸易区块的情形。例如，我们将阐述多边贸易自由化较区域贸易自由化更优，因为多边贸易自由化能够使全球福利增加得更多。

本书将这些福利效应总结在表格当中。纵观这些表格能够看出，贸易（或贸易自由化）能够增加一国整体的福利水平。然而，这些贸易利益的分配存在较大差异。

贸易利益的分配问题促使国际贸易经济学家提出这样的问题：贸易利益能否进行分配，从而使一国内部所有经济主体的福利水平都提高？萨缪尔森（1939）对这一问题进行了阐述。他的研究显示，在自由贸易状态下，所有参与贸易的国家的消费者都有可能获益，因为因贸易而获益的经济主体在补偿了那些因贸易而受损的经济主体之后，仍然比自给自足状态下的福利水平高。因此，贸易能够增加经济体内部所有经济主体的消费可能性。换句话说，当存在补偿（或者获益者支付给受损者的利益再分配）的情况下，对于所有经济主体而言，自由贸易较自给自足更优，因为自由贸易使所有人的消费可能性增加。

在现实世界实践中，国际贸易（以及贸易自由化）领域的许多争议是围绕贸易的福利得益与福利损失的分配问题，以及向受损者提供（或不提供）补偿的问题。即尽管对自由贸易能够提高国家整体和全球总福利水平已经成为共识，然而贸易利益和损失在国家之间，以及国家内部分不同经济主体之间的分配仍然是争论的焦点。

国际贸易经济学家和政策制定者在某种程度上，就是通过研究如何制定本国和国际政策来重新分配贸易利益，或者最大限度地提高净福利来解决这些担忧。例如，制定贸易调整援助（TAA）政策用于具体支持那些受到贸易或贸易自由化负面影响的经济主体。贸易调整援助政策关注对那些因为增加进口或者本土生产区位向国外转移而受到福利损失的经济主体进行补偿。本书贸易和劳工的章节（第12章）将对贸易调整援助政策进行研究和探讨。

国际贸易经济学家还分析了其他贸易政策工具的相对福利影响作用。他们认为，一些政策能够带来相对更大的福利增加——即最大化福利增加与损失的差值。例如，最优政策和次优政策的概念被应用于贸易的研究。从福利的视角看，最优政策是首选，因为最优政策能够产生更大的净福利增加。与之形成对比的是，次优政策（仍然能够带来福利的提高）产生相对较小的净福利增加，因为次优政策引入了新的扭曲（即效率损失）。最优政策和次优政策的概念被应用于本书关于贸易和环境的章节（第11章）来解决与外部性有关的市场失灵问题。我们将讨论国际贸易政策在解决国际范围的外部性时是最优政策，然而在解决国家层面以及国家内部层面的外部性时却成为次优的政策问题。例如，可能会主张采用国际协调的贸易政策来解决全球变暖问题，但是不可能采用国际协调的政策去解决一国当地的空气污染或垃圾填埋问题。

最后，国际贸易经济学家分析了最优政策的概念。最优政策之所以成为首选的政策，是因为其能够最大化净福利增加，同时最小化净福利损失。本书关于关税讨论的章节（第5章）会对最优关税的概念进行阐述。

最后，我们注意到，贸易及其政策的政治层面因素使福利的再分配问题变得复杂。例如，政治决策者常常对经济体内部不同经济主体福利的重视程度不同。相对于消费者的福利而言，决策者往往更加看重生产者的福利，因为生产者为自身利益进行游说的能力更强。同样的，决策者往往对全球经济中不同国家福利的重视程度不同。相对于经济和政治影响力小的国家而言，经济和政治影响力更强的国家的福利更受重视，因为政治影响力更强的国家为自身利益进行游说的能力更大。本书第14章将在贸易政策安排框架内讨论各经济主体的不平等地位。研究政策内生性问题的贸易的政治经济学理论文献对这类问题进行了详细的论述。这些政治层面的问题并没有割裂贸易理论研究和现实实践的关系。相反，贸易理论为解释这些政治层面的问题提供了可以被扩展的理论基础。本书其余的篇奠定了这些扩展到政治经济领域的前提条件的理论基础。

4.4　第二篇的结构是如何安排的？

第二篇涵盖了专门针对贸易行为而制定的传统贸易政策。它集中分析了这些传统贸易政策的影响作用，包括福利影响作用分析。第二篇的每一章探索了一种不同的贸易政策或贸易政策组合。第5章首先研究了关税。在这一章中，我们提出四个核心问题：什么是关税、它的种类和征收目的是什么？关税的影响作用是什么？关税自由化的影响作用是什么？关税如何保护本国产业？为了回答这些问题，我们分别对不能够影响世界市场价格的小国情形，以及能够影响世界市场价格的大国情形进行了分析。

第6章研究出口补贴。这一章提出三个核心问题：什么是出口补贴、它的种类和目的是什么？出口补贴的影响作用是什么？自由化出口补贴的影响作用是什么？为了回答这些问题，我们再次分别对小国情形和大国情形进行研究。我们还考虑了当出口补贴足够大从而改变了贸易模式的情形。此外，我们还研究出口补贴在不同国家之间，以及不同经济主体之间的负担问题。

第7章研究数量限制。这一章提出两个核心问题：什么是数量限制，它的种类和目的是什么？数量限制的影响作用是什么？为了回答这些问题，我们研究三种最主要的数量限制：①进口配额；②出口配额或自愿出口限制；③贸易禁止。

最后，第8章对上述政策进行比较分析。这一章研究了四个核心问题：什么是政策等同，以及它们的目的是什么？什么是政策等同的相对影响作用？什么是自由化政策的相对影响作用？什么是替代政策的影响作用？为了回答这些问题，我们对比分析了关税、进口配额、出口配额（包括自愿出口限制）、贸易禁止，以及出口补贴的相对影响作用。第8章还分析替代政策例如将数量限制转换为关税的影响作用，并且分析诸如关税配额这种复合政策的影响作用。

在第二篇的每一章中，我们最终的目的是阐明这些具体政策（以及自由化这些政策）

对人们福利的影响作用。即阐明什么是利益攸关的事情，以及对谁而言的。第二部分为理解这些常常在政策对话中存在冲突的利益和视角奠定了理论基础。

延伸阅读

Anderson，James E.，and Eric van Wincoop. 2004. Trade costs. Journal of Economic Literature 42 (3)：691-751.

Corden，W. Max. ed. 1971. The Theory of Protection. Oxford：Clarendon Press，de Melo，Jaime，and David Tarr. 1992. A General Equilibrium Analysis of US Foreign Trade Policy. Cambridge，MA：MIT Press.

Feenstra，Robert C. 1992. How costly is protectionism? Journal of Economics Perspectives 6 (3)：159-178.

Hufbauer，Gary C. and Kimberly A. Elliot. 1994. Measuring the costs of protection in the United States. Washington，D.C.：Institute for International Economics.

Irwin，Douglas A. 1996. Against the Tide：An Intellectual History of Free Trade. Princeton，NJ：Princeton University Press.

Irwin，Douglas A. 2008. Antebellum tariff politics：regional coalitions and shifting economic

interests. Journal of Law and Economics 51 (4)：715-741.

Irwin，Douglas A. 2009. Free Trade Under Fire. Princeton，NJ：Princeton University Press.

Krishna，Kala. 1989. Trade restrictions as facilitating practices. Journal of International Economics 26 (May)：251-270.

Krugman，Paul R. 1987. Is free trade passe? Journal of Economic Perspectives 1 (2)：131-144.

Messerlin，Patrick. 2001. Measuring the Costs of Protection in Europe：European Commercial Policy in the 2000s. Washington，D.C.：Institute for International Economics.

Roussland，D. and A. Auomela. 1985. Calculating the Consumer and Net Welfare Costs of Import Relief. US International Trade Commission Staff Research Study 15. Washington，D.C.：International Trade Commission.

Samuelson，Paul A. 1939. The gains from international trade. Canadian Journal of Economics and Political Science 5 (2)：195-205. Reprinted in Readings in the Theory of International Trade，(eds Howard S. Ellis and Lloyd A. Metzler)，Philadelphia：Blakiston，1949，239-52.

Scott，Bradford. 2003. Paying the price：Final goods protection in OECD countries. Review of Economics and Statistics 85 (1)：24-37.

Vousden，Neil 1990. The Economic Theory of Protection. Cambridge：Cambridge University Press.

5 关税

5.1 ## 5.1 关税的定义、种类和征收目的是什么？

关税是一种税收。它通常是进口国对从他国进口的商品所征收的一种税款。由于关税是对从他国关境进入本国关境的商品征收，因此关税也被称为海关税收。

关税的基本种类有三种：①从量关税；②从价关税；③复合关税。从量关税是指，对每单位进口商品征收固定税额的关税。例如，对每吨进口商品征收100美元的关税。从价关税是指，依据进口商品的价值征收一定比例的关税。例如，按进口商品价值征收5%的关税。复合关税是指从量关税与从价关税的结合。即复合关税是对单位进口商品征收一个固定的税额再加上按商品价值征收一定比例的税额。除了这些基本的关税种类之外，还有一些不常见的关税类型，如混合关税和技术关税。混合关税是复合关税的一种变型，即对进口商品要么按从量关税征收，要么按从价关税征收，最终取决于按哪种标准征收的税额更高。技术关税征收的依据是商品中某种投入品的含量，例如对酒类进口征收的关税。在当今全球经济中，从价关税是最主要的关税形式。各国已经将关税转换成这一共同的形式，从而通过贸易安排努力实现贸易政策自由化的规范化和标准化。

各国对其所有贸易伙伴国设定相同的关税税率；即不对从不同国家进口的商品征收不同的关税税率而在贸易伙伴国之间实施歧视性待遇。这一非歧视原则在关税与贸易总协定及其后继者世界贸易组织的最惠国待遇条款中被提出。然而，非歧视原则允许在两种特定情形下存在例外。这两种例外情形均允许对某些特定贸易伙伴给予优惠待遇。第一种情形是发达国家给予发展中国家的非互惠待遇。第二种情形是参与区域贸易协定的成员方给予其他成员方的互惠待遇❶。

征收关税的目的有两个层面。第一，关税被政府用来增加税收收入。这一目的对于那些进口商品的价值相对于本国经济活动价值较大的发展中国家来说更加重要。第二，关税被用于保护本国产业。关税保护的是哪些产业呢？关税保护的是本国具有比较劣势的产

---

❶ 这些例外在1979年的授权条款以及关税与贸易总协定的XXIV条款提出。

业❶。即关税被用来保护一些本国商品的供应者，这些商品是在自由贸易条件下原本应该成为进口的商品。回忆前文概念，关税是被进口国施加在进口商品上的税收。通过征收税收，能够使该国本土产业与那些"在没有关税情况下原本会以更低价格进口的商品"相竞争。

在这一章，我们围绕关税探讨三个核心问题：①关税的影响是什么？②关税自由化的影响是什么？③关税如何保护本国产业？在回答这些问题时，我们分析关税的福利效应，即分析关税带来的利益和损失。也就是说，我们分析谁因实施关税或关税自由化而获益，谁因实施关税或关税自由化而受损。

5.2　关税的影响是什么？

关税对进口国和出口国的影响分别是什么？关税对进口国的影响是非常直观的。关税将导致进口商品的价格上升，因为进口商品的价格中包含了关税。在一个竞争性的市场上，本国商品的价格将会等于进口商品包含关税的价格。其次，关税将导致本国商品的供给量增加，因为生产者现在与更高价格的进口商品相竞争。同时，进口国对该商品的需求量减少。这是因为，征收关税使本国商品的价格和进口商品的价格均上升。

关税也会影响进口国的福利。关税会对消费者的福利、生产者的福利和政府的福利产生不同的影响作用。具体而言，本国生产者福利增加，因为生产者供给的商品数量增加，同时其获得的商品价格也上升。相反，本国消费者福利减少，因为消费者对商品需求量减少，同时其为该商品支付的价格上升。政府的福利增加，因为政府因征收关税而获得税收收入。将关税对上述三个经济主体的福利影响加总，能够总结出关税对进口国的净福利影响作用。接下来在这一篇，我们将揭示关税对进口国的净福利影响，可能为正，也可能为负。关税对进口国的净福利的影响方向取决于该国对进口商品世界市场价格的影响能力。

关税对出口国的影响更加不确定。出口国的商品价格（或者世界价格）可能下降，也可能维持不变。如果征收进口关税的国家是大国，即该国对商品的进口需求量在世界需求总量中所占份额较大，则该商品的世界价格将会下降。在这种情况下，关税导致该商品的世界需求量减少，从而导致该商品的世界价格下降。由于出口国的生产者出口该商品只能获取更低的世界价格，因此出口国的商品供给量减少。同时，由于出口国消费者现在只需为该商品支付更低的世界价格，因此出口国的消费者对该商品的需求量增加。

在这种情况下，关税影响出口国的福利。具体而言，出口国生产者的福利减少，因为生产者供给的商品数量减少，并且商品的价格下降。相反，出口国消费者的福利增加，因为消费者的商品需求量增加，并且为商品支付的价格下降。同时，出口国政府的福利没有变化，因为关税收入被进口国政府获得。如果将关税对上述三个经济主体的福利影响加总，能够得出关税对出口国的净福利影响。我们将揭示，如果世界价格改变，关税对出口国的净福利影响为负。

另一种情况，如果征收进口关税的国家为小国，即该国对商品的进口需求量占世界市场需总量份额小，那么征收关税后，商品的世界需求总量以及世界价格维持不变。在这种情况下，出口国对该商品的供给量和需求量维持不变。因此，出口国消费者和生产者的福

---

❶ 这一比较劣势可以由本书第一篇的任何一个详细阐述的模型来解释。

利也维持不变。

接下来，我们提出一个简单的局部均衡模型来阐述关税的上述影响作用。首先我们建立一个模型框架，然后分析三种情形。第一种情形为大国征收进口关税。所谓"大国"是指能够影响商品世界价格的国家。大国的商品需求量占世界商品需求总量的份额大。第二种情形为小国征收进口关税。所谓"小国"是指不能够影响商品世界价格的国家。小国的商品需求量在世界需求总量中所占份额小。第三种情形为商品的出口国和进口国对商品价格变化的反应敏感度不同。具体而言，我们分析这种情形，即相对于进口需求而言，出口供给无弹性。

简单的局部均衡模型的基本假设如下：存在两个国家，本国和外国。只存在一种商品，该商品被征收关税。本国是商品的进口国。外国是商品的出口国。换句话说，本国（即进口国）具有该商品的比较劣势，外国（即出口国）具有该商品的比较优势。

5.2.1　情形1：大国征收进口关税的影响是什么？

首先，我们分析大国征收进口关税的情形。图5.1显示了在大国情形下，该商品的各个市场。图5.1（a）显示了本国（即商品的进口国）市场上商品的供给（S）和需求（D）。在本国市场，均衡时的商品价格为自给自足状态时的价格（P_a）。自给自足状态时的价格是指不存在贸易时的商品价格。本国自给自足均衡时的商品价格较高，表明本国在该商品的生产上具有比较劣势。与之形成对比的是，图5.1（c）显示了外国（即商品的出口国）市场上商品的供给（S^*）和需求（D^*）。同样，外国市场上该商品的均衡价格是其自给自足时的价格（P_a^*）。外国自给自足价格时的价格相对较低，表明外国在该商品的生产上具有比较优势。

图5.1（b）显示了该商品在世界市场上的供给与需求。世界市场是本国与外国进行贸易的市场。该图中的需求曲线为本国的进口需求曲线（D^m）。这条进口需求曲线由图5.1（a）中本国市场的供给曲线和需求曲线推导得出，即分析在所有可能的世界价格水平上，本国的供给和需求行为。当世界价格等于或高于本国自给自足均衡时的价格时，本国将不存在进口需求。此时，本国对该商品的需求完全由本国供给满足。然而，当世界价格低于本国自给自足均衡时的价格时，本国将会存在进口需求，其进口需求量等于国内需求量超过国内供给量的那一部分。举例说明，在P_1的价格水平上，本国的进口需求量为$\overline{ab}$。在P_2的价格水平上，本国的进口需求量为$\overline{de}$。在P_3的价格水平上，本国的进口需求量为$\overline{fg}$。图5.1（a）和图5.1（b）中水平距离均显示了进口需求量。

相对应的，图5.1（b）中世界市场上的供给曲线为外国的出口供给曲线（S^x）。出口供给曲线由图5.1（c）外国市场上的供给曲线与需求曲线推导得出，即在所有可能的世界价格水平上，分析外国市场的供给和需求行为。当世界价格等于或低于外国自给自足均衡时的价格时，外国将不出口该商品，所生产的商品仅提供当地消费者消费。然而，当世界价格高于外国自给自足均衡时的价格时，外国将会出口该商品，其出口量等于该国市场的供给量超过需求量的那一部分。具体而言，在P_1的价格水平上，外国的出口供给量为$\overline{ac}$。在P_2的价格水平上，外国的出口供给量为$\overline{de}$，在P_3的价格水平上，外国的出口供给量为$\overline{fh}$。图5.1（c）和图5.1（b）中水平距离均显示了出口供给量。

图5.1（b）中，进口需求曲线与出口供给曲线的交点决定了世界均衡价格（P^w）。世界均衡价格是本国进口需求量等于外国出口供给量时的世界价格。在这一均衡世界价格水平上，图5.1（a）中本国的进口需求量（M_0）等于图5.1（c）外国的出口供给量（X_0^*）。

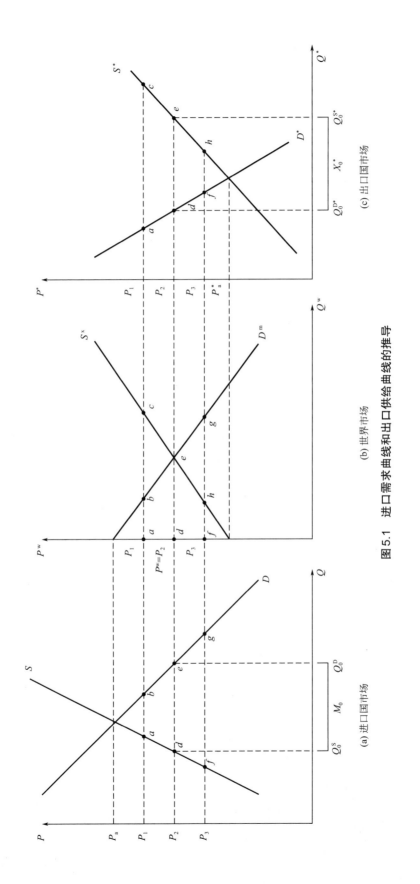

图5.1 进口需求曲线和出口供给曲线的推导

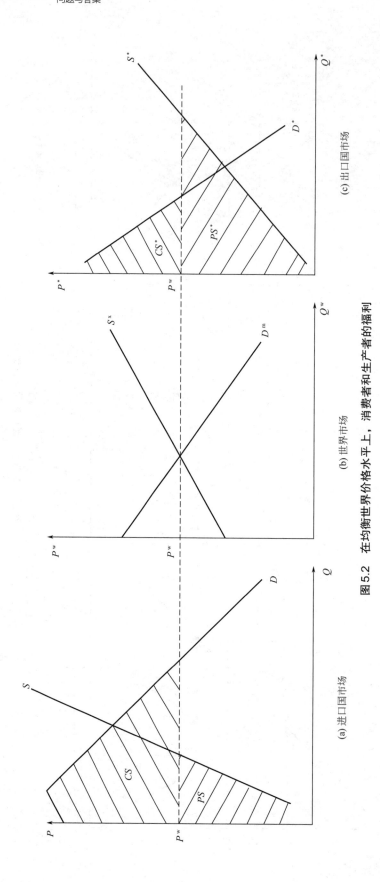

图 5.2 在均衡世界价格水平上，消费者和生产者的福利

(a) 进口国市场　　　(b) 世界市场　　　(c) 出口国市场

图5.1（a）中本国的进口量是在世界价格水平上，本国市场需求量（Q_0^D）超过供给量（Q_0^S）的那一部分。同样的，图5.1（c）中外国的出口供给量是在世界价格水平上，外国市场的供给量（Q_0^{S*}）超过需求量（Q_0^{D*}）的那一部分。

我们也能够分析在均衡世界价格水平上，生产者和消费者的福利。图5.2描述了在均衡世界价格水平上的福利情况。该图是根据图5.1得出的。回忆之前所学的知识，生产者的福利由生产者剩余来衡量——即生产者供给曲线以上和实际获得的价格水平以下所围成的面积。类似的，消费者福利由消费者剩余来衡量——即消费者需求曲线以下和实际支付的价格水平以上所围成的面积。图5.2（a）中，进口国生产者剩余和消费者剩余分别为PS和CS阴影部分的面积。同样，图5.2（c）中，出口国生产者剩余和消费者剩余分别为PS^*和CS^*阴影部分的面积。这是不存在政策壁垒情况下，在均衡世界价格水平上的福利模式。

上述分析为大国征收进口关税的情形。在大国情形下，我们假设本国进口需求在世界市场上所占份额较大。这一点能够通过观察出口供给曲线具有正的弹性得出——即出口供给曲线并不是无穷弹性的。这意味着，当本国进口需求量发生变化时，世界均衡价格也会随之发生变化。

现在将关税引入这一简单的模型框架。图5.3显示了关税的影响（图5.3是由图5.1和图5.2结合在一起得出的）。关税本质上是在商品的出口国市场价格（P_t^*）与进口国市场价格（P_t）之间插入了一个楔子。关税的大小由图5.3（b）中垂直距离（t）表示。本国（进口国）征收进口关税，本国市场上该商品的价格从世界价格（P^w）上升至包含关税的价格（P_t）。这一价格的变化导致本国进口需求量沿着进口需求曲线的方向减少。另一方面，对于出口国而言，征收关税后，该商品的价格从原来的世界价格（P^w）下降至新的更低的价格水平（P_t^*）。这一价格变化导致外国出口供给量沿着出口供给曲线的方向减少。在这种情况下，关税的价格效应由进口国和出口国共同承担。即使是进口国单方面征收进口关税，关税价格效应的分担也是如此。出口国所面对的世界价格之所以会发生变化，是因为进口国需求量的变化能够影响商品的世界价格。

关税也能够影响本国和外国市场上该商品的供给量、需求量和两国之间的贸易量［分别如图5.3（a）和图5.3（c）所示］。征收关税后，本国市场上该商品的供给量增加（从Q_0^S增加至Q_1^S），同时对该商品的需求量下降（从Q_0^D减少至Q_1^D）。与之形成对比的是，外国市场上该商品的供给量减少（从Q_0^{S*}减少至Q_1^{S*}），同时对该商品的需求量增加（从Q_0^{D*}增加至Q_1^{D*}）。结果导致，两个国家之间的贸易量减少。本国商品的进口量减少（从M_0减少至M_1），而外国商品的出口量减少（从X_0^*减少至X_1^*）。

直观上，我们能够通过关税对价格和数量的影响，分析得到关税对生产者和消费者的影响作用。在本国市场上，生产者以更高的价格向国内市场供给更多的商品。本国生产者因关税而获益，因为生产者销售商品的收入增加。本国消费者在更高的价格水平上需求更少的商品。本国消费者因关税而受损，因为消费者为商品支付更高的成本。另一方面，在外国市场上，生产者以更低的价格提供更少的商品。外国生产者因关税而受损。并且，外国消费者需求更多的商品同时支付更低的价格。因此，外国消费者因关税而获益。

此外，关税改变了本国消费者在国内生产的商品和进口商品之间的消费比例。本国消费者现在消费更多的本国生产的商品，更少的进口商品。外国市场上的消费者仍然只消费当地生产的商品，但其消费量更多 ❶。

---

❶ 译者注：原文表述为"外国市场上的消费者仍然只消费当地生产的商品，但其消费量更少"。

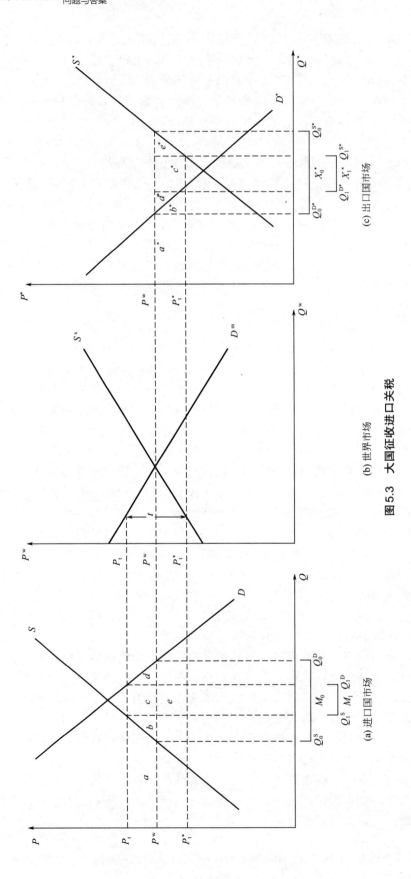

图 5.3　大国征收进口关税

(a) 进口国市场　　(b) 世界市场　　(c) 出口国市场

关税对本国和外国的福利影响也能够通过图5.3分析得出，并且被总结在表5.1中。这里，我们并不阐述两个国家征收关税前后的总福利水平，而是简单地阐明关税引起的福利变化。图5.1（a）显示了关税对进口国福利的影响作用。如该图所示，关税导致生产者福利增加，因为生产者剩余增加了+（a）。消费者福利减少，因为消费者剩余减少了$-$（$a+b+c+d$），同时政府的福利增加了+（$c+e$）。政府福利的变化等于关税收入，即商品的进口数量（水平距离）和关税数额（竖直高度）的乘积。

表5.1 关税的福利效应

情形1——大国情形

经济主体	福利效应（进口国/本国）	福利效应（出口国/外国）
生产者	+（a）	$-$（$a^*+b^*+c^*+d^*+e^*$）
消费者	$-$（$a+b+c+d$）	+（a^*+b^*）
政府	+（$c+e$）	0
国家	+$e-$（$b+d$）	$-$（$c^*+d^*+e^*$）
国家（方向）	负或正	负

情形2——小国情形

经济主体	福利效应（进口国/本国）	福利效应（出口国/外国）
生产者	+（a）	0
消费者	$-$（$a+b+c+d$）	0
政府	+c	0
国家	$-$（$b+d$）	0
国家（方向）	负	无

情形3——进口需求弹性比出口供给弹性更大

经济主体	福利效应（进口国/本国）	福利效应（出口国/外国）
生产者	+（a）	$-$（$a^*+b^*+c^*+d^*+e^*$）
消费者	$-$（$a+b+c+d$）	+（a^*+b^*）
政府	+（$c+e$）	0
国家	+$e-$（$b+d$）	$-$（$c^*+d^*+e^*$）
国家（方向）	负或正	负

注：情形1和情形3关税的影响方向相似，但影响程度不同。在情形1中，我们认为$|e|<|b+d|$，并且$|c^*+d^*+e^*|$相对较小。在情形3中，我们认为$|e|>|b+d|$，并且$|c^*+d^*+e^*|$相对较大。

关税对进口国的净福利影响等于生产者福利变化、消费者福利变化和政府福利变化的加总。将这些影响加在一起，得到+（e）$-$（$b+d$）。每一块面积都有独特的含义。+（e）表示正的贸易条件效应。这一部分面积是本国征收关税压低了进口品的世界价格导致的。面积$-$（$b+d$）是生产者、消费者造成的无谓损失。具体而言，$-$（b）是生产扭曲。这一面积是本国增加了比较劣势商品的国内供给量引起的效率损失。$-$（d）是消费扭曲。这一面积是本国对进口商品需求量下降导致的效率损失。对于该国的净福利而言，如果无谓损失超过了贸易条件效应，则进口国的净福利因关税而减少；反之，如果无谓损失小于贸易条件效应，则进口国的净福利因关税而增加。

图5.3（c）显示了关税对出口国福利的影响。如图所示，关税导致出口国生产者的福利减少，因为生产者剩余减少了$-(a^*+b^*+c^*+d^*+e^*)$。消费者福利增加，因为消费者剩余增加了$+(a^*+b^*)$。对于出口国而言，政府福利没有变化，因为政府收入没有增加。将这些影响加总得到$-(c^*+d^*+e^*)$。其中$-(c^*)$为贸易条件效应，这一部分面积是关税压低了外国出口商品的世界价格导致的。$-(d^*+e^*)$是消费者和生产者的无谓损失。其中，面积$-(d^*)$为消费扭曲。$-(e^*)$为生产扭曲。这一面积是出口商品供给量的减少所造成的效率损失，因为出口商品在征收关税前具有更高的价格。毫无疑问，出口国的净福利因关税而受到损害。

5.2.2　情景2：小国征收进口关税的影响是什么？

接下来，我们分析小国征收进口关税的情形。这种情况下，我们假设本国为小国，意味着本国对该商品的进口需求量在世界市场所占份额较小。换句话说，本国进口需求量的变化不影响世界市场价格。即进口国面对一条无穷弹性的世界供给曲线。我们将图5.3进行修改来表示这种情形，如图5.4所示。观察图5.4，出口供给曲线为无穷弹性。这意味着，当本国对进口商品的需求量发生变化时，均衡时的世界价格维持不变。换句话说，出口国能够满足本国任意数量的进口需求。

现在将关税引入这一修改后的模型框架，如图5.4（b）所示。正如大国情形一样，关税本质上相当于在该商品的出口国价格（P_t^*）与进口国价格（P_t）之间插入了一个楔子。关税的大小在图5.4（b）中由上述两个价格之间的垂直距离（t）表示。征收进口关税后，本国市场上商品价格从自由贸易时的世界价格（P^w）上升到包含关税的国内价格（P_t）。这一价格的变化导致本国进口需求量沿着进口需求曲线的方向减少。另一方面，出口国市场上该商品的价格维持不变，仍然等于最初自由贸易时的世界价格（$P^w=P_t^*$）。即在这种情况下，关税的价格效应并没有被进口国和出口国共同承担。相反，关税的价格效应完全由进口国自身承担。

关税也能够影响本国市场上该商品的供给量、需求量和贸易量，如图5.4（a）所示。具体而言，本国市场上商品供给量增加（从Q_0^S增加到Q_1^S❶，而商品需求量减少（从Q_0^D减少到Q_1^D）。与之形成对比的是，外国市场并没有受到任何影响。但是，进口国和出口国之间的贸易量确实减少了。本国进口量减少（从M_0减少到M_1），同时外国的出口量也减少了相同的数量。然而，这一数量的减少对于出口国来说是微不足道的。

与前述大国情形一样，我们能够通过关税对价格和数量的影响效应，分析得出关税对生产者和消费者的影响。本国生产者在更高的价格水平上向本国市场供给更多商品。本国生产者显然因关税而获益，因为生产者获得更高的销售收入。由于本国市场上商品价格升高，消费者对该商品的需求量减少。本国消费者显然因关税而受损，因为消费者为商品支付更高的成本。此外，关税改变了本国消费者在国内生产的商品和进口商品之间的消费比例。征收进口关税后，本国消费者将消费更多本国生产的商品和更少的进口商品。与之形成对比的是，外国生产者和消费者并没有受到显著的经济影响。外国的消费者仍然只消费

---

❶ 译者注：原书变量的标号写成了Q_0^D和Q_1^D。

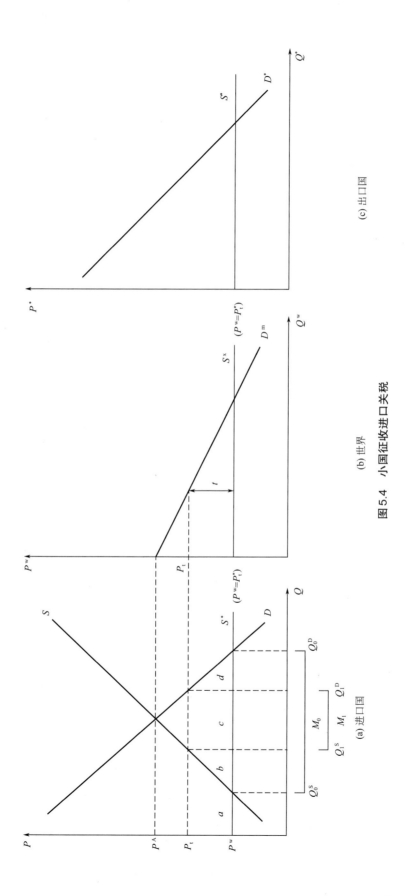

图 5.4 小国征收进口关税

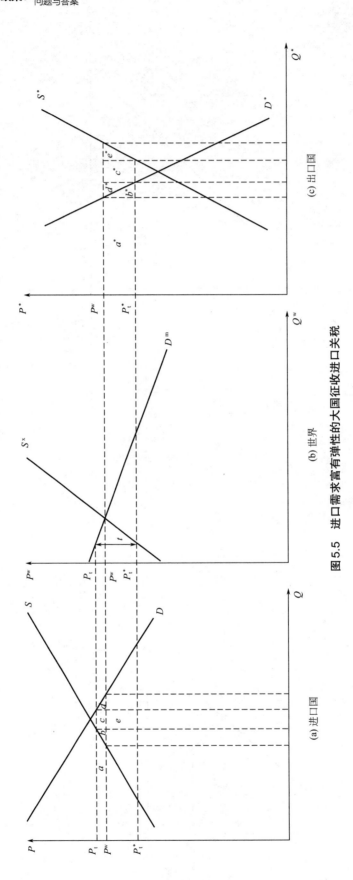

图 5.5 进口需求富有弹性的大国征收进口关税

当地生产的商品。

关税对本国福利和外国福利的影响同样能够通过图5.4分析得出，并且相关结论总结在表5.1中。如大国情形一样，我们在此只阐述关税带来的福利变化。对于进口国而言，关税导致生产者福利增加，表现为生产者剩余增加+（a）。关税导致消费者福利减少，表现为消费者剩余减少-（a+b+c+d），并且政府福利增加了+c。政府福利的增加等于关税收入，即进口量（图中水平距离）与关税水平（图中垂直距离）的乘积。

关税对国家的净福影响等于生产者福利变化、消费者福利变化和政府福利变化的加总。将上述效应加总得到净福利效应为-（b+d）。-（b+d）是生产者和消费者产生的无谓损失。其中-（b）是本国增加了具有比较劣势商品的供给量而导致的生产扭曲。-（d）是该商品的需求量减少而产生的消费扭曲。需要注意的是，在小国情形下，不存在关税导致的贸易条件改善而带来的福利增加。因此，在小国情形下，关税对进口国的净福利影响无疑为负。而对出口国而言，在小国情形下，关税对出口国的净福利没有影响。

5.2.3 情景3：当出口供给相对于进口需求缺乏弹性时，关税的影响是什么？

我们已经分别在大国情形和小国情形下讨论了进口关税的影响作用。首先，我们假设进口国为大国，在世界市场上面对一条正弹性的出口供给曲线。其次，我们假设进口国为小国，在世界市场上面对一条无穷弹性的出口供给曲线。在接下来的部分，我们考虑另外一种情况，即进口需求较出口供给更富有弹性。当商品的世界供给量相对有限或固定时，便会出现这种情况。或者是，当进口需求对价格更加敏感时也会出现这种情况。

图5.5显示了这种情形。如前文所述，关税本质上是在商品的出口国价格（P_t^*）与进口国价格（P_t）之间插入一个楔子。关税的大小由图5.5（b）中两个价格之间的垂直距离（t）表示。当本国（进口国）征收关税后，国内价格从自由贸易时的世界价格（P^w）上升到包含关税的价格（P_t）。这一价格的变化幅度相对较小。另外，从出口国角度看，商品的价格从自由贸易时的世界价格（P^w）下降到新的世界价格（P_t^*）。这一价格的变化幅度相对较大。换句话说，关税的价格效应并非由出口国和进口国平均分担，而是主要由出口国来承担。关税的价格效应之所以会呈现这种特征，主要是因为进口国的需求对该商品的世界价格影响程度相当大。

关税（对进口国和出口国的供给量、需求量和贸易量）的直接影响与前述情形1相同。因此，在此不再赘述。然而，在当前情形下，关税的福利效应与情形1存在较大区别，因为此时关税的价格效应主要由出口国承担。

图5.5显示了关税对本国福利和外国福利的影响（表5.1对这些影响作用进行了总结）。图5.5（a）显示了关税对进口国福利的影响。如图所示，关税导致生产者剩余增加了+（a），表明生产者的福利增加。关税导致消费者剩余减少了-（a+b+c+d），表明消费者福利减少。并且政府福利增加了+（c+e）。将生产者的福利变化、消费者的福利变化和政府的福利变化加总得到关税对进口国的净福利影响。加总后得到+（e）-（b+d）。如前所述，+（e）是贸易条件改善带来的正福利效应。这一部分福利改善是本国征收关税压低了进口商品在世界市场上的价格。-（b+d）是生产者和消费者产生的无谓损失。通常来说，关税对进口国的净福利影响为负，因为扭曲带来的福利损失超过贸易条件改善带来的福利增加［即（b+d）＞e］。然而，在当前这种情形下，贸易条件改善带来的福利增加超过了扭曲带来的福利损失［即（b+d）＜e］。因此，当前这种情形是一个特例，即进口国征收关税能够

导致自身净福利增加。

关税对进口国的影响作用与其对出口国的影响作用形成鲜明对比。图5.5（c）显示了关税对出口国福利的影响。如图所示，关税导致生产者剩余减少了$-(a^*+b^*+c^*+d^*+e^*)$，意味着生产者福利下降。关税导致消费者剩余增加了$+(a^*+b^*)$，意味着消费者福利增加。出口国政府的福利没有变化，因为进口国征收关税没有为出口国政府带来任何税收收益。关税对出口国的净福利效应是上述影响的加总。将上述影响加总后得到$-(c^*+d^*+e^*)$。其中，$-(c^*)$为贸易条件效应。这一部分的福利损失是关税压低了外国出口商品的世界价格。$-(d^*+e^*)$是消费者和生产者产生的无谓损失。关税对出口国的净福利影响毫无疑问为负。同时，我们也能够发现，出口国的无谓损失比进口国的无谓损失面积大。

综上所述，进口国消费者和生产者的无谓损失相对较小，而出口国消费者和生产者的无谓损失相对较大。进口国政府的关税收入为正，而出口国政府没有任何关税收入。并且，商品的世界价格下降使进口国获益，而出口国受损。本质上看，进口国（实施关税政策的国家）将关税的负担转嫁给了出口国。进口国的福利改善，因为贸易条件效应超过了生产者和消费者的无谓损失。然而，出口国的福利无疑受到损害。因此（仅在这种情况下），从进口国的国家视角看，关税是可取的；然而，从出口国视角看，关税是不可取的。从全球视角看，关税也是不可取的，因为出口国和进口国作为一个整体而言，关税的总福利效应为负。

5.2.4 关税负担是如何在国家之间和经济主体之间分配的？

从前文分析的几种情形中可知，关税的价格效应在国家之间的分配存在差异。关税价格效应的分配常常被称为关税的负担。此外，从前文分析的几种情形中可知，关税的福利效应在各国内部的分配也存在差异。这一部分对关税的价格效应在国家之间的负担以及关税的福利效应在各国内部的分配问题进行总结。

通过对前述几种情形对比分析后能够得出，当进口需求弹性和出口供给弹性大体相当时，关税的价格效应在出口国和进口国之间的负担相对平均。这与大国征收进口关税的情形（即情形1）的结论相一致。直觉上看，我们能够将进口国视为像欧洲这样的多个国家的集合，同时将出口国视为像北美这样的多个国家的集合。在这种情形下，欧洲的关税政策能够改变北美出口商品在世界市场上的价格。在欧洲市场上，该商品价格上升的绝对幅度大体等于北美市场上该商品价格下降的绝对幅度。在这种情况下，关税价格效应的负担在欧洲和北美之间相对平均。即使如此，欧洲将会承担相对较小的福利负担，因为关税导致的负的扭曲效应将会被贸易条件改善带来的福利增加抵消一部分。同时，北美将会承担相对较大的福利负担，因为关税导致的负的扭曲效应将会因贸易条件恶化导致的福利减少而进一步扩大。

与之形成对比的是，当出口国的出口供给是无穷弹性时，关税的价格效应完全由进口国承担。这种情形与进口国是小国的情形相符合，即该国的进口需求能够完全被出口国满足（即情形2）。直观上看，我们可以将进口国视为一个像海地这样的小国，将出口国视为像南美这样的几个国家集合。在这种情况下，海地的关税政策很可能对南美国家出口商品的世界价格的影响微不足道。海地国内市场上该商品价格上升的幅度完全等于关税的规模。在这种情形下，关税价格效应完全由进口国承担。并且，海地将会承担相对大的福利损失，因为关税造成的扭曲不能被贸易条件改善而补偿。同时，南美国家的福利没有受到任何影响，因为这些国家没有因他们的小的贸易伙伴国的关税政策而受到任何影响。

最后，当出口供给相对于进口需求缺乏弹性时，关税的价格效应几乎完全由出口国承担。这种情况符合这样的情景，即商品的出口供给相对有限，或者进口国的价格敏感度较出口国更高（即情形3）。直观上看，我们可以将进口国视为像澳大利亚这样的国家，而将出口国视为像斐济这样的国家，并且将商品视为瓶装水。在这种情况下，澳大利亚对从斐济进口的瓶装水征收进口关税将会很大程度上改变斐济出口商品的价格。澳大利亚国内的瓶装水价格上涨的绝对幅度相对小于斐济瓶装水出口价格下降的绝对幅度。在这种情况下，关税的价格效应主要由出口国斐济承担。此外，澳大利亚将会承担相对较小的福利损失，因为关税造成的负的扭曲能够被贸易条件改善带来的福利增加所抵消（至少是部分的抵消）。同时，斐济将承担相对较大的福利损失，因为关税造成的负的扭曲效应，以及贸易条件恶化造成的福利损失会很大。

综上所述，当进口国为大国情形，并且出口供给弹性和进口需求弹性相似时 ❶，关税的价格效应将由进口国和出口国共同承担。当进口国为小国情形时，进口国面对一条无穷弹性的出口供给曲线，关税的价格效应完全由进口国承担。当出口供给相对于进口需求缺乏弹性时，关税的价格效应主要由出口国承担。当贸易的商品的供给量有限，或进口需求具有高度的价格敏感度时，最后一种情形便会出现。此外，如果我们在国家内部审视关税的福利负担问题时会发现，当进口国是小国并且面对一条无穷弹性的出口供给曲线时，进口国消费者的福利损失最大；而当出口供给相对于进口需求缺乏弹性时，出口国的生产者的福利损失最大。

5.3 关税自由化的影响是什么？

在前面几节内容中，我们利用模型阐明了征收进口关税对进口国和出口国的影响作用。本节我们换一种思路，利用上述模型进行倒推，来阐述自由化关税所产生的影响。

在实践中，关税自由化具有相当长的历史。在过去的七十年间，关税的税率不断下降。自20世纪40年代以来，平均关税率从之前的20%～30%下降到3%～7%（参见世界贸易组织，2007）。这一贸易自由化进程主要出现在发达国家之间。然而，自20世纪80年代以来，发展中国家也开始大幅削减关税。关税税率的下降很大一部分是通过关税与贸易总协定及其后继者世界贸易组织框架内进行关税减让的谈判推动的。

关税自由化的福利影响能够通过前面几节中各种情形的研究结论进行预测。简单的做法是，我们从征收关税的初始状态开始，进而分析取消关税的自由贸易状态的影响。尽管在现实经济中，关税并没有被完全取消，然而（在理论研究中）取消关税的影响方向与（在现实实践中）降低关税的影响方向是一致的。本节我们总结出下列结论。

对进口国而言，消费者的福利增加，生产者的福利减少，并且政府的福利减少。在小国情形中，关税自由化使国家净福利增加。在大国情形下，关税自由化使国家的净福利可能增加也可能减少。具体而言，如果关税造成的扭曲小于贸易条件效应时，关税自由化导致该国净福利减少。如果关税造成的扭曲大于贸易条件效应，则关税自由化导致该国净福利增加。后一种情形更加接近于我们观察到的现实世界。

---

❶ 译者注：此处原文写的是出口需求和进口供给。

对出口国而言，当进口国的进口需求占该商品世界市场需求份额很小时，进口国关税自由化对出口国没有影响。然而在其他情形下，进口国实施关税自由化会影响出口国的福利。具体而言，出口国消费者的福利减少，生产者的福利增加。但是，政府福利没有发生变化，因为政府的税收收入没有变化。此外，当进口国实施关税自由化政策能够影响世界价格时，出口国的净福利在任何情形下都是增加的。

因此，从一国国内视角看，关税自由化会产生收入分配效应。在进口国内部，消费者因关税自由化而获益，生产者和政府因关税自由化而受损。在出口国内部，生产者因进口国关税自由化而获益，消费者因此而受损。关税自由化对不同经济主体的福利所产生的不同影响有助于解释为什么政府会实施诸如关税等令国家总福利恶化的政策。政府之所以征收关税，是因为相对于消费者的福利而言，政府更加重视生产者（以及政府自身）的利益。例如，进口国政府更加看重本国生产者因关税自由化而遭受的福利损失，而不太在意本国消费者因关税自由化而获得的福利增加。一个现实世界的例子是美国贸易代表（USTR），根据非政府组织签署和颁布的请愿书，这一组织有时看起来像是代表产业的利益。例如诸如美国医药研究与制造商协会（phRMA）等的行业协会的游说力量特别强大，能够影响贸易政策的制定。这些问题属于国际贸易的政治经济学分支领域。

然而，从国家层面的视角看，关税自由化导致进口国福利和出口国福利均增加。关税自由化无疑导致出口国的福利增加。关税也能够使进口国的福利增加，除了一种极端的大国情形（情形1）之外。因此，只有当进口国能够对世界价格产生非常大的影响的情况下，支持征收关税而反对关税自由化才具有经济学的理论支撑。然而，这一支持关税的观点也只是从进口国国家层面的视角看，并且有赖于进口国的政策能够在很大程度上影响世界价格的假设前提之下。除了这一不常见的例外情形，关税自由化从经济意义上讲是明智的，因为它能够使所有参与贸易的国家的净福利增加。那么，对政策制定者而言，棘手的问题就是解决好国家内部的利益分配（以及相关的政治经济问题），只有解决好这些问题，关税自由化才能获得更多的支持。

从全球层面的视角看，关税自由化从经济意义上讲也是明智的。关税自由化增加了所有国家整体的福利。因此，一国究竟是选择关税自由化还是继续征收关税，反映了该国所处的立场。从全球视角和国家整体视角看，关税自由化从经济意义上讲是明智的。从进口国生产者的角度看，关税自由化导致其福利恶化。

最后，需要注意的是，本章呈现的模型框架为比较静态分析，即同时将两种均衡状态进行比较分析。本章模型框架不考虑贸易保护（即反对关税自由化）的观点，即包括政治经济的观点，以及那些主张动态变化改变比较优势模式的观点。

5.4 关税如何保护本国产业？

前文建立的局部均衡模型研究显示，关税能够使本国那些生产与进口品相竞争商品的企业增加其自身的供给量。关税通过这种方式保护本国产业。然而在实践中，关税对本国产业的保护效率是复杂的。其中一个原因是，关税既对最终商品征收，又对中间投入品征收。举例说明，让我们设想一下，一国生产某种商品，同时也进口该种商品。同时，该国也进口中间投入品用于这种最终商品的生产。如果该国仅对进口最终商品征收关税，而不对进口中间投入品征收关税，那么关税有效地保护了本国最终商品的生产者。然而，如果该国对进口中间投入品征收关税，而不对进口最终商品征收关税，那么关税并没有保护该国最终商品的生产者，因为最终商品生产者的福利实际上因关税而受到损失。如果该国既对进口最终商品征收关税，又对进口中间投入品征收关税，那么最终商品生产者的福利可能因关税而改善，也可能因关税而受到损失。

关税的有效保护率的概念为我们提供了一种方法来衡量关税对投入品和产出品的保护程度。我们的目的是在真实复杂的环境中，衡量关税对本国最终商品生产者实际上提供了多大程度的保护。关税的有效保护率通常被定义为实施关税后，本国产业的价值增值与根据不含关税的世界价格计算的该产业的价值增值之间的差值的百分比。所谓价值增值，是指商品生产者的产出价值与其从其他生产者包括从外国生产者处购买的投入品价值之间的差额。

构建有效保护率模型的标准方法是基于局部均衡模型框架。模型假设固定的生产技术，即要素投入的组合不变。模型同样假设用于生产最终商品的中间投入品为进口品。同时，最简单的情形是假设单一的产出品和单一的投入品。在上述假设前提下，关税的有效保护税率定义为

$$e_j = (t_j - a_{ij}t_i)/(1 - a_{ij}) \tag{5.1}$$

式中，e_j 是关税对商品 j 的有效保护税率；t_j 是对商品 j 征收的关税税率；t_i 是对中间投入品 i 征收的关税税率；a_{ij} 是在自由贸易条件下的生产技术系数，即中间投入品 i 的价值在商品 j 的价值中所占的份额。

公式（5.1）直观地表述了关税对本国产业保护的有效性。根据该公式，最终商品关税的税率越高，中间投入品关税的税率越低，关税对最终商品的保护效率越高。此外，关税对最终商品的有效保护率同样取决于中间投入品在生产最终商品生产中所占的份额。基于上述变量，关税的有效保护率可以为正，也可以为负。

我们用一个例子进一步说明。自由贸易时，最终商品 j 的价格为 150 美元。生产 1 单位最终商品使用 100 美元的中间投入品 i。自由贸易时，最终商品生产环节的价值增值为 50 美元。现在假设对进口最终商品 j 征收 10% 的关税，对进口中间投入品 i 征收 5% 的关税。上述关税税率均为名义关税率。在这样的关税结构下，进口最终商品 j 的国内价格为 165 美元，进口中间投入品 i 的国内价格为 105 美元。征收名义关税后，最终商品生产环节的价值增值为 60 美元。因此，征收关税前与征收关税后进行比较，最终商品生产环节的价值增值的差额为 10 美元。10 美元占最初自由贸易时的价值增值 50 美元的 20%，因此关税对最终商品 j 的有效保护率为 20%。利用公式（5.1），也能够直接计算出关税的有效保护率为 0.20＝［0.10－（100/150）×0.05］/［1－（100/150）］。在这一例子中，关税对最终商品 j 的有效保护率为正，并且超过了其名义关税税率。

经济学家利用关税有效保护率的概念和模型方法，研究多种中间商品和最终商品产业关税的保护效率。公式（5.1）更加复杂的表述能够使这一概念适用于多个国家、多个产业和政策环境❶。进而，这一分析方法能够为评估、规划和改革关税的结构以及其他贸易政策工具提供指导。尽管关税有效保护率这一概念的实用性受到挑战，然而经济学家们普遍认为这一概念仍然是实证分析的一种有用工具。

---

❶ 分析关税有效保护率的方法论有：局部均衡模型、嵌套了局部均衡模型框架的一般均衡模型，以及应用性一般均衡模型。

关税升级如何影响本国产业保护？

关税有效保护率模型中提到关税结构的一个例子是关税升级的一种情形。关税升级描述的是这样一种关税结构，即名义关税税率随进口商品的加工程度而增加。例如，对原材料可能不征收关税，而对半制成品征收较低的关税税率，对最终商品征收高的关税税率。关税升级的结构增加了关税对最终商品产业的有效保护率。

关税升级能够通过不同生产加工阶段商品的名义关税之间差异来衡量。关税升级是指最终商品（更高加工阶段）的名义关税率高于中间投入品（较低加工环节）的名义关税率。相反，关税降级是指最终商品的名义关税率低于中间投入品的名义关税率。在实践中，这一衡量方法的应用非常复杂，因为很难识别商品的加工阶段，以及商品的产业链条。同时，当最终商品的生产使用了多种中间投入品，并且这些中间投入品在产业链条上所处的加工阶段不同时，也增加了这一方法在实践应用中的复杂性。

关税升级的影响作用是复杂的。理论上讲，关税升级会扭曲进口国和出口国的资源配置。具体而言，进口国将会偏向生产名义关税率较高的、高级加工的最终商品。与此同时，出口国将会偏向生产名义关税率较低的、低级加工的中间投入品。在实践中，很难将关税升级导致的扭曲与其他贸易非关税壁垒造成的扭曲进行区分。

上述观点的一个扩展是，关税升级能够对出口国环境产生负面影响。直观理解是，出口国偏向生产包括原材料在内的低加工阶段的投入品，而这种生产方式会导致自然资源的过度开采。这种由关税升级导致的偏向原材料出口的模式已经成为发展中国家在多边贸易谈判包括世界贸易组织的多哈回合谈判中关注的焦点。升级关税被视为工业化国家对发展中国家从自然资源开采转向多样化生产的能力的一种限制。自然资源的过度开采被普遍认为会对环境产生重要的副作用。本书第11章会进一步阐述贸易与环境之间的关系。

5.5 总结评论

关税的定义、种类和征收目的是什么？关税是进口国对从他国进口的商品所征收的一种税收。关税的种类有从量税、从价税、复合关税和混合税。从量税是指对每一单位数量的进口商品征收固定金额的关税。从价税是指按进口商品的价值征收一定比例的关税。复合关税是从量税和从价税的结合。混合关税是复合关税的一种变形，可以是从价税也可是从量税，取决于哪一种计征方法的税额更高。技术性关税取决于商品中包含的中间投入品的含量，例如对白酒征收进口关税。关税的目的是保护本国具有比较劣势的产业。即关税被用来保护本国一些商品的生产者，这些商品是在自由贸易条件下原本应该以更低的世界价格进口的商品。

关税的影响是什么？关税的影响要对进口国和出口国分别进行讨论。具体而言，关税的影响取决于不同市场上消费者和生产者的价格敏感程度。本章分析了三种情况：第一种情形是大国征收关税的情形，所谓大国是指那些能够影响进口品世界市场价格的国家；第二种情形是小国征收关税的情形，所谓小国是指不能够影响进口品世界市场价格的国家；第三种情形为征收进口关税的国家的进口需求弹性比出口国的出口供给弹性大。接下来，我们将每种情形下关税的影响作用进行总结。

首先，大国征收进口关税的影响是什么？当进口国为大国时，关税能够影响商品在进口国国内市场上的价格以及世界市场价格。具体而言，关税使该商品在进口国市场上的价格上升，出口国所面对的世界市场价格下降。商品价格的变化导致进口国和出口国的各经济主体受到影响。对于进口国而言，生产者以更高的含税价格向国内市场提供更多的商品。由于生产者在国内市场上的销售收入增加，因此进口国的生产者因关税而获益。同时，在更高的包含关税的价格水平上，消费者的需求减少。由于消费者的支付成本上升，因此进口国的消费者因关税而受损。另外，对于出口国而言，生产者以更低的世界价格向世界市场供给更少的商品。由于生产者在国际市场上的销售收入减少，因此出口国的生产者因关税而受损。同时，在更低的世界价格水平上，消费者的需求增加。由于消费者的支付成本下降，因此出口国的消费者因关税而获益。此外，关税导致消费者在进口商品和国内生产商品之间的消费比例发生变化。征收关税后，进口国的消费者更多地消费国内生产的商品，和更少地消费进口品。出口国的消费者仍然只消费当地生产的商品，并且消费量更大。

关税也会导致进口国和出口国的福利发生变化。对于进口国而言，生产者的福利增加，消费者福利减少，政府的福利因关税收入增加而增加。关税对进口国的净福利影响包括正的贸易条件效应与负的生产扭曲和消费扭曲。如果生产扭曲和消费扭曲超过了贸易条件的改善，则进口国的福利因关税而受损。这是一种典型的情形。另一方面，对于出口国而言，生产者的福利减少，消费者的福利增加，政府的福利没有变化。关税对出口国的净福利影响包括负的贸易条件效应与负的生产扭曲和消费扭曲。出口国的福利毫无疑问因关税而受损。

其次，小国征收进口关税的影响是什么？当进口国为小国时，关税使该商品在进口国市场上的价格上升，但是不改变其在世界市场上的价格。结果导致，进口国的经济主体受到关税的影响，而出口国的经济主体没有受到关税影响。对于进口国而言，生产者以更高的包含关税的价格向本国市场供给更多的商品。由于生产者的销售收入提高，因此生产者因关税而获益。同时，在更高的包含关税的国内价格水平上，消费者的需求减少。由于消费者的支付成本上升，因此消费者因关税而受损。征收关税后，进口国的消费者更多地消费本国生产的商品，更少地消费进口商品。另一方面，对于出口国而言，生产者和消费者并没有改变供给和消费的数量。在世界市场规模既定的情况下，出口国并没有受到进口小国的贸易政策的影响。

关税也会导致进口国的福利发生变化，而对出口国的福利没有影响。对于进口国而言，生产者的福利增加，消费者福利减少，并且政府的福利因关税收入增加而增加。关税对进口国的净福利效应包括负的生产扭曲和消费扭曲。然而，此时不存在正的贸易条件效应。这是因为，小国的关税政策对进口商品在世界市场上的价格没有影响。进口国的净福利毫无疑问因关税而受损。另一方面，对于出口国而言，所有经济主体的福利，以及出口国的净福利维持不变。出口国的消费者仍然在原来的世界市场价格水平上仅消费国内生产的商品。出口国没有受到进口小国关税政策的影响。

最后，当出口供给相对于进口需求缺乏弹性时，关税的影响是什么？当进口国面对一条相对缺乏弹性的出口供给曲线时，关税对出口国和进口国的影响不同。具体而言，关税导致商品在进口国市场上的价格小幅上升，同时导致出口国面对的世界市场价格大幅下降。结果导致，出口国经济主体受到的影响比进口国经济主体受到的影响大。因此，关税的价格效应被实施关税政策的进口国转嫁给了它的贸易伙伴国。

对于进口国而言，生产者以更高的包含关税的价格向本国市场供给更多的商品。由于在本国市场上销售收入增加，进口国的生产者因关税而获益。同时，在更高的包含关税的价格水平上，消费者的需求减少。进口国的消费者消费更多的本国生产的商品和更少的进口商品。由于商品的购买成本上升，进口国的消费者因关税而受损。然而，进口国生产者的获益和消费者的损失均较小。另一方面，对于出口国而言，生产者以更低的世界价格向世界市场供给更少的商品。由于在世界市场的销售收入减少，出口国的生产者因关税而受损。在更低的世界价格水平上，消费者的需求增加。出口国的消费者仍然仅消费当地生产的商品，但其消费量增加。消费者因更低的购买成本而成为关税的受益者。出口国生产者的损失与消费者的获益相对较大。

关税也会导致进口国和出口国的福利发生变化。对于进口国而言，生产者的福利增加，消费者的福利减少，政府的福利增加（由于政府的关税收入增加）。关税对进口国的净福利影响包括正的贸易条件效应与负的生产扭曲和消费扭曲。如果生产扭曲和消费扭曲超过了贸易条件效应，则进口国因关税而受损。然而，关税对进口国的净福利影响相对较小。另一方面，对于出口国而言，生产者的福利减少，消费者的福利增加，并且政府的福利没有改变。关税对出口国的净福利影响包括负的贸易条件效应与负的生产扭曲和消费扭曲。关税毫无疑问会导致出口国的净福利损失。并且，关税对出口国福利的影响相对较大。

关税的负担是如何在国家之间分配的？在上述几种情况下，关税的负担在国家之间的分配存在差异。首先，当进口需求弹性与出口供给弹性相似时，关税的价格效应在进口国和出口国之间平均分配。这与能够影响世界价格的进口大国情形相一致（即情形1）。然而，即使当关税的价格效应由进口国和出口国共同承担时，关税对于两个国家福利的影响也不尽相同。亦即，关税对进口国的福利影响可能为正也可能为负，而对于出口国的福利影响无疑为负。与之形成对比的是，当出口供给具有无穷弹性时，关税的价格效应完全由进口国承担。这与进口需求完全由出口国满足的进口小国情形相一致（即情形2）。在这种情况下，关税对进口国的福利影响毫无疑问为负，并且影响程度相对较大，而关税对出口国的福利没有影响。最后，当出口供给相对于进口需求而言缺乏弹性时，关税的价格效应由进口国和出口国共同承担，但出口国承担的更多。这种情形与商品的出口供给相对有限或者进口国的价格敏感度相对较高（情形3）相一致。在这种情况下，关税对进口国福利的影响效应可能为正，也可能为负，但影响程度相对较小。而关税对出口国福利的影响毫无疑问为负，并且影响程度较大。

关税自由化的影响是什么？关税自由化的影响与征收关税的影响恰好相反。关税自由化的影响程度取决于进口需求和出口供给的相对弹性。从国家层面看，关税自由化使进口国和出口国的福利均增加。出口国无疑能够从关税自由化中获益。进口国也能够从关税自由化中获益，除了一种大国情形之外，即进口国能够很大程度上影响进口品的世界市场价格的情形。从国家内部的视角看，关税自由化产生收入分配效应。对于进口国而言，消费者的福利因关税自由化而改善，生产者的福利和政府的福利因关税自由化而受损。对出口国而言，生产者的福利改善，而消费者的福利受损。从全球视角看，关税自由化增加了所有国家作为一个整体的福利。因此，一国对于关税自由化的立场反映出它的视角，以及它对消费者福利和生产者福利的重视程度。

关税如何保护本国产业？关税对国内产业保护的效率是复杂的，因为一国既对进口最终商品征收关税，同时又对进口中间投入品征收关税。如果一国仅对进口最终商品征收关税，而对进口中间投入品不征收关税，那么关税有效地保护了国内最终商品的生产者。然而，如果一国对进口中间投入品征收关税，而对进口最终商品不征收关税，那么关税不能有效地保护国内最终商品的生产者，因为国内最终商品生产者的福利实际上是受损的。如果一国同时对进口最终商品和进口中间投入品征收关税，那么最终商品生产者的福利可能因关税而获益，也可能因关税而受损。关税有效保护率的概念提供了一种方法来衡量关税对国内最终商品生产者的保护程度。关税有效保护率通常被定义为实施关税后的本国产业的价值增值与不含关税的世界价格水平上该产业的价值增值之间的差值的百分比。关税的有效保护率与最终商品的名义关税率正相关，与中间投入品的名义关税率以及中间投入品在最终商品中所占份额负相关。

关税升级如何影响本国产业保护？关税升级描述的是关税的结构，即名义关税税率随着进口商品加工程度的增加而增加。关税升级的结构增加了对最终商品产业的有效保护率。关税升级的影响作用被认为是扭曲了进口国和出口国的资源配置。具体而言，我们认为进口国将会偏向生产名义关税率高的高级生产加工阶段的最终商品。同时，出口国将会偏向生产名义关税率低的低级生产加工阶段的中间投入品（例如原材料商品）。然而在实践中，很难将关税升级带来的扭曲效应与其他因素造成的扭曲效应区分开来。

应用问题

5.1　分析自由化关税对进口国和出口国的价格、供给数量、需求数量以及贸易的影响作用。并且对进口国是否能够影响世界价格做出假设。

5.2　利用关税福利效应的知识，解释为什么致力于国家福利和世界福利最大化的政策制定者支持自由贸易，而国家内部的部分经济主体（即消费者、政府、或者生产者）可能不支持自由贸易。

5.3　分析为什么政府对生产者福利和消费者福利的重视程度不同。举例说明，假设一国政府代表的是产业利益。利用关税福利效应的知识，解释为什么尽管该国整体可能因关税自由化而获益，然而该政府仍然不会支持关税自由化。

5.4　假设你是一位信奉消费者福利最大化的消费者。此外，假设你的倡导组织基于全球视角致力于消费者福利的最大化。利用关税福利效应的知识，解释是否你的组织应该支持关税自由化。

5.5　分析降低所有国家的关税对世界整体的消费者、生产者和政府的福利的影响。分别从大国情形和小国情形对这些影响进行分析。

5.6　分析北方国家征收关税的情形。审视这一政策变化对北方国家福利和南方国家福利的影响作用。假设北方国家的进口需求相对于南方国家的出口供给更富有弹性。

5.7　分析南方国家实施关税自由化的情形（该南方国家为进口国）。审视这一政策对北方国家福利和南方国家福利的影响作用。假设南方国家的进口需求相对于北方国家的出口供给缺乏弹性。

5.8　分析关税的价格效应在进口国和出口国之间的分配情况对进口国福利和出口国福利的影响。

5.9　计算两种不同情景下关税的有效保护率。第一种情形，假设中间投入品的名义关税率为15%，最终商品的名义关税率为20%，并且中间投入品在最终商品中使用技术因子为100/200。第二种情形，假设中间投入品的名义关税率为20%，最终商品的名义关税率为15%，并且技术因子为100/200。（a）在这两种情形下，计算关税对最终商品的有效保护率？（b）通过将两种情形进行对比分析，能够得出什么直观的结论？

5.10　分析关税降级的情形，即中间投入品的名义关税率高于最终商品的名义关税率。关税降级会对最终商品的有效保护率产生什么影响？

延伸阅读

Anderson, James E., and J. Peter Neary. 2007. Welfare versus market access : the implications of tariff structure for tariff reform. Journal of International Economics 71 (1) : 187-205. Bagwell, Kyle, and Robert W. Staiger. 1999. An economic theory of GATT. American Economic Review 89 (1) : 215-248.

Balassa, Bela. 1965. Tariff protection in industrial countries : an evaluation. Journal of Political Economy 73 (6) : 573-594.

Balassa, Bela, ed. 1982. Development Strategies in Semi Industrialized Economies. Baltimore : Johns Hopkins University Press.

Baldwin, Robert E. 1986. Toward more efficient procedures for multilateral tariff negotiations. Aussenwirtschaft 41 (2-3) : 379-394.

Bickerdike, Charles F. 1906. The theory of incipient taxes. Economic Journal 16 : 529-535.

Bhagwati, Jagdish. 1968. More on the equivalence of tariffs and quotas. American Economic Review 58 (1) : 142-146.

Corden, W. Max. 1966. The structure of a tariff system and the effective protective rate. Journal of Political Economy 74 (3) : 221-237.

Corden, W. Max. 1971. The Theory of Protection. Oxford : Clarendon Press.

Corden, W. Max. 1974. Trade Policy and Economic Welfare. Oxford : Clarendon Press.

Elamin, Nasredin, and Hansdeep Khaira. 2004. Tariff escalation in agricultural commodity markets. FAO Commodity Market Review 2003-04. Rome : Food and Agriculture Organization of the United Nations, pp. 101-120.

Francois, Joseph, and Will Martin. 2003. Formula approaches for market access negotiations. World Economy 26 (1) : 1-28.

Greenaway. David, and Chris R. Milner. 1993. Trade and Industrial Policy in Developing Countries. London : Macmillan.

Greenaway, David, and Chris R. Milner. 2003. Effective protection, policy appraisal, and trade policy reform. The World Economy 26 (4) : 441-456.

Hecht, Joy E. 1997. Impacts of tariff escalation on the environment : literature review and synthesis. World Development 25 (10) : 1701-1716.

Hoda, Anwarul. 2001. Tariff Negotiations and Renegotiations under the GATT and the WTO : Procedures and Practices. Cambridge : Cambridge University Press.

Irwin, Douglas A. 1998. Changes in US tariffs : the role of import prices and commercial policies. American Economic Review 88 (4) : 1015-1026.

Jean, Sebastien, David Laborde, and Will Martin. 2006. Consequences of alternative formulas for agricultural tariff cuts. In Agricultural Trade Reform and the Doha Development Agenda (eds Kym Anderson and Will Martin), Washington, D.C. : Palgrave Macmillan and the World Bank, pp. 81-115.

Johnson, Harry G. 1954. Optimum tariffs and retaliation. Review of Economic Studies : 21 : 142-153.

Johnson, Harry G. 1965. The theory of tariff structure with special reference to world trade and development. Trade and Development. Geneva : Institut des Hautes Etudes Internationales.

Jones, Ronald W. 1971. Effective protection and substitution. Journal of International

Economics 1 (1) : 59-82.

Krueger, Anne O. 1978. Foreign Trade Regimes and Economic Development : Liberalization Attempts and Consequences. Cambridge, MA : Ballinger.

Lindland, Jostein 1997. The Impact of the Uruguay Round on Tariff Escalation in Agricultural Products. FAO Commodities and Trade Division, ESCP No. 3. Rome : FAO.

Organisation for Economic Co-operation and Development (OECD). 1999. Post-Uruguay Round Tariff Regimes, Achievements and Outlook. Paris : OECD.

Panagariya, Arvind. 2002. Formula approaches to reciprocal tariff liberalization. In Development, Trade and the WTO (eds Bernard Hoekman, Aaditya Mattoo, and Philip English), Washington, D.C. : World Bank, pp. 535-539.

United Nations Conference on Trade and Development. 2003. Back to Basics : Market Access Issues in the Doha Agenda. UNCTAD/DITC/TAB/Misc. 9. Geneva : UNCTAD.

United States Department of Agriculture. 2001. Profiles of Tariffs in Global Agricultural Markets. AER-796. Washington, D.C. : USDA.

World Trade Organization (WTO). 2007. World Trade Report 2007 : Sixty Years of the Multilateral Trading System, Achievements and Challenges. Geneva : WTO.

World Trade Organization (WTO), ITC, and UNCTAD. 2007. World Tariff Profiles 2006. Geneva : WTO, ITC, and UNCTAD.

Yeats, Alexander J. 1984. On the analysis of tariff escalation. Journal of Development Economics 15 : 77-88.

6 出口补贴

6.1 出口补贴的定义、种类和目的是什么？

补贴是一种负的税收。生产补贴是由政府对生产特定商品的企业的一种支付。生产补贴有两种基本的类型。它们包括国内补贴和出口补贴。国内补贴是政府对国内生产特定商品的企业的一种支付。与之形成对比的是，出口补贴是政府对生产特定出口商品的企业的一种支付。因此，出口补贴是针对出口商品的补贴。本章集中分析出口补贴。为了简单起见，我们在本章同时使用"出口补贴"和"补贴"两种术语。

补贴有多种形式。这些形式包括现金支付和以低于市场价格处置政府库存。它们包括作为诸如评估等政府行为而由生产者或加工者进行融资的补贴；营销补贴；运输和运费补贴。它们同样包括对一些归入出口商品的补贴。

同关税一样，出口补贴通常基于商品的价值或数量进行补贴。从价出口补贴是基于出口商品价值的百分比进行补贴。举例说明，按照出口商品价值的5%进行出口补贴。从量出口补贴是对单位出口商品给予一个固定数额的补贴。例如，对每吨出口商品给予100美元的从量出口补贴。

出口补贴的目的是为了向外国市场出口商品的生产者提供一种激励。通过这种激励，出口补贴能够保护本国产业免受国际市场上低价商品的竞争。出口补贴保护的是哪些产业呢？答案是那些一国具有比较劣势的产业部门[1]。即出口补贴常被用于保护那些在自由贸易条件下一国本应进口（或很少出口）的那些商品的生产者。前文指出，出口补贴是针对出口商品的补贴。通过对出口商品给予一个负的税收，补贴能够使国内产业的商品在世界市场上与那些本应具有更低价格的商品进行竞争。

本章接下来的部分围绕出口补贴研究两个核心的问题：①出口补贴的影响是什么？②自由化出口补贴的影响是什么？为了回答上述两个问题，我们需要对出口补贴进行福利效应的分析，即研究出口补贴带来的利益和损失。即我们研究谁因实施出口补贴或自由化出口

---

[1] 比较劣势可以用本书第一篇描述的任何一个模型进行阐明。

补贴政策而获益，谁又因此而受到损失；同时，我们研究参与贸易的国家自身的特征是如何影响出口补贴在国家之间以及国家内部不同经济主体之间的负担问题。

6.2　出口补贴的影响是什么？

出口补贴对出口国和进口国的影响分别是什么？出口补贴对出口国的影响是非常直观的。首先，出口商品的生产者所获得的商品价格上升，因为这一价格现在包含了出口补贴。在一个竞争性的市场上，为出口国的国内消费而生产的商品的价格将会与出口商品包含补贴的价格相等。因此，出口国国内消费商品的价格和出口商品的价格均上升。其次，出口国国内生产的商品数量增加，因为生产者现在能够获得额外的补贴。同时，出口国的消费者对该商品的需求量下降。这是因为出口补贴导致出口国国内消费商品的价格变得更高。

出口补贴也会影响出口国的福利。出口补贴对消费者的福利、生产的福利和政府的福利的影响不同。具体而言，出口国生产者的福利增加，因为生产者生产的商品数量和所获得的商品价格（包含了出口补贴的价格）均上升。与之形成对比的是，出口国消费者的福利减少，因为消费者的需求量减少，同时支付的商品价格上升。出口国政府的福利减少，因为政府支付了出口补贴。如果将上述三种经济主体的福利变化加总，我们能够得到出口补贴对出口国的净福利影响。接下来我们将阐述，出口补贴对出口国的净福利影响无疑为负。但是，出口补贴对出口国的净福利影响的程度取决于出口国对世界市场价格的影响能力。

出口补贴对进口国的影响非常不确定。进口国的商品价格（或世界价格）可能下降、也可能维持不变。如果实施出口补贴国家的出口商品在世界市场上所占份额很大，则该商品的世界价格将会下降。在这种情况下，出口补贴将会使出口商品的世界供给量增加，从而使该商品的世界价格下降。进口国市场上商品的供给量减少，因为进口国的生产者现在获取更低的世界价格。同时，进口国的需求量增加，因为进口国的消费者现在为该商品支付更低的价格。

在这种情况下，出口补贴能够影响进口国的福利。具体而言，进口国生产者的福利减少，因为其生产的商品数量和获得的商品价格均下降。与之形成对比的是，进口国消费者的福利增加，因为消费者的需求量增加，同时支付的商品价格下降。进口国政府的福利没有发生变化，因为出口补贴的成本是由出口国的政府承担的。如果将上述经济主体的福利变化加总，我们能够得到出口补贴对进口国的净福利影响。我们将阐述出口补贴对进口国的净福利影响取决于出口国对该商品世界价格的影响能力，以及补贴是否导致贸易模式的逆转。

另一种情形是，如果实施出口补贴的国家是一个小国，即该国出口商品在世界市场上所占份额很小，那么该商品的世界供给量以及世界价格将保持不变。在这种情况下，进口国生产的商品数量以及需求量将保持不变。同样，进口国的消费者和生产者的福利也保持不变。

接下来，我们将建立一个简单的局部均衡模型来阐述出口补贴的影响。为此，我们将前面一章中研究关税的模型框架进行扩展。然后，我们分析四种情形。第一种情形为大国实施出口补贴。所谓"大国"是指能够影响商品世界市场价格的国家。即该国的出口供给量占世界供给总量的份额大。第一种情形还假设出口国在实施出口补贴之前，具有商品生产的比较优势。在这种假设前提下，出口补贴导致商品出口量超过了在自由贸易条件下的出口量。第二种情形是对第一种情形的扩展，即小国实施出口补贴。所谓"小国"是指不能影响商品世界价格的国家。小国的商品供给量占世界供给总量份额很小。第三种情形为出口国和进口国对价格变化的反应灵敏度不同。具体而言，我们研究这种情形，即出口供给相对于进口需求更富有弹性。第四种情形为大国具有该商品的比较劣势，在这种情形下，出口补贴逆转了本应在自由贸易状态下呈现的贸易模式。即在实施出口补贴以前，该国是商品的进口国，实施出口补贴后，该国成为了商品的出口国。因此，出口补贴使贸易模式发生逆转。

简单的局部均衡模型的基本假设如下。存在两个国家，本国和外国。存在一种商品。这一种商品是实施出口补贴的商品。本国是实施出口补贴的国家。在第一、第二和第三种情形下，实施补贴前和实施出口补贴后，本国均是商品的出口国。外国在出口补贴前后均为商品的进口国。而在第四种情形下，出口补贴逆转了贸易模式。即本国在自由贸易状态下是商品的进口国，在实施了出口补贴后，成为商品的出口国。反过来，外国在自由贸易状态下为商品的出口国，而在本国实施出口补贴后成为商品的进口国。

6.2.1　情形1：大国实施出口补贴的影响是什么？

首先，我们研究具有比较优势的大国实施出口补贴的情形。图6.1显示了在这种情形下，商品的各个市场。图6.1（a）为本国（出口国）市场上该商品的国内供给（S）和国内需求（D）。本国市场上该商品的均衡价格是自给自足时的价格，即不存在贸易时的本国价格。本国自给自足均衡时的价格相对较低，反映了这种情形的假设前提，即本国具有商品生产的比较优势。相对应的，图6.1（c）为外国（进口国）市场上商品的国内供给（S^*）和国内需求（D^*）。同样，均衡时的价格为自给自足时的价格。外国自给自足时的价格相对较高，反映了外国具有商品生产的比较劣势。

图6.1（b）显示了世界市场的供给和需求。世界市场是本国和外国进行贸易的市场。在中间的这幅图中，需求曲线是外国的进口需求曲线（D^m）。图6.1（b）中的进口需求曲线是由图（c）中外国的供求行为推导得出的。举例说明，考虑在所有可能的世界价格水平上，外国市场上的供给和需求行为。当世界价格等于或高于外国自给自足均衡时的价格时，外国将不存在进口需求。此时，外国的国内需求将会完全由国内生产者生产的商品来满足。然而，当世界价格低于进口国自给自足的价格时，外国将会出现进口需求，进口需求量为超额需求量。例如，当世界价格为P^w时，外国的进口需求量为国内需求（Q_0^{D*}）超过国内供给（Q_0^{S*}）的部分。图6.1（b）和（c）的水平距离均显示了进口需求量。

与之形成对比的是，图6.1（b）显示的世界市场的供给曲线为本国的出口供给曲线（S^x）。出口供给曲线是由图6.1（a）中本国的供求行为推导得出的。举例说明，考虑在所有可能的世界价格水平上，本国市场上的供给和需求行为。当世界价格等于或低于自给自足时的价格时，本国将不存在出口供给。此时，本国生产的商品全部用于满足国内需求。然而，当世界价格高于自给自足时的价格时，本国将会出口供给，其出口供给量为超额供给量。具体而言，当世界价格为P^w时，本国将会出口供给，出口供给量为国内供给量（Q_0^S）超过国内需求（Q_0^D）量的部分。图6.1（a）和（b）的水平距离均显示了出口供给量。在图6.1（b）中，进口需求曲线和出口供给曲线的交点决定了均衡时的世界价格（P^w）。这一世界均衡价格是外国的进口需求量恰好等于本国的出口供给量时的价格。在世界均衡价格水平上，图6.1（a）中的出口量（X_0）等于图6.1（c）中的进口量（M_0^*）。

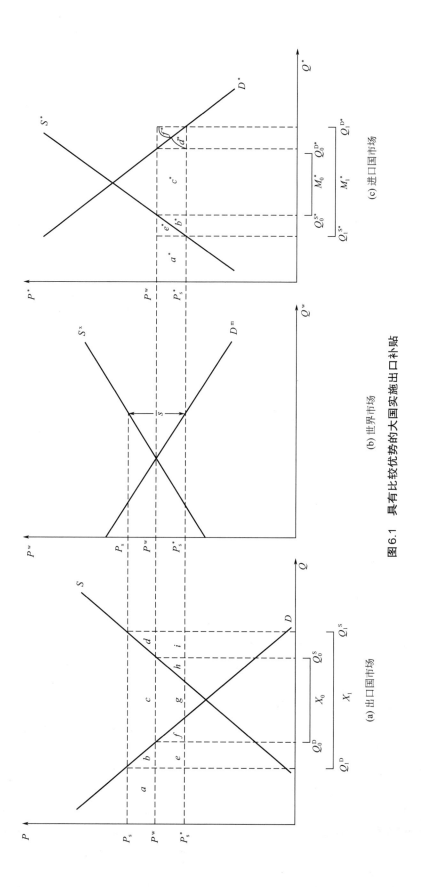

图 6.1 具有比较优势的大国实施出口补贴

图6.1（a）中的出口量是在世界价格水平上，本国市场上的供给量（Q_0^S）超过其需求量（Q_0^D）的部分。同样的，图6.1（c）中的进口量是在世界价格水平上，外国市场上的需求量（Q_0^{D*}）超过其供给量（Q_0^{S*}）的部分。

下面分析在世界均衡价格水平上，生产者和消费者的福利。图6.1阐述了世界均衡价格水平上的福利。如前文所述，生产者福利是由其剩余价值来表示的——供给曲线以上和生产者获得的价格曲线以下的那一部分区域。类似的，消费者的福利是由其剩余价值来表示的——需求曲线以下和消费者所支付的价格曲线以上的那一部分区域（参见图5.2的阐述）。当不存在出口补贴时，决定消费者和生产者福利的参考价格是均衡时的世界价格。

在大国情形下，我们假设本国是一个大国，即本国的出口供给量占世界总供给量份额大。图6.1反映的是进口大国的情形，这一假设也能够通过进口需求曲线具有正的弹性——不是无穷弹性观察得出。这意味着，本国出口供给量发生变化，世界均衡价格也会随之发生变化。

我们现在能够将出口补贴引入到这一简单的模型框架中，如图6.1（b）所示。出口补贴本质上是在出口国的商品价格（P_s）与进口国的商品价格（P_s^*）之间插入了一个楔子。补贴的数额为图6.1（b）中这两个价格之间的垂直距离（s）。本国实施出口补贴后，本国市场上的商品价格从世界价格（P^w）上升到包含补贴的价格（P_s）。这一价格变化对应于沿着出口供给曲线的移动［图6.1(b)］并且本国出口供给量增加［图6.1(a)］。另一方面，从进口国的角度看，出口国实施出口补贴后，商品价格从世界价格（P^w）下降到一个新的更低的价格水平（P_s^*）。这一价格变化对应于沿着进口需求曲线的移动［图6.1（b）］并且外国的进口需求量增加［图6.1（c）］。在这种情况下，出口补贴的价格效应由出口国和进口国共同承担。即使出口国单方面实施出口补贴政策，价格分担的情况也是如此。出口补贴的价格效应分担是因为出口国能够影响商品的世界价格。

出口补贴也影响本国和外国的供给量、需求量和两国之间的贸易量［分别如图6.1（a）和图6.1（c）所示］。在本国市场上，商品的供给量增加（从Q_0^S到Q_1^S），同时需求量减少（从Q_0^D到Q_1^D）。与之形成对比的是，在外国市场上，商品的供给量减少（从Q_0^{S*}到Q_1^{S*}），同时商品的需求量增加（从Q_0^{D*}到Q_1^{D*}）。结果导致，本国和外国之间的贸易量增加。本国的出口量增加（从X_0到X_1），同时外国的进口量也增加（从M_0^*到M_1^*）。

直观上看，我们能够通过出口补贴对价格和数量的影响，分析得到出口补贴对生产者和消费者的影响。在本国市场上，生产者以更高的价格提供更多的商品。由于生产者从销售商品中获得更多的收益，因此生产者因补贴而获益。本国的消费者在更高的价格水平上需求更少的商品。由于消费为商品支付的成本增加，本国消费者因补贴而受损。另一方面，在外国市场上，生产者以更低的价格提供更少的商品。因此，外国的生产者因出口补贴而受损。同时，外国的消费者在更低的价格水平上需要更多的商品。因此，外国的消费者因补贴而受益。此外，出口补贴导致本国生产者在国内市场上和世界市场上的相对供给量发生变化。本国的生产者现在更多地向世界市场供给商品，更少地向国内市场供给商品。外国的生产者仅为国内市场生产商品，并且供给量较出口补贴实施前更少。

出口补贴对本国和外国的福利影响同样能够通过图6.1分析得出，并且总结在表6.1中。在此，我们并不阐述实施补贴前后本国和外国的总福利情况，而是简单地阐述补贴所带来的福利变化。图6.1（a）显示了本国（出口国）的福利效应，如图所示，实施出口补贴使本国生产者剩余增加了$+(a+b+c)$，因此生产者福利增加。出口补贴使本国消费

表6.1 出口补贴的福利效应

情形1——大国

经济主体	福利效应（出口国/本国）	福利效应（进口国/外国）
生产者	$+(a+b+c)$	$-(a^*+e^*)$
消费者	$-(a+b)$	$+(a^*+b^*+c^*+d^*+e^*)$
政府	$-(b+c+d+e+f+g+h+i)$ ❶	0
国家	$-(b+d+e+f+g+h+i)$	$+(b^*+c^*+d^*)$
国家（方向）	负	正

情形2——小国

经济主体	福利效应（出口国/本国）	福利效应（进口国/外国）
生产者	$+(a+b+c)$	0
消费者	$-(a+b)$	0
政府	$-(b+c+d)$	0
国家	$-(b+d)$	0
国家（方向）	负	无

情形3——出口供给较进口需求富有弹性

经济主体	福利效应（出口国/本国）	福利效应（进口国/外国）
生产者	$+(a+b+c)$	$-(a^*+e^*)$
消费者	$-(a+b)$	$+(a^*+b^*+c^*+d^*+e^*)$
政府	$-(b+c+d+e+f+g+h+i+j)$	0
国家	$-(b+d+e+f+g+h+i+j)$	$+(b*+c*+d*)$
国家（方向）	负	正

情形4——出口国为具有比较劣势的大国

经济主体	福利效应（出口国/本国）	福利效应（进口国/外国）
生产者	$+(a+b+e)$	$-(a^*+b^*+c^*+g^*+h^*+i^*)$
消费者	$-(a+b+c+g+h)$	$+(a^*+b^*+c^*+d^*)$
政府	$-(b+c+d+e+i)$	0
国家	$-(b+c+h+d+c+g+i)$	$+(d^*)-(g^*+h^*+i^*)$
国家（方向）	负	负或正

注：情形1和情形3具有相似的方向性结果，但是影响程度不同。情形4是对这些情形的扩展，即考虑由于出口补贴导致贸易模式逆转的情形。在情形4中，本国实施出口补贴前是进口国，实施出口补贴之后成为出口国；同时，外国在补贴前为出口国，而补贴后成为进口国。

---

❶ 译者注：此书原书括号外的符号为"正"，译者改为"负"。

者剩余减少了 $-(a+b)$，因此消费者福利减少。此外，出口补贴使本国政府的福利损失了 $-(b+c+d+e+f+g+h+i)$。政府福利的变化是支付补贴的成本。该成本等于出口商品的数量（图中水平距离）和补贴数额（图中垂直距离）的乘积。

出口补贴对本国的净福利影响是生产者福利、消费者福利和政府福利变化的加合。将上述福利变化加在一起，能够得到 $-(b+d)-(e+f+g+h+i)$。每一块面积都有加总的含义。$-(e+f+g+h+i)$ 为负的贸易条件效应。这一部分是实施出口补贴压低了本国出口商品的世界价格导致的。面积 $-(b+d)$ 为消费和生产扭曲造成的无谓损失。具体而言，$-(d)$ 为生产扭曲。这一面积是国内供给量增加，超过了自由贸易均衡时的供给量而导致的效率损失。$-(b)$ 为消费扭曲。这一面积是商品需求量的减少导致的效率损失，因为商品价格在实施出口补贴前更低。对于净福利而言，出口大国的福利因实施出口补贴而受到损失，因为出口补贴的净福利效应无疑为负。

图 6.1（c）显示了出口补贴对外国（进口国）的福利影响。如该图所示，出口补贴使进口国的生产者剩余减少了 $-(a^*+e^*)$，因此进口国生产者的福利受损。出口补贴使进口国的消费者剩余增加了 $+(a^*+b^*+c^*+d^*+e^*)$，因此进口国消费者的福利增加。进口国政府的福利没有变化，因为出口补贴是由本国政府支付的。外国的净福利效应是其生产者福利和消费者福利变化的加总。将这些影响作用加总，我们得到 $+(b^*+c^*+d^*)$。这些面积均代表不同的含义。然而，如果我们将 e^* 和 f^* 添加进去，然后再从中减去，那么能够得到 $+(b^*+c^*+d^*+e^*+f^*)-(e^*+f^*)$。$(b^*+c^*+d^*+e^*+f^*)$ 表示贸易条件效应，这一面积是出口补贴压低了外国进口商品的世界价格，从而带来的利益。$-(e^*+f^*)$ 是生产者和消费者造成的无谓损失，其中 $-(e^*)$ 为生产扭曲，是国内供给量减少导致的效率损失；$-(f^*)$ 为消费扭曲，是消费量增加导致的效率损失。外国（进口国）的净福利因出口补贴而得到改善，因为出口补贴带来的福利增加超过了出口补贴导致的无谓损失。然而，这种情况得出的结论是基于实施出口补贴的国家足够大，足以影响世界价格的前提假设。

6.2.2　情形 2 小国实施出口补贴的影响是什么？

接下来，我们分析小国实施出口补贴的影响。在这种情形下，我们假设本国是一个小国，其商品出口供给量在世界市场上所占份额很小。换而言之，本国商品出口供给量的变化不会影响商品的世界价格。此时，本国面对一条无穷弹性的世界需求曲线。无论本国向世界市场供给多少商品，世界市场上总是存在足够的商品需求与之匹配。我们将图 6.1 的曲线稍作修改来反映情形 2。图 6.2 显示了修改后的情形。通过观察可以发现，进口需求曲线具有无穷弹性，这意味着当本国的出口供给量发生变化时，均衡时的世界价格将维持不变。

现在将出口补贴引入这一修改后的模型框架中，如图 6.2（b）所示。与大国情形一样，出口补贴的本质是在出口国市场上的商品价格（P_s）与进口国市场上的商品价格（P_s^*）之间插入一个楔子。出口补贴的大小在图中表示为两个价格之间的垂直距离（s）。当本国实施出口补贴时，本国市场上的商品价格从自由贸易时的世界价格（P^w）上升至包含补贴后的价格（P_s）。这一变化导致沿着出口供给曲线的移动［在图 6.2（b）中］并且本国出口供给量增加。另一方面，从进口国视角看，进口国市场上商品价格保持不变，并且等于最初自由贸易状态下的世界价格（$P^w=P_s^*$）。即补贴的价格效应不再由出口国和进口国共同分担。相反，补贴的价格效应完全由本国即实施出口补贴的国家承担。

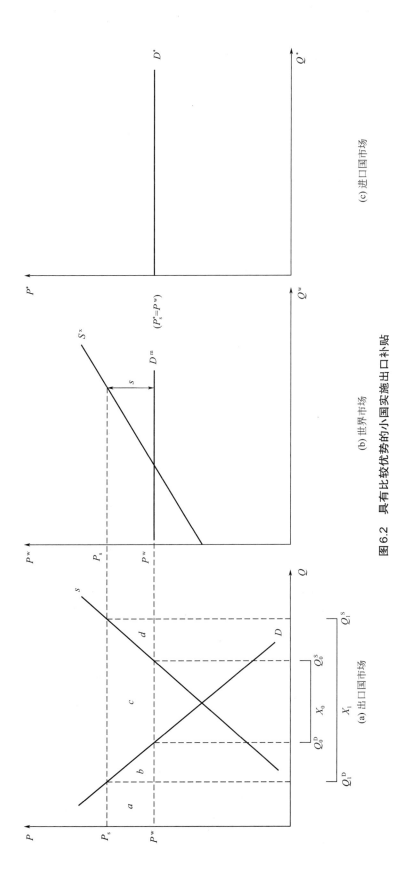

图6.2 具有比较优势的小国实施出口补贴

出口补贴也影响本国的商品供给量、需求量和贸易量，如图6.2（a）所示。具体而言，本国商品供给量增加（从Q_0^S到Q_1^S），而国内需求量减少（从Q_0^D到Q_1^D）。与之形成对比的是，出口补贴并没有对外国产生重要的经济影响。然而，进口国和出口国之间的贸易量增加。本国出口量增加（从X_0到X_1），并且外国的进口量增加同样的规模。但是这一进口数量的增加对于进口国而言并不存在重要的经济影响。

正如前述情形一样，我们能够通过出口补贴对价格和数量的影响，分析得到出口补贴对生产者和消费者的影响。在本国市场上，生产者以更高的价格供给更多的商品。由于本国生产者从销售商品中获得更多的收益，因此本国生产者显然因补贴而获益。本国消费者在更高的价格水平上需求更少的商品。由于消费者为商品支付的成本增加，本国消费者因补贴而受损。此外，出口补贴导致本国生产者在国内市场上和世界市场上的相对供给量发生变化。本国消费者现在消费更少的商品，因为更多的商品被出口到世界市场。与之形成对比的是，外国的生产者和消费者并没有受到出口补贴的重要的经济影响。

出口补贴对本国和外国的福利影响同样能够通过图6.2分析得出，并且总结在表6.1中。正如前述分析，我们利用该图阐述实施出口补贴前后的福利变化。对于本国而言，生产者剩余增加了$+(a+b+c)$，因此生产者福利增加。本国消费者剩余减少了$-(a+b)$，因此消费者福利减少。此外，政府福利减少了$-(b+c+d)$。政府福利的变化是支付补贴的成本。这一成本等于出口商品的数量（图中水平距离）与补贴数额（图中垂直距离）的乘积。

出口补贴对国家的净福利影响是生产者福利、消费者福利和政府福利变化的加总。将上述影响作用加总，我们能够得到$-(b+d)$。$-(b+d)$是生产者和消费者造成的无谓损失。$-(d)$为生产扭曲，这一部分的损失是国内商品供给量增加导致的。$-(b)$为消费扭曲，这一部分的损失是需求数量减少导致的。需要注意的是，在小国情形下，不存在出口补贴的贸易条件效应。因此，在这种情形下，实施出口补贴对小国的净福利影响无疑为负。然而，在这种情况下，外国的福利没有发生变化。

6.2.3　情形3：当出口供给相对于进口需求富有弹性时，出口补贴的影响是什么？

在前述两种情形中，我们分别研究了大国和小国实施出口补贴的影响。首先，我们假设出口大国在世界市场上面对的是一条正弹性的进口需求曲线。然后，我们假设出口小国在世界市场上面对的是一条无穷弹性的进口需求曲线。接下来，我们分析另一种情形——即出口供给较进口需求更富有弹性。当本国对价格的敏感度比外国更高时，便会出现这种情形。

图6.3描述了这种情形，正如前文所述，出口补贴本质是在出口国市场上的商品价格（P_s）与进口国市场上的商品价格（P_s^*）之间插入了一个楔子。出口补贴的数额由图6.3（b）中这两个价格之间的垂直的距离（s）表示。当本国（出口国）实施出口补贴时，本国市场上商品价格从自由贸易时的世界价格（P^w）上升到包含补贴的价格（P_s）。这一价格变化的幅度相对较小。另一方面，从进口国的角度看，补贴后，进口国市场上的商品价格从自由贸易时的世界价格（P^w）下降到新的更低的世界价格（P_s^*）。这一价格变化的幅度相对较大。换句话说，出口补贴的价格效应并不是由出口国和进口国平均分担的，而是主要由进口国承担。价格效应的分担之所以出现这一特征，是因为出口供给曲线相对于进口需求曲线更富有弹性。

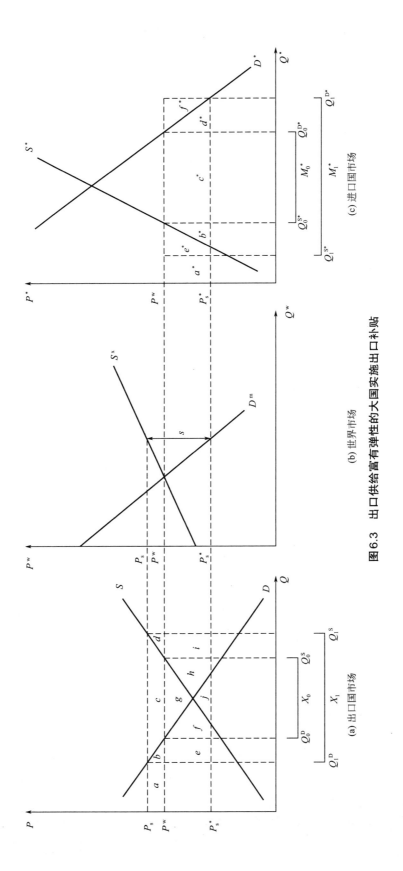

图6.3 出口供给富有弹性的大国实施出口补贴

　　出口补贴对本国和外国商品的供给量、需求量和贸易量的影响方向与情形1完全相同。因此，我们在此不再赘述。然而，在当前的情形下，出口补贴对出口国和进口国的福利效应与情形1存在显著差别，因为出口补贴的价格效应主要由进口国承担。

　　图6.3显示了出口补贴对本国和外国的福利效应。表6.1对这些效应进行了总结。图6.3（a）显示了本国（即出口国）的福利效应。如该图所示，出口补贴导致本国生产者剩余增加了 $+(a+b+c)$，因此本国生产者的福利增加。出口补贴导致本国消费者剩余减少了 $-(a+b)$，因此本国消费者的福利减少。同时，本国政府的福利减少了 $-(b+c+d+e+f+g+h+i+j)$。政府福利的变化是支付出口补贴的成本。补贴对本国的净福利影响是生产者福利、消费者福利和政府福利变化的加总。将上述福利变化加总能够得到 $-(b+d)-(e+f+g+h+i+j)$。其中，$-(e+f+g+h+i+j)$ 为负的贸易条件效应。这一面积是本国出口补贴压低了出口商品的世界价格导致的福利损失。$-(b+d)$ 是生产者和消费者造成的无谓损失。如前文所述，本国的净福利无疑因实施出口补贴而受到损失。然而，在这一情形下，贸易条件效应是造成本国福利损失的主要原因。生产扭曲和消费扭曲相对较小，因为本国承担的出口补贴政策的价格效应较小。

　　在这一情形下，补贴对出口国福利的影响与对进口国福利的影响形成鲜明对比。图6.3（c）显示了出口补贴对外国（进口国）的福利影响。如该图所示，补贴导致外国生产者剩余减少了 $-(a^*+e^*)$，因此外国生产者的福利减少。补贴导致外国消费者剩余增加了 $+(a^*+b^*+c^*+d^*+e^*)$，因此外国消费者的福利增加。外国政府的福利没有发生变化，因为出口补贴是由本国政府支付的。将外国生产者的福利变化和消费者的福利变化加总，能够得到外国的净福利效应。将这些福利变化加总，我们得到 $+(b^*+c^*+d^*)$。如果先加上再减去 e^* 和 f^*，我们能够得到净福利效应为 $+(b^*+c^*+d^*+e^*+f^*)$ 和 $-(e^*+f^*)$。其中 $+(b^*+c^*+d^*+e^*+f^*)$ 为贸易条件效应。这一部分面积是补贴压低了外国进口商品的世界价格带来的利益。$-(e^*+f^*)$ 是生产者和消费者造成的无谓损失。在这种情况下，正的贸易条件效应大于负的扭曲效应［即 $(e^*+f^*)<(b^*+c^*+d^*+e^*+f^*)$］。因此，这种情况阐明了进口国的贸易伙伴实施出口补贴是如何导致进口国的净福利增加。

　　综上所述，出口国消费者和生产者的无谓损失相对较小，而进口国消费者和生产者的无谓损失相对较大。出口国政府实施出口补贴的成本为负，而进口国不存在政府的成本。并且，世界价格的下降有利于商品的进口国，而不利于商品的出口国。本质上讲，出口补贴的价格效应从出口国（即实施出口补贴的国家）传递到了进口国。进口国福利改善是因为正的贸易条件效应超过了消费者和生产者的无谓损失。然而，出口国的福利无疑受到损害。因此，（在这种情况下）尽管出口补贴从进口国视角看可能是明智的，但是从出口国的视角看并不明智。这一结论看似缺乏经济意义上的合理性，因为出口国实施出口补贴，而其福利却受到损害。政治经济学文献和贸易文献对这一问题进行了解释，即分析了随着时间的推移，从一种均衡状态到另一种均衡状态的动态变化。

6.2.4　情形4：具有比较劣势的大国实施出口补贴的影响是什么？

　　在上述三种情形中，我们假设实施出口补贴的国家在补贴政策实施前为该商品的出口国。换句话说，即假设该国具有商品生产的比较优势。因此，在上述三个例子中，出口补贴使原本就出口该商品的国家继续增加该商品的出口量。在这一部分，我们分析另一种截然不同的情形，即实施出口补贴的国家是一个具有比较劣势的大国。在这种截然不同的情形中，自由贸易状态下，一国原本是该商品的进口国。然而，出口补贴逆转了这一贸易模式，即出口补贴使这一具有比较劣势的国家成为该商品的出口国。

图6.4显示了这种情形的各个市场。图6.4（a）描述了本国市场上该商品的国内供给（S）和国内需求（D）。本国市场上该商品的均衡价格为自给自足时的价格。这一自给自足的价格相对较高，反映了前述假设，即本国在该商品的生产上具有比较劣势。相对应的，图6.4（c）描述了外国市场上的国内供给（S^*）和国内需求（D^*）。同样，该商品在外国市场上的均衡价格等于其自给自足时的价格。这一自给自足价格相对较低，反映了前述假设，即外国具有该商品生产的比较优势。

图6.4（b）描述了世界市场上的供给和需求。在中间的这幅图中，正如前文模型框架假设所述，需求曲线（D^m）为本国的进口需求曲线，而供给曲线（S^{x*}）为外国的出口供给曲线。我们也可以得到当世界价格高于本国自给自足价格时的出口供给曲线，以及当世界价格低于外国自给自足价格时的进口需求曲线。举例说明，在图6.4（a）中，当世界价格高于本国自给自足均衡时的价格，本国市场将会出现超额供给，从而将会供给出口。同时，在图6.4（c）中，当世界价格低于外国自给自足均衡时的价格，外国市场将会出现超额需求，从而将会产生进口需求。在这些世界价格水平上，本国该商品的超额供给量在图6.4（b）中显示为S^x的水平距离。同样的，外国对该商品的超额需求在图6.4（b）中显示为D^{m*}的水平距离。出口供给曲线和进口需求曲线在这些价格区间内不会相交。因此，在这些价格区间内，不存在本国和外国进行贸易的均衡状态。

我们现在将出口补贴引入这一模型框架。图6.4显示了出口补贴的影响。如前述几种情形的分析一样，出口补贴本质上是在本国市场上的商品价格（P_s）和外国市场上的商品价格（P_s^*）之间插入了一个楔子。出口补贴的数额是这两个价格之间的垂直距离（s），如图6.4（a）～图6.4（c）所示。然而，在这种情形下，出口补贴的数额足够大以至于逆转了贸易模式。当本国实施出口补贴政策后，本国市场上该商品的价格上升，从世界价格（P^w）上升到包含补贴的价格（P_s）。此时，本国从商品的进口国转变为商品的出口国。另一方面，出口补贴政策生效以后，外国市场上商品价格下降，从世界价格（P^w）下降到更低的世界价格（P_s^*）。外国从商品的出口国转变为商品的进口国。

由于出口补贴的数额很大，出口补贴对本国和外国的数量效应和贸易效应的影响是巨大的。本国市场上商品的供给量大幅增加（从Q_0^S到Q_1^S），并且需求量大幅减少（从Q_0^D到Q_1^D）。与之形成对比的是，外国市场上商品的供给量大幅减少（从Q_0^{S*}到Q_1^{S*}），同时需求量大幅增加（从Q_0^{D*}到Q_1^{D*}）。在这种情况下，由于上述变化幅度非常大，从而导致贸易模式逆转。本国在实施出口补贴之前，该商品的进口量为M_0，实施出口补贴后，商品的出口量为X_1。同样的，外国在补贴生效前出口数量为X_0^*，补贴生效之后进口数量为M_1^*。

直观上看，我们能够通过出口补贴对价格和数量的影响，分析得到出口补贴对生产者和消费者的影响作用。在本国市场上，生产者以更高的价格大幅增加商品的供给量。生产者从销售商品中获得更多的收益，因此本国生产者因出口补贴而获益。本国消费者在更高的价格水平上需求量大幅减少。消费者为商品支付的成本增加，因此本国消费者因出口补贴而受损。与之形成对比的是，在外国市场上，生产者在更低的价格水平上大幅减少商品的供给量。因此，外国的生产者因出口补贴而受损。同时，在更低的价格水平上，外国消费者的需求量大幅增加。因此，外国的消费者因出口补贴而获益。

出口补贴对本国和外国的福利影响同样能够通过图6.4分析得出，并且总结在表6.1

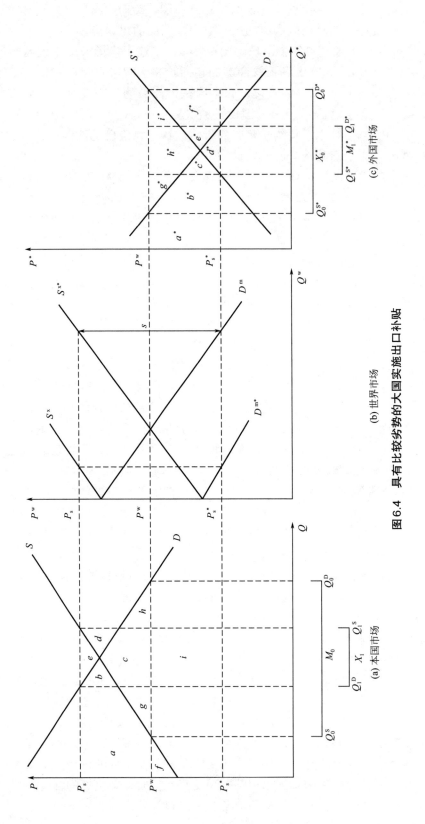

图6.4 具有比较劣势的大国实施出口补贴

(a) 本国市场

(b) 世界市场

(c) 外国市场

中。图6.4（a）显示了出口补贴对本国的影响。如该图所示，由于实施出口补贴，本国生产者剩余增加了 $+(a+b+e)$，因此生产者的福利增加。消费者剩余减少了 $-(a+b+c+g+h)$，因此消费者福利减少。由于支付出口补贴的成本，本国政府福利减少了 $-(b+c+d+e+i)$。出口补贴对本国的净福利影响是生产者福利、消费者福利和政府福利变化的加总。将上述福利变化加总起来，我们得到 $-(b+c+h)-(d+c+g)-(i)$。其中 $-(i)$ 是负的贸易条件效应。$-(d+c+g)$ 为生产扭曲，$-(b+c+h)$ 为消费扭曲。因此，本国实施出口补贴的净福利效应无疑为负。这一影响结果与前述三种情形一样。所以，尽管本国实施出口补贴政策逆转了贸易模式，但出口补贴仍然导致本国的净福利损失。

图6.4（c）显示了出口补贴对外国的福利影响。如该图所示，出口补贴生效后，生产者剩余减少了 $-(a^*+b^*+c^*+g^*+h^*+i^*)$，因此外国生产者的福利受损。消费者剩余增加了 $+(a^*+b^*+c^*+d^*)$，因此外国消费者的福利增加。外国政府的福利没有变化，因为出口补贴的成本由本国政府承担。出口补贴对外国的净福利影响是生产者福利和消费者福利变化的总和。将这些影响效应加总，我们得到 $+d^*-(g^*+h^*+i^*)$。然后，将这一结果先加上再减去 $(c^*+e^*+h^*)$，能够得到 $+(c^*+d^*+e^*+h^*)-(g^*+h^*+e^*)-(c^*+h^*+i^*)$。其中 $+(c^*+d^*+e^*+h^*)$ 为正的贸易条件效应，$-(g^*+h^*+e^*)$ 为消费扭曲，$-(c^*+h^*+i^*)$ 为生产扭曲。如果贸易条件效应超过了生产扭曲和消费扭曲，则出口补贴使外国净福利增加（反之亦然）。这一福利影响与前述三种情形类似。然而，在第四种情形中，出口补贴对外国的净福利效应的方向取决于补贴前后贸易规模的相对大小。

综上所述，本章通过对上述四种情形的分析，阐明了出口补贴对本国（即实施补贴政策的国家），以及外国（本国的贸易伙伴国）的影响效应。在所有大国情形中，出口补贴增加了本国生产者的福利和外国消费者的福利。同时，出口补贴减少了本国消费者的福利和外国生产者的福利。并且，本国政府的福利减少。如果我们着眼于补贴的净福利影响，能够看到出口补贴无疑减少了本国的福利，并且能够增加或减少外国的福利。这些影响的相对大小取决于贸易条件因补贴而改变的程度。在小国情形中，世界价格不发生变化，出口补贴仅对本国产生影响，而对外国没有影响。最后，在出口补贴改变贸易模式的情形中，出口补贴可能对进口国的福利和出口国的福利均产生负面影响。

需要注意的是，上述四种情形描述的是实施出口补贴的比较静态影响，本章并没有阐述随着时间的推移出口补贴产生的动态影响。例如，当外国消费者的获益超过其生产者的损失，则外国将从出口补贴中获益。然而，如果外国的生产者失去了他们在自己国家的市场份额，那么随着时间的推移，外国将变得依赖进口。在这种情况下，如果在外国市场上没有其他的替代商品，则其市场结构将发生改变。

6.2.5 出口补贴的负担是如何在国家之间和经济主体之间分配的？

上述四种情形的分析结论表明，出口补贴的价格效应在国家之间的分配存在差异。如前一章节所述，价格效应的分配被称为政策的负担。此外，上述四种情形的分析结论表明，出口补贴的福利效应在一国内部的分担也存在差异。这一部分研究并总结出口补贴的价格效应在国家之间的分担，以及出口补贴的福利效应在国家内部各经济主体之间的分担问题。

通过将上述四种情形对比分析能够发现，当进口需求弹性与出口供给弹性比较相似时，出口补贴的价格负担由进口国和出口国平均分担。这种情况与能够影响世界价格的出口大国情形相一致（情形1）。直观上看，我们能够将出口国看作是像欧盟国家的集团，并且将进口国视为如北美自由贸易区那样的集团。在这种情形下，欧盟的出口补贴政策将会改变北美国家面对的世界价格。即欧盟的出口供给弹性与北美的进口需求弹性相似。在这种情形下，出口补贴的价格效应由欧盟和北美相对平均分担。即使如此，出口补贴对欧盟的福利影响相对较大。因为补贴导致的负扭曲被贸易条件恶化产生的负效应进一步扩大。同时，出口补贴对北美的福利影响相对较小，因为补贴导致的负扭曲将很大程度上被贸易条件改善的正效应所抵消。

与之形成对比的是，本章的研究发现，当出口国面对无穷弹性的进口需求曲线时，补贴的价格效应完全由出口国承担。这与出口小国的情形相一致，即出口供给完全被进口国吸收（情形2）。直观上看，我们能够将出口国看作像加纳一样的小国，同时将进口国视为像欧盟一样的集团。在这种情况下，加纳的出口补贴政策将不会对欧盟所面对的商品世界价格产生重要的经济影响。补贴将会使加纳的整体福利大幅下降。因为补贴导致的负扭曲效应将不能够通过任何方式得到抵消。同时，补贴将不会对欧盟的福利产生任何影响，因为这一国家集团没有受到其小型贸易伙伴国的补贴政策的价格效应的影响。

我们研究还发现，当进口需求相对于出口供给缺乏弹性时，补贴的价格效应大部分由进口国承担。这种情形与进口国的价格敏感度比出口国的价格敏感度小的情形相一致（情形3）。直观上看，我们能够将进口国看作像印度尼西亚这样的国家，同时将出口国视为其他亚洲国家集团。在这种情形下，出口补贴的价格负担主要由印度尼西亚——进口国来承担。此外，其他亚洲国家将会经历相对较小的生产者扭曲和消费者扭曲，而印度尼西亚将会经历相对较大的生产者扭曲和消费者扭曲。

6.3　自由化出口补贴的影响是什么？

上述讨论的模型框架阐述了实施出口补贴对本国和外国的影响效应。与前述内容相反，本节我们将上述模型分析倒推过来，研究自由化出口补贴的影响作用。这一部分将对自由化出口补贴的福利进行简单总结。

对于实施自由化出口补贴的国家（即本国）而言❶，消费者的福利增加，生产者的福利减少，政府福利增加。出口国的净福利无疑增加。这一结论对前述四种情形均成立。对于贸易伙伴国（即外国）而言，当出口国的出口供给量占世界市场份额很小时，自由化出口补贴对进口国没有影响。然而，在其他几种情形下，本国自由化出口补贴会影响外国福利。具体而言，外国消费者福利减少，生产者福利增加。然而，外国政府的福利既没有增加也没有减少，因为出口补贴的成本由本国政府支付。此外，当因自由化出口补贴而消除生产扭曲和消费扭曲产生的福利增加超过了消除贸易条件的影响，则外国净福利增加，反之亦然。

因此，从国家内部的视角进行审视，出口补贴的自由化产生收入分配效应。对本国而言，消费者和政府能够从自由化出口补贴中获益，而生产者的福利将会因此而受损。对外国而言，生产者的福利因此而获益，消费者的福利因此而受损。补贴的自由化对各经济主体的福利产生不同的影响，有助于我们理解为什么政府会选择实施出口补贴这种令国家

---

❶ 译者注：原文为"对于实施补贴的国家（即本国）而言"。译者根据文意进行修改。

福利恶化的政策。其理论依据是，政府更加看重生产者（以及政府）的福利。如前文提到的，这一问题属于国际贸易的政治经济学范畴。

另一方面，从国家视角看，进口国和出口国的福利均可能因自由化出口补贴而增加。自由化出口补贴无疑会导致本国（即出口国）的福利增加。自由化出口补贴对外国（即进口国）福利的影响结果存在多种可能。当贸易条件效应较大时，外国的福利因自由化出口补贴而受损。当贸易条件效应非常小时，外国的福利不会受到任何影响。若外国的出口供给量在自由化出口补贴之后超过了其在自由化出口补贴之前的进口量，则外国将会因自由化出口补贴而获益。当自由化出口补贴逆转了贸易模式时，这一情况便会发生。

此外，从全球视角看，自由化出口补贴从经济意义上讲是明智的。即自由化出口补贴增加了所有国家作为一个整体的福利。这是因为，一国因贸易条件改善获得的福利增加被其贸易伙伴国因贸易条件恶化导致的福利损失所抵消。剩下的就是扭曲效应。从整体上看，自由化出口补贴消除了消费扭曲和生产扭曲导致的效率损失。因此，究竟是选择自由化出口补贴，还是选择维持出口补贴的观点取决于不同的视角。从全球视角看，自由化出口补贴在经济意义上是明智的。从实施出口补贴国家的生产者的角度看，自由化出口补贴导致其福利恶化。

6.4 本章总结

出口补贴的定义、种类和目的是什么？出口补贴是政府对出口特定商品的企业给予的一种支付。出口补贴的目的是为生产者提供激励，鼓励其向外国市场出口商品。即出口补贴是保护国内产业免受国际市场低价商品的竞争。出口补贴的形式多种多样，包括现金补贴。出口补贴通常是基于出口商品的价值或出口商品的数量进行补贴。

什么是出口补贴的影响效应？出口补贴的影响取决于出口国和进口国自身的特点。本章研究了四种情形。

第一，大国实施出口补贴政策的影响是什么？当出口国是一个大国时，出口补贴影响该商品在出口国市场上的价格，以及该商品在世界市场上的价格。具体而言，出口补贴使该商品在出口国市场上的价格上升，同时在进口国市场上的价格下降。结果导致出口国和进口国内的各经济主体受到影响。出口国的生产者以更高的包含补贴的价格向国际市场提供更多的商品。出口补贴推高了出口国内消费商品的价格，因为对于出口国的生产者而言，向国内市场和国际市场供给商品是无差异的。由于生产者从国内市场和国际市场上获得更多的销售收入，因此出口国的生产者因出口补贴而获益。同时，在更高的国内价格水平上，出口国的消费者需求更少的商品，由于商品有更高的成本，因此出口国的消费者因补贴而受损。此时，出口国的消费者仍然只消费国内生产的商品，并且其消费量更少。

另外，对于进口国而言，生产者以更低的世界价格向国内市场提供更少的商品，因为他们必须与受到补贴的更低价格的进口商品相竞争。在进口国市场上，国内的生产者由于获得更少的销售收入，因此他们的利益受到损失。同时，国内的消费者在更低的世界价格水平上需求更多的商品。由于消费者购买商品时支付的成本减少，因此消费者获益。进口国的消费者更多地消费进口商品同时更少地消费国内生产的商品。

出口补贴也会导致出口国和进口国福利的变化。对于出口国而言，生产者的福利增加，消费者的福利减少，政府的福利由于支付出口补贴而受损。出口国的净福利效应包括负的贸易条件效应，以及负的生产扭曲和消费扭曲。出口国的福利毫无疑问因实施出口补贴而受损。另外，对于进口国而言，生产者的福利减少，消费者的福利增加，而政府福利没有变化，进口国的净福利效应包括正的贸易条件效应，以及负的生产扭曲和消费扭曲。由于正的贸易条件效应超过了负的扭曲效应，因此进口国的净福利因出口补贴而增加。

第二，小国实施出口补贴政策的影响是什么？当出口国为一个小国时，出口补贴导致该商品在出口国市场上的价格上升，但是并不影响该商品在世界市场上的价格。结果导致，出口国的各经济主体受到影响，而进口国的各经济主体没有受到影响。出口国的生产者以更高的包含补贴的价格供给更多的商品。出口国的生产者在国内市场和国际市场上销售商品获得更高的收益，他们因出口补贴而获益。同时，出口国的消费者在更高的包含补贴的价格水平上需求更少的商品。消费者购买商品时支付更高的成本，他们因出口补贴而受损。此时，出口国的消费者仍然只消费国内生产的商品，并且消费数量更少。

另外，对于进口国而言，生产者和消费者并没有显著改变供给量和消费量。给定国际市场的规模，小国实施出口补贴不会对进口国造成任何影响。

出口补贴导致出口国的福利变化，但不会影响进口国的福利。对于出口国而言，生产者的福利增加，消费者的福利减少，政府的福利由于支付了出口补贴而减少。出口补贴对出口国的净福利影响包括负的生产扭曲和消费扭曲，并不包括正的贸易条件效应。这是因为小国实施出口补贴政策不影响其出口商品的世界价格。出口小国的福利无疑因实施出口补贴政策而受到损失。另外，进口国内的各经济主体以及进口国的净福利没有变化。进口国的消费者仍然在原来的世界价格水平上消费进口商品。进口国不会受到出口小国实施出口补贴政策的影响。

第三，当出口供给较进口需求富有弹性时，出口补贴的影响作用是什么？当出口国面对一条相对缺乏弹性的进口需求曲线时，出口补贴对出口国和进口国市场上的商品价格的影响是不同的。具体而言，出口补贴导致出口国市场上商品价格小幅上升，同时导致进口国所面对的世界价格大幅下降。结果导致，进口国内各经济主体受到的影响较大，而出口国内各经济主体受到的影响较小。

对于出口国而言，生产者以更高的包含补贴的价格供给更多的商品，由于在国内市场和国际市场上获得更多的销售收入，出口国的生产者因出口补贴而获益。同时，消费者在更高的国内商品价格水平上需求更少的商品。由于支付更高的商品成本，出口国的消费者因此而受损。然而，出口国的生产者福利增加和消费者福利损失的程度均相对较小。另外，对于进口国而言，生产者以更低的世界价格向国内市场供给更少的商品。生产者因获得更少的国内销售收入而受到损失。同时，消费者在更低的世界价格水平上需求更多的商品。此时，消费者消费更多的进口商品和更少的国内生产的商品。消费者支付更低的商品成本，他们因补贴而获益。进口国的生产者和消费者所受到的影响程度相对较大。

出口补贴也会导致进口国和出口国福利的变化。对出口国而言，生产者的福利增加，消费者的福利减少，而政府的福利由于支付了补贴成本而减少。出口国的净福利效应包括负的贸易条件效应和负的生产和消费扭曲。出口国无疑因实施出口补贴政策而受到损失。另外，对于进口国而言，生产者的福利减少，消费者的福利增加，而政府的福利没有变化。进口国的净福利效应包括正的贸易条件效应和负的生产扭曲和消费扭曲。由于贸易条件改善带来的正的福利效应超过了扭曲效应，进口国因出口补贴而获益。进口国的这些福利效应相对较大。

第四，具有比较劣势的大国实施出口补贴的影响是什么？在上述总结三种补贴的情形中，我们假设实施出口补贴的国家在政策生效之前具有该商品的比较优势。即该国在实施出口补贴政策之前，已经是该商品的出口国。在这些情况下，补贴使该国的出口规模大于自由贸易状态时的出口规模。在现实情形中，我们无法观察到一国在不实施出口补贴政策的情况下究竟是具有比较优势还是具有比较劣势。然而，保护性贸易政策（例如出口补贴）的实施意味着如果没有这些政策，该国将会很难与国际市场上低价格的商品进行竞争。因此，我们分析第四种情形，即具有比较劣势的大国实施出口补贴政策。这种情况的研究结论与前几种情况类似，主要的区别是本国在实施出口补贴前为进口国，而实施出口补贴后变为出口国。同样的，外国在补贴生效前为该商品的出口国，而补贴生效后变为该商品的进口国。并且，在这种情形中，逆转了贸易模式的出口补贴可能导致进口国和出口国的福利均减少。

出口补贴的负担是如何在国家之间，以及国内各经济主体之间分配的？在上述几种情形中，出口补贴的价格效应在国家之间的分配存在差别。当出口供给弹性和进口需求弹性相似时，补贴的价格效应由出口国和进口国共同承担。这种情形对应于出口大国情形，即该国能够影响世界价格，但其所面对的进口国也具有相同的价格敏感度（即情形1）。然而，即使价格效应被出口国和进口国共同分担，出口补贴的福利效应对出口国和进口国的影响也并不相同。出口补贴对出口国的福利效应无疑为负，而对进口国的福利效应为正。与之形成对比的是，当出口国面对一条无穷弹性的进口需求曲线时，出口补贴的价格效应完全由出口国承担。这种情形对应于出口小国的情形，即其出口供给完全被进口国吸收（即情形2）。在这种情形中，出口补贴对出口国的福利效应无疑为负，并且影响程度较大，而对进口国福利的影响作用并不显著。最后，当进口需求相对于出口供给缺乏弹性时，出口补贴的价格效应主要由进口国承担。这种情形恰好对应于进口国的价格敏感度相对较低（即情形3）。在这种情形中，出口补贴对出口国的负的贸易条件效应小，而对进口国的正的贸易条件效应大。

自由化出口补贴的影响是什么？自由化出口补贴的影响与实施出口补贴的影响恰好相反。其影响程度取决于进口需求和出口供给的相对弹性。从国家视角看，自由化出口补贴可以使出口国和进口国的福利均增加。自由化出口补贴无疑能够使出口国的福利增加。与之形成对比的是，出口补贴可能使进口国的福利增加或者减少。如果自由化出口补贴逆转了贸易模式，在这种情况下，进口国的福利增加。此时，自由化出口补贴后商品的进口国成为商品的出口国。从一国内部视角看，自由化出口补贴会产生分配效应。对出口国而言，消费者和政府因自由化出口补贴而获益，而生产者的福利因此而受损。对进口国而言，生产者的福利因自由化出口补贴而增加，而消费者的福利因此而受损。从全球视角看，自由化出口补贴增加了所有国家的整体福利。因此，关于是否选择自由化出口补贴反映了不同的视角。实施出口补贴的国家，其消费者具有支持自由化出口补贴的动机，而生产者具有反对自由化出口补贴的动机。

应用问题   6.1 分析自由化出口补贴对进口国和出口国的商品价格、供给量、需求量，以及对贸易的影响作用。对分析的国家是否能够影响世界价格做出假设。

6.2 运用出口补贴的福利效应的知识，解释为什么致力于最大化国家和世界福利的政策制定者支持自由贸易，而一国内部的部分经济主体（即消费者、政府或生产者）可能不支持自由贸易。

6.3 假设你是倡导生产者利益最大化的生产者，并且假设你的组织致力于全球范围的生产者福利最大化。利用所学的福利影响知识，解释你的组织是否会支持世界范围内的出口补贴自由化。

6.4 研究所有国家降低出口补贴对世界整体的消费者、生产者和政府的福利影响。在研究这些影响时，需要分别考虑大国和小国情形。

6.5 研究出口补贴对进口国福利的影响。当出口国实施自由化出口补贴时，作为其贸易伙伴的进口国的利益，你能够得出什么样的结论。

6.6 考虑北方国家取消出口补贴的情形。考察这一政策变化对北方国家和南方国家福利的影响作用。假设北方国家的出口供给较南方国家的进口需求更富有弹性。

6.7 假设多米尼加共和国拥有牛奶的比较优势，而欧盟拥有牛奶的比较劣势。并且假设欧盟对牛奶实施大规模的出口补贴，这一补贴逆转了欧盟和多米尼加共和国之间的贸易模式。分析这一出口补贴对多米尼加共和国和欧盟的生产者以及消费者的影响作用。

6.8 假设南非拥有食糖的比较优势，而欧盟拥有食糖的比较劣势。假设欧盟的食糖供给和需求较南非食糖供给和需求更具有弹性。此外，欧盟足够大，足以影响食糖的世界价格。假设欧盟对食糖实施一个较大幅度的出口补贴，从而逆转了欧盟和南非之间的贸易模式。分析出口补贴对欧盟和南非市场上食糖价格的影响作用。

□ 延伸阅读   Anderson，K. Ed. 2008. Distortions to Agricultural Incentives：Global Perspectives. London：Palgrave Macmillan.

Anderson，K.，W. Martin，and D. Van der Mensbrugghe. 2006. Distortions to world trade：impacts on agricultural markets and farm incomes. Review of Agricultural Economics 28 (2)：168-194.

Anderson，K.，and E. Valenzuela. 2007. Do global trade distortions still harm developing country farmers? Review of World Economics 143 (1)：108-139.

Brander，James A and Barbara J. Spencer. 1985. Export subsidies and international market share rivalry. Journal of International Economics 16：83-100.

Collie，David. 1991. Export subsidies and countervailing tariffs. Journal of International Economics 31 (November)：309-324.

Coleman，William，Wyn Grant，and Timothy Josling. 2004. Agriculture in the New Global Economy. Cheltenham，UK：Edward Elgar.

Haberler，G. 1958. Trends in International Trade：A Report by a Panel of Experts. Geneva：GATT.

Josling，Timothy E.，Stefan Tangermann，and Thorald K. Warley. 1996. Agriculture in the GATT. Basingstoke，UK：Macmillan.

Krueger，Anne 0.，M. Schiff，and A. Valdes. 1988. Agricultural incentives in developing coun- tries：measuring the effect of sectoral and economywide policies. WbrW Review 2 (3)：255-272.

Krueger，Anne 0.，M. Schiff，and A. Valdes. 1991. The Political Economy of Agricultural Pricing Policy. Baltimore：Johns Hopkins University Press for the World Bank.

Lindert，P. 1991. Historical patterns of agricultural protection. In Agriculture and the State (ed. P. Timmer). Ithaca：Cornell University Press.

Organisation for Economic Co-operation and Development (OECD). 2001. The Uruguay Round Agreement on Agriculture : An Evaluation of its Implementation in OECD Countries. Paris : OECD.

Organisation for Economic Co-operation and Development (OECD). 2006. Producer Support Estimates and Consumer Support Estimates，OECD Database 1986—2004. Paris : OECD.

Sumner，Daniel A. and Stefan Tangermann. 2002. International trade policy and negotiations. In Handbook of agricultural economics，vol.2B，Agricultural and Food policy(eds Bruce L. Gardner and Gordon C. Rausser)，Amsterdam，Netherlands : North Holland Press，pp. 1999-2055.

World Trade Organization (WTO). 1996. The Results of the Uruguay Round of Multilateral Trade Negotiations : The Legal Texts. Geneva : WTO.

World Trade Organization (WTO). 2000. Export Subsidies. Background Paper by the Secretariat. G/AG/NG/S/5 (11 May). Geneva : WTO.

7 数量限制

7.1 数量限制的定义、种类和目的是什么？

数量限制是指在一段特定时期，通常为一年，对出口商品或进口商品的数量实施限制。数量限制与关税和出口补贴不同，关税和出口补贴是通过正的或负的税收改变商品的价格。与之形成对比的是，数量限制是对所贸易的商品限定了一个最大的价值或数量。数量限制能够被用于限制与特定贸易伙伴之间的贸易，或者对全球贸易进行限制。

数量限制的种类包括进口配额、出口配额、自愿出口限制和贸易禁止。进口配额是对进口商品的数量进行限制。进口配额是由进口国在预先指定的一段时间内实施的。一般而言，进口国政府向进口企业颁发许可证或许可。这些许可证的分配通常是基于这些进口企业在选定的基期年份的进口数量，尽管也使用其他的分配方法。进口配额应用的一个例子是20世纪60年代到20世纪70年代早期，美国对进口石油的限制。

出口配额是对出口商品的数量进行限制。出口配额由出口国在一段特定时期内实施。一般而言，出口国政府向出口企业颁发许可证或许可。出口配额应用的一个例子是石油输出国组织（OPEC）国家对石油出口进行的限制。

自愿出口限制（VER）是在进口国的要求下由出口国实施的一种出口配额；也就是说自愿出口限制是在进口国的要求下，出口国对向该进口国出口的特定商品自愿实施出口限制。当进口国想要保护本国产业，却因会违反现有国际协定而不能这么做时，自愿出口限制便是出口国和进口国协商的结果。在这种情形下，出口国可能自愿同意限制向该国出口商品，为了防止未来进口国的贸易报复行为。应用自愿出口限制的一个例子是20世纪80年代日本对向美国出口的汽车实施自愿出口限制措施。包含多个国家的自愿出口限制的一个例子是多种纤维协定（MFA），该协定在2005年以前对22个国家出口的纺织品进行了限制。这种更加广义自愿出口限制的类型被称为有序市场安排。

贸易禁止或禁运是一种极端的数量限制政策，是指出口国或进口国将贸易商品的数量限制为零。贸易禁止通常针对特定的商品或特定的国家。受到贸易禁止的特定商品包括原属于濒危品种、武器和放射性材料的那些商品。对特定国家实施禁止的例子包括在种族隔离制度时期，联合国对南非实施的贸易禁运。

上述几种数量限制措施的目的存在一定程度的区别。进口配额的目的是保护国内生产者免受进口商品的竞争（即与较低价格的进口商品的竞争），以及鼓励国内的生产。除了这一目的之外，进口配额还被用来解决一国国际收支平衡问题。即进口配额被具有大规模国际收支赤字的国家用来限制其国际储备的流出。

出口配额的目的是限制商品在国际市场上的供给量。出口配额有助于将该商品的国际市场价格稳定，并且/或维持在较高的水平上，比如石油输出国组织限制石油出口。出口配额也被用来维持该商品在国内市场的更大的供给量，以及/或确保这些商品在国内市场上的价格低于世界市场价格。

与之形成对比的是，自愿出口限制的目的通常是出口国为了预先防范进口国官方的保护行为（即贸易报复）。为了防止进口国的贸易报复，出口国同意自愿限制其向进口国出口特定的商品。自愿出口限制使进口国在不实施那些现有贸易协定框架内被禁止的限制性政策措施的前提下，保护自己国内的产业。

数量限制产生了一个与贸易商品有关的租金。租金等于受到限制商品的价格溢价部分与贸易商品数量的乘积。租金会被有权进行贸易的许可证持有人获得。许可证的持有人以更低的世界价格购买商品，随后以更高的价格在国内市场进行销售。之所以国内价格更高，是因为商品进口的数量受到限制。商品价格的溢价应用于每一单位贸易的商品中。许可证的持有人可以是国内企业，也可以是外国企业或是政府。许可证持有人的国籍非常重要，因为它决定了哪一个国家能够获得租金。即许可证持有人获得的租金是被纳入政策的国家福利效应的计算中的。在进口配额情形中，许可证由进口国的政府进行分配，而在出口配额和自愿出口限制情形中，许可证由出口国的政府进行分配。

用于分配进口或出口配额的方法有很多。这些方法包括：基于先到者先接受服务进行分配；基于某一基期的贸易份额进行分配；按比例分配给国内的生产企业；由政治因素来决定如何分配；通过拍卖将配额分配给出价最高的企业。在这些方法中，基于贸易份额进行分配是最主要的分配方法。通过这一方法，配额在各贸易商之间的分配数量基于他们在前一个基期的贸易量。例如，如果一个企业在基期进口该商品的数量占总进口量的8%，那么该企业在配额制度下将会获得8%的进口额度。

在实践中，随着关税与贸易总协定和世界贸易组织框架内贸易自由化进程的推进，配额的使用越来越少。然而，随着非关税贸易政策工具（包括数量限制）通过所谓关税化进程被转换为关税，理解数量限制仍然至关重要。这一转换过程有时是通过所谓的关税配额（TRQ）这一政策工具实现的。关税配额是指对进口商品设定一个数量限制，对在该数量限制以内的进口商品按照低的税率计征关税，而对超过这一数量限制（亦即高于配额）的进口商品征收一个更高税率的关税。如果这一更高的税率足够高，那么关税配额的作用就如同进口配额（参见本书第8章的进一步分析）。这一混合政策工具在区域贸易安排框架下被用于协调外部贸易壁垒、对发展中国家实施优惠待遇、以及提供一个保障体系来防止进口激增。这一政策工具也被用于便利化配额和贸易禁止向关税转化的进程，尤其是在农产品部门显得尤为重要。

这一章，我们在多种情况下研究数量限制的影响作用。本章分析三个核心问题：①大国实施进口配额的影响是什么？②大国实施出口配额或自愿出口限制的影响是什么？③在两个大国之间实施贸易禁止的影响是什么？在回答这些问题时，本章对数量限制的福利效应进行分析，即研究数量限制造成的收益和损失；即我们分析谁因实施数量限制而获益，谁因实施数量限制而受损。

7.2 数量限制的影响是什么？

数量限制的影响能够从多个视角进行研究，包括国家视角（进口国和出口国）、国家内部各经济主体（消费者、生产者和政府）的视角以及全球视角。

数量限制对进口国的影响非常直观。由于国内市场上商品的数量受到限制，进口商品的价格上升。首先在一个竞争性市场上，国内生产的商品价格将会与受到限制的进口商品的更高价格相等。其次，国内生产的商品供给量增加，因为现在国内生产者与更高价格的进口商品相竞争。与此同时，进口国市场上该商品的需求量下降。这是因为国内生产的商品和进口商品的价格都因数量限制而上升。

数量限制也会对进口国的福利产生影响。数量限制对消费者的福利、生产者的福利和政府的福利的影响是不同的。具体而言，国内生产者的福利增加，因为生产者供给的商品数量和其获取的商品价格均增加。相反，国内消费者的福利减少，因为消费者的需求量下降，并且为商品支付的价格上升。并且，政府的福利没有变化（从经济意义上讲），因为配额没有产生政府的收入或成本。如果我们将上述三种经济主体的福利变化加总，能够得到数量限制对进口国的净福利影响的结论。我们将会在本章接下来的研究内容中显示，数量限制对进口国的净福利效应可能为正也可能为负。净福利效应的方向取决于进口国对世界市场价格的影响能力，也取决于有权利进行受限制商品贸易的许可证持有人的国籍。在进口配额的情形下，这些配额租金将会归进口国的企业所有。在出口配额或 VER 的情况下，这些租金将会归出口国的企业所有。在贸易禁止的情形下，配额租金为零，因为不存在贸易。

数量限制对出口国的影响作用更加不确定。出口国（或世界市场上）的商品价格可能下降、也可能维持不变。如果出口国或进口国是贸易大国，即出口国的出口供给或进口国的进口需求在世界市场上所占份额较大，则数量限制将会导致该商品的世界价格下降。在大国情形下，数量限制将导致世界市场上该商品的世界供给/世界需求减少，从而该商品的世界价格下降。结果导致，出口国的商品供给量减少，因为现在供给者获得更低的出口商品的世界价格。与此同时，出口国市场上该商品的需求量增加，因为国内消费者为商品支付更低的世界价格。

在大国情形下，数量限制也会对出口国的福利产生影响。具体而言，出口国生产者的福利减少，因为生产者的供给数量减少并且获得的商品价格也下降。与之形成对比的是，消费者的福利增加，因为消费者的需求量增加，并且为商品支付的价格下降。同时，出口国政府的福利没有变化（从经济意义上讲）。如果我们将上述三种经济主体的福利变化加总，能够得到数量限制对出口国产生的净福利效应。我们将在本章接下来的部分进行阐明，数量限制对出口国的净福利效应的影响方向取决于贸易伙伴国对该商品世界价格的影响能力。它同样取决于有权利进行限制商品贸易的许可证持有人的国籍。

另外，如果实施数量限制的国家是一个小国，即该国的商品供给量和/或需求量占世界市场份额小，那么该商品的世界价格将保持不变。举例说明，如果实施进口配额的国家是一个小国，即该国的进口需求占世界市场份额很小，那么在出口国市场上，该商品的价格将会保持不变。并且，如果实施出口配额的国家是一个小国，即其出口供给量占世界市场份额很小，则在进口国市场上，该商品的价格将保持不变。同样的，其贸易伙伴国内的消费者和生产者的福利将保持不变。

接下来，本章将采用简单的局部均衡模型来阐述数量限制的影响。本章分析三种情形。第一种情形是大国实施进口配额。第二种情形是大国实施出口配额或自愿出口限制。第三种情形是两个大国之间实施完全的贸易禁止。在每种情形的分析中，所谓"大国"是指能够影响该商品在世界市场上的价格的国家。在此，我们不考虑小国情形，但是鼓励读者对小国情形进行分析。

简单的局部均衡模型的假设如下。存在两个国家，本国和外国。存在一种商品。该商品是受到数量限制的商品。本国是该商品的进口国。外国是该商品的出口国。

7.2.1　情形1：大国实施进口配额的影响是什么？

在这一部分，我们分析大国实施进口配额的情形。图7.1显示了大国情形下该商品的各个市场。图7.1（a）显示了本国——进口国市场上的商品供给（S）和需求（D）。进口国市场上商品的均衡价格为自给自足时的价格（P_a），这一价格是没有贸易时的价格。本国自给自足时的价格相对较高，反映了前述本国具有该商品比较劣势的假设前提。与之形成对比的是，图7.1（c）显示了外国——出口国市场上的商品供给（S^*）和需求（D^*）。同样的，外国市场上该商品的均衡价格为自给自足时的价格。这一价格相对较低，反映了前述外国具有该商品比较优势的假设前提。

图7.1（b）显示了世界市场上的供给和需求。这是本国与外国进行贸易的市场。在中间这幅图中，需求曲线为本国的进口需求曲线（D^m）。图7.1（b）的进口需求曲线是根据图7.1（a）本国市场的供求行为推导得出的。例如，在所有可能的世界价格水平上，分析本国市场上的供给和需求行为。当世界价格等于或高于本国自给自足均衡价格时，本国不存在进口需求。国内需求完全由国内供给满足。然而，当世界价格低于自给自足均衡价格时，本国将会出现进口需求，其进口需求量为国内市场上的超额需求的那一部分。

与之形成对比的是，图7.1（b）显示的世界市场上的供给曲线为出口供给曲线（S^x）。出口供给曲线是根据图7.1（c）外国市场上的供求行为推导得出的。例如，分析在所有可能的世界价格水平上，外国市场上的供给和需求行为。当世界价格低于国内自给自足均衡价格时，外国将不会进行出口供给，而是完全用于满足国内需求。然而，当世界价格高于其自给自足均衡价格时，外国将会进行出口供给。此时，外国的出口供给量等于国内市场上的超额供给的那一部分。

图7.1（b）中，进口需求曲线和出口供给曲线的交点决定了世界均衡价格（P^w）。世界均衡价格是本国的进口需求量等于外国的出口供给量时的世界价格。在世界均衡价格水平上，图7.1（a）中的进口量（M_0）等于图7.1（c）中的出口量（X_0^*）。图7.1（a）中的进口量是在世界价格水平上本国市场上的需求（Q_0^D）超过其供给（Q_0^S）❶的部分。类似的，图7.1（c）中的出口量是在世界价格水平上，外国市场上的供给量（Q_0^{S*}）超过其需求量（Q_0^{D*}）❷的部分。

我们现在能够将进口配额引入到这一简单的模型框架中，如图7.1（b）所示。进口配

---

❶ 译者注：此处原文为Q_0^D，译者改为Q_0^S。
❷ 译者注：此处原文为Q_0^{S*}，译者改为Q_0^{D*}。

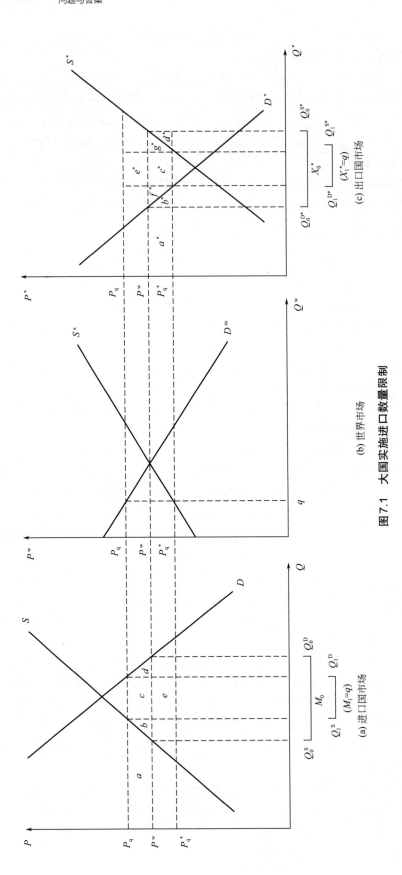

(a) 进口国市场   (b) 世界市场   (c) 出口国市场

图 7.1 大国实施进口数量限制

额本质上是对国际市场上供给的商品或需求的商品施加一个"数量限制"。配额的大小由图7.1（b）中水平距离（q）表示。当本国实施进口配额时，本国市场上受到限制的商品的价格从世界（P^w）上升到更高的价格（P_q）。这一价格变化伴随着进口需求曲线沿线的移动，同时进口国的进口需求量减少。从出口国的角度看，配额生效后，出口国市场上商品价格从世界价格（P^w）下降到新的更低的价格（P_q^*）。这一价格变化伴随着沿出口供给曲线的移动，并且出口国的出口供给量减少。在这种情况下，配额的价格效应由进口国和出口国共同承担。即使是进口国单方面实施进口配额，价格效应的分担仍会如此。之所以进口国和出口国共同承担配额的价格效应，是因为进口国能够影响世界价格。

进口配额也会影响本国和外国的商品供给量、需求量和贸易量［分别如图7.1（a）和图7.1（c）所示］。本国国内供给量增加（从Q_0^S增加到Q_1^S），同时国内需求量减少（从Q_0^D减少到Q_1^D）。与之形成对比的是，外国国内商品供给量减少（从Q_0^{S*}减少到Q_1^{S*}），同时国内需求量增加（从Q_0^{D*}增加到Q_1^{D*}）。结果导致，两个国家之间的贸易量减少。本国的进口量减少（从M_0减少到M_1）至数量q，同时外国的出口量也减少（从X_0^*减少到X_1^*）至数量q。

直观上看，通过分析进口配额对价格和数量的影响作用，能够得到进口配额对生产者和消费者产生的影响。在本国市场上，生产者以更高的价格向本国市场供应更多的商品。由于获得更多的商品销售收入，本国生产者因进口配额而获益。本国消费者在更高的价格水平上需求更少的商品。由于为商品支付更高的成本，本国消费者因进口配额而受损。另外，在外国市场上，生产者以更低的价格供给更少的商品，外国生产者因配额而受损；而外国的消费者在更低的价格水平上需求更多的商品，外国消费者因配额而获益。此外，配额改变了消费者在国内生产的商品和进口商品之间的消费比例。本国消费者将会更多地消费国内生产的商品和更少地消费进口商品。外国消费者仍然仅消费自己国内生产的商品，但是所消费的数量更多。

配额对本国和外国的福利影响也能够通过图7.1进行说明，并且在表7.1（情形1）中进行总结。在此，我们不对实施配额前后的福利水平进行赘述，而是简单的阐述配额造成的福利变化。图7.1（a）显示了进口国的福利效应。实施进口配额后，本国生产者剩余增加了$+(a)$，因此生产者的福利增加。本国消费者剩余减少了$-(a+b+c+d)$，因此消费者的福利减少。此外，许可证持有人的福利增加了$+(c+e)$。这一配额租金等于配额的数量乘以配额导致的价格效应。它等于商品的进口数量（水平距离）与商品溢价（垂直距离）的乘积。亦即配额租金为$[M_1 \times (P_q - P_q^*)]$❶。

进而，配额对本国的净福利效应是生产者、消费者和许可证持有人福利变化的加总。如果我们假设获得配额租金的许可证持有人是进口国的企业或政府，那么我们能够将配额租金纳入本国净福利计算中。将这些福利效应加总，能够得到$+(e)-(b+d)$。其中$+(e)$是出口国对进口国的配额租金的正的净转移，这一转移是贸易条件效应的净值。$-(b+d)$是生产者和消费者造成的无谓损失。具体而言，$-(b)$是生产扭曲，$-(d)$是消费扭曲。如果配额引起的生产扭曲和消费扭曲超过了贸易条件效应，则配额导致进口国的净福利减少，同样反之亦然。

图7.1（c）显示了配额对出口国的福利效应。如图所示，出口国的生产者剩余减少了$-(a^*+b^*+c^*+f^*+g^*)$，因此出口国的生产者福利减少。而消费者剩余增加了$+(a^*+b^*)$，因此

---

❶ 译者注：此处原文为$[M_0 \times (P_q - P_q^*)]$，译者将式中$M_0$改为$M_1$。

表7.1   数量限制的福利效应

情形1——进口配额

经济主体	福利效应（进口国/本国）	福利效应（出口国/外国）
生产者	$+a$	$-(a^*+b^*+c^*+f^*+g^*)$
消费者	$-(a+b+c+d)$	$+(a^*+b^*)$
许可证持有者	$+(c+e)$	0
国家	$+e-(b+d)$	$-(c^*+f^*+g^*)$
国家（方向）	负或正	负

情形2——自愿出口限制/出口配额

经济主体	福利效应（进口国/本国）	福利效应（出口国/外国）
生产者	$+a$	$-(a^*+b^*+c^*+f^*+g^*)$
消费者	$-(a+b+c+d)$	$+(a^*+b^*)$
政府	0	$+(c^*+e^*)$
国家	$-(b+c+d)$	$+e^*-(f^*+g^*)$
国家（方向）	负	负或正

情形3——贸易禁止

经济主体	福利效应（进口国/本国）	福利效应（出口国/外国）
生产者	$+a$	$-(a^*+b^*+c^*+d^*)$
消费者	$-(a+b+c)$	$+(a^*+b^*)$
国家	$-(b+c)$	$-(c^*+d^*)$
国家（方向）	负	负

注：情形1假设进口配额许可证为进口国国内经济主体所有。情形2假设出口配额许可证为出口国国内的经济主体所有。

出口国消费者的福利增加。净国家福利为生产者和消费者福利变化的加总。将上述福利变化加总能够得到$-(c^*+f^*+g^*)$，$-(c^*)$是贸易条件效应，$-(f^*+g^*)$是消费者和生产者造成的无谓损失，$-(f^*)$是消费扭曲，$-(g^*)$是生产扭曲。净福利效应而言，出口国毫无疑问因配额而受到损失。

7.2.2   情形2：大国实施出口配额（或自愿出口限制）的影响是什么？

在这一部分我们分析大国实施出口配额或自愿出口限制的情形。这一情形与前一种情形非常相似。二者的显著区别是，实施数量限制的是出口国而非进口国。另一个显著区别是许可证和租金的持有人为出口国的企业或政府，而非进口国。因此，政策的福利影响因许可证持有人国籍的变化而发生改变。

图7.1也能够用于分析大国实施出口配额的情形。我们能够将出口配额或自愿出口限制引入这一简单的框架，如图7.1（b）所示。这一出口限制本质上对国际市场上的商品供给量和需求量产生了一个"数量限制"，这一点与进口配额一样。出口配额或自愿出口限制的数额由图7.1（b）中水平距离q表示。前一种情形的所有的价格效应和数量效应的结论在出口限制的情形中均成立，在此不再赘述。

出口配额或自愿出口限制对本国福利和外国福利的影响作用也能够通过图7.1进行分析，并且总结在表7.1（情形2）中。图7.1（a）显示了出口配额对进口国福利的影响作用。如该图所示，出口配额或自愿出口限制使生产者剩余增加了$+(a)$，从而生产者的福利增加。消费者剩余减少了$-(a+b+c+d)$，因此消费者的福利下降。进口国的净福利效应是生产者、消费者和许可证持有人福利变化的加总。如果我们假设许可证的持有人以及获得配额租金的是外国企业或出口国政府，那么我们不能将配额租金纳入本国净福利的计算中。此时，本国的净福利效应为$-(b+d+c)$，$-(c)$为进口国对出口国的福利转移，$-(b+d)$为生产者和消费者造成的无谓损失，$-(b)$为生产扭曲，$-(d)$为消费扭曲。净福利而言，出口配额或自愿出口限制无疑会导致进口国的福利受到损害。

图7.1（c）显示了出口配额或自愿出口限制对出口国福利的影响。如该图所示，由于实施数量限制，生产者剩余减少了$-(a^*+b^*+c^*+f^*+g^*)$，因此生产者的福利减少。消费者剩余增加了$+(a^*+b^*)$，从而消费者的福利增加。国家净福利是生产者、消费者和许可证持有人的福利变化的加总。将上述影响效应加总，我们能够得到$+(e^*)-(f^*+g^*)$。$+(e^*)$为许可证租金从进口国到出口国的净转移，这一福利转移为净的贸易条件效应。$-(f^*+g^*)$是消费者和生产者引起的无谓损失。$-(f^*)$为消费扭曲，$-(g^*)$为生产扭曲。因此，如果出口数量限制造成的扭曲超过了进口国对出口国的净转移效应，那么出口国的福利因实施自愿出口限制而受损，反之亦然。

7.2.3　情形3：大国实施贸易禁止的影响是什么？

在这一部分，我们对两个大国之间实施贸易禁止或禁运的情形进行分析。图7.2显示了大国情形下，各商品市场的情况。

如前所述，图7.2（b）中进口需求曲线和出口国供给曲线的交点决定了世界均衡价格（P^w）。世界均衡价格指的是，本国的进口需求量恰好等于外国的出口供给量时的世界价格。在这一世界均衡价格水平上，图7.2（a）中的进口量（M_0）等于图7.2（c）中的出口量（X_0^*）。图7.2（a）中的进口量是在世界价格水平上，本国国内需求量（Q_0^D）超过国内供给量（Q_0^S）的那一部分。同样的，图7.2（c）中的出口量是在世界价格水平上，外国国内供给量（$Q_0^{S^*}$）超过国内需求量（$Q_0^{D^*}$）的那一部分。

现在我们能够将贸易禁止引入图7.2（b）中简单的模型框架内进行分析。贸易禁止本质上是对世界市场上的商品供给和/或商品需求施加一个"零数量限制"。即贸易禁止将两个国家之间贸易的商品数量限制为零。我们可以想象对进口需求和/或出口供给设置一个数量为零的限制，如图7.2（b）所示。贸易禁止所产生的影响是两个国家国内市场上该商品的价格重新回到自给自足均衡时的价格水平。当施加贸易禁止后，本国市场上受到限制的商品的价格从世界价格（P^w）上升到更高的价格水平上（P_q），这一价格变化对应于沿着进口需求曲线移动［在图7.2（b）中］，并且进口国的进口需求量减少。

从出口国的角度看，实施贸易禁止后，出口国市场上商品价格从世界价格（P^w）下降到一个新的更低的价格水平（P_q^*）。这一价格变化对应于沿着出口供给曲线的移动［图7.2（b）中］，同时出口国的出口供给量减少。在这种情况下，贸易禁止的价格效应由进口国和出口国共同承担。无论哪一个国家实施贸易禁止，进口国和出口国都会分担贸易禁止的价格效应。之所以会出现价格效应的分担，是因为两个贸易伙伴国均为大国。

贸易禁止也会影响本国和外国市场上商品的供给量、需求量和两个国家之间的贸易量

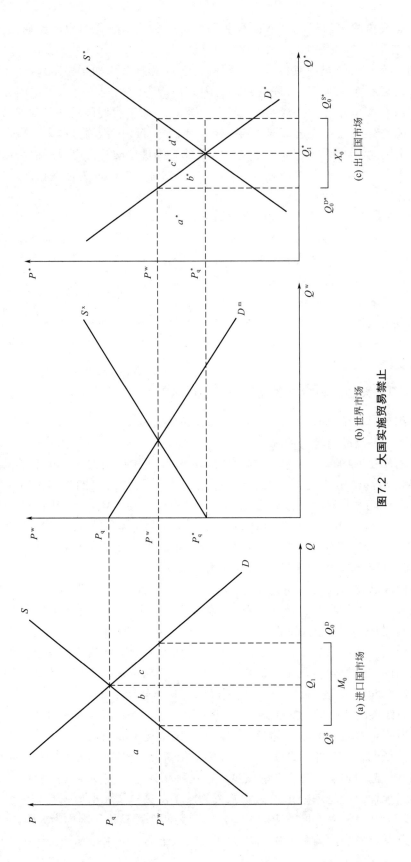

图7.2 大国实施贸易禁止

(a) 进口国市场

(b) 世界市场

(c) 出口国市场

[分别如图7.2（a）和（c）所示]。本国市场上的供给量增加（从Q_0^S增加到Q_1），并且国内需求量减少（从Q_0^D减少到Q_1）。与之形成对比的是，外国的供给量下降（从Q_0^{S*}到Q_1^*），外国的需求量增加（从Q_0^{D*}增加到Q_1）。从而，两个国家之间的贸易缩减到零。本国进口减少（从M_0减少到零），外国的出口减少（从X_0^*减少到零）。

直观上看，通过分析贸易禁止对价格和数量的影响作用分析，得到贸易禁止对生产者和消费者产生的影响。在本国市场上，生产者以更高的价格向国内市场供给更多的商品。由于生产者获得更多的销售收入，因此生产者因贸易禁止而获益。本国消费者在更高的价格水平上需求更少的商品。由于消费者的支付成本增加，因此本国消费者因贸易禁止而受损。另外，在外国市场上，生产者以更低的价格供给更少的商品。因此，外国生产者因贸易禁止而受损。外国消费者需求更多的商品并支付更低的价格。因此，外国消费者因贸易禁止而获益。此外，贸易禁止导致消费者在国内生产的商品和贸易商品之间的消费比例发生改变。本国消费者现在消费更多的国内生产的商品而不消费进口品。外国的消费者仍然只消费国内生产的商品，但是消费量增加。

贸易禁止对本国和外国的福利影响也能够通过图7.2分析得出，并且总结在表7.1（情形3）。图7.2（a）显示了贸易禁止对进口国产生的福利影响。如该图所示，贸易禁止导致生产者剩余增加了$+(a)$，因此生产者的福利增加。消费者剩余减少$-(a+b+c)$，因此消费者的福利减少。贸易禁止产生的租金为零。贸易禁止对本国的净福利效应为生产者和消费者福利变化的加总。将上述影响效应加总能够得到$-(b+c)$。这一面积是由生产者和消费者导致的无谓损失。$-(b)$为生产扭曲，而$-(c)$为消费扭曲。贸易禁止对进口国的净福利效应无疑为负。

图7.2（c）显示了贸易禁止对出口国产生的福利效应。如该图所示，贸易禁止导致生产者剩余减少了$-(a^*+b^*+c^*+d^*)$，因此出口国生产者的福利减少。消费者剩余增加了$+(a^*+b^*)$，因此出口国消费者的福利增加。贸易禁止对出口国的净福利效应为生产者和消费者福利变化的加总。将上述影响效应加总能够得到$-(c^*+d^*)$，其中$-(c^*)$为消费扭曲❶，而$-(d^*)$为生产扭曲。贸易禁止无疑会导致出口国净福利损失。

7.3　本章总结

数量限制的定义、种类和目的是什么？数量限制是对一国出口商品的数量或进口商品的数量实施的一种限制。数量限制包括进口配额、出口配额、自愿出口限制和贸易禁止。进口配额是指进口国对进口商品的数量实施的限制。这一政策的目的是限制原产于国外的商品的进口，从而保护国内的生产者。出口配额是指出口国对出口商品的数量实施的限制。这一政策的主要目的是限制国际市场上的商品供给，从而稳定该商品的世界价格。自愿出口限制是出口配额的一种变型，即该政策是出口国在进口国的要求下实施的。这一政策的目的是事先防止进口国政府采取贸易保护行为。贸易禁止或禁运是上述政策的一种极端的版本，其中无论是出口国还是进口国将商品的贸易量限制到零的水平。数量限制能够产生贸易商品的租金。租金是指受到限制商品的溢价与贸易商品数量的乘积。数量限制的租金归有权进行贸易的许可证持有人所有。在贸易禁止或禁运的情形下，不存在租金。

---

❶ 此处原文写的是d^*，译者改为c^*。

数量限制的影响是什么？数量限制的影响取决于进口国和出口国自身的属性，同时也取决于数量限制的种类。本章研究了三种情形：第一种情形是能够影响商品世界价格的大国实施进口配额的情形；第二种情形是能够影响商品世界价格的大国实施出口配额或自愿出口限制的情形；第三种情形是两个大国之间实施完全的贸易禁止或禁运。接下来，我们将上述每一种政策的影响效应进行总结。

第一，大国实施进口配额的影响效应是什么？当进口国是一个大国时，进口配额能够影响该商品在进口国内的市场价格以及世界价格。具体而言，进口配额导致该商品在进口国国内市场价格上升，以及出口国国内市场价格下降。结果导致进口国和出口国的各经济主体均受到影响。在进口国市场上，生产者以更高的价格向国内市场供给更多的商品。由于生产者获得更多的国内销售收入，因此生产者因进口配额而获益。同时，在更高的价格水平上，消费者需求更少的商品。由于消费者支付更高的成本，因此消费者因配额而受损。另外，在出口国市场上，生产者以更低的世界价格向国际市场供给更少的商品。由于在国际市场上获得更少的销售收入，因此出口国的生产者因配额而受损。并且，消费者在更低的世界价格水平上需求更多的商品。由于消费者为商品支付的成本下降，因此出口国的消费者因配额而获益。此外，消费者在国内生产的商品与贸易商品之间的消费比例也发生了变化。进口国的消费者现在消费更多的国内生产的商品，同时消费更少的进口商品。出口国的消费者仍然只消费国内生产的商品，但是消费量更大。

进口配额也会影响进口国和出口国的福利。对进口国而言，生产者的福利增加，消费者的福利减少，而许可证持有人获得租金。如果假设进口配额的许可证持有人是国内经济主体，那么我们能够将配额租金纳入进口国福利的计算中。从而，进口配额对进口国的净福利效应包括正的净配额租金与负的生产扭曲和消费扭曲。如果扭曲大于正的净配额租金，那么进口配额将导致进口国的福利损失，反之亦然。另外，对出口国而言，生产者的福利减少，而消费者的福利增加。出口国的净福利效应包括对进口国的负的净租金转移效应，以及负的生产扭曲和消费扭曲。出口国的福利无疑因进口配额而受损。

第二，大国实施出口配额（或自愿出口限制）的影响作用是什么？大国实施出口配额或自愿出口限制的影响作用几乎完全与进口配额一致。所有的价格效应和数量效应均相同。最主要的经济层面的区别是，出口国而不是进口国实施出口配额或自愿出口限制。此外，在实施出口限制的情形中，获得租金的许可证持有人往往是出口国的企业或政府，而不是进口国。因此，实施出口限制政策的福利效应因许可证持有人的国籍不同而不同。

出口限制导致进口国和出口国福利的变化。对出口国而言，生产者福利减少，消费者福利增加，并且出口贸易的许可证持有人获得租金。出口限制对出口国的净福利效应包括正的净租金与负的生产扭曲和消费扭曲。如果负的扭曲效应大于正的净租金，则出口国的福利因出口限制而受到损失，反之亦然。另外，对进口国而言，生产者的福利增加，并且消费者的福利减少。出口配额对进口国的净福利效应包括负的净租金转移与负的生产扭曲和消费扭曲。出口限制无疑会导致进口国的福利损失。

第三，大国实施贸易禁止的影响是什么？两个大国之间实施贸易禁止或禁运的影响作用是前述情形的一种极端的版本。贸易禁止（或禁运）是将两个国家之间的贸易商品数量限制为零。贸易禁止或禁运的价格效应使两个国家的商品价格重新回到自给自足时的价格。具体而言，贸易禁止使进口国市场的商品价格上升，而出口国市场的商品价格下降。结果导致进口国和出口国的各经济主体受到影响。无论哪一个国家实施贸易禁止，两个国家都会共同承担价格效应。在进口国市场上，生产者以更高的自给自足价格向国内市场供给更多的商品。由于生产者获得更多的国内销售收入，因此进口国的生产者因贸易禁止而获益。与此同时，消费者在更高的自给自足价格水平上消费更少的商品。由于消费者支付更高的成本，因此进口国的消费者因贸易禁止而受损。另外，在出口国市场上，生产者不再向国际市场供给商品。由于生产者不再获得国际市场的销售收入，因此出口国生产者因贸易禁止而受损。并且消费者在更低的自给自足价格水平上需求更多的商品。由于消费者为商品支付更低的成本，因此出口国的消费者因贸易禁止而获益。此外，贸易禁止导致消费者在国内生产的商品和贸易商品之间的消费比例发生变化。本国的消费者现在消费更多的国内生产的商品，并且不消费进口商品。外国的消费者仍然只消费国内生产的商品，但是消费量更大。

贸易禁止也会导致进口国和出口国的福利发生变化。对进口而言，生产者的福利增加，而消费者的福利减少。贸易禁止对进口国的净福利效应包括负的生产和消费扭曲。进口国无疑因贸易禁止而受损。另外，对出口国而言，生产者的福利减少，而消费者的福利增加。贸易禁止对出口国的净福利效应包括负的生产扭曲和消费扭曲。出口国❶无疑因贸易禁止而受损。此外，在贸易量被限制到零的假设前提下，既不存在租金效应也不存在贸易条件效应来补偿负的扭曲。因此，从国家视角和全球视角看，贸易禁止会导致经济意义上的福利恶化。

本章没有分析数量限制的其他几个方面。我们没有研究小国情形的数量限制的影响效应，即一国实施限制不能影响世界价格的情形。我们没有研究出口供给弹性和进口需求弹性的其他的几种关系情形。我们没有分析自由化数量限制的影响意义。我们鼓励读者利用前述章节的研究工具独立进行探索。此外，我们没有对作为政策工具的贸易禁止或禁运做出政治意义上的和非经济意义上的解释。这些方面属于贸易政策的政治经济学范畴。最后，我们没有讨论例如关税配额的混合政策的影响作用。这一问题在接下来第8章的政策比较分析的内容中进行探讨。

□ 应用问题

7.1 研究进口配额的自由化对进口国和出口国的商品价格、供给数量、需求数量，以及贸易量的影响作用。在研究这一问题之前，需要对进口国能否影响世界价格做出假设。

7.2 利用所学的进口配额的福利效应的知识，阐述为什么致力于最大化国家和世界福利的政策的制定者支持自由贸易，而一国内部的经济主体（例如，消费者、政府或生产者）可能不支持自由贸易。

7.3 假设你是生产者和许可证持有人的倡导者，有意最大限度地提高许可证持有者的租金和生产者的福利。此外，假设你的倡导组织致力于从全球角度来最大限度地提高租金和生产者福利。说明你的组织是否会支持全球进口配额的自由化。

7.4 评述所有国家降低进口配额对世界整体的消费者福利、生产者福利和政府福利的影响作用。分别在小国情形和大国情形下进行分析。

7.5 比较分析进口配额和自愿出口限制对进口国和出口国的影响作用。从进口国的视角看，哪一种政策更优？从出口国的角度看，哪一种政策更优？

7.6 评述资源出口限制对出口国的福利影响。假设在大国情形下进行分析。分析为什么出口国可能会愿意实施这样的政策。

❶ 此处原文写的是进口国，译者根据文意改为出口国。

7.7　分析对某种商品实施贸易禁止的情形。对进口国和出口国而言，谁因此而受益，谁因此而受损。

7.8　考虑这种情形，即当一国对所有贸易商品（进口商品和出口商品）实施完全的贸易禁止。研究这一贸易禁止政策对该国福利的影响作用。

☐ 延伸阅读

Anderson，James E. 1988. The Relative Inefficiency of Quotas. Cambridge，MA：MIT press.

Bergstrand，C. Fred，Kimberley A. Elliot，Jeffrey Schott，and Wendy E. Takacs. 1987. Auction Quotas and US Trade Policy. Washington，D.G.：Institute for International Economics.

Bhagwati，Jasdish. 1968. More on the equivalence of tariffs and quotas. American Economic.

Review 58 (1)：142-146.

Eaton，Jonathan，and Maxim Engers. 1992. Sanctions. Journal of Political Economy 100 (5)：899-928.

de Gorter，Harry，and Erika Kliauga. 2006. Reducing tariffs versus expanding tariff rate quotas. In Agricultural Trade Reform and the Doha Development Agenda (eds Kym Anderson and Will Martin)，Washington，D.C.：World Bank and Palgrave Macmillan，pp. 117-160.

Hamilton：Cad. 1988. ASEAN systems for allocation of export licenses under VERs. In the Political Economy of Manufacturing Protection：Experiences of ASEAN and Australia (eds Christopher Findlay and Ross Garnaut)，London：Allen and Unwin，pp. 235-247.

Haranaiova，Jana，Hranaiova，Jana，Harry de Gorter，and James Falk. 2006. The economics of administering import quotas with licenses-on-demand in agriculture. American Journal of Agricultural Economics 88 (2)：3318-3350.

Hufbauer，Gary C.，Jeffrey J. Schott，and Kimberly A. Elliott. 1990. Economic Sanctions Reconsidered：History and Current Policy，2nd edn. Washington，D.C.：Institute for International Economics.

Krueger，Anne O. 1974. The political economy of the rent-seeking society. American Economic Review 64 (3)：291-303.

McCulloch，Rachel，and Harry G. Johnson. 1973. A note on proportionally distributed quotas. American Economic Review 63 (4)：726-732.

de Melo，laime，and David Tarr. 1992. A General Equilibrium Analysis of US Foreign Trade Policy. Cambridge，MA：MIT Press.

Rom，Michael. 1979. The Role of Tariff Quotas in Commercial Policy. New York：Holmes and Meier.

Skully，David W. 2001. Economics of Tariff-Rate Quota Administration. US Department of Agriculture，Economic Research Service，Technical Bulletin Number 1893 (April). Washington，D.C.：USDA.

Vousden，N. 1990. The Economic Theory of Protection. Cambridge：Cambridge University Press.

World Trade Organization (WTO). 1997. European Communities-Regime for the Importation，Sale，and Distribution of Bananas. Report of the Appellate Body (September 9). Geneva：WTO.

World Trade Organization (WTO). 2006. Tariff Quota Administration Methods and Tariff Quota Fill. Committee on Agriculture[1] Background Paper TN/AG/S/22 (April 27). Geneva：WTO.

---

[1] 原文拼写为 Agricuture。

8 贸易政策的比较

8.1 什么是政策等同，以及它们的目的是什么？

本章对上一章讨论的贸易政策的影响作用进行总结和对比分析，这些政策包括关税、出口补贴、进口配额、自愿出口限制以及贸易禁止。为了达到这一目的，我们尽可能地比较政策等同。所谓政策等同，指的是那些能够产生相同数量效应、价格效应和福利效应的政策。

将贸易政策进行比较分析的目的是为了研究这些政策的相对影响效应。对这一问题的分析在三个关键方面具有启示意义。第一，当实施或取消各种不同的贸易政策时，我们能够确定谁因此而获益，以及谁因此而受损。我们将阐明某些经济主体（尤其是政府和许可证持有人）在面临政策工具（例如关税或者配额）的选择时并不是中立的。我们也将会阐明国家在面对那些会产生租金的政策工具（例如配额或者自愿出口限制）的选择时，也不是中立的。第二，我们能够确定用一种政策替代另一种政策的作用和意义，例如用关税替代进口配额。这一问题的理解对于评价关税化进程，以及评价诸如关税配额等复合型政策工具时是非常重要的。第三，我们能够从全球视角分析不同的贸易政策的影响作用。即我们能够评估是否一些政策工具相对于其他政策工具而言能够更好地提高全球的福利。对这些问题的分析理解，能够帮助解释为什么国家内部的各经济主体以及全球经济内部的不同组织往往支持使用不同的政策工具。

政策等同的研究可以追溯到巴格瓦蒂（Bhagwati，1965 和 1968）早期做出的研究。现在，当政策制定者寻求取消贸易壁垒，尤其是那些很难量化的贸易壁垒的解决方案时，以及/或进行国家之间的比较时，政策等同仍然具有重要的意义。例如，乌拉圭协议中关于农产品，支持对那些原来采用非关税壁垒的商品实施关税配额。关税配额是两种政策工具的复合。该政策工具的目标之一是确保发展中国家出口的农产品能够进入发达国家市场。复合型政策一方面实现了将非关税壁垒转化为关税壁垒，另一方面使用"配额"以确保农产品贸易在自由化进程中的市场准入。在本章，我们研究政策等同的关税和配额的相对效应，并阐述用关税替代配额的影响作用。我们同样讨论复合型政策工具——关税配额的影响作用。后者的研究尤为重要，因为在现实世界实践中，这一政策工具在不断发展。

本章的结构如下。第一，我们对那些缩减贸易的政策效应进行对比分析。这些政策包括关税、进口配额和自愿出口限制。并且，我们只分析大国情形，即政策的实施能够影响商品的世界价格。我们也将这些贸易减少型政策与贸易禁止和出口补贴进行比较分析。具体而言，我们将贸易禁止和出口补贴的影响作用与关税、配额和自愿出口限制的影响作用进行对比分析。第二，我们研究这些政策的自由化的相对影响作用。第三，我们研究替代政策的影响作用。尤其是分析用关税替代诸如进口配额等数量限制措施的影响作用，以及关税配额的影响作用。纵观本章全文，我们从全球视角、国家视角以及国家内部（即消费者、生产者和政府）的视角，研究政策的实施和政策自由化产生的影响作用。

8.2 政策等同的相对影响是什么？

8.2.1 关税、配额和自愿出口限制的相对影响是什么？

实施等同的贸易缩减型政策的影响是什么？我们首先考虑关税、配额和自愿出口限制，因为这些政策能够被直接地进行比较。这一比较分析是建立在本书第5章和第7章的研究内容的基础之上。

图8.1显示了大国实施等同政策影响。首先，我们在图8.1（b）中引入一个等同的关税、进口配额和自愿出口限制（或出口配额）。配额和自愿出口限制均是数量限制，并且由图中水平坐标来衡量。关税是一种价值限制，由垂直坐标来衡量。规模为q的数量限制所产生的价格效应与税率为t的关税所产生的价格效应等同。同样的，税率为t的关税所产生的数量效应与规模为q的数量限制所产生的数量效应等同。

这些等同的政策所产生的价格效应和数量效应在前面几章中已经进行了详细阐述。这里我们进行简单回顾。上述等同的政策均导致进口国市场上商品价格上升，从P^W上升到P，同时出口国市场上商品价格下降，从P^W下降到P^*。这些政策均增加了进口国的供给量，从Q_0^S增加到Q_1^S；减少了出口国的供给量，从Q_0^{S*}减少到Q_1^{S*}。此外，减少了进口国的需求量，Q_0^D减少到Q_1^D；同时增加了出口国的需求量，Q_0^{D*}增加到Q_1^{D*}。这些等同的政策也减少了两国之间的贸易量，从$X_0^*=M_0$减少到$X_1^*=M_1$。

这些等同的政策也具有相似的福利效应。进口国消费者的福利减少了$-(a+b+c+d)$，同时出口国消费者的福利增加了$+(a^*+b^*)$。进口国生产者的福利增加了$+(a)$，同时出口国生产者的福利减少了$-(a^*+b^*+c^*+f^*+g^*)$。如果将生产者和消费者的福利变化加总，能够得到政策等同的净福利效应。具体而言，我们看到，进口国福利减少了$-(b+c+d)$，出口国福利减少了$-(c^*+f^*+g^*)$。即仅考虑消费者和生产者的福利变化，上述三种政策均导致进口国和出口国的整体福利减少。

然而，除了消费者和生产者的福利效应之外，每一种政策也会产生其他的福利效应。具体而言，在关税情形下，进口国政府获得收益，其数额为关税收入$+(c+e)$。在进口配额和自愿出口限制情形下，许可证持有人获得收益，其数额为配额租金。在进口配额情形下，许可证持有人通常是进口国的企业，这些许可证的持有人获得的租金为$+(c+e)$。而在自愿出口限制情形下，许可证持有人通常是出口国企业。这些许可证持有人获得租金为$+(c^*+e^*)$。

现在，将上述所有的福利效应加总，从而确定在政策等同条件下的净国家福利效应。

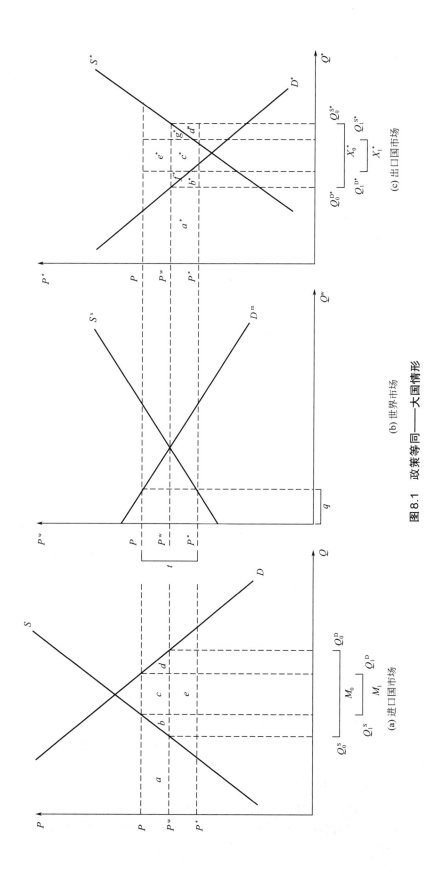

图8.1 政策等同——大国情形

表8.1　政策等同的福利效应

（a）进口国

经济主体	关税的福利效应	进口配额的福利效应	VER/出口配额的福利效应
生产者	$+a$	$+a$	$+a$
消费者	$-(a+b+c+d)$	$-(a+b+c+d)$	$-(a+b+c+d)$
政府	$+(c+e)$	0	0
许可证持有者	0	$+(c+e)$	0
国家	$-(b+d)+e$	$-(b+d)+e$	$-(b+c+d)$
国家（方向）	负或正	负或正	负

（b）出口国

经济主体	关税的福利效应	进口配额的福利效应	VER/出口配额的福利效应
生产者	$-(a^*+b^*+c^*+f^*+g^*)$	$-(a^*+b^*+c^*+f^*+g^*)$	$-(a^*+b^*+c^*+f^*+g^*)$
消费者	$+(a^*+b^*)$	$+(a^*+b^*)$	$+(a^*+b^*)$
政府	0	0	
许可证持有者	0	0	$+(c^*+e^*)$
国家	$-(c^*+f^*+g^*)$	$-(c^*+f^*+g^*)$	$-(f^*+g^*)+e^*$
国家（方向）	负	负	负或正

注：上述情形假设进口配额的许可证由进口国的企业持有，而VER（或出口配额）的许可证由出口国的企业持有。

对于进口国而言，在关税和进口配额情形下，进口国的净福利效应为$-(b+d)+e$；在自愿出口限制情形下，进口国的净福利效应为$-(b+c+d)$。正如前一章阐明的那样，b和d两项表示扭曲效应，c和e两项是两个国家之间贸易条件效应的净转移与/或许可证租金转移有关的净转移效应。我们能够看到，如果贸易条件效应足够大，那么实施关税或进口配额政策将导致进口国的净福利增加。相反，如果贸易条件效应小于扭曲效应，那么实施关税或进口配额政策将导致进口国的净福利减少。自愿出口限制对进口国的净福利效应无疑为负，与贸易条件效应的大小无关。

对于出口国而言，实施关税和进口配额政策对出口国的净福利效应为$-(c^*+f^*+g^*)$；实施自愿出口限制（VER）政策对出口国的净福利效应为$-(f^*+g^*)+e^*$。如前述章节详述的那样，f^*和g^*两项为扭曲效应；c^*和e^*两项为两个国家之间贸易条件效应导致的净转移和/或许可证租金的转移。我们能够看到，如果净转移效应足够大，那么实施自愿出口限制将导致出口国的净福利增加。相反，如果净转移效应小于扭曲效应，那么实施自愿出口限制将导致出口国的净福利减少。与之形成对比的是，关税和进口配额对出口国的净福利效应无疑为负。

这些福利效应使我们去研究两个贸易伙伴国的各经济主体的利益。表8.1总结了政策等同的福利效应。从一国内部视角看，进口国内的生产者将会支持关税、配额或自愿出口限制；而出口国的生产者将不会支持这些政策。另外，出口国内的消费者将会支持关税、配额或自愿出口限制；而进口国内的消费者将不会支持这些政策。此外，进口国许可证持有人将会支持进口配额；出口国许可证持有人将会支持自愿出口限制。并且，进口国政府将会支持关税从而增加税收收入。从国家层面看，相较于自愿出口限制，进口国更加偏好关税和进口配额；而出口国更加偏好自愿出口限制而非关税或配额。最后，从全球视角看，两个国家之间的贸易条件效应和/或许可证租金导致的转移效应相互平衡。二者在总量上相互抵消。剩下的就是进口国和出口国的生产和消费扭曲。因此，从全球视角看，没有一个政策是更优的，因为它们均导致所有国家作为一个整体的福利损失，从而导致全球经济福利损失。

8.2.2　贸易禁止的相对影响是什么？

如前文所述，贸易禁止是一种极端的政策等同的形式。具体而言，贸易禁止等同于诸如数量限制为零的进口配额或自愿出口限制，或者导致贸易量为零的诸如关税的价值限制。本书第7章详述了贸易禁止的影响作用，在此我们不再对这些影响作用进行赘述。我们将总结与上述政策相关的影响作用。

贸易禁止的价格效应和数量效应的方向与前述政策完全一样。然而，由于贸易禁止终止了特定商品的贸易，价格效应和数量效应的影响程度更大。此外，由于国家之间相互停止了贸易，政策的贸易条件效应变得无关紧要。回忆前文所述，贸易条件指的是出口商品与进口商品的相对价格。当实施贸易禁止时，进口和出口终止，并且两个国家的国内市场上该商品的价格重新回到自给自足时的价格水平上。

贸易禁止的福利效应也可以与关税、配额和自愿出口限制的福利效应进行比较分析。即贸易禁止对消费者福利和生产者福利的影响方向与上述政策工具类似，但对消费者福利和生产者福利的影响程度比上述政策工具的影响程度大。此外，与关税、配额和自愿出口限制形成对比的是，贸易禁止不产生任何收益或租金。因此，贸易禁止对进口国和出口国的净福利效应仅仅是大幅度的生产扭曲和消费扭曲。因此，贸易禁止无疑会导致进口国和出口国的净福利损失。

8.2.3　出口补贴的相对影响是什么？

我们无法对与上述政策工具等同的出口补贴政策进行对比分析。这是因为出口补贴是贸易扩张型政策工具，而关税、配额和自愿出口限制以及贸易禁止是贸易缩减型政策工具。此外，出口补贴（如果足够大）能够逆转贸易模式，例如商品的进口国变为商品的出口国。本书的第6章详细阐述了出口补贴的影响作用，因此我们将不再赘述。本章只是总结与前述贸易缩减型政策工具相关的那些影响效应。

出口补贴的价格效应和数量效应与贸易缩减型政策的影响效应刚好相反。例如，贸易缩减型政策提高了进口国市场上的商品价格，并且降低了出口国市场上的商品价格。与之形成对比的是，出口补贴提高了出口国市场上的商品价格，同时降低了进口国市场上的商品价格。供给量和需求量的影响效应同样相反。贸易缩减型政策增加了进口国市场上的商品供给量，同时减少了进口国市场上的商品需求量；并且贸易缩减型政策减少了出口国市场上的商品供给量，同时增加了出口国市场上的商品需求量。与之形成对比的是，出口补贴增加了出口国的供给量，同时降低了出口国市场上的需求量；并且出口补贴减少了进口国市场上的供给量，同时增加了进口国市场上的需求量。此外，贸易缩减型政策减少了国家之间的贸易量（出口量和进口量），但是出口补贴增加了国家之间的贸易量（出口量和进口量）。

出口补贴的福利效应与贸易缩减型政策的福利效应刚好相反。出口补贴能够直接与关税进行对比，因为二者均影响政府的福利而不存在许可证持有人的租金收入。关税降低了进口国消费者的福利，并增加了进口国生产者的福利；而出口补贴增加了进口国消费者的福利，并且减少了进口国生产者的福利。反过来，关税增加了出口国消费者的福利，并减少了出口国生产者的福利；而出口补贴减少了出口国消费者的福利，并增加了出口国生产者的福利。最后，关税能够导致政府税收收入的增加，而出口补贴构成了政府的支出成本。在两种情形下，关税收入或出口补贴成本的大小等于贸易量与政策（关税或补贴）幅度的乘积。本质上看，出口补贴能够被视为负的进口关税。

因此，从国家内部视角看，出口国的生产者将会支持出口补贴，而进口国的生产者将会支持关税、配额或自愿出口限制。另外，进口国的消费者将会支持出口补贴，而出口国的消费者将会支持关税、配额或自愿出口限制。此外，出口国的政府将不会支持出口补贴，因为出口补贴会产生政府的支出成本；而进口国的政府将会支持关税，因为关税会带来政府税收收入的增加。从国家视角看，出口国将不会偏好任何政策，因为这些政策均导致出口国净福利损失（除了自愿出口限制），而进口国将会偏好那些能够最大程度改善贸易条件的政策工具。最后，从全球视角看，贸易条件效应带来的国家之间的转移效应相互平衡。它们在总量上相互抵消，只剩下进口国和出口国的生产和消费扭曲。因此，从全球视角看，没有一个政策是更优的，因为它们均导致所有国家作为一个整体的福利损失，从而导致全球经济福利损失。

8.2.4　如何将政策进行比较？

贸易缩减型政策和贸易扩张型政策的影响效应显然是相关的。这些政策主要的区别在于福利效应的分配。表8.2和表8.3总结了这些影响效应。表8.2总结了实施关税、配额、自愿出口限制、贸易禁止和/或出口补贴对进口国和出口国产生的价格效应和数量效应。表8.3总结了相同政策的福利效应。这两个表格提供了国家层面和国家内部层面的分析结论（参见表8.6从全球视角对这些政策的福利效应的总结）。

我们能够从这些表格中得出一些深刻的模式化的结论。首先，我们能够从表8.3中看到，一国内部某一经济主体福利的增加，都会对应着该国其他经济主体福利的减少。同样，一国内部经济主体福利的增加，也会对应着其贸易伙伴国相同经济主体福利的减少。因此，这些政策在国家内部以及国家之间产生了福利转移效应。此外，如果我们研究国家整体的福利能够发现，在所有上述研究的政策情形中，进口国和出口国的福利均减少。只有一种例外情形，即当贸易条件效应足够大时。在这一例外情形中，两个贸易伙伴国中只有一个国家的整体福利增加。

这些研究结论与政策的争论息息相关。它们有助于解释关于维持或自由化贸易政策而广泛存在的分歧观点。概括而言，从贸易政策中获益的经济主体往往是政策实施国家内部的生产者和租金的获取者。例如，在贸易缩减型政策（例如关税和配额）情形中，进口国的生产者获益；在贸易扩张型政策（例如出口补贴）情形中，出口国的生产者获益。与之形成对比的是，因这些政策而受到损失的经济主体往往是政策实施国家内部的消费者。例如，在贸易缩减型政策（例如关税和配额）情形中，进口国的消费者受到损失，而在贸易扩张型政策（例如出口补贴）情形中，出口国的消费者受到损失。

表8.2　政策实施的价格效应和数量效应

（a）进口国

变量	关税①	配额①	VER②	贸易禁止③	出口补贴②
价格	上升	上升	上升	上升	下降
供给量	增加	增加	增加	增加	减少
需求量	减少	减少	减少	减少	增加
贸易量（进口量）	减少	减少	减少	减少	增加

（b）出口国

经济主体	关税①	配额①	VER②	贸易禁止③	出口补贴②
价格	下降	下降	下降	下降	上升
供给量	减少	减少	减少	减少	增加
需求量	增加	增加	增加	增加	减少
贸易量（出口量）	减少	减少	减少	减少	增加

① 表示进口国实施的政策；在相关的图中指的是"本国"。
② 表示出口国实施的政策；在相关的图中指的是"本国"。
③ 表示由进口国实施或由出口国实施的政策。

表8.3　政策实施的福利效应

（a）进口国

经济主体	关税①	配额①	VER②	贸易禁止③	出口补贴②
消费者	减少	减少	减少	减少	增加
生产者	增加	增加	增加	增加	减少
政府	增加				
许可证持有者		增加			
净国家福利（贸易条件效应＞扭曲）	增加	增加	减少		增加
净国家福利（扭曲＞贸易条件效应）	减少	减少	减少	减少	增加或减少④

（b）出口国

经济主体	关税①	配额①	VER②	贸易禁止③	出口补贴②
消费者	增加	增加	增加	增加	减少
生产者	减少	减少	减少	减少	增加
政府					减少
许可证持有者			增加		
净国家福利（贸易条件效应＞扭曲）	减少	减少	增加		减少
净国家福利（扭曲＞贸易条件效应）	减少	减少	减少	减少	减少

① 表示进口国实施的政策；在相关的图中指的是"本国"。
② 表示出口国实施的政策；在相关的图中指的是"本国"。
③ 表示由进口国实施或由出口国实施的政策。
④ 在一个特定的情况下国家净福利能够减少：当出口补贴逆转了贸易的方向或扭曲大于贸易条件效应。

因此，各经济主体是否支持这些政策取决于其所处的立场和视角。当评价这些政策时，重要的是要明确阐述所处的立场和观点。究竟是站在生产者、消费者、政府，还是许可证持有人的立场？究竟是站在进口国的立场，还是站在出口国的立场？究竟是站在寻求最大化国家福利的政策制定者的立场，还是站在寻求最大化全球福利的政策制定者的立场？在一国内部层面，这些政策的实施显然对各经济主体的利益造成不同的影响作用。在国家层面，这些政策的实施减少了国家福利，除非政策能够导致该国贸易条件的改善。在全球层面，这些政策的实施减少了全球整体的福利。

8.3   政策自由化的相对影响是什么？

政策自由化的相对影响作用总结在表8.4和表8.5中。表8.4总结了关税、配额、自愿出口限制、贸易禁止和/或出口补贴的自由化对进口国和出口国产生的价格效应和数量效应。表8.5总结了关税、配额、自愿出口限制、贸易禁止和/或出口补贴的自由化的福利效应。这些效应与表8.2和表8.3刚好相反。我们在此进行总结，是为了更好地进行直接的对比分析。这些表格提供了国家视角和国家内部视角的结论（参见表8.6从全球视角对这些政策实施自由化的福利效应进行总结）。

此外，我们可以使用所有前述章节呈现的图形来分析贸易政策自由化的影响作用。我们可以简单地将前述所有分析倒推过来。亦即，我们这里分析政策已经实施，并且将会取消这些政策或者减少这些政策的实施程度，而不是前文中研究的开始实施这些政策［在前述所有图（b）中］。在完全自由化的情形中，我们将会看到自由贸易的世界价格（P^w）的回归。在部分政策自由化情形中，我们将会看到向着自由贸易的世界价格（P^w）的移动。在部分自由化情形中，前述章节描述的价格效应、数量效应和福利效应将会被减少。

表8.4   政策自由化的价格效应和数量效应

（a）进口国

变量	关税[1]	配额[1]	VER[2]	贸易禁止[3]	出口补贴[2]
价格	下降	下降	下降	下降	上升
供给量	减少	减少	减少	减少	增加
需求量	增加	增加	增加	增加	减少
贸易量（进口量）	增加	增加	增加	增加	减少

（b）出口国

经济主体	关税[1]	配额[1]	VER[2]	贸易禁止[3]	出口补贴[2]
价格	上升	上升	上升	上升	下降
供给量	增加	增加	增加	增加	减少
需求量	减少	减少	减少	减少	增加
贸易量（出口量）	增加	增加	增加	增加	减少

[1] 表示进口国实施的政策；在相关的图中指的是"本国"。
[2] 表示出口国实施的政策；在相关的图中指的是"本国"。
[3] 表示由进口国实施或由出口国实施的政策。

表8.5　政策自由化的福利效应

（a）进口国

经济主体	关税[1]	配额[1]	VER[2]	贸易禁止[3]	出口补贴[2]
消费者	增加	增加	增加	增加	减少
生产者	减少	减少	减少	减少	增加
政府	减少				
许可证持有者		减少			
净国家福利（贸易条件效应＞扭曲）	减少	减少	增加		减少
净国家福利（扭曲＞贸易条件效应）	增加	增加	增加	增加	减少或增加[4]

（b）出口国

经济主体	关税[1]	配额[1]	VER[2]	贸易禁止[3]	出口补贴[2]
消费者	减少	减少	减少	减少	增加
生产者	增加	增加	增加	增加	减少
政府					增加
许可证持有者			减少		
净国家福利（贸易条件效应＞扭曲）	增加	增加	减少		增加
净国家福利（扭曲＞贸易条件效应）	增加	增加	增加	增加	增加

　① 表示进口国实施的政策；在相关的图中指的是"本国"。
　② 表示出口国实施的政策；在相关的图中指的是"本国"。
　③ 表示由进口国实施或由出口国实施的政策。
　④ 在一个特定的情况下国家净福利增加：当自由化出口补贴逆转了贸易的方向并且所消除的扭曲大于所消除的贸易条件效应。

表8.6　政策实施和自由化的全球福利

（a）政策实施

变量	关税[1]	配额[1]	VER[2]	贸易禁止[3]	出口补贴[2]
贸易（进口和出口）	减少	减少	减少	减少	增加
进口国和出口国的联合福利（扭曲＞贸易条件效应）	减少	减少	减少	减少	减少

（b）政策自由化

变量	关税[1]	配额[1]	VER[2]	贸易禁止[3]	出口补贴[2]
贸易（进口和出口）	增加	增加	增加	增加	减少
进口国和出口国的联合福利（扭曲＞贸易条件效应）	增加	增加	增加	增加	增加

　① 表示进口国实施的政策；在相关的图中指的是"本国"。
　② 表示出口国实施的政策；在相关的图中指的是"本国"。
　③ 表示由进口国实施或由出口国实施的政策。

政策自由化分析所呈现的模式如下。首先，政策自由化在一国内部以及国家之间产生福利转移效应。在国家层面，我们看到，任何一种政策的自由化，均导致进口国和出口国的净福利增加。唯一的例外情形是，当贸易条件效应很大时。在这一例外的情形中，两个贸易伙伴国中只有一个国家的福利增加。

这些研究结论再一次与政策的争论息息相关。它们有助于解释关于维持或自由化贸易政策广泛存在的分歧观点。概括而言，那些从自由化贸易政策中获益的经济主体往往是实施政策自由化国家的消费者。例如，贸易缩减型政策的自由化（例如关税和配额的自由化）情形中，进口国的消费者获益，而在贸易扩张型政策的自由化（例如出口补贴自由化）情形中，出口国的消费者获益。相反，那些因这些政策的自由化而受损的经济主体往往是实施政策自由化国家的生产者。例如，在贸易缩减型政策的自由化（例如关税和配额）情形中，进口国的生产者受损，而在贸易扩张型政策的自由化（例如出口补贴）情形中，出口国的生产者受损。

如前文所述，各经济主体是否支持政策的自由化取决于其所处的立场和视角。在一国内部，贸易政策的自由化存在明显的利益分歧。从国家层面看，这些政策的自由化增加了国家整体福利，除非这些政策能够导致一国贸易条件很大程度的恶化。并且，从全球层面看，这些政策的自由化增加了全球福利。

8.4 替代政策的影响是什么？

分析政策替代的原因是从实践性的角度考虑的。政策替代能够提供一种方法被用于从限制贸易的状态向贸易壁垒自由化状态的转换。例如，那些导致较大程度福利损失的政策能够被转换为替代政策，即实现相似的政策目标，但同时造成更少的福利损失。此外，那些不透明的以及/或很难受到监管的政策能够被转换成更加透明和容易监管的替代政策。

在实践中，自由化贸易的努力包括非关税壁垒向关税的转换，接着是关税的自由化。这是因为关税相对于其他非关税壁垒而言，被认为是更加透明、更容易监管，并且造成更少福利扭曲的政策工具。所谓关税化是指，将非关税壁垒转化成等同的关税政策的过程。如本章前文所述，关税等同是指某种关税税率的水平，即能够产生与被替代的政策相同的价格效应和数量效应。

接下来，我们分析将进口配额转换成关税等同的情形。我们将这种情形作为理解更复杂的关税配额政策工具的第一步，而关税配额是在实践中被用来实现配额（以及其他非关税壁垒）向关税转换的政策工具。我们重新通过图8.1来审视将进口配额转换成关税等同的影响作用。回忆前文所述，数量限制为q的进口配额产生的价格效应与税率为t的进口关税等同。因此，税率为t的关税与数量限制为q的进口配额政策等同。

将配额转换成关税等同的价格效应和数量效应是什么？答案是，如果政策确实是等同的，那么不存在价格效应和数量效应。政策替代前后，进口国市场上的商品价格始终为P，并且政策替代前后，出口国市场上的商品价格始终为P^*。

将配额转换成关税等同的福利效应是什么？答案是，进口国和出口国的消费者和生产者的福利保持不变。这是因为两种政策能够对生产者和消费者产生相同的福利效应。在进口国，取消配额使消费者的福利增加$+(a+b+c+d)$，但是接着实施关税导致消费者的福利损失相同的规模。同样的，取消配额使生产者的福利损失了$-(a)$，但是接着实施关税导致使生产者的福利增加相同的规模。同样的情况适用于出口国的消费者和生产者的分析。

政策转换的主要影响在于，对进口国的政府和许可证持有人的福利。具体而言，当取消进口配额后，许可证持有人损失了配额租金$-(c+e)$；而进口关税替代配额后，政府获得关税收入$+(c+e)$。因此，政策转换导致许可证持有人向政府的福利转移效应，即配额租金的损失等于关税收入。由于这些转移是等同的，因此政策转换不改变该国的整体福利。

这一模式存在一个例外。这种例外情形是配额的许可证持有人是出口国的企业而非进口国的企业。在这种情形下，配额租金的损失将会由出口国承担，而关税的收益将会被进口国获得。即政策转换将会导致出口国的福利$+(c^*+e^*)$向进口国福利$+(c+e)$转移。联合起来，它们的总福利将会维持不变，因为$(c^*+e^*)=(c+e)$。

上述关于政策转换的分析有助于启发我们理解诸如关税配额（TRQ）这类复合型政策工具。当前，关税配额被用于农产品部门实现进口禁止和配额向关税的转换。因此，上述政策转换的研究为理解这一更加复杂的政策工具提供了一个开端。关税配额与典型的配额不同，因为它并不设置一个最大的进口数量限制，而是设定一个能够以最低的关税税率进入到国内市场的进口数量（一个"配额"）。这一更低的关税税率被称为配额内关税。超过这一数量的进口被征收一个更高税率的关税。这一更高税率的关税被称为配额外关税。如果配额外关税足够高，以至于禁止进口，那么关税配额反映了配额—关税等同的情形。

我们能够使用图8.1作为研究关税配额的基础❶。在图8.1中，我们将配额q和关税t视为政策等同。在关税配额的情形下，我们将关税t视为配额内关税。在实施这一关税配额政策时，该国进口数量在q以内的商品被征收税率为t的关税（即配额内关税）。任何超过数量q的进口商品将被执行更高水平的关税税率t'（即配额外关税）。例如，如果进口需求曲线向右移动，进口量将会超过q。简单起见，配额外关税没有在图8.1中显示出来，但是我们能够想象它是大于关税税率t的任意水平的关税税率，且对于超过数量q的进口商品征收。如果配额外关税（t'）足够的高，那么进口商品数量将会被有效地限制在配额（q）的水平上，这与配额内关税（t）政策等同。在实践中，设定一个数量q能够确保出口国的商品进入到进口国国内市场的一个最小的市场准入数量。

在某些情景中，这一政策工具在产生关税收入的同时还能够产生许可证持有人的租金。在实践中，用于分配许可证从而分配租金的方法有很多。被世界贸易组织（2006）确认的方法包括：（a）应用关税，即没有许可证被分配；（b）按需分配许可证，即企业申请许可证，进而基于企业申请的数量按比例进行分配；（c）历史的进口，即许可证的分配是根据企业过去的进口情况；（d）先到先得的原则，即许可证的分配是基于企业申请许可证的时间先后顺序；（e）国有贸易企业，即许可证由国有贸易企业控制；（f）拍卖，即许可证分配给出价最高的企业。这些方法对于在国家内部和国家之间的配额租金的分配具有不同的影响作用。

最后，TRQ自由化能够通过降低更高的配额外关税（t'）税率来实现，或者通过增加配额数量q的限制来实现。在实践中，关于如何自由化TRQ的决策仍然是一个具有争论的议题。

---

❶ 关于在多种情形下，对关税配额的详细阐述，参见迪·格特（de Gorter）和克里奥各（Kliauga）（2006），斯库利（Skully），（2001）以及世界贸易组织（2006；1997）。

8.5　本章总结

什么是政策等同，以及它们的目的是什么？本章对前述章节研究的贸易政策的影响作用进行了总结和对比分析。在可行的情况下，我们比较分析了政策等同即那些产生相同程度的数量效应和价格效应的政策。我们的目的是确定这些政策的相对效应，包括价格效应、数量效应和福利效应。这样的分析能够帮助我们解释为什么在国家内部以及在全球经济内部不同的利益集团偏好不同的政策工具。

第一，政策等同的相对影响作用是什么？我们对四种政策进行了比较分析。首先关税、配额和VERs的相对影响作用是什么？为了回答这一问题，我们直接对比分析了政策等同的影响作用。我们阐述了这些政策等同产生相似的价格效应和数量效应。具体而言，这些政策均增加了进口国市场的商品价格，同时降低了出口国市场的商品价格，从而使这些政策对需求量、供给量和贸易量产生完全相同的影响作用。这些等同的政策也具有相似的福利效应。进口国消费者的福利减少，而出口国消费者的福利增加。进口国生产者的福利增加，而出口国生产者的福利减少。仅考虑消费者和生产福利的话，上述三种政策对进口国和出口国产生完全相同的负的影响作用。

然而，除了对消费者和生产者所产生的影响作用完全一致外，关税、配额和自愿出口限制也会对其他经济主体的福利产生不同的影响作用。在关税情形下，进口国政府获得关税收入，从而福利增加。在进口配额和自愿出口限制情形下，许可证持有人获得租金收入，从而福利增加。由于这些额外的福利效应，政策等同前提下的净国家福利效应存在差别。关税和进口配额会导致进口国的净福利增加或者减少。影响作用的方向取决于贸易条件效应与扭曲效应的相对大小。另一方面，无论贸易条件效应程度如何，自愿出口限制对进口国的净福利影响作用无疑为负。

因此，从国家内部视角看，生产者和消费者对于这三个政策等同而言是无差异的。然而，进口国的许可证持有者将会支持进口配额，而出口国的许可证持有者将会支持自愿出口限制。并且，进口国政府将会支持关税。从国家视角看，相较于自愿出口限制，进口国将更加偏好关税和进口配额；而出口国将更加偏好自愿出口限制而非关税或进口配额。最后，从全球视角看，贸易条件效应和/或许可证租金在国家之间的转移相互抵消。剩下的是进口国和出口国的生产和消费扭曲。因此，从全球视角看，任何政策都不是更优的，因为它们均导致全球福利的恶化。

第二，什么是贸易禁止的相对影响作用？贸易禁止是上述政策等同的一种极端情形。具体而言，贸易禁止等同于那些使得贸易量降至为零的关税，配额或自愿出口限制。贸易禁止的价格和数量效应的影响方向与上述政策完全一致。然而，贸易禁止的价格效应和数量效应的影响程度更大。此外，由于国家间不再进行商品贸易，贸易条件效应便无关紧要。当实施贸易禁止时，进口和出口停止，同时两个国家恢复到他们自给自足时的状态。更进一步，贸易禁止的福利效应与极端的关税、配额和自愿出口限制具有可比性。消费者和生产者的福利变化方向与上述政策一致。然而，贸易禁止对消费者和生产者福利的影响程度更大。并且，与关税、配额和自愿出口限制形成对比的是，贸易禁止并不产生关税收入或租金。因此，贸易禁止的净国家福利仅仅是更大程度的消费者和生产者扭曲。对于净福利而言，贸易禁止对进口国和出口国的净福利效应无疑为负。

　　第三，出口补贴的相对影响作用是什么？将出口补贴与上述政策工具进行直接地等同地比较分析是不可能实现的，因为出口补贴是贸易扩张型政策工具，而关税、配额、自愿出口限制和贸易禁止是贸易缩减型政策工具。事实上，出口补贴能够被视为负的关税。

　　作为结果，出口补贴的价格和数量效应与贸易缩减型政策的效应呈镜面反向关系。例如，贸易缩减型政策提高了进口国市场上的商品价格，并且能够降低出口国市场上的商品价格。与之形成对比的是，出口补贴提高了出口国市场上商品价格，而降低进口国市场上的商品价格。结果使得，供给数量和需求数量的影响也呈现镜面反向关系。此外，贸易缩减型政策减少了国家之间的贸易量，而出口补贴扩大了国家之间的贸易量。

　　出口补贴的福利效应能够与关税进行最直接的对比分析，因为它们均影响政府的福利，而不产生许可证持有者的租金。关税减少了进口国消费者的福利，并增加了进口国生产者的福利，而出口补贴增加了进口国消费者的福利，减少了进口国生产者的福利。相反，关税增加了出口国消费者的福利并减少了出口国生产者的福利，而出口补贴减少了出口国消费者的福利并增加了出口国生产者的福利。最后，关税产生政府的关税收入，而出口补贴造成了政府的支出。关税收入的规模或补贴成本的规模是贸易量与政策导致的价格上升的乘积。

　　因此，从国家内部视角看，出口国的生产者将会支持出口补贴，而进口国的生产者将会支持关税、配额或自愿出口限制。另一方面，进口国的消费者将会支持出口补贴，而出口国的消费者将会支持关税、配额或自愿出口限制。此外，出口国政府将不会支持出口补贴，因为出口补贴造成政府的支出成本；而进口国政府将会支持关税，因为关税会带来政府的税收收入。从国家视角看，出口国将不会偏好任何一种政策，因为所有政策均导致出口国的净福利损失，而进口国将会偏好那些产生最大程度的贸易条件改善的政策。最后从全球视角看，贸易条件效应导致的国家之间的转移支付相互抵消，剩下的是生产和消费扭曲。因此，没有任何政策是更优的，因为它们均导致全球经济整体福利的恶化。

　　第四，政策如何进行比较？贸易缩减型政策（例如关税和数量限制）的影响作用与贸易扩张型政策（例如出口补贴）显然是相关的。这些政策的主要区别在于福利效应的分配。我们能够通过对这些政策进行对比分析，得到一些深刻的模式化的结论。首先，一国某经济主体福利的增加，必然伴随着该国其他经济主体福利的减少。类似的，一国某经济主体福利的增加，必然伴随着其贸易伙伴国相同经济主体福利的减少。因此，政策在国家内部各经济主体之间，以及国家之间产生福利转移效应。此外，如果我们研究国家整体福利能够看到，进口国和出口国在所有上述研究的政策下均经历了福利的损失。唯一的例外是贸易条件效应非常大的情形。在这一例外情形中，两个贸易伙伴国之间只有一个国家的福利是增加的。

　　这些研究结论对政策的争论至关重要，因为它们揭示了关于维持还是自由化贸易政策广泛存在的分歧观点。那些因贸易政策而获益的经济主体往往是政策实施国家的生产者和租金的获得者。那些因这些政策而受损的经济主体往往是政策实施国家的消费者。因此，是否支持这些政策取决于其所处的立场和视角。在一国内部，政策的实施显然存在利益分歧。在国家层面，除非政策导致该国贸易条件的改善，否则这些贸易政策的实施减少了国家整体的福利。在全球层面，这些贸易政策的实施减少了全球整体福利。

　　自由化政策的相对影响作用是什么？自由化政策（例如关税、数量限制、出口补贴）的影响作用与实施这些政策的影响作用恰巧相反。我们能够简单地将前述分析倒推过来。

即我们不是分析实施这些政策的影响作用，而是研究在政策已经实施的前提下，将这些政策移除或者减少它的实施力度的影响作用。在政策的完全自由化情形中，商品价格重回自由贸易时的世界价格。在政策的部分自由化情形中，商品价格向着自由贸易时的世界价格移动。在政策的部分自由化情形中，前述章节以及本章前述内容中得出的价格效应、数量效应和福利效应的绝对程度将会减少。

从政策自由化分析中得到的一般性的模式如下。那些从贸易政策自由化中获益的经济主体往往是实施政策自由化国家的消费者。相反，那些因贸易政策自由化而受损的经济主体往往是实施政策自由化国家的生产者。因此，是否支持政策自由化取决于他们的立场和视角。在一国内部，贸易政策的自由化显然存在利益分歧。在国家层面，这些贸易政策的自由化增加了国家整体福利（除了一种情形之外，即自由化能够带来该国贸易条件的恶化）。在全球层面，这些贸易政策的自由化增加了全球整体的福利水平。

替代政策的影响作用是什么？关税化是将非关税措施转换为等同的关税的过程。在本章，我们研究了将配额转换成关税等同的情形。研究表明，如果政策确实是等同的，那么政策替代不存在价格效应和数量效应。研究还显示，消费者和生产者的福利维持不变，因为两种政策对生产者和消费者产生同样的福利效应。政策转换的主要影响是对进口国的政府和许可证持有人的影响作用。具体而言，当配额被取消后，许可证持有人损失了租金，取而代之实施关税等同后，政府获得了关税收入。因此，政策转换导致许可证持有人向政府的转移支付。由于这些转移支付是等同的，政策转换并不改变国家的整体福利。

这一模式存在一个例外，即配额许可证的持有人是出口国的企业，而不是进口国的企业。在这种情况下，配额租金的损失将会由出口国承担，而关税的收益将会由进口国获得。亦即，政策转换将会导致福利从出口国向进口国转移。然而，政策替代并不改变两个国家的总体福利水平。

最后，这一福利分析能够被用来启发诸如关税配额这一复合型政策的研究。关税配额被用于便利化贸易禁止和配额向关税的转换过程，从而进一步推进贸易自由化的进程。

📖 **应用问题**

8.1 选择你感兴趣的两个国家和一个产业作为研究对象，利用这些国家和产业，考虑一些贸易政策，包括关税、出口补贴、配额、贸易禁止和自愿出口限制。研究和对比取消这些政策对价格、供给量、需求量和贸易的影响效应。并对你研究的国家能否影响世界价格做出假定。

8.2 选择你感兴趣的两个国家和一个产业作为研究对象。利用这些国家和产业，以及所学的贸易政策的福利影响的知识解释为什么致力于最大化国家和世界福利的政策制定者支持自由贸易，而国内的一些经济体（例如，消费者、政府、生产者）可能不会支持自由贸易。分析和对比关税、出口补贴、配额、贸易禁止和自愿出口限制这些政策。

8.3 贸易自由化的国际协定常常将非关税壁垒转换成关税壁垒，进而建立一个关税削减的时间表。研究一个已经同意用关税替代配额的进口大国。评价用关税替代配额对该进口国的福利的影响作用。

8.4 审视（具有政策等同的）关税和配额对出口国福利的影响作用。通过贸易伙伴的政策自由化对出口国的利益的影响作用，你能够得出什么结论？

8.5 考虑这种情形，即欧盟同时实施两种政策（a）对食糖实施出口补贴；（b）对食糖实施进口关税。从国家视角和全球视角研究这两种同时实施的政策的影响作用。

8.6　考虑这种情形，即加纳自由化其家禽和玉米产业部门的补贴、关税和配额。分析政策的自由化对加纳生产者福利的影响。现在考虑欧盟保持家禽和玉米的出口补贴，同时加纳实施这些产业部门的贸易政策自由化。阐述这两种同时实施的政策对加纳生产者福利的影响。

8.7　考虑这种情形，即西班牙对西红柿出口实施补贴。同时，假设摩洛哥对从西班牙进口的西红柿实施进口配额。阐述同时实施的这两种政策对两个国家的消费者福利的影响。

8.8　自由化贸易政策已经在关税和各种非关税壁垒的削减方面取得了成功。作为副产品，新的更加不易察觉的贸易壁垒产生。分析一种被称为自愿出口税收（VET）的贸易壁垒。假设自愿出口税收完全与关税一样，除了它是由出口国实施的政策。（a）评价自愿出口税收对进口国和出口国福利的影响作用。（b）比较自愿出口税收和关税的福利效应。

8.9　分析这种情形，即美国从日本进口电子商品，并对这些进口商品征收进口关税。假设美国是电子商品市场的大国。（a）美国取消电子商品的进口关税，对美国的消费与国外消费的影响作用是什么？现在假设为了交换美国关税的削减，日本同意向出口到美国的电子商品采取自愿出口限制。假设自愿出口限制与最初的关税是政策等同的。（b）实施自愿出口限制对美国国内消费以及国外消费具有什么影响作用？

8.10　考虑一个仅仅致力于最大化政府福利的政府；即该政府并不关心消费者、生产者或者许可证持有人的福利。这一政府能够在关税、进口配额、贸易禁止、自愿出口限制和出口补贴政策之间进行选择。从政府福利的视角，将这些政策从最优到最差进行排序，并提出支持你结论的理由。

8.11　利用在本章末尾"延伸阅读"中列出的期刊论文来分析诸如关税配额这类政策工具。阐述并讨论下列情景的影响：（a）进口需求量小于配额；（b）进口需求量大于配额，并且配额被实施；（c）进口需求量大于配额，并且配额没有被实施；（d）配额外关税足够高，以至于在达到配额限制数量后没有进口。

8.12　参考期刊论文，分析关税配额的自由化问题。探索围绕关税配额自由化的争论，即通过增加配额限制实现关税配额的自由化，与通过降低配额外关税税率实现关税配额的自由化之间的争论。

延伸阅读

Bhagwati，Jagdish. 1965. On the equivalence of tariffs and quotas. In Trade，Growth，and the Balance of Payments (eds Robert E. Baldwin，et al). Chicago：Rand McNally.

Bhagwati，Jagdish. 1968. More on the equivalence of tariffs and quotas. Attiericcin Economy Review 58 (1)：142-146.

de Gorter，Harry，and Erika Kliauga. 2006. Reducing tariffs versus expanding tariff rate quotas. In Agricultural Trade Reform and the Doha Development Agenda (eds Kym Anderson and Will Martin)，Washington，D.C.：World Bank and Palgrave Macmillan，pp. 117-160.

Hranaiova，Jana，Harry de Gorter，and James Falk. 2006. The economics of administering import quotas with licenses-on-demand in agriculture，American Journal of Agricultureal Econpmics 88(2)：3318-3350

Rom，Michael. 1979. The Role of Tariff Quotas in Commercial Policy. New York：Holmes ar.a Meier.

Skully，David W. 2001. Economics of Tarijf-Rate Quota Administration. US Department of Agriculture，Economic Research Service，Technical Bulletin Number 1893

(April). Washington，D.C.：USDA.

Vousdcn，N. 1990. The Economic Theory of Protection. Cambridge：Cambridge Universitv Press.

World Trade Organi/ation (WTO). 1997. European Communities-Regime for the Importation，Salt，and Distribution of Bananas. Report of the Appellate Bodv (September 9). Geneva WTO.

World Trade Organization (WTO). 2006. Tariff Quota Administration Methods and Tariff Quota Fill. Committee on Agricuture Background Paper TN/AG/S/22 (April 27). Geneva：WTO.

第三篇
与贸易有关的政策

9 序言　与贸易有关的政策与服务贸易

9.1　什么是与贸易有关的政策

在本书第二篇，我们研究了包括关税、出口补贴和数量限制在内的传统贸易政策的影响作用。传统的贸易政策是指那些专门针对影响国际贸易而制定的政策。在本书第三篇，我们转向分析与贸易有关的政策。与贸易有关的政策是指那些针对非贸易目的，但会对贸易产生副作用的政策。主要的与贸易有关的政策包括知识产权政策、环境政策、劳工政策，以及增长与发展政策等。

与贸易有关的政策与传统贸易政策在一些方面存在区别。在对商品价格、贸易和福利的影响方面，与贸易有关的政策往往缺少透明度。与贸易有关的政策往往针对某一特定国家或国家集团、或针对特定商品、或一组商品，因此更加具有歧视性。并且，与贸易有关的政策往往更加自由裁量，因为政府权威机构对于这些政策的使用具有更强的控制力。

在过去的十年间，与贸易有关的政策在贸易谈判中的相对重要性日益增强。随着传统贸易政策被逐步自由化，与贸易有关的政策的经济重要性日益显著。与贸易有关的政策的兴起一部分原因是在缺乏传统形式的贸易保护情况下，各国都在寻求新的贸易保护的形式。

与贸易有关的政策的特点对于特征研究具有重要意义。关于与贸易有关的政策的研究相对于传统贸易政策而言，尚处于研究的初期而且更加模糊。与传统贸易政策研究形成鲜明的对比，尚未有经典的模型研究对与贸易有关的政策的影响效应进行阐述。经济学者之间取得共识的部分不断发展，以应对持续变化的现实世界实践。此外，由于与贸易有关的政策能够对贸易产生负效应，之前关于贸易政策是外生的且对贸易的影响方向是单一的假设是存在问题的。例如，环境政策能够影响贸易，同时贸易政策能够影响环境。因此，贸易政策对于环境政策并不一定是外生的，反之亦然。

鉴于这些特点，本书在第三篇采用描述性的研究方法分析与贸易有关的政策以及它们的影响效应。我们尽可能地采用传统贸易文献中的研究方法来研究这些影响效应。此外，我们通过逆转因果关系这一不同的研究方法对前述模型进行扩展。例如，我们考虑环境和劳工政策对贸易的影响作用，除此之外我们还考虑贸易政策对环境和劳动力的影响作用。并且，我们在贸易条件下考虑增长与发展的影响作用。除此之外，我们还考虑贸易政策对发展与增长的影响作用。同本书第二篇的研究思路一样，第三篇也是对这些政策逐一进行探讨。接着本书的第四篇是在这些贸易政策的协商和达成的框架内研究制度安排。

在开始对与贸易有关政策的分析之前，我们对现实世界实践中出现的变化进行简单的总结，正是这些变化将与贸易有关的政策推到了贸易政策领域研究的最前沿。即我们的问题是：与贸易有关政策是如何随着时间的推移而发展的？我们也对服务贸易的作用进行研究，并提出问题：服务贸易政策是如何随着时间的推移而发展的？

9.2　与贸易有关的政策在实践中是如何发展的？

自20世纪80年代关税与贸易总协定乌拉圭回合谈判开始，与贸易有关政策的重要性日益显现。这一新的对话出现在20世纪70年代后期和20世纪80年代初期，贸易保护主义强有力的压力之下。为了迎合这些压力，关税与贸易总协定的成员开始努力扩展关税与贸易总协定谈判主题的范围。在乌拉圭回合中强调的新领域包括针对农产品贸易和纺织品服装贸易的产业政策；以及对最新识别的与贸易有关政策的思考，这些与贸易有关的政策包括知识产权政策、投资措施和服务贸易规则等。

关税与贸易总协定乌拉圭回合的谈判持续进行了9年时间（从1986年到1994年）。然而这些谈判在多边管理框架下围绕传统贸易政策的应用以及与贸易有关政策的范畴方面带来了巨大的变化。传统贸易政策主要的变化包括：①承诺减少农业支持，包括减少国内补贴和出口补贴；②取消对纺织品和服装的数量限制；③关于禁止使用自愿出口限制的保障措施❶的协定；④在前几轮回合谈判达成的协议基础上进一步削减关税。与贸易有关政策范畴的主要变化包括：①开始对服务贸易的自由化做出承诺；②知识产权标准的清晰阐述；③生产标准的新规则；④与贸易有关的投资措施的新规则等。

乌拉圭回合在管理这些传统的贸易政策以及与贸易有关政策的制度安排方面带来了巨大改变。最重要的是，1995年的乌拉圭回合成立了作为关税与贸易总协定的继承者的世界贸易组织（WTO）；并且建立了争端解决机制，即提供更加中立的一篮子方案来解决争端。这些贸易政策范畴和管理的变化至今在贸易政策的多边管理领域仍然具有重要的经济意义。

乌拉圭回合的内容包括60条协议、附件、决议和解释。然而，其核心部分由六个主要的协议组成；第一个是建立世界贸易组织的总括协议；第二个是争端解决的协议；第三个是政府贸易政策的审议协议；其他三个主要的协议覆盖了广泛的贸易议题，包括商品、服务和知识产权。覆盖这些主题的基本原则分别被清晰地表述在关税与贸易总协定（GATT）、服务贸易总协定（GATS），以及与贸易有关的知识产权协定（TRIPS）中。另外，50多条协议和附件阐述了关于特定产业或特定议题的一些特殊要求。最后，协议还包括由个别国家做出的关于特定商品和服务的市场准入方面的承诺列表。

本书第三篇包括几种与贸易有关的问题，这些问题在世界贸易组织达成协议后已经引起了争议并且/或已经发生了重要的变化。这些问题包括知识产权问题、环境问题和劳工

---

❶ 保障措施是一种有条件的保护形式，即一国能够对进口商品设置壁垒，从而保护本国产业免受进口商品竞争而造成的损害。

问题。第三篇也考虑了经济增长与发展政策，因为这些政策与贸易密切相关，并且有助于我们理解在发达国家和发展中国家间的贸易谈判中经常出现的对立观点。我们在此并不试图对所有与贸易有关的政策进行论述。世界贸易组织协定本身有60条协议、附件、决议和解释，而我们的目标是提供一个分析框架，用于分析那些经济方面的重要问题，以及在当前以及在未来十年继续成为政策前沿的问题。

有一个问题虽然没有被包含在本书第三篇的研究中，但却特别值得注意。这一问题是服务贸易。正如本书一开始指出的那样，国际流动包括商品、服务和生产要素的跨国流动。自20世纪80年代以来，服务贸易以惊人的速度增长。因此，管理国际贸易的规则在最近的协议中被扩宽，以覆盖这些更新的国际流动形式。因此，在进行下一步研究之前，我们简要的总结服务贸易政策在实践中是如何发展的。

9.3 服务贸易政策在实践中是如何发展的？

服务贸易是无形商品的国际交易。服务贸易包括那些存在市场需求并且能够由市场决定价格的执行功能和任务。服务通常是不可转让的，因为它们不能够被购买，并以不同的价格被再次出售。这些类型的交易超越了商品贸易，即跨越国界的商品交易的传统定义。无形服务贸易的例子包括商务、通信、建筑、销售、教育、环境、金融、健康及社会相关的功能、旅游业、文化及体育和交通运输的国际交易。

20世纪80年代以来，服务贸易的重要性开始显现。从那时起，服务贸易迅速增长❶。自20世纪80年代以来，本国居民与非居民之间的服务交易的数据显示，服务贸易以每年15%的增长率飞速增长。这一增长率超过了其他贸易的增长率。服务贸易现在被认为对世界商品和服务贸易总值的贡献率超过20%。美国和欧盟是服务贸易的领导国，在世界服务贸易出口中所占份额超过60%。然而，许多发展中国家的服务贸易出口也增长迅速。这些发展中国家包括巴西、中国和印度等。服务贸易的迅速扩张很大程度上是由于信息技术的迅速发展导致的。

服务贸易的特点与商品贸易相似❷。例如，服务贸易包括产业间贸易，即国家间不同产业商品之间的双向贸易。服务贸易也包括产业内贸易，即国家之间相同产业不同服务商品种类之间的贸易。服务贸易同样包括企业内贸易，即同一企业内部的跨国贸易——例如母公司与附属机构之间的贸易，或是在同一跨国机构控制下的不同企业之间的贸易。企业内贸易包括外国直接投资和离岸服务。对这些贸易模式的解释包括比较优势（在本书第2章阐述）和规模经济（本书第3章阐述）等。

服务贸易壁垒与商品贸易壁垒存在显著区别❸。服务贸易壁垒往往产生于国内针对非贸易领域的规则和制度。例如，国内对服务业的规制往往集中在纠正市场失灵和保护国内生产者免受国际竞争。对服务业的保护主要是数量限制。例如，限制外国生产者参与国内市场的服务商品的供给数量；在一些特定的服务部门限制外国供给者的数量；限制向国内市场提供服务的企业的外资所有权，以及限制提供服务的劳动力的流动。鉴于服务贸易壁垒

---

❶ 参见霍克曼（Hoekman）（2006），玛图（Mattoo），斯坦（Stern）和桑妮妮Zanini（2007）关于服务贸易的综合性的研究。

❷ 参见亨德雷（Hindley）和斯密斯（Smith）（1984）关于服务贸易的比较优势的早期研究。

❸ 参见德沃夫（Deardorff）和斯坦（Stern）（2007）关于服务贸易壁垒以及它们的自由化的讨论。

的这些特性，服务贸易自由化与商品贸易自由化也存在相当大的区别。服务贸易自由化安排往往集中在非歧视的概念和国内规制的改革。

服务贸易自由化的影响作用包括那些与商品贸易自由化类似的福利利益。服务贸易自由化的利益是指参与服务贸易的国家的福利。这些利益包括参与服务贸易国家消费机会的增加。贸易利益也包括可供消费的服务商品种类（包括质量）的增加。然而，正如商品贸易自由化一样，服务贸易自由化会导致一些经济主体福利的增加，同时也会造成一些经济主体福利的损失。因此，服务贸易自由化要求注意那些支持生产要素（包括劳动力）从比较劣势的产业部门中流出，流入比较优势的产业部门的再分配政策。服务贸易自由化也要求注意那些解决福利分配的政策。最后，服务有时候是独特的，即服务产品常常作为中间投入品用于其他商品和/或服务的生产。因此，服务投入品贸易的自由化与最终商品和服务的价格密切相关。

在实践中，最重要的服务贸易自由化是通过服务贸易总协定（GATS）——1995在关税与贸易总协定的乌拉圭回合谈判达成的协议。服务贸易总协定包含了第一个服务贸易的多边规则。这项协议为建立一个以规则为基础的服务贸易的多边管理框架迈出了第一步❶。

在服务贸易总协定框架内，服务的范围很广，本质上包括了能够影响服务贸易的所有措施。这一部分的开头已经罗列了一些例子。服务贸易总协定同样定义了广义的服务贸易的模式。这些模式包括的交易有：①跨境交付，即服务的提供者在自己的国家向另一个国家提供服务；②境外消费，在一国提供的服务商品被另一国的消费者消费；③商业存在，一国服务企业在其他国家境内提供服务；④自然人存在，一国的居民在其他国家境内提供服务❷。服务贸易总协定协议中的最后两种模式表现了多边贸易管理所关注内容的一个重要的扩展，这些内容早前主要是由各国政府管理的。

服务贸易总协定的规则分为两大类：影响服务贸易的一般规则，即适用于所有成员和所有服务部门；以及一些特定成员方做出的开放某些具体部门的服务贸易承诺。一般规则中的一个重要的构成是服务贸易总协定的最惠国（MFN）义务。最惠国义务要求服务贸易总协定项下的任何措施，各成员给予其他成员的待遇应该与其给予任何其他国家的一样优惠。然而，该项义务允许在特定的敏感服务部门存在一些例外。在区域贸易安排的背景下也允许背离最惠国义务，这种安排使服务贸易自由化超出了服务贸易总协定的义务。在国家之间实现劳动力市场的一体化协议背景下，对于自然人的流动也允许存在最惠国规则的例外。

与这些一般性原则不同的是，由具体成员方做出的针对特定部门的服务贸易自由化承诺集中在市场准入和国民待遇方面。市场准入规则对那些造成服务贸易壁垒的限制措施的使用设置了一个约束。这些规则主要集中在本章一开头提出的作为贸易壁垒的数量限制的使用方面。这些规则对前文描述的任何一种服务贸易模式产生的数量限制壁垒的使用设置了约束。此外，国民待遇原则要求贸易协议的成员方授予（对于服务以及任何成员方的服务提供者）与其授予自己国民的服务和服务提供者相同的优惠待遇。这一原则旨在降低对外国服务提供者进入本国市场以及在本国市场经营的歧视性。在服务贸易总协定的协议中具体成员方做出的承诺明确提出了适用于这一原则的服务部门，并且明确提出了这些规则

❶ 参见费克特库蒂（Feketekuty，1988），霍克曼（Hoekman，1996）以及玛图（Mattoo，2005）关于服务贸易总协定的论述。

❷ 参见温特（Winters），et al.（2003）关于"自然人"流动的实证分析。

对于特定服务部门和服务贸易模式的一些例外。需要注意的是，这些服务贸易规则中，大多数是以针对货物贸易的关税与贸易总协定协议为蓝本的。

这些在服务贸易总协定协议下做出的承诺建了一个以规则为基础的服务贸易的多边管理的框架。然而，服务贸易的自由化实践仍然刚刚起步。

9.4   第三篇的结构是如何安排的？

第三篇涵盖了与贸易有关政策以及它们的影响效应分析。正如前文所述，与贸易有关的政策是那些针对非贸易目的、但却对贸易产生副作用的政策。这一篇由四个章节组成。每一章都包含一种不同的政策。

第10章研究知识产权政策。这一章提出了四个核心问题：什么是知识产权，它们的种类和目的是什么？知识产权的影响作用是什么？在实践中，知识产权是如何发展的？知识产权的政策前沿问题是什么？在研究知识产权的影响作用时，我们从三个不同的视角进行分析。首先，我们分析知识产权的国内影响作用。其次，我们研究国家之间知识产权政策存在差异的影响作用。最后，我们研究知识产权对贸易、对外直接投资和许可的相对影响作用。

第11章研究环境政策。这一章分析四个核心问题：什么是与贸易有关的环境政策，它们的种类和目的是什么？贸易政策对环境的影响作用是什么？环境政策对贸易的影响作用是什么？使用贸易政策来解决环境的外部性的意义是什么？为了回答最后一个问题，我们在开放条件下，即假设各国进行贸易的条件下，研究使用不同贸易政策来纠正环境的外部性的影响。这些环境的外部性包括出口小国的负生产的外部性，以及进口小国的负消费的外部性。这些外部性包括污染以及其他形式的环境损害。

第12章研究劳工政策。这一章围绕四个核心问题进行研究：什么是与贸易有关的劳工政策，它们的种类和目的是什么？贸易政策对劳动力的影响作用是什么？贸易利益和贸易损失是如何在国家之间进行再分配的？劳工政策对贸易的影响作用是什么？在分析贸易政策对劳动力的影响作用时，我们分别研究了在长期和短期贸易政策对劳动力工资的影响作用。

最后，第13章分析增长与发展的政策。该章研究三个核心问题：什么是与贸易有关的发展与增长政策，它们的种类和目的是什么？贸易对发展与增长的影响作用是什么？在贸易条件下，经济增长对发展的影响作用是什么？

在上述每一个章节中，我们考虑了贸易和与贸易有关政策对福利分配的影响作用。纵观全书，我们力求分辨进行政策对话的各种观点，并且来强调什么是利害攸关的，以及对谁而言。

🔲 延伸阅读   Deardorff，Alan V.，and Robert M. Stern. 2007. Empirical analysis of barriers to international services transactions and the consequences of liberalization. In Handbook of Services Trade (eds Aaditya Mattoo，Robert M. Stern，and Gianni Zanini)，Oxford：Oxford University Press，pp.169-220.

Feketekuty，Geza. 1988. International Trade in Services：An Overview and Blueprint for Negotiations. Cambridge，MA：Ballinger.

Hindley，Brian，and Alasdair Smith. 1984. Comparative advantage and trade in service. World Economy 7 (4)：369-390.

Hoekman，Bernard. 1996. Assessing the General Agreement on Trade and Services. In The Uruguay Round and the Developing Countries (eds Will Martin and L. Alan Winters)，Cambridge：Cambridge University Press，pp. 88-124.

Hoekman，Bernard. 2006. Liberalizing Trade in Services：A Survey. World Bank Policy Research Working Paper No. 4030，Washington，D.C.：World Bank.

Maskus，Keith E.，and John S. Wilson，eds. 2001. Quantifying the Impact of Technical Barriers to Trade：Can It Be Done? Ann Arbor：University of Michigan Press.

Mattoo，Aaditya. 2005. Services in a development round：three goals and three proposals. /Journal of world Trade 39 (6)：1223-1238.

Mattoo，Aaditya，Robert M. Stern，and Gianni Zanini，eds. 2007. Handbook of Services Trade，Oxford：Oxford Unversity Press.

Winters，L. Alan，T. L. Wlamsley，Z. K. Wang，R. Grynberg. 2003. Liberalizing temporary movement of national persons：an agenda for the development round. World Economy 26 (8)：1137-1161.

10 知识产权

10.1 什么是知识产权，它们的种类和目的是什么？

知识财产指的是智力的创造性活动所产生的商品，包括发明、文学和艺术作品，以及商业用途的标志、名称、图片和设计。这些智力创造具有两个显著的、与公共商品相似的特征。这两个特征分别是非竞争性和非排他性。非竞争性特征指的是知识财产的使用并不减少其他人使用该财产的能力。事实上，知识财产一旦被创造出来，知识财产使用的边际成本非常低。非排他性特征指的是很难在私有市场上限制他人对该知识财产的使用。即在缺乏法律保护的条件下，很难限制知识财产的使用。

知识产权（IPRs）是关于知识财产保护的法律。这些法律为知识财产的创造者提供了控制其知识财产使用的方法。这些法律被用于建立一个私有市场，否则知识财产就会沦为非竞争性和非排他性的公共商品。

知识产权的主要形式包括专利、著作权、商标和服务标志、植物培育者的权力、特殊权利和商业秘密。这些不同形式的知识产权保护了不同种类的智力创造。接下来，我们对每种知识产权进行简单的总结。

专利是知识产权的一种形式，用于保护发明创造。专利是由一国的专利和商标办公室颁发的。一项新型专利的保护期限通常是20年。专利在国家内部，并且有时是该国的领土和属地内有效。专利许可授予的权力能够排除他人制造、使用、提供销售，或在该国销售发明，或进口发明到该国。为了通过专利获得合法的被保护权利，发明必须是新型的。商品本身可以是新型的，或者商品的生产程序是新型的。举例说明，专利能够被用来保护一种新型的化学发明商品，也可以用来保护一种新型的生产这种化学商品的方法。

实用新型提供了一种不同于专利的方式在一些国家用来保护发明。实用新型与专利存在一些显著的区别。第一，尽管它们像专利一样包括发明，但是所包括的发明的技术复杂性往往更低。第二，实用新型的资质要求比专利的资质要求更松。第三，实用新型的保护期限往往比专利更短。

工业设计提供的也是一种不同于专利的保护。工业设计保护的是由工业方式生产的商品的特征，这些特征具有观赏或审美价值，例如商品的外形、商品的样式或商品的颜色。

著作权是知识产权的一种形式，它保护的是作者的原创作品，包括文学、戏剧、音乐、艺术以及某些其他技术基础的作品，如电脑程序、电子数据库和多媒体商品。著作权适用于已经出版或未出版的原创作品。著作权的保护期限通常是作者死后的50～70年，如果是企业著作权的作品一般是出版后95年。著作权的有效性局限于登记注册的国家内部。它们授予了著作权所有人拥有排他权力，复制受到著作权保护的作品，准备衍生作品，分销受到著作权保护的复本或唱片，公开执行受到著作权保护的作品的专有权，公开展示受到著作权保护的作品。著作权保护的是表达的形式而非书写本身的标的物。例如，贸易模型的描述可以受到著作权的保护，但是这仅仅能够阻止他人复制这一描述。它不能够阻止他人用自己的语言对这一模型进行描述或使用这一模型。

商标是知识产权的一种保护形式，它保护的是文字、名称、标志或装置。这些标志被用于表明商品的来源以及将该商品与其他商品进行区别。服务标志与商标类似，除了它们识别并区分的是服务的来源而非商品的来源。服务标志的例子包括金融服务、保险服务和技术支持服务等。在最近的几十年中，服务贸易发展迅速，服务标志的重要性也随之显现。商标和服务标志是在一国的专利和商标管理办公室登记注册的。它们被用来阻止他人使用一模一样的标志，但是不能阻止他人生产一模一样的商品或服务，也不能阻止他人销售相同的商品或服务，前提是这些商品和服务所使用的标志具有显著的差异性。

地理标志是商标和服务标志的一种变型。地理标志是施加在商品上的一种记号，用于表示商品的原产地。地理标志表明商品具体来自于哪个地方，或者能够表明商品由它的原产地而具有的品质或声誉。例如，在红酒或其他食品上的记号表明了它们的原产地和品质。

植物培育者的权力（PBRs），也被称为植物多样性权力（PVRs），它是授予一种新种类植物的培育者或其他人或实体对这一新的植物品种的求偿权。这些法律通常授予植物的培育者在若干年中控制这一新型品种的繁殖材料（包括育种、插枝、分裂，以及组织培养）和这一新型品种的收成部分（包括切花、果实和枝叶）。拥有了这些权力，培育者能够选择成为这一新型品种的排他性的市场商人，或者选择将该品种授权给他人。为了获得植物培育者的权力保护的资质，这一品种必须是新的、与众不同的、一致的并且是稳定的。一个品种是新的，指的是一个品种在受到保护的国家没有被商业化超过一年。一个品种是与众不同的，指的是它与所有其他已知的品种在植物学特性方面存在一个或多个区别，例如高度、成熟期或颜色方面的区别。一个品种是一致的，指的是该种植物的特性在所属种类下面各株植物之间是一致的。一个品种是稳定的，指的是该种植物的特性从基因学角度上讲是固定的，并且在代际之间维持相同，或在杂交物种情形下一个复制周期之后实现代际稳定。培育者必须给这一品种一个"通用名"作为该品种的属性名称，并且该通用名必须被任何将该品种推向市场的人使用。

特殊权利保护的是那些不能够适用于一国知识财产标准分类的知识财产。特殊权利通常适用于产生于先进技术的新种类的知识财产。特殊权利适用的知识财产有数据库或广播的电子传输、电脑软件，以及集成电路的设计图。特殊权利也适用于那些没有被其他保护形式包括在内的知识财产的种类。例如，如果一国没有植物培育者保护权，那么特殊权利对此进行保护。

商业秘密保护的是机密的商业信息，这些商业信息是一个企业所具有的竞争优势。商业机密的标的物是工业财产，例如广告策略、消费者资料、分销方法、供应商和客户名录、生产程序如秘方以及销售方法。未经授权使用或披露这些信息被认为是一种不公平行为，并且违反了商业秘密。依据法律体系，保护商业秘密是防止不公平竞争的一部分，或者是关于保护机密信息的法律条文或判例法的一部分。商业秘密没有保护期限，但是商业秘密具有有效期，当这些信息通过法律途径成为公共领域，例如逆向工程或公共文件信息的披露时，便会失效。商业秘密有时作为之前讨论的知识产权一种替代，因为不同形式的知识产权要求在公共文件中报告技术信息，而商业秘密并没有这样的要求。

上文描述的各种知识产权形式的目的是为知识财产的创造提供一种激励。这种激励是通过确保对知识财产创造做出投资的回报实现的。即知识产权给予知识财产的拥有者在一段时间内排他性的使用该知识财产的权力。通过这种方法，知识产权授予了知识财产拥有者在一段时间内一种垄断的权力。在这段时间内，知识财产的拥有者能够获得回报用以补偿其为知识财产创造所做出的投资。例如，这些投资包括研究与开发的货币支出、撰写书籍的时间投资。缺少了知识产权，知识财产可能被他人或企业而不是知识财产的创造者所使用或复制。如果这样的情况发生，创造者可能无法补偿自己的创造成本，从而就不会有动力去进行创造。在知识产权的保护下，创造者能够补偿其创造成本，从而有动力进行创造。

10.2　知识产权的影响是什么？

这一部分研究知识产权的影响作用。我们研究三个具体的问题：①知识产权的国内影响作用是什么？②国家之间知识产权存在差异的影响作用是什么？③知识产权对贸易、对外直接投资和许可的相对影响作用是什么？提出这三个问题的原因有两个层面。首先，国内和国际管理知识产权的政策存在差异。这是因为知识产权是国内法律的范畴，各国在制定和实施方面存在差异。其次，知识财产（即智力创造）从多个渠道面临被侵权的风险。知识财产的国际流动通过多种渠道实现，包括贸易、对外直接投资和与非附属外国公司之间的许可合约。知识产权能够对这些不同的知识财产流动渠道产生不同的影响作用。

10.2.1　知识产权的国内影响是什么？

首先，我们分析知识产权政策的国内影响作用，因为知识产权是国内法律的范畴。即管辖知识产权保护的法律是国家法律。国家法律所保护的范围只能局限于一国境内，并且有时是其领土或属地。

在管理知识产权的国家法律的强度方面存在这样一种权衡。一方面，知识产权能够为知识财产的拥有者提供更高的利润，从而激励智力创新的发展。因此，知识产权通过增加创新而对社会福利产生正的影响作用。同时，专利申请对信息的披露能够促进衍生技术的发展。假设这些技术并不侵害受到保护的知识财产，这些新型技术的创造也能够对社会福利产生正的影响作用。而另一方面，知识产权给予创造者一个暂时的垄断权力，这种垄断权力能够导致更高的价格和更低的经济效率。这一暂时的垄断权力也能限制知识的扩散和使用。因此，知识产权通过限制公众使用这一新型创造而对社会福利产生负的影响作用。

最优知识产权的概念与法律保护的力度以及上述阐述权衡相关。保护力度具有两个维度。第一个维度是发明创造保护的范围。例如，应用范围很广的基础发明创造通常不会被授予专利保护。然而，应用范围相对较窄的发明创造可能会受到专利的保护。这是因为，对基础发明创造授予专利将会授予太过广泛的垄断权力。第二个维度是对发明创造保护的期限。例如，专利权拥有人被授予排他性的权力一般在20～50年之间。这一保护期限对于不同的保护类型存在差异（例如专利、著作权）。在保护期结束后，知识财产就会免费被公众使用。

知识产权的最优保护力度是指令社会福利实现最大化的保护力度（范围和期限）。最优保护力度能够在激励创新的同时而不给予过多的垄断权力。过强的知识产权保护会导致发明创造过度的垄断权力。在这种情况下，产出会受到限制，从而在更高的垄断价格水平上销售商品，这样做会降低社会福利。另一方面，太弱的知识产权保护会导致对发明创造的投资不足。自由地使用知识财产在短期能够使社会福利增加。然而，知识财产的自由使用会在长期抑制知识财产新形式创造的积极性，从而造成社会福利的损失。

10.2.2　知识产权存在国别差异的影响是什么？

知识产权在国际层面的影响作用更加复杂。正如前文所述，知识产权从地理范围上讲，属于一国的法律范畴。这意味着企业需要向所有其希望受到保护的国家申请知识产权保护。然而，企业在不同国家受到的保护力度并不是等同的。此外，知识产权的实施存在广泛的国别差异。知识产权的国别差异很大程度上与国家的发展水平相关。即发达国家往往比发展中国家具有更强的知识产权保护力度。

知识产权的国别差异能够影响商品、服务和生产要素的跨国流动方式。这是因为，知识财产是蕴含在商品、服务和生产要素之中的。更加具体地说，知识财产能够通过国际贸易、对外直接投资或许可协议实现跨国流动。通过贸易，知识财产被蕴含在能够实际进行跨国流动的商品和服务中。通过对外直接投资，知识财产能够转移到一个新的或现有的外国附属机构，用于在国外生产商品或服务。通过许可协议，知识财产被转移至非附属的外国企业，被该企业用于生产商品或服务。知识财产的这些国际移动方式均受到知识产权保护法律的国别差异的影响。

通过对那些知识财产丰裕型国家与知识财产稀缺型国家的对比分析，能够理解知识产权对知识财产的国际流动的影响作用。知识财产丰裕型国家往往是蕴含了商品、服务或生产要素的知识财产的提供国。知识财产稀缺型的国家往往是蕴含了知识财产的商品、服务和生产要素的接受国。那么，知识产权的国别差异会对知识财产在提供国和接受国之间的流动产生什么影响作用？

当前的研究表明，知识产权与知识财产的国际流动之间的关系是不确定的[1]。从提供国的视角进行分析，这种不确定性的产生是因为存在两个相反的影响作用。一方面，知识财产的提供企业有动力将其知识财产转移至知识产权保护力度相对较强的国家市场。这是因为提供企业能够在外国市场申请知识产权保护，并且降低其发明创造被复制的风险。当海外接受市场的国内企业有能力模仿知识财产时，对知识产权保护的需求尤为重要。在这种情况下，接受国知识产权的保护强度与提供企业将其知识财产转移至该市场的积极性存在正相关关系（正如前文所述，这一转移能够通过贸易、对外直接投资或者许可来实现）。这一影响作用被称为知识产权的市场扩张效应。因为在这种情况下，更强的知识产权保护扩大了知识财产的国际流动。

---

[1] 早期关于知识产权和贸易之间的关系的经济学研究文献包括，马斯库斯和佩努巴惕（Penubarti）（1995）和斯密斯（1999）。

　　另一方面，知识财产的提供企业同样有动机限制其知识财产向知识产权保护力度相对较强的国家进行转移。这是因为企业在外国市场申请知识产权保护会降低其通过向该市场出口而获取的垄断价格。当提供企业服务外国市场，而该外国市场几乎没有相近的可替代品，同时外国市场的模仿能力又很弱，以及/或外国市场几乎不存在与之竞争的企业时，这种情形尤为重要。在这种情况下，接受国的知识产权保护力度与提供企业向该市场转移其知识财产的积极性存在负相关关系。这一影响作用被称为知识产权的垄断权力效应，因为更强的知识产权支持了垄断行为，减少了知识财产的国际流动。

　　知识产权对提供企业向外国市场转移其知识财产的积极性的净影响作用取决于市场扩张效应和垄断权力效应的相对大小。然而，尽管存在这一不确定性，知识财产的提供国更加偏好那些具有很强的知识产权保护的国家作为知识财产的接受国，要么是为了降低被模仿的风险，要么是考虑到接受国市场的垄断行为。正如前文所述，发达国家往往是知识财产的提供国，而发展中国家往往是知识财产的接受国，即知识财产的流入国。上文描述的影响作用有助于解释为什么具有强的知识产权保护的发达国家偏好那些具有同样知识产权保护力度的国家作为知识财产的接受国。因为要么通过市场扩张效应，要么通过垄断权力效应而获得利益。

　　从接受国的视角进行分析，保护知识财产的动机是复杂的。一方面，知识财产的接受国在加强知识产权保护法律方面具有消极性。这是因为采取更强知识产权保护能够产生静态的和动态的成本。静态成本包括：蕴含了知识产权的商品、服务和生产要素具有更高的垄断价格；知识财产的租金从接受国转移至提供国；接受国的国内企业由于依赖模仿知识财产而造成自身竞争力的丧失。这些成本均与知识产权的垄断权力效应相关。此外，动态成本包括降低了知识财产模仿带来的溢出效应。如果溢出效应有利于经济增长，那么采取更强的知识产权保护会对知识财产的接受国的经济增长产生负的影响作用。

　　另一方面，知识财产的接受国也会有动机加强自身的知识产权保护。这一视角是基于更强的知识产权保护能够带来动态福利收益的假设前提。这一观点指的是，更强的知识产权能够使知识财产在接受国的扩散更加便利化（而不是限制），这种便利化是通过增加与知识财产提供国之间的交易而实现的。知识财产的扩散有助于经济增长。这一观点有赖于知识产权的市场扩张效应。此外，如果更强的知识产权保护能够调动接受国的国内企业进行创新和寻求自身知识产权保护的积极性，则也能够实现动态福利增加。然而，这些福利增加要求接受国有能力通过创新、模仿或者逆向工程进行生产或再生产知识财产。

　　因此，接受国采取相对强的知识产权保护的积极性取决于保护的成本是否超过保护的收益。在前一种情形下，知识财产的接受国偏好采取相对较弱的知识产权保护，从而在国内市场能够开展模仿和阻止垄断行为。在后一种情形下，知识财产的接受国偏好采取相对较强的知识产权保护，从而便利技术转移，并且调动国内进行创新活动的积极性。这些混合的动机有助于解释为什么发展中国家（即知识财产的接受国）尽管受到发达国家（往往是知识财产的提供国）强有力的压力，仍然反对加强自身的知识产权保护法律。大多数发展中国家的观点是采取强的知识产权保护的成本超过了收益。

10.2.3　知识产权对贸易、对外直接投资和许可的相对影响是什么？

　　在上一部分，我们描述知识产权对知识财产跨国流动的影响作用。我们分别研究了知识财产的提供国和接受国的动机。这一分析适用于所有形式的知识财产，而无论其跨国流动的方式。接下来，我们退一步并提出一个问题，知识产权是否对知识财产的跨国流动方式具有不同的影响作用；即知识产权对服务市场的不同方式的相对影响作用是什么❶？

企业能够通过多种方式将知识财产转移至外国市场。提供企业能够通过贸易将蕴含在商品和服务中的知识财产转移至外国市场。提供企业能够通过对外直接投资实现知识财产的转移，即在外国市场建立附属机构并且将自身的知识财产转移给该附属机构。或者提供企业能够通过许可协议实现知识财产的转移，即企业将知识财产转移至接受市场的非附属企业。因此，知识财产的跨国转移能够通过贸易、对外直接投资，以及/或许可来实现。知识财产的提供企业能够选择这些方式的一种或几种实现知识财产的跨国转移。

知识产权和这些服务市场的决策之间的关系是复杂的，并且不太容易理解。这是因为，知识财产通过多种渠道实现转移。例如，如果接受国的企业有能力通过逆向工程对蕴含了知识财产的贸易商品或生产方法工艺进行模仿，那么知识财产能够通过贸易实现跨国转移。如果知识财产从接受国的附属企业扩散至接受国的国内企业，那么知识财产能够通过对外直接投资实现跨国转移。这一点能够通过生产要素（即劳动力）在企业间的流动、知识溢出的外部性来实现。知识财产也能够通过许可协议实现转移，许可协议包括达成合同将知识财产的权力转移到非附属的外国企业，包括使用知识财产的权力。知识产权法律要求（通过这些不同渠道获得）知识财产的使用者补偿知识财产的创造者或提供企业。

理论研究文献为知识产权保护对这些知识财产转移、以及服务外国市场的不同方式的相对影响作用提供了一些指引。这些文献中，邓宁（1973）提出的所有权 - 区位 - 内部化（OLI）模型被应用于研究知识产权保护和企业服务海外市场决策之间的关系❷。根据这一模型框架（在本书第3章阐述），企业的所有权优势、区位优势和内部化优势影响其关于是否以及如何向海外市场提供商品的决策。所有权优势决定了企业是否会进入海外市场。区位优势和内部化优势决定了贸易、对外直接投资以及许可作为企业服务海外市场方式的相对地位。这些优势描述了企业对其资产（包括知识资产）以及与此相关的知识财产的控制能力。

首先，企业必须具备所有权优势才能向海外市场提供服务。这是因为，相对于海外市场的当地企业而言，该企业处于比较劣势的地位，至少在进入海外市场初期是处于劣势地位的。因此，为了在海外市场上具有竞争力，企业必须拥有特有的资产才能弥补这一比较成本劣势。这些企业特有的资产包括知识财产（同样被称为知识资产）。

当服务海外市场且在该市场上知识资产很容易被模仿时，通过知识产权保护来控制这些知识资产使用的能力显得至关重要。强有力的知识产权保护保障了知识财产提供企业在海外市场的所有权优势，通过提供法律途径以防止其知识资产遭受侵犯。即海外市场强有力的知识产权保护增加了知识资产被当地其他企业模仿的成本。这一保护保障了提供企业对自身的知识资产的控制权以及获得这些资产创造的投资收益。

尽管强的知识产权加强了企业的所有权优势（并且为企业进入海外市场提供了条件），但是强的所有权优势可能使企业服务海外市场的行为增加或减少。这是因为知识产权的两个相反的影响作用导致的（前文所述）。市场扩张效应意味着强的知识产权将会增加海外

---

❶ 早期关于知识产权和跨国公司行为的关系研究包括李（Lee）和曼斯菲尔德（Mansfield）（1996）以及霍斯特曼（Horstman）和马库森（1987）。

❷ 埃西尔（Ethier）和马库森（1996）提供了关于知识资产和企业如何服务外国市场的决策之间关系的早期研究。在这一领域的其他早期理论研究包括马斯库斯（1998），费兰蒂诺（Ferrantino）（1993）斯马津斯基（Smarzynsky）（2004），以及斯密斯（2001）。

市场的服务行为。另一方面，垄断权力效应意味着强的知识产权将会减少外国市场的服务行为。因此，尽管强的知识产权增加了企业对其知识财产的所有权优势，但这一所有权优势能够导致增加或减少企业通过贸易、对外直接投资和许可的方式向海外市场提供服务。影响的方向取决于市场扩张效应和垄断权力效应的相对主导地位。

一旦企业在海外市场拥有了所有权优势，那么它将决定以何种方式向海外市场提供服务。区位优势和内部化优势能够解释这种决策。企业必须具有区位优势才能通过对外直接投资而非国际贸易来服务海外市场。换句话说，相对于国际贸易，实施对外直接投资必须具有成本优势。在海外市场进行生产的成本优势来自于包括规避关税壁垒、获取成本更低的中间投入品、更宽松的标准和规制以及更加靠近终端消费者。与此同时，企业必须具有内部化优势才能通过贸易和对外直接投资而非许可的方式服务海外市场。换句话说，当通过许可进行外部化交易而存在成本劣势时，内部化优势就会产生。许可的一个重要的成本劣势是防范许可合同违约的成本。

当企业通过对外直接投资和许可而非贸易的形式服务海外市场时，通过知识产权来控制知识资产使用的能力显得尤为重要。这是因为，进行对外直接投资（而非贸易）的决策意味着提供企业将要把生产和知识财产转移出提供国。签订许可合同（而非对外直接投资或贸易）的决策意味着提供企业将生产和知识财产转移出提供国，同时转移出提供企业。前一种情形，强的知识产权能够降低海外市场附属机构的知识资产被侵犯的成本。后一种情形，强的知识产权能够降低许可合同的成本包括监管服从的成本。

因此，为了评估知识产权对企业服务海外市场决策的影响，我们需要理解在每一种情形下侵犯知识财产的风险。研究文献表明，当知识资产通过对外直接投资和许可合同（而非国际贸易）被转移出提供国时，知识财产将会被侵犯的风险更高。文献并没有明确当知识财产通过许可合同（而非对外直接投资和贸易）从提供企业转移至外国企业时，是否会导致其遭受侵犯的风险更高。然而，存在一些证据表明事实确实如此 ❶。

10.3　知识产权在实践中是如何发展的？

在实践中，管理知识产权的协议存在很强的政策利益。知识产权关系着那些希望创造、购买或销售知识产权的个人和企业的切身利益。知识产权同样也关系着国家政府的利益，因为这些法律能够对一国的经济行为产生影响，包括创新、技术转移、经济增长、贸易、对外直接投资和许可。

最早管理知识产权的国际协议是1883年《保护工业产权巴黎公约》（以下简称《巴黎公约》），以及1886年《保护文学和艺术作品伯尔尼公约》（以下简称《伯尔尼公约》）。《巴黎公约》是第一个国际公约，用来保证成员国的工业产权在所有其他成员国都得到保护。这些早期的保护形式包括发明专利权、实用新型、工业品外观设计。最初，公约由14个成员国签订。这14个成员国组成了国际局，通过国际合作与其他国际组织进行协作，促进在全世界范围内的知识产权保护。《伯尔尼公约》是对《巴黎公约》的扩展。《伯尔尼公约》

---

❶ 参见霍斯特曼（Horstmann）和马斯库斯（1987），李（Lee）和曼斯菲尔德（1996），马斯库斯，萨基（Saggi）和泊派坦（Puttitanun）（2005），普里莫布拉加（Primo Braga）和芬克（Fink）（1998），斯马尔泽尼斯卡（Smarzynska）（2004），斯密斯（2001），杨（Yang）和马斯库斯（2001）。

对文学和译著作品提供著作权的保护。《伯尔尼公约》旨在帮助成员国的个体在对他们所创作的作品的使用具有控制权力和收到支付的权力方面受到国际保护。《伯尔尼公约》为了便于管理，也建立了国际局。

在1893年，《保护工业产权巴黎公约》成立的国际局与保护文学艺术作品伯尔尼公约成立的国际局合并组成了一个新的国际组织，被称为国际知识产权保护联合局(BIRPI)。这些制度性安排建立了一个体系，通过这一体系，知识财产的拥有者能够在其他国家寻求与该国国内法律所提供的保护相等对待。换句话说，知识财产的拥有者通过在目标国填写发明专利、商标、工业设计或著作的申请表而获得保护，并且能享受到这些国家提供给本国居民的同等保护待遇。

自这两个早期的协定以来，知识产权保护的利益通过两种主要的途径发生了显著的发展。首先，新形式的知识产权已经出现，用以保护那些不能够被现有的知识产权保护的知识财产。知识产权保护的新形式的例子包括植物培育者的权力、地理标志和特殊权力保护。其次，对国家之间知识产权法律保护的差异的争议随着全球化趋势的加剧而日益增加。例如，随着世界各国通过国际贸易、对外直接投资和国际许可协议日益融合为一个整体，出现的争议也越来越多。

当前以及持续存在的围绕知识产权保护的政策争论反映了北方（发达）国家与南方（发展中）国家之间的利益冲突的紧张性。这是因为产生知识财产的创新活动所需要的资源相对集中在少数发达国家，这些发达国家在国际市场上往往是知识财产的提供国。而发展中国家往往是通过国际流动成为知识财产的接受国。

北方国家的企业和政府致力于在国际上推动更强的知识产权，从而努力保护他们日益扩大的知识财产的国际流出。这些知识财产的流出通过国际贸易、对外直接投资和许可协议实现。这些知识财产的流出也能够通过跨国公司的生产经营活动实现，即将知识资产移动到全球多个生产区位。正如前文论述，北方国家的动机是明确的。强有力的知识产权产生垄断权力和市场扩张效应，两种效应均有利于知识财产的提供国。结果导致，北方国家（和产业）对南方国家施加相当大的压力，促使南方国家进行改革，并加强他们自身的知识产权制度。发达国家的这些努力通过一个跨产业联盟推动，该联盟代表知识财产密集型产品贸易的利益。

南方国家的企业和政府已经开始对他们的知识产权系统进行改革，但是改革的过程存在阻力。如前文所述，南方国家对采取更强的知识产权的态度是复杂的。从积极的一面看，强有力的知识产权能够保护和鼓励国内企业的发明创新，这些国内企业生产的产品是为国内市场量身定做的。强有力的知识产权也能够鼓励知识财产的流入，并且因此鼓励北方国家向南方国家进行技术转移。从消极的一面看，强有力的知识产权能够为那些服务于南方国家市场的北方企业的垄断行为创造条件。这能够导致更高的垄断价格，以及更多的垄断租金向北方国家企业转移。南方国家的竞争能力丧失，从而减少了北方国家向南方国家进行技术转移。尽管存在这些复杂的动机，南方国家仍然进行了一定程度的知识产权体系改革，从而换取北方国家在其他政策领域的让步。换句话说，在北方国家和南方国家围绕一篮子政策改革进行协商的背景下，南方国家已经同意进行改革。

保护知识产权的制度安排在紧张的氛围中不断发展。当前，关于知识产权保护的条约和协定表现为双边的、区域的以及国际层面上的。一个最重要的国际组织是世界知识产权组织（WIPO），该组织是国际知识产权保护联合局的后继者。世界知识产权组织成立于

1970年，由1967年公约推动。在1974年，世界知识产权组织成为联合国的一个专业机构。这一公约批准了成员国通过国家之间的合作以及与其他世界组织协作来推动知识产权的国际保护。世界知识产权组织的目标是支持一个平衡和可行的国际知识产权体系，可以奖励创造、刺激创新以及促进经济发展，同时保障公共利益。世界知识产权组织的任务和管理随时间的推移而持续发展。世界知识产权组织现在大约包括184个成员国家。

《与贸易有关的知识产权协定》（TRIPs）是迄今为止最重要的知识产权保护的多边协定。这一协定是关税与贸易总协定在乌拉圭回合谈判的一个产物，关税与贸易总协定在1995年的协议包括建立世界贸易组织。迄今为止，该协定的缔约方大约有153个国家。与贸易有关的知识产权协定曾经并持续受到高度的争议。

《与贸易有关的知识产权协定》与之前的协定存在几个显著的区别。首先，《与贸易有关的知识产权协定》建立了一个知识产权保护的最低标准，这一标准与许多工业化国家的标准相似或比这些工业化国家的标准更强。其次，《与贸易有关的知识产权协定》在单一协议中覆盖了所有主要知识产权的保护形式（例如专利、著作权、商标），并且将之前的协定以及主要的世界知识产权组织的条款纳入其中。第三，《与贸易有关的知识产权协定》是1995年达成的一篮子协议中的一个。不接受《与贸易有关的知识产权协定》的国家不能够成为世界贸易组织的成员。因此，《与贸易有关的知识产权协定》是在一个更加宽泛的政策组合背景下进行谈判的。在这一背景下，南方国家在知识产权保护方面做出让步和妥协，用以交换北方国家在纺织品和农产品方面的让步和妥协。第四，1995年协议建立了争端解决机制，《与贸易有关的知识产权协定》的争端也适用于这一机制。这一机制提供的争端解决的程序比之前任何一个协议的约束力都强。基于这些原因，《与贸易有关的知识产权协定》是迄今为止经济方面关于知识产权的最重要的多边协议。

正如序言中所述，《与贸易有关的知识产权协定》的主要的目标是努力实现一种平衡，即在促进效率以及充分知识产权保护，与各国政府促进公共政策目标包括技术发展的需要之间的一种平衡。序言中提到，需要一个多边框架来解决仿制品的国际贸易问题，从而将贸易与知识产权保护联系起来。

该协定的关键条款解决的问题包括国民待遇、最惠国原则和人类健康。例如，第3条要求国民待遇原则同样适用于知识产权保护。这意味着，知识产权保护必须以一种非歧视的方式被适用，即所有世界贸易组织成员的国民（个人或者企业）受到与本国国民相同的待遇。第4条要求最惠国待遇也适用于知识产权保护。这意味着一成员国给予另一成员国的优惠待遇必须无条件地给予其他所有世界贸易组织的成员方。这一原则的要求是对所有的缔约国都一致成立。

该协定的关键条款同样解决了覆盖范围和执行情况的问题。例如第II部分阐明了知识产权的范围包括专利、版权、商标、地理标志、集成电路的设计、对未公开信息的保护，以及在许可合同中对反竞争行为的控制。这一范围参考了《巴黎公约》的条款以及保护文学和艺术作品《伯尔尼公约》的条款。所有世界贸易组织的成员方必须采用这些条款，无论这些国家是否是那些早期公约的缔约国。

最后，《与贸易有关的知识产权协定》明确了遵照执行的要求。该协议根据各缔约国的不同发展水平建立了一个分阶段遵照执行的过程。具体而言，工业化国家必须在一年内或者1996年1月1日之前遵照执行《与贸易有关的知识产权协定》的规定。发展中国家和转轨经济体必须在5年之内或者2000年1月1日之前遵照执行《与贸易有关的知识产权协定》的规定。而之前在所有范围领域中没有知识产权保护的发展中国家，拥有一个5年的延长期，或在2005年1月1日前遵照执行《与贸易有关的知识产权协定》的规定。最不发达国家（LDCs）须在11年内或者2006年1月1日之前遵照执行《与贸易有关的知识产权协定》的规定。最不发达国家随后又获得了一个7年半的延长期，即在2013年7月1日之前遵照执行《与贸易有关的知识产权协定》的规定。这些分阶段遵照执行的规定适用于所有原始缔约方，以及继续适用于那些后来加入世界贸易组织的成员方。

对于这些国家而言，《与贸易有关的知识产权协定》要求国家执法机制和提供争端解决机制来解决争端。为了管理持续发展的关于《与贸易有关的知识产权协定》的政策，该协定受到贸易相关的知识产权理事会的监督。该理事会的职责是每两年审议贸易有关的知识产权协定的贯彻执行的情况，包括遵照执行的问题、咨询和争端解决程序。

最后，除了《与贸易有关的知识产权协定》之外，双边的和区域的协议在知识产权保护领域也扮演着重要的角色。在最近几年，这些协定中的一些已经包括了TRIPs-plus条款。TRIPs-plus指的是在1995年《与贸易有关的知识产权协定》基础上增加的那些条款。例如包括将专利的最低保护年限扩展至20年以上，限制使用强制许可，并且/或在非专利药物方面限制竞争。发达国家（例如美国和欧洲国家）已经使用这些协定来促进知识产权保护在发展中国家的应用，这些发展中国家为了提高进入发达国家市场的程度而同意了这些条款。争论的焦点在于，发达国家是否利用TRIPs-plus来规避原始的《与贸易有关的知识产权协定》给予发展中国家的灵活度，以及TRIPs-plus条款所提供的更强的知识产权保护是否适用于发展中国家的需要。在这一背景下，由于这些条款的潜在负面影响作用，它们有时被称为"TRIPs-minus"。

10.4　知识产权的政策前沿问题是什么？

在知识产权保护的政策前沿方面，存在很多的尚未解决的问题。一些存在争议的领域包括强制许可、平行贸易以及传统知识和生物多样性的保护。

强制许可是这样一种协议，即一国法律要求外国专利的持有者必须将他们的知识财产授权给该国的国内企业作为在该国获取专利保护的前提条件。这一强制许可同样能够适用于除专利以外的其他知识财产的形式。强制许可的目的是令工业化国家的外国企业将自身的技术转移给发展中国家的国内企业。关于强制许可的国际政策被包含在世界贸易组织的《与贸易有关的知识产权协定》中。这一协定在某些情况允许强制许可的存在，这些情况包括诸如属于公共健康问题（例如药物的使用）。知识产权保护的公共健康的结果持续成为具有争议的问题。围绕这一争议所讨论的核心问题是像《与贸易有关的知识产权协定》一样的强的知识产权协定，能够提高发展中国家药品的价格。强制许可为制药技术转移至发展中国家的国内企业提供了一种途径。

第二个前沿问题是平行贸易。平行贸易指的是当商品被出口到知识产权保护力度相对强的市场，并且已经受到保护（例如专利领域），接着该商品被复出口到另一个知识产权保护力度相对较弱并且/或尚未受到保护的市场。具体而言，平行贸易是指，商品在未经知识产权拥有者的授权的情况被再贸易到第二个国家。

平行贸易的主要动机是在不同的国家之间进行价格歧视。即当国家之间商品的价格存在差异时，平行贸易便会产生。由于各国需求弹性不同，这样的价格差异能够在收入水平不同的国家之间产生。知识产权保护带来的垄断权力为国家之间进行价格歧视提供了环境。然而，这些价格差异为国际商品套利行为创造了机会。如果运输成本足够低，那么独立的贸易商能够通过在价格最高的国家出售商品而获利，同时不用考虑该国的知识产权保护。因此，平行贸易是一种套利的形式，它能够降低或消除企业在国家之间进行价格歧视的能力。相反，禁止平行贸易能够产生相反的作用。

针对平行贸易的政策尚处于初步阶段。在国际层面上，世界贸易组织的《与贸易有关的知识产权协定》并没有禁止平行贸易。而是，每一个国家可以建立自己独立的平行贸易制度。在国家层面上，平行贸易的合法性取决于知识财产的保护是否被限制在商品首次销售的国家或是被扩展至商品随后被再贸易的市场。国家自由选择一个地理区域，在该区域内商品被首次销售之后，知识产权保护是"穷竭的"。在国际穷竭制度下，保护被限定在商品初次销售的国家市场。即知识产权的保护是国际穷竭的。结果导致，商品在一个既定国家被首次销售之后，企业便不能够控制这些商品在国际上的分配。平行进口在这种情况下是合法的。相反，在国家穷竭制度下，知识财产的所有人能够合法地排除平行进口。最后，在区域穷竭制度下，当商品首次在区域内各成员国销售时，平行进口是合法的。美国采取的是国家穷竭制度，而其他工业化国家例如澳大利亚、新西兰和日本则采取的是国际穷竭制度。欧盟采取的是区域穷竭制度。

主要的政策争论集中在平行贸易的合法性方面。平行贸易合法性的支持者认为，限制平行贸易将会构成贸易的非关税壁垒，从而与世界贸易组织的原则相违背。平行贸易非法性的支持者认为，知识财产的拥有者应该具有排他权力来控制商品在国际市场上的分配。在限制平行进口方面，企业支持限制平行进口背后的利益动机是维持自身在国家之间进行价格歧视的能力。考虑到价格歧视和平行贸易之间的关联性，平行贸易能够被看作是一种竞争政策问题以及贸易政策问题。

第三个前沿问题是传统知识和生物多样性的保护。传统知识指的是长期存在的那些传统，即具体到某一个国家、地区、原住民，以及/或当地社区。这些传统的表达能够被认为是一种知识财产的形式。生物的多样性（或者"生物多类状态"）指的是在某一特定的栖息地或者生态系统，或者更加广义地说在某一特定星球的生命形式的多样化（包括植物、动物和它们的基因）。这一领域存在争议的问题是知识产权保护是否应该包括这些知识财产的形式（即传统的知识以及生命的形式），以及这样的保护是否导致了国家之间传统知识和遗传物质的非法复制。其他一些争议问题包括生命形式（例如基因修改有机生物）的知识产权保护是否扩展至这些生命形式的后代（例如保存种子）。这些政策前沿问题仅仅是国际上与知识产权保护有关的众多有争议问题的一小部分。

10.5   本章总结

什么是知识产权，它们的种类和目的是什么？知识财产指的是智力创造。这些创造具有公共产品的属性，即它们具有非竞争性和非排他性。非竞争性意味着知识财产的使用并不减少它被其他人使用的数量和质量。非排他性意味着，在私人市场上，很难限制其他人对该知识财产的使用。知识产权是关于知识财产保护的相关法律。这些法律界定了知识财产的创造者能够控制其使用方式。知识产权的主要形式包括专利、著作权、商标和服务标注、植物培育者的权力、特殊权利以及商业秘密。这些形式的知识产权保护不同类型的智力创造。专利保护的是发明新型。著作权保护的是文学和艺术作品。商标和服务标志保护的是与产品和服务有关的符号、名称、图形和设计。植物培育者的权力保护的是植物的多样性。商业秘密保护的是在企业内部持有的知识财产。知识产权保护的目的是通过确保智力创造所需要投资的收益而对知识财产的创造形成一种激励。

知识产权的影响作用是什么？本章研究了知识产权保护的三种影响作用——国内影响作用、国际影响作用和知识财产通过贸易、对外直接投资以及许可进行跨国流动的相对影响作用。

知识产权的国内影响作用是什么？在管理知识产权的国家法律的强度上存在一种权衡。知识产权通过为知识财产的持有人提供更高的利润，从而为智力创造活动提供更多的激励。它能够增加创新从而对经济体的福利产生正的影响作用。另一方面，知识产权给予知识财产拥有者一个临时的垄断权力。这一垄断权力能够在一定时期内限制公众使用该发明创造以及与此相关知识，从而对一国产生负的影响作用。最优知识产权保护水平（保护范围和保护实效）是指鼓励创新同时而不产生额外的垄断权力，能够使该国福利实现最大化的保护水平。

知识产权存在国别差异的影响是什么？各国关于知识产权的保护力度和实施力度存在相当大的差异。知识产权的国别差异能够影响商品、服务和生产要素在国家之间流动的方式。这是因为知识财产被蕴含在商品、服务以及生产要素之中。当前研究表明，知识产权与知识财产在国际流动之间的关系是不确定的。从提供国的视角进行分析，这一不确定性的产生是因为存在两个完全相反的影响作用。一方面，知识财产的提供国有动机将知识财产转移至知识产权更强的市场，这是因为知识财产的拥有人能够申请保护并且降低知识财产被模仿的风险。在这种情况下，更强的知识产权增加了知识财产的国际流动——市场扩张效应。另一方面，知识财产的提供企业也有动机限制知识财产转移至知识产权保护力度强的国家，这是因为他们能够申请保护并且降低出口来获取垄断价格。在这种情况下，更强的知识产权通过支持垄断行为而降低了知识财产的国际流动——垄断权力效应。知识产权对知识财产提供国的净影响作用取决于两种效应的相对主导力量。

尽管知识产权与知识财产在国际间流动的关系存在不确定性，但是知识财产的提供国更偏好选择具有更强知识产权的接受国，要么是因为能够降低知识财产被模仿的风险，要么是考虑到在接受国市场上的垄断行为。与之形成对比的是，从接受国家的视角分析，保护知识财产的动机是复杂的。一方面，知识财产的接受国更加偏好采取相对较弱的知识财产保护力度，从而允许国内的模仿行为，并且阻止知识财产的拥有人在国内市场的垄断行为。另一方面，接受国偏好采取相对强的知识财产保护力度，从而使技术转移更加便利，以及提供国内市场更多的激励进行创新活动。这些混合的动机有助于解释为什么发展中国家（即知识财产的接受国）尽管在工业化国家的压力之下，仍然抵制采取强的知识产权法律。许多发展中国家认为，采取强的知识产权的成本超过了其带来的收益。

知识产权对贸易、对外直接投资和许可的相对影响作用是什么？企业通过贸易、对外直接投资以及许可的方式将知识财产转移到海外市场。研究文献为知识产权对这些不同转移渠道的相对影响作用提供理论指导。具体而言，所有权-区位-内部化模型框架有助于解释知识产权的影响作用。所有权优势是企业进行一切海外经济活动的必要条件。只有当企业具备特有的资产（例如知识财产），从而使企业在海外市场克服当地企业的成本优势时，所有权优势便会产生。强的知识产权能够支持提供企业的所有权优势，即通过提供法律追索权防止他们的知识财产遭受侵犯。

一旦企业拥有所有权优势，那么接下来企业就要决定通过什么方式来服务海外市场。区位优势和内部化优势有助于解释这一决策。当存在区位优势时，选择对外直接投资而非国际贸易更具有成本优势。强的知识产权能够降低阻止海外附属机构的知识资产遭受侵权的成本。当通过许可进行外部化交易存在成本劣势时，内部化优势便会显现。强的知识产权能够降低许可合同的成本，包括监管服从的成本。

因此，企业通过什么方式向海外市场提供服务的决策取决于知识财产在每种情形下遭受侵权的风险。文献研究表明，知识财产通过对外直接投资以及许可的方式转移到提供国之外时，其遭受侵权的风险更高。然而，关于是否通过许可的方式将知识财产转移至海外的外部企业所遭受的侵权风险更高，文献研究并没有给出明确的结论。然而，一些证据表明确实是这种情况。

在实践中，知识产权是如何随时间的推移而不断发展的？早期管理知识产权的国际协议是1883年《保护工业产权巴黎公约》，以及1886年《保护文学和艺术作品伯尔尼公约》。在1893年，这两个组织合并组成国际知识产权保护联合局。这些协定建立了一个体系，借助这一体系，知识财产的创造者能够寻求在他国受到与当地居民同等的保护水平。1970年，作为国际知识产权保护联合局的后继者，世界知识产权组织（WIPO）成立。1974年，世界知识产权组织成为联合国的一个特殊机构。该国际公约授权成员国通过国家之间的合作以及与其他世界组织的协作来促进知识产权的保护。

自这些早期的协定以来，保护知识财产的利益也在不断发生变化。发达国家致力于推动更强的知识产权保护用于保护他们日益扩张的知识财产的国际流出。发达国家的动机是明确的。强有力的知识产权保护给予其垄断权力和市场扩张效应，从而有利于发达国家——大多数知识财产的提供国。与此同时，发展中国家的利益更加复杂。强的知识产权保护能够促进其国内的创新活动，鼓励知识财产的流入（通过市场扩张效应），从而导致技术转移的内流。然而，强的知识产权保护同样能够导致国内市场上更高的垄断价格（通过垄断权力效应），垄断租金向发达国家转移，发展中国家丧失其竞争力，以及技术转移内流减少。尽管加强知识产权保护的动机具有复杂性，但南方国家已经在针对一篮子政策改革组合谈判的背景下，开始进行知识产权的改革。

这些改革中具有最重要经济意义的多边协议是世界贸易组织的1995年协议，即《与贸易有关的知识产权协定》（TRIPs）。《与贸易有关的知识产权协定》建立了知识产权保护的最低标准，将所有最主要的知识产权形式的保护包含在这一单一的协定中，并且将之前的协议，以及世界知识产权组织公约合并到这一协议中。不签署《与贸易有关的知识产权协定》的国家不能够加入世界贸易组织。世界贸易组织同样建立了争端解决机制，通过这一机制，围绕知识产权的争端也能够得以解决。相对之前的那些协定而言，该机制提供了一个具有更紧约束力的争端解决程序。最后，除了《与贸易有关的知识产权协定》，近几年双边的和区域的协定也扮演着重要的角色。包括"TRIPs-plus"条款在内的许多协定，提出比《与贸易有关的知识产权协定》更强的保护要求。发达国家已经使用这一协定来推进发展中国家的知识产权保护，而这些发展中国家在这一领域做出妥协以换取它们对发达国家市场的准入。

知识产权的政策前沿有哪些？围绕知识产权问题的政策前沿有很多尚待解决的问题，包括强制许可、平行贸易、传统知识和生物多样性的保护等。强制许可是这样一种协议，即一国法律要求外国知识产权的拥有者必须将他们的知识财产许可给国内企业，作为获得国内知识产权保护的前提条件。国际政策在某些条件下允许强制许可，例如那些关于公共健康（即医药）领域。平行贸易指的是，商品被出口到一个市场，且在该市场受到知识产权保护（专利领域），随后在没有经过知识财产所有者的授权，又被复出口到其他市场，而其他市场尚未受到保护。平行贸易的合法性取决于知识产权保护是仅限于商品首次销售的国家市场还是被扩展到商品被再次贸易的国家市场。国家选择知识产权保护在地理意义上"穷竭"的区域。最后，传统的知识是指，针对某一具体国家、区域、原住民、并且/或当地社区而长期存在的传统。生物多样性是指在一个特殊的栖息地，或者生态系统，或者更加广义地说在星球上的生命形式的多样性（包括植物、动物和它们的基因）。这一领域的争议性问题包括知识产权是否应该包括这些知识财产的形式；这些保护是否支持了国家之间传统知识和基因材料的非法复制，以及这些生命形式（例如转基因生物）的知识产权保护是否应该扩展到它的后代（例如保存种子）。

□ 应用问题　　10.1　知识产权（IPRs）的形式包括：(a)专利；(b)效用模型；(c)工业设计；(d)版权；(e)商标；(f)服务标志；(g)地理标志；(h)植物培育者的权利；(i)特殊全力保护；(j)商业秘密。简单描述这些知识产权保护形式的创新。

10.2　简要回答下列问题：(a)知识产权保护的目的是什么？(b)知识产权保护的地理范畴是什么？(c)最优知识产权保护的力度是什么？(d)国家之间知识产权保护力度的差异的影响作用是什么？(e)知识产权保护对贸易、对外直接投资和许可的相对影响作用是什么？(f)所有权-区位-内部化（OLI）模型是如何有助于解释这些相对影响作用的？

10.3　为什么北方国家和南方国家在采取强的知识产权保护具有不同的利益？考虑知识产权保护的市场扩张效应和市场权力效应作为分析这一问题的出发点。

10.4　分析下列问题，在知识产权保护的政策前沿领域。(a)什么是强制许可，它的目的是什么？(b)什么是平行贸易，为什么会出现平行贸易？(c)什么是传统知识和生物多样性？知识产权保护在这些领域有什么意义？

10.5　以鲑鱼为例进行分析，鲑鱼已经通过基因修改变成了超大尺寸。简要回答下列问题：(a)假设这一超大型尺寸的鲑鱼的创造者申请了专利保护。这一专利保护的目的是什么？(b)假设超大鲑鱼的创造者在一个专利权法律很强的国家获得专利保护。这一专利保护的地理范畴是什么？(c)假设超大鲑鱼逃脱到公海，并且该海域不属于任何国家的领海。那么专利保护的国别差异的影响作用是什么？(d)对基因改造生物形式（例如超大尺寸的鲑鱼）进行专利保护的支持观点和反对观点分别有哪些？(e)使用OLI模型框架评价上述观点。

10.6　以油菜这种农作物为例进行分析，油菜已经通过基因改造具有了抗虫害的特质。简要回答下列问题：(a)假设基因改造后的油菜（例如孟山都公司）申请了专利保护。这一专利保护的目的是什么？(b)假设已经在一个具有强的专利法律国家申请并且获得了专利保护。该专利保护的地理范畴是什么？(c)假设经过基因修改后的种子被吹出了该国的边境（例如美国墨西哥的边境）。假设其中一国较另一国具有更强的专利保护法律（即美国较墨西哥具有更强的专利保护法律），两个国家在专利保护方面的差异具有什么影响作用？

□ 延伸阅读　　Branstetter, L,, R. Fisman，and C. Foley. 2006. Do stronger intellectual property rights increase international technology transfer? Empirical evidence from US firm-leve pane data.

Quarterly Journal of Economics 121，321-349.

Chen，Yongmin，and Thitima Puttitanun. 2005. Intellectual property rights and innovation in developing countries. Journal of Development Economics 78 (2)：474-493.

Finger，J. Michael，and Philip Schuler. 2003. Poor People's Knowledge：Promoting Intellectual Properties in Developing Countries. Washington，D.C.：World Bank and Oxford University Press.

Fink，Carsten，and Keith E. Maskus，eds. 2005. Intellectual Property and Development：Lessons from Recent Economic Research. Washington，D.C.：World Bank and Oxford University Press.

Ginarte，Juan Carlos，and Walter G. Park. 1997. Determinants of patent rights：a crossnational study. Research Policy 26 (3)：283-301.

Glass，Amy J,，and K. Saggi. 2002. Intellectual property rights and foreign direct investment. Journal of International Economics 56 (2)：387-410.

Glass，Amy J.，and S. Wu. 2007. Intellectual property rights and quality improvement. Journal of Development Economics 82(2)：393-415.

Helpman，Elhanan. 1993. Innovation，imitation，and intellectual property rights. Econometrica 61 (6)：1247-1280.

Invus，Olena. 2010. Do stronger patent rights raise high-tech exports to the developing world? Journal of International Economics 81 (1)：38-47.

Lee，Jeong-Yeon，and Edwin Mansfield. 1996. Intellectual property protection and US foreign direct investment. The Review of Economics and Statistics 78 (2)：181-186.

Li，Changying，and Keith E. Maskus. 2006. The impact of parallel imports on investments in cost-reducing research and development. Journal of International Economic 68. 443-455.

Malueg，David，and Marius Schwartz. 1994. Parallel imports，demand dispersion，and international price fiscriminations. Journal of International Economics 37 (3-4)：167-195.

Mansfield，Edwin. 1994. Intellectual Property Protection，Foreign Direct Investment，and Technology Transfer. Discussion Paper No. 19. Washington，D.C.：International Finance Corporation.

Maskus，Keith E. 2000. Intellectual Property Rights in the Global Economy. Washington，D.C.. Institute for International Economics.

Maskus，Keith E. 2000. Parallel imports. World Economy 23 (9)：269-284.

Maskus，Keith E.，Kamal Saggi，and Thitima Puttitanun. 2005. Patent rights and international technology transfer through direct investment and licensing. In International Public Goods and Transfer of Technology under a Globalized Intellectual Property Regime (eds Keith E. Maskus and Jerome H. Reichman)，Cambridge：Cambridge University Press，pp. 265-281.

Matthews，Duncan. 2002. Globalizing Intellectual Property Rights：The TRIPS Agreement. London：Routledge.

May，Christopher. 2007. The World Intellectual Property Organization：Resurgence and the Development Agenda. London：Routledge.

Owen，Lippert. 1999. Competitive Strategies for the Protection of Intellectual Property. Vancouver，Canada：Fraser Institute.

Park，Walter G. 2008. International patent protection：1960-2005. Research Policy 37，761-766.

Primo Braga，Carlos A.，and Carsten Fink. 1998. The relationship between intellectual property rights and foreign direct investment. Duke Journal of Comparative and International Law 9 : 163-187.

Raff, Horst, and Nicolas Schmitt. 2007. Why parallel imports may raise producers' profits. Journal of International Economics 71 (2) : 434-447.

Rapp, Richard, and Richard Rozek. 1990. Benefits and costs of intellectual property protection in developing countries. Journal of World Trade 24 : 75-102.

Ryan, Michael P. 1998. Knowledge Diplomacy : Global Competition and the Politics of Intellectual Property. Washington, D.C. : Brookings Institution Press.

Sell, Susan K. 2003. Private Power, Public Law : The Globalization of Intellectual Property Rights. Cambridge : Cambridge University Press.

Smarzynska, Beata. 2004. The composition of foreign direct investment and protection of intellectual property rights : evidence from transition economies. European Economic Review 48 : 39-62.

Smith, Pamela J. 1999. Are weak patent rights a barrier to US exports? Journal of International Economics 48 : 151-177.

Smith, Pamela J. 2001. How do foreign patent rights affect US exports, affiliate sales, and licenses? Journal of International Economics 55 : 411-440.

Smith, Pamela J. 2002. Patent rights and trade : analysis of biological products, medicinals and botanicals, and pharmaceuticals. American Journal of Agricultural Economics 84 (2) : 498-512.

Smith, Pamela J., Omar B. Da'ar, Kevin H. Monroe, et al, 2009. How do copyrights affect economic development and international trade? Journal of World Intellectual Property 12 (3) : 198-218.

United Nations Conference on Trade and Development, and International Center for Trade and Sustainable Development. 2003. Intellectual Property Rights : Implications for Development. Geneva : UNCTAD-ICTSD.

United Nations Conference on Trade and Development, and International Center for Trade and Sustainable Development. 2005. Resource Book on TRIPs and Development. Cambridge : Cambridge University Press.

Watal, layashree. 2001. Intellectual Property Rights in the WTO and Developing Countries. New Delhi : Oxford University Press.

World Bank. 2001. Global Economic Prospects and the Developing Countries 2002 : Making Trade Work for the World's Poor. Washington, D.C. : World Bank, Chapter 5.

Yang, Guifand, and Keith E. Maskus. 2001. Intellectual property rights, licensing, and innovation in an endogenous product-cycle model. Journal of International Economics 53 : 169-187.

11 环境政策

11.1 什么是与贸易有关的环境政策，它们的种类和目的是什么？

环境政策包括非常多的国家环境保护法律和国际环境保护法律。这些政策所涉及的范围很广，包括空气和水的污染、全球变暖、再生的和非再生资源的枯竭、濒危物种的灭绝、自然栖息地的丧失以及转基因技术（GMOs）的使用。

贸易和环境的关系非常复杂。保护环境所采取的法律能够影响贸易。同样的，限制或推动贸易自由化的政策也能够影响环境。因此，环境政策与贸易相关，同时贸易政策也与环境相关。二者的关系在1995年乌拉圭回合的讨论中被认可，这次讨论导致世界贸易组织成立。该协定旨在加强国家的法律影响国际贸易的程度的国际规则，包括国家的环境法律。该协定的意义之一是，世界贸易组织的争端解决机制能够对国家环境标准被认为无理限制国际贸易流动的情况作出裁决。

从过去二十年的全球趋势，能够大体观察到贸易和环境的关系。国际贸易迅速增长，而限制贸易的国际政策减少。在同一时期，环境的变化趋势同时表现出积极的一面和消极的一面。积极的一面显示，城市环境的空气质量和水质量得到改善；消极的一面显示，全球环境污染加重（例如二氧化碳）和关于自然森林和其他栖息地的农村环境质量恶化，以及物种的消失和全球变暖。因此，在贸易自由化时期，城市环境条件得以改善，而农村和全球环境条件遭受恶化。

这些环境的变化存在地理范围的差异性——城市还是农村，还是全球。当制定福利最大化的政策时，环境影响的范围是重要考虑因素。例如，诸如全球变暖这类的全球环境问题，使用协调的全球政策来解决是最优的方案；而诸如水质量这类国家环境问题，使用国家层面的政策来解决是最优的方案。在这些例子中，政策的范围与环境问题的范围相匹配。这样的政策应对是有效的，因为这些政策不会产生新的扭曲的副效应。与之形成对比的是，如果政策范围与环境问题的范围不相匹配，那么新的扭曲便会产生。例如，我们将在本章阐明，使用国际贸易政策来解决国家层面的环境问题，虽然能够纠正环境问题，但是也会造成新的扭曲。这一政策应对从福利的角度看并不是最优的。

这一章，我们研究环境政策和贸易政策的相关性。本章内容围绕三个关键问题展开：①贸易政策对环境的影响作用是什么？②环境政策对贸易的影响作用是什么？③使用贸易政策解决环境外部性的意义是什么？

11.2 贸易政策对环境的影响是什么？

研究贸易政策对环境的影响作用，具体而言，就是分析贸易或贸易政策自由化是否能够导致环境质量的改善或是恶化。研究表明，贸易（或贸易自由化）对环境存在四个最主要的影响作用[1]。这些影响作用包括：结构效应、增长效应、规模效应、技术效应。研究同样表明，经济体的收入水平与环境质量存在关系。这一研究的重点是解释广为人知的环境的库兹涅茨曲线。该曲线所描述的关系与贸易相关。这些研究内容的理论基础可以用本书其他章节讨论的模型进行阐述。我们接下来总结这一领域的经典研究结论，并参考了其他相关章节。

第一，结构效应是指由贸易导致的产出结构的变化。由于各国专业化生产自身具有比较优势的部门商品，便会产生结构效应。在污染产业部门具有比较优势的国家，贸易自由化导致这些国家将其产出组合转向污染产业部门。同样的，在清洁产业部门具有比较优势的国家，贸易自由化将导致这些国家将其产出组合转向清洁产业部门。大多数的研究假设，污染产业部门是密集使用资本和/或自然资源作为投入品；而清洁产业部门是密集使用人力资本作为投入品。在这些假设前提下，贸易自由化将导致以下结论。资本和/或资源丰裕型国家将会增加环境损害（即环境污染、资源消耗、森林砍伐）；而人力资本丰裕型国家将会降低环境污染（参见本书第2章的赫克歇尔-俄林模型，作为理解结构效应的理论基础）。

第二，增长效应是指贸易导致经济增长率的增加，从而对环境产生副作用影响。围绕贸易与经济增长之间的关系存在大量的研究文献（参见本书第13章）。贸易对经济增长产生影响作用的逻辑是，经济增长可能超过了环境政策和制度的变化。在这种情况下，快速的经济增长会导致环境污染的加剧。换句话说，相对于经济增长较慢的国家而言，经济快速增长的国家可能因为缺少能力来足够快速地调整其环境政策和制度来更好地保护环境，从而导致更加严重的环境污染问题。相反，经济增长更加温和的国家可能有能力及时地调整其环境政策和制度，从而解决因贸易和经济增长所造成的对环境方面的影响。

第三，规模效应是指贸易导致生产规模的增加，从而进一步对环境产生影响（即环境污染）。贸易自由化的其中一个结果是生产者能够进入到一个更大的全球市场。因此，随着各国专业化生产自己具有比较优势的产业部门，其生产规模增加。理论上讲，专业化生产和贸易将导致全球产出和消费的增加（参见本书第3章）。规模效应导致扩大生产对环境影响的副效应增加（例如污染）。规模效应还导致与贸易商品在更远距离运输有关的环境影响形式的增加（例如，运输相关的环境影响）。

---

[1] 关于贸易对环境的影响作用的背景研究参见安特维勒（Antwiler）、科普兰（Cpoeland）和泰勒（Taylor）（2001）；科普兰（Cpoeland）和泰勒（Taylor）（2003）；以及洛佩兹（Lopez）和嘉里纳托（Galinato）（2005）。

第四，技术效应指的是贸易导致单位产出的污染密度下降。对于这一效应的直观理解如下。贸易能够导致收入的增加。假设环境质量是正常商品的话，则收入的增加会导致对环境质量需求的增加。假设政府是积极的、有进取心的，则对环境质量需求的增加能够进一步导致更加严格的环境规制，这一更加严格的环境规制能够导致单位产出对环境的影响作用。

上述四种影响效应（结构效应、增长效应、规模效应和技术效应）强调了贸易和环境之间的复杂关系。当我们将这些影响作用综合在一起进行分析时，贸易（或贸易自由化）对环境的净影响作用是不确定的。即在某些情况下，贸易对环境产生正的影响作用，而在另外一些情况下，贸易对环境产生负的影响作用。例如，结构效应表明，对于在清洁产业部门具有比较优势的那些国家而言，贸易对环境存在正的影响作用；而对于在污染产业部门具有比较优势的国家而言，贸易对环境存在负的影响作用。增长效应表明，对于那些自身调整环境政策很慢的国家而言，增长对环境具有负的影响作用。规模效应表明，贸易对所有扩大生产规模的国家的环境具有负的影响作用，这一影响是对环境产生的直接的负面影响。同时还存在一个间接的影响结果，即增加对远距离运输商品的依赖性。最后，技术效应表明，如果环境的质量为正常商品并且政策本身是积极反应的话，贸易对环境具有正的影响作用。

贸易对环境影响的不确定性在所有的地理范围都存在，无论是农村还是城市、国内或是全球范围。即如果一个区域在清洁产业部门具有比较优势（结构效应），或者环境质量是正常商品并且政策的制定者对环境质量的需求反应非常灵敏（技术效应），贸易能够对环境产生正的影响。另一方面，如果一个区域在污染产业部门具有比较优势（结构效应），或者经济增长的速度超过了环境政策调整的速度（增长效应），或者生产规模的增加和运输距离的增加导致环境损害（规模效应），那么贸易能够对环境产生负面影响。因此，净的影响作用有赖于上述哪一种效应对该区域起主导作用。

其他关于贸易和环境关系的重要研究集中在经济体的收入或发展水平方面。这一关系能够用环境的库兹涅茨曲线来描述。该曲线描述的是人均收入（或收入）与环境损害（或污染）之间的倒U形关系。图11.1描绘了环境库兹涅茨曲线。最初，在 a 点到 b 点的区间，人均收入[1]（Y/N）的增加伴随着环境损害（ED）的增加。接着，出现一个拐点，在拐点之后 b 点到 c 点的区间，人均收入继续增加伴随着环境污染的下降。在实践中，观察处于不同发展阶段的国家能够得出这一关系；同时，观察同一个国家的不同发展时期也能够得出这一关系。

国际贸易与环境的库兹涅茨曲线相关。对于贸易是如何蕴含在人均收入和环境质量二者之间的关系中，存在两种重要的解释。首先，在最初的阶段（位于 a 点和 b 点之间），国际贸易（或贸易自由化）导致生产规模扩大或者经济增长。这些变化导致收入的增加以及因经济增长和规模效应（之前已经讨论）而引起的环境损害的增加。然后，会出现一个转折点（b 点），在该点之后，人均收入的增加导致对环境质量需求的增加以及更强的环境规制。当对环境质量的偏好主导了对消费的偏好时，这种情况便会发生。根据技术效应（在 b 点和 c 点之间），这一变化导致环境损害的减少。需求和政策对收入变化的反应会存在时间滞后性，导致了人均收入和环境损害之间呈现倒U形关系。

---

[1] 译者注：此处，原书写成了资本（capital），译者改为人均（capita）。

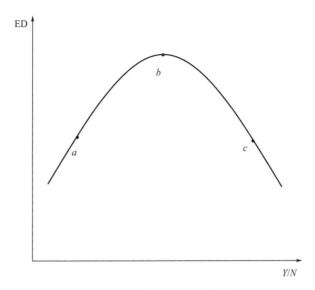

图 11.1 环境库兹涅茨曲线

另一个典型的解释是将环境的库兹涅茨曲线与要素禀赋随时间的变化联系在一起。直观的理解是，随着国家的发展，要素禀赋积累也在不断变化。在经济发展的初期，国家往往是实物资本丰裕型的，而实物资本是污染产业部门密集使用的要素。在经济发展的后期，国家积累更多的人力资本（或知识资本）储备，而人力资本（或知识储备）正是清洁产业部门密集使用的要素。因此，比较优势和贸易的模式随国家所处的不同发展阶段而不断变化。在经济发展的初期，收入低并且环境损害程度高（例如 a 点至 b 点区间）。在经济发展的后期，收入高并且环境损害程度低（例如 b 点至点 c 点区间）。这些模式与贸易对环境的结构效应相一致，即国际贸易的结构随着发展而不断变化。

那么，贸易政策对环境的影响作用是什么？环境的库兹涅茨曲线表明，在较低的收入水平和较早的经济发展阶段，贸易政策的自由化将导致环境损害的增加。与此同时，在更高的收入水平和较后期的发展阶段，贸易政策的自由化将导致环境损害程度的降低。

11.3 环境政策对贸易的影响是什么？

接下来，我们分析环境政策对贸易的影响作用。即我们将因果方向倒过来分析。我们研究的具体问题是，国家之间环境政策的严格程度差异是否会影响贸易的方向。这一领域的经济学研究探索有两个关键假说——污染避难所假说和要素禀赋假说。

污染避难所假说认为，环境管制相对严格的国家将会重新将自身的高污染产业配置到环境管制相对较宽松的国家[1]。假设发达国家（即北方国家）拥有比发展中国家（即南方国家）更严格的环境管制，那么这意味着肮脏产业部门将会从北方国家转移至南方国家。在这种情形下，贸易自由化（以及要素流动的自由化）导致北方国家环境质量提升，而南方国家环境质量恶化。此外，随着肮脏产业部门被配置到环境政策最宽松的南方国家，全球环境质量可能降低。

---

[1] 污染避难所假说的分析，参见奇奇尼斯基（Chichinisky）（1994）以及科普兰德（Copeland）和古拉惕（Gulati）（2006）。

　　要素禀赋假说是污染避难所假设的一种变形。污染避难所假说认为，环境政策的严格程度是生产和贸易模式的主要决定因素。与之形成对比的是，要素禀赋假说认为，要素禀赋的丰裕或稀缺程度与环境政策共同决定生产和贸易模式，从而决定环境质量（参见第2章关于理论基础的探讨）。直观的理解如下。在贸易状态下，肮脏产业部门将会被配置到该产业部门密集使用要素的丰裕型国家。如果这些国家具有严格的环境政策管制，那么贸易将会导致环境损害的减少。反之，如果这些国家的环境政策管制很宽松，那么贸易将导致这些国家环境损害的增加。此外，如果国家之间环境政策的差异很大，那么这些差异可能会削弱或逆转那些基于要素禀赋的比较优势模式。

　　例如考虑一种情景，肮脏产业部门密集使用资本生产要素，而发达国家为资本丰裕型国家，并且发达国家具有严格的环境政策。在这种情况下，肮脏产业将会基于比较优势配置在北方国家，并且严格的环境政策将会降低由这些产业造成的环境损害。与之形成对比的是，考虑另一种情景，肮脏产业密集使用劳动力或自然资源生产要素，而发展中国家为劳动力和自然资源丰裕型国家，并且发展中国家具有宽松的环境政策。在这种情况下，肮脏产业将会基于比较优势配置在南方国家，并且宽松的环境政策将会导致这些国家环境损害的加重。第一种情景与污染避难所假设的结果相一致。但是第二种情景并不一致。

　　最后，当国家间环境规制的差异足够大时，可能会逆转基于要素禀赋的比较优势模式。在这种情况下，污染避难所效应主导了要素禀赋效应，即严格的环境政策能够削弱一国可能基于要素禀赋而具有的成本优势。例如，如果北方国家是资本丰裕型的，且肮脏产业密集使用资本要素，从而在肮脏产业具有比较优势，但如果遵守严格的环境法规所导致的成本足够高（例如污染治理成本），那么这一比较优势可能消失。另一方面，如果肮脏产业密集使用劳动力和自然资源要素，从而导致南方国家在肮脏产业具有比较优势，如果加强环境规制所导致的成本很高，那么这一比较优势可能消失。

11.4　采用贸易政策解决环境的外部性的意义是什么？

　　在这一部分，我们考虑采用贸易政策来实现环境的目标。为了达到这一目的，我们在开放经济条件下研究环境的外部性。环境的外部性是指环境的损害，例如环境污染。当存在外部性时，就会产生市场失灵。政府能够通过干预来纠正这一市场失灵。政府能够选择采用国家政策或国际贸易政策来纠正这一市场失灵。这就提出一个问题，即贸易政策是否是解决国内环境外部性的明智之选❶。

　　为了回答这一问题，我们将考察政府通过干预来解决环境损害的范围。尤其是，我们将会阐明国家范围的环境外部性最好采用本国的国家政策来解决。同样的，全球范围的环境外部性最好采用协调的全球政策来应对；国内范围的环境外部性（例如，当地的废弃物填埋）最好是采用国家内部当地的政策来解决。

　　在进行这一问题的分析之前，我们引入外部性的概念。环境损害是作为生产和消费的副产品而产生的外部性的典型例子。当生产或消费行为能够对经济体内部的其他经济体产生副作用时，外部性就会出现。这一副作用影响的是最初的生产者或消费者以外的那些经济主体；即副作用影响的是社会整体或者社会整体的一个子集。受到影响的经济主体可以

---

❶ 贸易政策是否能够被用于解决环境问题的研究在库普兰和泰勒（2004）中有详细的论述。

是其他的生产者或消费者。例如外部性能够增加或减少受到影响的生产者的产出，或是受到影响的消费者的效用水平。换句话说，外部性是一种社会的收益或成本，是由原来生产者和消费者之外的其他经济主体来承担的。当不存在经济市场时，外部性就会产生。对社会有益（环境的质量）或对社会损害（环境的损害）的无形商品而言，市场往往不存在。

外部性可以为正也可以为负，并且能够影响消费者或生产者。当生产过程对其他经济主体产生负面影响作用时，负的生产外部性便会出现。空气质量和水质量的环境损害就是负的生产外部性例子。例如，污染河流的上游制造工厂能够对下游的渔业生产造成负面影响作用，也能够对下游的社区居民的健康产生负面影响作用。同样的，当消费过程对其他经济主体产生负面影响作用时，负的消费外部性便会产生。清除消费品引起的环境损害是负的消费外部性例子。例如，含有有毒原材料的商品消费或使用不能够循环利用的材料进行包装的商品消费，会产生浪费，从而造成当地的垃圾清理和填埋以及有毒物质，从而导致环境质量损害以及／或消费者的健康损害。

诸如环境污染这样的外部性是市场失灵的典型例子。市场失灵描述的是这样一种情形，即私有市场不能够实现社会最优的生产以及／或消费水平。企业很容易过度生产商品，从而产生负的外部性，因为他们不考虑自身的生产活动所造成的社会成本。同样的，消费者很容易过度消费，从而产生负的外部性，因为消费者不考虑他们自身的消费活动所产生的社会成本。私人生产和消费会超出生产和消费的社会最优水平。社会最优水平是将外部性考虑进去的生产和消费的水平。

在市场失灵的情况下，政府的角色是通过采取政策，来激励生产者和／或消费者，使他们在社会最优的水平上进行生产和消费。这通常意味着通过采取政策，从而合法地要求生产者和／或消费者承担外部性的成本。例如，那些要求生产者在实现自身目的之后，支付费用（预先支付）来承担环境损害商品处置成本的政府政策。例如，那些要求消费者支付用于处置商品费用的政府政策。前一种政策对生产者产生一种激励，以减少他们对于损害环境的商品的供给数量。后一种政策对消费者产生一种激励，以减少消费者对环境损害商品的需求数量。

那么，解决环境问题的最优政策是什么呢？答案是，要视情况而定。社会最优的政策取决于外部性的范围——即需要用政策来纠正的市场失灵的范围。最优政策指的是那些政策的范围与外部性的范围相互匹配的政策。这样的政策在纠正外部失灵时，不会对市场造成新的扭曲。例如，本国政策在解决国内市场失灵方面是最优的政策。因为本国政策用来纠正市场失灵的同时而不引入新的扭曲。另一方面，次优政策指的是政策的范围与外部性的范围不相匹配的政策。这类政策在纠正市场失灵的同时引入了新的扭曲。例如国际政策是纠正本国市场失灵的次优政策。国际政策在纠正本国市场失灵的同时引入了新的扭曲。

因此，什么时候贸易政策是最优的政策选择呢？贸易政策能够被用来纠正外部性，通过改变生产和／或消费激励，使其达到社会最优水平。然而，我们需要考虑贸易政策是最优的政策还是次优的政策。如果外部性是国际范围的，那么在这种情况下，相互协调的国际贸易政策是纠正市场失灵的最优政策。然而，如果外部性是更小的范围（即国家范围或国内范围），那么纠正这种市场失灵时，贸易政策就会成为次优的政策。

为了阐明这一直观的结论，我们分析两种不同的外部性和政策应对的情形。在第1种情形中，我们考虑一个在出口小国的内部产生负的生产的外部性。在第2种情形中，我们考虑在一个进口小国的内部产生的负的消费的外部性。在上述两种情形下，均假设外部性的范围为国家层面。本章探索最优政策和次优政策的福利影响作用。我们考察贸易政策究竟是应对国家层面外部性的最优政策还是次优政策。

本章采用的模型方法是本书的第二篇提出的局部均衡分析法。具体而言，我们将诸如关税和数量限制的贸易政策作为纠正市场失灵的一种方法进行研究。我们对第二篇的模型框架做出一个重要的扩展，在本章模型中我们在存在外部性的前提下分析社会最优的生产和消费水平。为了实现这一目的，我们在前述模型框架中加入社会供给曲线和社会需求曲线。社会供给曲线和社会消费曲线的斜率反映的是社会生产和消费的社会边际成本。这些成本是由整个社会承担的，而不是直接由生产者或消费者承担的。

11.4.1　情形1：贸易政策能否纠正出口小国负的生产的外部性？

在第1种情形中，我们在一个出口小国内部，分析负的生产的外部性问题。因此，外部性是在生产过程中产生的，并且外部性的范围被限定在出口国家内部。

此外，我们假设该国不足以大到影响商品的世界价格。换句话说，该国相对于商品的世界供给而言是一个小国。这里所指的外部性是环境的损害。这里所指的商品是肮脏商品。

这些假设的一个意义在于，生产肮脏商品的社会成本大于其私人成本。在没有政府干预的情况下，私人部门将会过度生产肮脏商品，从而产生环境损害的副作用。

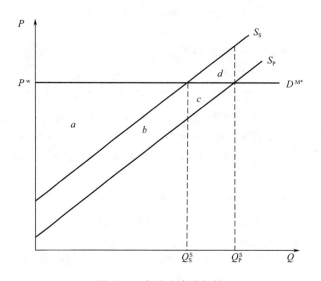

图11.2　负的生产外部性

图11.2描述了上述这些含义。对于该国家而言，在每一个价格水平上，私人供给（S_P）均超过了社会供给（S_S）。两条供给曲线的差异反映了负的生产的外部性。我们通过在世界价格水平上（例如P^W），比较私人的生产者剩余和社会的生产者剩余能够看出二者的差异。私人生产者剩余是（$a+b+c$）区域的面积。与之形成对比的是，社会的生产者剩余是a。（$b+c$）表示的是二者的差异。在无政府干预的情况下，当价格水平为P^W时，私人部门生产肮脏商品的数量为Q_P^S，与之形成对比的是，在价格水平P^W上，肮脏商品的社会最优供给量为Q_S^S。因此，c和d为因过度生产肮脏商品而造成的社会福利的损失。

最优的政策应对是采取本国的政策。因为外部性被假设局限于本国范围。本国的生产税收是能够对生产产生抑制作用的本国政策。

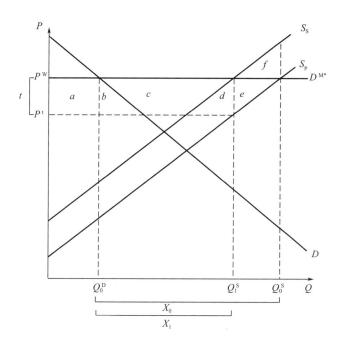

图11.3 负的生产外部性——出口小国的最优政策

图11.3阐述了对于负的生产外部性的最优政策应对的影响作用。实施政策之前，出口小国的价格为 P^W，面对一条世界其他国家（ROW）对肮脏商品的无穷弹性的进口需求曲线（D^{M*}）。在这一价格水平上，国内消费者对肮脏商品的需求量为 Q_0^D，国内生产者对肮脏商品的供给量 Q_0^S。供给超过需求的数量就是该国肮脏商品出口到世界市场或者世界其他国家的数量（X_0）。$+(e+f)$ 表示因过度生产肮脏商品所造成的社会福利损失。

现在分析征收一个数量为 t 的生产税。我们将这一税收设定为私人和社会供给曲线的差额，即令社会生产降至社会最优数量 Q_1^S 的水平上。税收使私人生产商获得的价格减少，从 P^W 降至 P^t，从而降低了私人生产者的供给量，从 Q_0^S 降至 Q_1^S。税收同样会减少出口，从而使出口量从 X_0 降低至 X_1。

关于福利方面，生产税具有下列福利影响作用。私人生产者的福利下降，因为生产者剩余减少了 $-(a+b+c+d+e)$。政府的福利增加了 $+(a+b+c+d)$。这一政府福利的变化是税收收入增加导致的。政府福利的变化等于生产者供给的商品数量与单位商品税额的乘积。此外，社会福利增加了 $+(e+f)$。这一社会福利的增加是减少生产导致的负的外部性的消失而产生的。最后，消费者福利并没有变化，因为仅仅是生产者受到了税收价格效应的影响。

该国净福利效应为消费者福利、生产者福利、政府福利和社会福利变化的加总。将上述福利变化加总能够得到该国整体的福利变化为 $+(f)$。正如前文中提到的，环境损害减少的福利增加了 $+(f+e)$。其中 $+e$ 是因政策导致的私人生产者向社会的转移支付。f 是因政策而获得的净国家利益。在这一阐述中，外部性通过生产税收被纠正，同时没有引入新的扭曲。

次优政策应对是国际贸易政策。出口税收是可以对生产产生抑制作用的政策。然而这一国际贸易政策并不与本国外部性的范围相匹配。

图11.4显示了应对负的生产外部性的次优政策的影响作用。与之前一样，出口小国在 P^W 的价格水平上，面对世界其他国家对肮脏商品的一条无穷弹性的需求曲线（D^{M*}）。在这

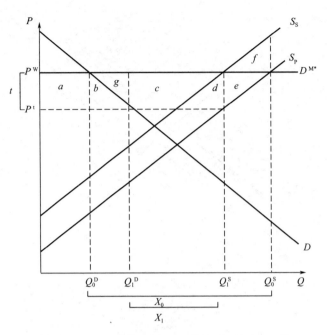

图11.4　负的生产外部性——出口小国的次优政策

一价格水平上，本国对肮脏商品的消费需求为Q_0^D，并且本国肮脏商品的供给为Q_0^S。本国供给超过本国需求的数量为肮脏商品出口到世界市场或世界其他国家的出口量（X_0）。与之前分析一样，面积$+(e+f)$表示因过度生产肮脏商品所引起的社会福利的损失。

现在分析征收数量为t的出口关税的影响作用。这一税收的设定恰好等于私人供给曲线与社会供给曲线的差异，即将私人生产降至社会最优的生产数量Q_1^S。税收使私人生产者获取的价格从P^W降至P^t，从而降低了其所供给的商品数量，从Q_0^S降至Q_1^S。然而，这一税收仅对出口商品征收。为了使生产者向国内市场和出口市场供给商品之间无差异，国内市场供给商品的价格必须等于更低的包含税收的价格。这意味着，出口国的消费者面对更低的本国市场价格P^t。此外，出口税收具有降低出口的影响作用，导致该国出口量从X_0降低至X_1。相对于生产税收而言，出口的变化在出口关税的情形下更大。

至于福利方面，出口关税能够产生以下福利效应。私人生产者的福利减少，因为生产者剩余减少了$-(a+b+c+d+e+g)$。政府福利增加了$+(c+d)$。政府福利的变化是对出口商品征收的税收收入。它等于出口商品数量与单位商品出口税额的乘积。此外，社会福利增加了$+(e+f)$。社会福利的变化是因为降低了生产量，从而消除了负的外部性。最后，消费者福利增加，即消费者剩余增加$+(a+b)$，因为消费者面对新的更低的国内生产的商品价格。

净福利影响效应是消费者福利、生产者福利和政府福利以及社会福利变化的加总。将上述影响加总能够得到一国整体的福利变化为$+(f)-(g)$。正如上文所述，环境损害减少的福利增加为$+(f+e)$。其中$+e$是实施税收政策导致的私人生产者对社会的转移支付。$-(g)$是实施税收政策引入的新的消费扭曲而带来的无谓损失。

表11.1总结了最优政策和次优政策在解决负的生产外部性（情形1）的福利影响作用。当我们将最优政策和次优政策的福利效应进行对比分析后会发现，两种政策都能够降低生产对社会环境的损害，从而带来净福利增加。然而，次优政策会引入新的扭曲。这一扭曲的产生是政策的范围与外部性的范围不相匹配造成的。在本章具体的例子中，生产的

外部性的范围是国家层面的。在这种情况下，国家政策（例如生产税）是解决环境问题的最优政策，而国际贸易政策（例如出口税）是次优政策。两种政策均能够纠正外部性，然而后一种政策导致经济效率的损失。

表 11.1　最优政策和次优政策的福利效应

情形1——出口小国的负的生产外部性		
经济主体	最优政策的福利效应（生产税）	次优政策的福利效应（出口税）
私人生产者	$-(a+b+c+d+e)$	$-(a+b+c+d+e+g)$
政府	$+(a+b+c+d)$	$+(c+d)$
社会	$+(e+f)$	$+(e+f)$
消费者	0	$+(a+b)$
国家	$+f$	$+f-g$
国家（方向）	正	正或负
情形2——出口小国的负的消费外部性		
经济主体	最优政策的福利效应（消费税）	次优政策福利效应（关税/进口税）
私人消费者	$-(c+d+g+h)$	$-(c+k+d+g+h)$
政府	$+(c+d+g)$	$+(d+g)$
社会	$+(h+i)$	$+(h+i)$
生产者	0	$+c$
国家	$+i$	$+i-k$
国家（方向）	正	正或负

11.4.2　情形2：贸易政策能否纠正进口小国负的消费的外部性？

在第2种情形中，我们在一个进口小国内部，研究负的消费的外部性问题。因此，外部性是在消费过程中产生的，并且外部性的范围被限定在进口国家内部。此外，该进口国不足以大到影响商品的世界价格。换句话说，以进口需求相对于世界市场的总需求而言，该国是一个小国。如前文一样，这里所指的外部性是环境的损害。这里所指的商品为肮脏商品。

这些假设的意义在于，消费肮脏商品的社会成本大于其私人成本。在没有政府干预的情况下，私人部门将会过度消费肮脏商品，从而造成环境损害的副作用。

图11.5描述了上述含义。在每一个价格水平上，该国私人需求（D_P）超过了社会需求（D_S）。两条需求曲线之间的差异反映了负的消费的外部性。我们能够通过在世界价格 P^W 的水平上，比较私人消费者剩余和社会消费者剩余看出这一点。私人消费者剩余是 $(a+b+c)$。与之形成对比的是，社会消费者剩余是 a。面积 $(b+c)$ 表示二者之间的差异。此外，在没有政府干预的情况下，私人部门消费的肮脏商品的数量为 Q_P^D。与之形成对比的是，在世界价格 P^W 水平上，肮脏商品的社会最优消费量为 Q_S^D。因此，$(c+d)$ 表示由于过度消费而造成的社会福利的损失。

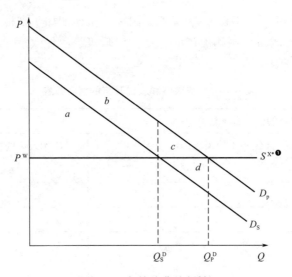

图11.5　负的消费外部性

最优政策应对是本国政策，因为外部性被假设局限于国家范围内，消费税是一种能够对消费产生抑制作用的国家层面的政策。

图11.6显示了应对负的消费外部性的最优政策的影响作用。在实施政策之前，进口小国面对一条世界其他国家对肮脏商品的无穷弹性的出口供给曲线（S^{X*}）**②**，世界价格为P^{W}。在这一价格水平上，本国消费者对肮脏商品的需求量为Q_0^{D}，同时本国生产者的肮脏商品的供给量为Q_0^{S}。本国需求超过本国供给的数量就是对世界市场亦即世界其他国家的肮脏商品的进口量（M_0）。$+（h+i）$表示因过度消费肮脏商品而造成的社会福利损失。

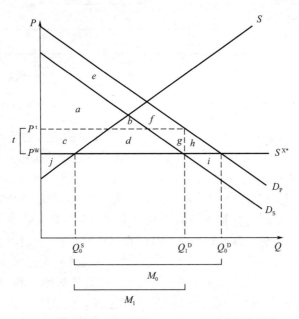

图11.6　负的消费外部性——进口小国的最优政策

---

❶ 译者注：根据上下文，将图11.5中的S^{S*}改为S^{X*}。

❷ 译者注：根据图11.6显示，以及上下文，将此处原文中的S^{S*}改为S^{X*}。

现在分析实施本国的消费税所造成的影响作用。税收恰好等于私人需求曲线和社会需求曲线之间的差异，即将私人消费降低至社会最优水平 Q_1^D。这一税收提高了私人消费所面对的价格（从 P^W 至 P^t），从而降低了需求量（从 Q_0^D 减少到 Q_1^D）。税收同样对进口产生影响作用，使进口量从 M_0 减少至 M_1。

至于福利方面，消费税具有以下影响作用。私人消费者的福利下降，下降的幅度为消费者剩余减少 $-(c+d+g+h)$。政府福利增加了 $+(c+d+g)$。政府福利的变化是税收收入增加。它等于所消费的商品数量与税收数额的乘积。此外，社会福利增加了 $+(h+i)$。社会福利的变化是消费的减少导致负的外部性的消除。社会福利的变化为正，因为它表示环境损害的减少。最后，生产者福利没有发生变化，因为税收的价格效应全部由消费者承担。

国家的净福利是消费者福利、生产者福利、政府福利和社会福利变化的加总。将上述福利变化加总，我们能够得到该国整体净福利增加了 $+(i)$。正如上文所述，环境损害降低带来的福利增加为 $+(h+i)$。$+h$ 表示税收政策导致私人消费者对社会的转移支付。在这种情况下，外部性被消费税纠正，同时没有引入新的扭曲。

次优政策应对是国际贸易政策。这样的政策并不能与外部性的范围相匹配，因为我们假设外部性是国家范围。进口税（或关税）是一种能够对消费产生抑制作用的政策。

图11.7显示了次优政策应对负的消费外部性的影响作用。如前文所述，进口小国面对一条世界其他国家的肮脏商品的无穷弹性的出口供给曲线（S^{X*}）[1]，世界价格为 P^W。在这一价格水平上，本国消费者对该商品的需求量为 Q_0^D，同时本国生产者的肮脏商品的供给量为 Q_0^S。本国需求超过本国供给的数量就是本国对世界市场或世界其他国家的肮脏商品的进口量（M_0），$+(h+i)$ 表示过度消费肮脏商品所导致的社会福利的损失。

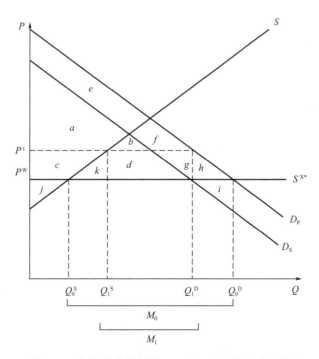

图 11.7 负的消费外部性——进口小国的次优政策

---

[1] 译者注：根据图11.7显示以及上下文，将此处原文中的 S^{S*} 改为 S^{X*}。

　　现在分析实施一个数量为 t 的进口关税的影响作用。关税的设定恰好等于私人需求曲线与社会需求曲线之间的差异，从而将私人消费降低至社会最优水平 Q_1^D。这一税收增加了私人消费所面对的价格（从 P^W 至 P^t），从而降低了需求量（从 Q_0^D 至 Q_1^D）。然而，关税的实施仅对进口商品产生影响。为了使消费者在消费本国生产的商品和进口商品之间没有差异，本国生产的商品价格必须上升到包含关税的进口商品的价格水平。这意味着，进口国的生产者将会收到更高的价格 P^t。此外，税收同样对进口产生影响作用，使进口量从 M_0 减少至 M_1。征收进口关税导致进口量的减少比实施消费税时减少得更多。

　　至于福利方面，关税能够产生以下影响作用。私人消费者的福利减少，其消费者剩余减少了 $-(c+k+d+g+h)$。政府福利增加了 $+(d+g)$。政府福利的变化是对进口商品征收关税而增加的税收收入，它等于进口商品的数量与关税数额的乘积。此外，社会福利增加了 $+(h+i)$。社会福利的变化是消费下降造成负的外部性的消除导致的。社会福利变化为正，表示环境损害的减少。最后，生产者福利增加，生产者剩余增加了 $+(c)$，因为生产者面对更高的商品价格。

　　国家的净福利是消费者福利、生产者福利、政府福利和社会福利变化的加总。将上述福利变化加总，我们能够得到该国净福利效应为 $+(i)-(k)$。正如上文所述，$+(h+i)$ 表示因环境损害减少带来的福利增加。$+(h)$ 表示政策导致的私人消费者对社会的转移支付。$-(k)$ 表示新引入的生产扭曲带来的无谓损失。

　　表 11.1 总结了最优政策和次优政策在解决负的消费的外部性（情形 2）的影响作用。我们将最优政策和次优政策的福利效应进行比较分析后发现，两种政策都能够减少消费对社会环境的损害，从而导致该国净福利增加。然而，次优政策会引入新的扭曲。这一扭曲的产生是政策的范围与外部性的范围不相匹配造成的。在具体的例子中，消费的外部性的范围是国家层面的。在这种情况下，国家政策（例如消费税）是解决环境问题的最优政策，而国际贸易政策（例如进口关税）是次优政策。两种政策均能够纠正外部性。然而，后一种政策导致经济效率的损失。

　　情形 1 和情形 2 都表明了政策的范围与环境损害的外部性的范围相互匹配的收益。在两种情形中，我们均假设外部性的范围是国家层面的。因而，国际贸易政策是次优政策。然而，如果外部性是全球范围的，例如全球变暖，会怎么样呢？在这种情况下，最优政策将会是全球政策。利用本节提供的模型框架，能够做出推断，即全球政策可以纠正全球的外部性，同时不引入新的经济扭曲。通过这种方法，全球政策将会是令全球福利最大化的最优政策。在实践中，全球政策（或相互协调的国际贸易政策）的实施相对于国家政策而言，在政治上具有更大的挑战。但是一些研究学者认为，国家的或区域的政策能够在政治上成为全球的或多边政策实施的垫脚石（参见第 14 章）。

　　最后，关于本章阐述的内容存在多种可能的变形。笔者鼓励读者探索一些其他的变形：①分析当一国（或国家集团）足够大，从而能够影响世界价格时的外部性问题；②分析最优政策和次优政策解决国家内部区域层面的外部性问题（例如当地污染）；③分析解决全球外部性问题（例如全球变暖）的最优政策和次优政策；④分析应对正的环境外部性（例如植树造林）的政策；⑤如果最优政策旨在实现全球福利的最大化，而不是一国福利的最大化，那么分析各种不同外部性的范围的最优政策应对。参考本章后边的应用问题作为这些扩展问题研究的起点。

11.5 本章总结

什么是贸易相关的环境政策，它们的种类和作用是什么？环境政策包括使用大量的环境保护法律，来解决空气和水污染、全球变暖、可再生和不可再生资源的耗竭、濒危物种的灭绝、文化习俗的丧失以及转基因生物技术的使用。环境政策是"与贸易有关的"，因为环境政策影响贸易；并且贸易政策也会对环境产生影响。然而，贸易和环境之间的关系是复杂的。贸易政策和环境质量的变化趋势表明，贸易政策自由化伴随着同期城市环境质量的改善，以及同期全球和农村环境质量的恶化。这些趋势可能是政治因素以及政策范围与环境影响范围不匹配导致的，例如利用国家层面的政策解决全球环境的问题。

贸易政策对环境的影响作用是什么？即贸易（或贸易自由化）究竟导致了环境质量的改善还是恶化？研究表明，贸易对环境存在四种显著的影响作用机制。第一，结构效应是指贸易引起产出结构的变化，从而对环境产生影响。具体而言，贸易导致那些在肮脏产业具有比较优势的国家将其产出结构转移向肮脏产业；同时那些在清洁产业具有比较优势的国家将其产出结构转移向清洁产业。第二，增长效应是指贸易导致经济增长率提高，从而对环境产生副作用。当贸易导致的经济增长速度超过了环境政策和制度的调整速度时，这一效应便会产生。第三，规模效应是指贸易导致生产规模的增加，从而对环境产生副作用影响。即贸易引起全球产出规模的增加，生产规模的增加以及商品需要更长距离的运输均会导致更大的环境影响。第四，技术效应是指贸易引起每单位产出的环境损害密度下降。具体而言，贸易导致收入的增加，从而引起对环境质量需求的增加，更加严格的环境规制降低了每单位产出的环境损害。

联合上述四种效应，我们看到贸易（或贸易自由化）对环境的净影响作用是不确定的。即如果一国具有清洁产业的比较优势（结构效应）；或者环境质量是正常商品，并且政策对环境质量需求很敏感（技术效应），那么贸易能够对环境产生正的影响；另一方面，如果一国具有肮脏产业的比较优势（结构效应），或者增长率超过了环境政策调整的速度（增长效应），或者生产规模的增加以及运输距离的增加导致环境损害（规模效应），那么贸易能够对环境产生负的影响作用；贸易对环境的净影响作用取决于上述哪一种机制起主导作用。

贸易政策对环境的影响作用也能够通过环境的库兹涅茨曲线得出，这一曲线表述了收入与环境损害之间存在倒U形关系。关于贸易因素是如何融入这一倒U形曲线关系的机制，存在两种著名的解释。首先，在最初的阶段，贸易导致生产规模的增加，并且/或经济增长。伴随着经济增长和规模效应，这些变化导致收入的增加和环境损害的增加。接着会出现一个拐点，在这一拐点之后，增加收入导致对环境质量以及对环境规制需求的增加，从而导致环境损害的减少，这一解释与技术效应相一致。收入变化的需求和政策应对存在时间滞后性，从而导致收入和环境损害之间存在倒U形关系。

另一个重要的解释是，将环境的库兹涅茨曲线与要素禀赋的变化联系起来。在发展初期，经济体往往是实物资本丰裕型，而实物资本是肮脏产业密集使用的要素。在发展的后期，经济体积累了更多的人力资本，而人力资本是清洁产业密集使用的要素。这一模式与贸易对环境影响的结构效应相一致，其中国际贸易的结构随经济体的发展水平而发生变化。这一解释意味着，在较低的收入水平与早期的发展阶段，贸易自由化导致环境损害的增加。而在更高的收入水平与后期的发展阶段，贸易自由化导致环境损害的下降。

环境政策对贸易的影响作用是什么？这一领域的经济学研究探索了两个关键的假说。污染避难所假说认为，具有相对严格的环境规制的国家会将其肮脏产业的生产配置在那些具有相对宽松的环境规制的国家。在这种情况下，贸易自由化导致严格环境规制国家的环境质量提升，而宽松环境规制国家的环境质量下降。此外，随着肮脏产业配置在环境政策最宽松的国家，全球环境质量将会下降。要素禀赋假说是污染避难所假说的一种变形，即假设国家的要素丰裕度和环境政策共同决定生产模式和贸易模式，从而决定环境质量。在这种情形下，肮脏产业会配置在该产业密集使用要素的丰裕型国家。如果这些国家的环境政策很严格，那么贸易将会导致这些国家环境的损害减少。相反，如果这些国家的环境政策很宽松，那么贸易将导致这些国家环境的损害增加。第一种情形与污染避难所假说的结论相一致，而第二种情形却不一致。此外，如果国家之间环境政策的差异很大，这些差异可能会逆转基于要素禀赋的比较优势模式。在这种情况下，污染避难所效应比要素禀赋效应占主导。

使用贸易政策来解决环境外部性的意义是什么？为了回答这一问题，我们在开放条件下的模型框架内探索外部性问题。当生产或消费的行为对其他经济主体（即社会）产生了负效应时，外部性便会产生。当生产过程对社会产生负影响作用时，负生产的外部性产生。当消费过程对社会产生负影响作用，负消费的外部性产生。环境损害是一种由生产和/或消费层面产生的负的外部性。这样的外部性导致私人市场的失灵。市场失灵是指私人市场不能够实现社会最优的生产/消费水平。即企业过度生产商品从而产生负的外部性，因为他们并不考虑其生产活动所造成的社会成本；同时，消费者过度消费，从而产生负的外部性，因为他们并不考虑自身消费活动的社会成本。社会最优的生产和消费水平需要将外部性考虑进来。

当存在外部性时，政府能够通过干预来纠正市场失灵，即通过采取政策，为生产者和/或消费者提供激励，使他们在社会最优的水平上进行生产和消费。然而，社会最优的政策取决于外部性的范围。最优政策是指政策的范围与外部性的范围相匹配。这样的政策在纠正市场失灵的同时并不引入新的扭曲。与之形成对比的是，次优政策是指政策的范围与外部性的范围不相匹配。次优政策在纠正市场失灵的同时引入了新的扭曲。

贸易政策究竟是最优政策还是次优政策取决于外部性的范围。在本章，我们通过两种情形来阐述这一观点。第一，出口小国产生负生产的外部性问题。在这种情况下，出口国的私人生产者过度生产肮脏商品，因为他们并不考虑外部性对国内社会产生的影响。最优的政策应对是国内的生产税。这一税收政策改变了生产的动机，从而减少供给。它在纠正外部性的同时，不产生新的市场扭曲。与之形成对比的是，次优的政策应对是出口税。出口税同样能够抑制生产的积极性，从而减少供给。然而它在纠正生产的外部性的同时引入了新的消费扭曲。

第二，我们分析进口小国产生的负消费的外部性问题。在这种情形下，进口国的私人消费者过度消费肮脏商品，因为他们并不考虑其消费行为对国内社会的影响作用。最优的政策应对是本国的消费税。这一税收政策改变了消费的动机，从而减少需求。它能够纠正外部性而不产生新的市场扭曲。与之形成对比的是，次优政策应对是关税。关税同样能够抑制消费的积极性，从而减少需求。然而，关税在纠正消费的外部性的同时引入了新的生产扭曲。

这两种情形的研究显示，（从福利经济学的视角来看）政策的范围与环境外部性的范围相匹配是明智的。即如果环境的外部性是国家层面的，那么使用国家层面的政策进行应对是最优的。同样直观的结论适用于其他范围的环境外部性问题。即如果环境的外部性是全球范围的（即全球变暖），使用协调的全球政策应对是最优的；而如果环境的外部性是一国内部区域的范围（例如当地垃圾填埋），最优的政策应对是采取国内地区性政策。

应用问题

11.1　分析下列外部性问题。指出解决下列外部性问题的最优政策和次优政策分别是什么？研究这些最优政策和次优政策在下列两种情况下的影响作用。(a)出口小国的负的生产的外部性；(b)进口小国的负的消费的外部性。

11.2　在一个出口小国，转基因技术作物的生产产生了负的生产外部性。这一外部性可能是转基因技术的种子被风吹到附近地区造成的不必要的污染。分析纠正这一外部性的最优政策和次优政策。考察这些政策对转基因技术作物的出口国（例如美国）产生的影响作用，包括社会福利影响作用。

11.3　转基因技术作物的生产产生正的外部性。这一外部性可能是因为转基因技术种子被风吹到的附近地区，而附近的农民发现这提高了作物的特性。分析使用最优政策和次优政策来纠正这一外部性。分析这些政策对转基因技术作物出口国（例如美国）造成的影响作用，包括社会福利影响作用。

11.4　消费者购买商品包装使用3号塑料（聚氯乙烯，PVC）。这一材料通常用于塑料包装和沙拉酱瓶；它并不是通常可以循环使用的材料，因此最终会在本国的垃圾填埋场进行填埋。假设在一个进口小国，这些商品的消费产生了负的消费的外部性。分析纠正这一外部性的最优政策和次优政策。分析这些政策对进口国福利产生的影响作用，包括社会福利影响作用。

11.5　在一个出口小国，翻盖式包装的商品的消费产生了负的消费外部性。例如，如果包装被丢弃在水中，那么消费行为将导致本国垃圾填埋以及/或太平洋环流。提出并分析纠正这一外部性的最优政策和次优政策。研究这些政策对出口国产生的福利影响效应，包括社会福利的影响。

11.6　在一个能够影响世界价格的大国情形中分析上题中的问题。请对两个贸易伙伴国的相对供给弹性和需求弹性做出假设。

11.7　利用所学的知识，分析下列问题：(a)贸易政策是如何影响环境的，例如贸易自由化会导致什么样的环境结果？(b)环境政策是如何影响贸易的，例如国家之间环境政策的差异会对贸易产生什么影响？(c)使用贸易政策来解决环境问题的意义是什么？

11.8　假设世界上所有的进口国均采用次优政策来减少药物滥用（药物滥用产生负的消费外部性，例如犯罪以及HIV/AIDS）。利用所学的关于福利效应的知识来确定，在进口国内部谁会支持这一政策？出口国内部有没有经济主体支持这一政策？你的答案是否有赖于所分析国家的市场规模？你的答案是否有赖于出口供给和进口需求的弹性？

11.9　分析一个具有负的消费外部性的商品市场（例如白酒或香烟消费）。假设一个小国生产并进口该商品，评价用次优政策替代最优政策对进口国福利产生的影响作用。

11.10　在大的林场种树产生正的生产的外部性（即对环境产生正的影响作用）。假设小国生产并进口树。评价最优政策和次优政策对进口国福利产生的影响作用。

11.11 廉价消费品的生产产生负的生产外部性。这一外部性可能会对那些在工作环境中接触有害材料的雇员产生负的健康影响。考察纠正这一外部性的次优政策。考察这一政策对廉价消费品的出口国（例如中国）的福利产生的影响作用。

11.12 假设世界上所有的国家（进口国和出口国）追求次优政策来减少药物消费（药物的消费会产生负的消费的外部性，例如犯罪和HIV/AIDS）。评估这些政策对下列产生的影响作用：（a）世界生产者的福利；（b）世界消费者的福利；（c）世界政府的福利；（d）世界社会福利；（e）所涉及的其他经济主体的世界福利。假设进口国和出口国足够大，能够影响世界价格。

□ 延伸阅读　　Antweiler，Werner，Brian R. Copeland，and M. Scott Taylor. 2001. Is free trade good for the environment? American Economics Review 91 (4)：877-908.

Brack，Duncan，and Kevin Gray. 2003. Multilateral Environmental Agreements and the WTO. London：The Royal Institute of International Affairs. Sustainable Development Program Report，September.

Brander，James A.，and M. Scott Taylor. 1997. International trade and open access renewable resources：the small open economy case. Canadian Journal of Economics 30 (3)：526-552.

Brander，James A.，and M. Scott Taylor. 1998. Open access renewable resources：trade and trade policy in a two-country world. Journal of International Economics 44 (2)：181-210.

Chichinisky，Graciela. 1994. North-south trade and the global environment. American Economic Review 84 (4)：851-874.

Copeland，Brian R.，and Sumeet Gulati. 2006. Trade and the environment in developing countries. In Economic Development and Environmental Sustainability (eds R. Lopez and M. Toman)，Oxford：Oxford University Press，pp. 178-216.

Copeland，Brian R.，and M. Scott Taylor. 1994. North-south trade and the global environment. Quarterly Journal of Economics 109：755-787.

Copeland，Brian R.，and M. Scott Taylor. 1999. Trade，spatial separation，and the environment. Journal of International Economics 47 (1)：137-168.

Copeland，Brian R.，and M. Scott Taylor. 2003. Trade and the Environment：Theory and Evidence. Princeton University Press，Princeton.

Copeland，Brian R.，and M. Scott Taylor. 2004. Trade，growth and the environment. Journal of Economic Literature (March)：7-71.

Copeland，Brian R.，and M. Scott Taylor. 2009. Trade，tragedy，and the commons. American Economic Review 99 (3)：725-749.

Eckersley，Robyn. 2004. The big chill：the WTO and multilateral environmental agreements. Global Environmental Politics 4 (2)：24-50.

Gallagher，Kevin P.，ed. 2009. Handbook on Trade and the Environment. Cheltenham，United Kingdom：Edward Elgar Publishing.

Grossman，Gene M.，and A.B. Krueger. 1994. Environmental impacts of a North American free trade agreement. In The US-Mexico Free Trade Agreement (ed P. Gaber)，Cambridge，MA：MIT Press.

Johnson，Pierre Marc，and Andre Beaulieu. 1996. The Environment and NAFTA：Understanding and Implementing the New Continental Law. Washington，D.C.：Island Press.

Lopez，Ramon. 1997. Environmental externalities in traditional agriculture and the impact of trade liberalization : the case of Ghana. Journal of Development Economics 53 MV 17-39.

Lopez，Ramon，and Gregmar I. Galinato. 2005. Deforestation and forest-induced carbon dioxide emissions in tropical countries : how do governance and trade openness affect the forest-income relationship? Journal of Environment and Development 14 (1) : 73-100

McAusland，Carol. 2008. Trade，politics，and the environment : tailpipie vs. smokestack. Journal of Environmental Economics and Management 55 (1) : 52-71.

Runge，C. Ford. 2001. A global environment organization (GEO) and the world trading system. Journal of World Trade 35 (4) : 399-426.

World Trade Organization Committee on Trade and Environment (CTE). 2000. The Relationship between the Provisions of the Multilateral Trading System and Multilateral Environmental Agreements (MEAs). Submission by Switzerland，June 8 (WT/CTE/W/139) Geneva : WTO.

12 劳工政策

12.1 什么是与贸易有关的劳工政策，它们的种类和目的是什么？

劳工政策包括大量的关于直接影响工人的劳工标准的国家法律和国际法律。经济学文献将劳工标准分为两种主要的类型——核心劳工标准和具体劳工标准。核心劳工标准是指那些规定劳动力市场程序，从而保证基本人权的标准。国际劳工组织（ILO）划分了四种核心劳工标准，它们分别是：结社自由和有效承认集体谈判权力，禁止强迫或强制劳动，废除剥削童工，消除就业与职业歧视❶。与之形成对比的是，具体劳工标准是指那些规制劳动力合同特征的标准。这些特征包括：工作时间、工资水平、职业健康和安全等。

劳工政策和贸易政策具有相关性。用来解决劳动力问题的法律能够影响贸易；同样的，贸易政策也能够影响劳动力。因此，劳工政策与贸易有关；同时贸易政策与劳动力有关。在国家法律和国际贸易协定中均涉及有关劳工标准的政策协定。国际贸易协定将国际贸易和国家层面上的劳工政策联系在一起，并寻求提供一些各贸易伙伴国劳动力政策的限制性协作。国际劳工标准指的是那些在国际层面上协调劳动力实践的政策。

实践中，国际贸易协定中的劳工标准条约非常有限。在关税与贸易总协定（GATT）以及它的后继者世界贸易组织（WTO）框架内，第ⅩⅩⅢ条为各国劳工标准的国际协调提供了一些限制性的基础。这些条款清楚地声明了抵消与损害条款。该条款的意义在于，世界贸易组织的成员方应该向其贸易伙伴国提供一定程度的市场准入。如果劳工政策限制了市场准入，那么受到影响的国家能够提出投诉。抵消与损害条款提供了一种方式，通过这种方式，受到影响的国家能够得到其贸易伙伴国的补偿。世界贸易组织协定的第ⅩⅩ（e）条款同样为劳工标准的国际协调提供了一些限制性的基础。该条款允许世界贸易组织成员方限制进口那些使用狱中劳役生产的商品。将这一条款扩展至包括其他类型的劳动力实践的努力尚未取得成功。

---

❶ 译者注：此处原文写的是消除童工，译者进行了纠正。

国际劳工组织建立于1919年，并且于1946年成为联合国的一个专门机构。当前它的主要职能是建立和监管国际劳工标准。该机构提出建议和条款，并且为提高劳工标准提供技术支持。然而，国际劳工组织成员国政府的执行情况全凭自愿。

贸易和劳动力之间的关系是复杂的，并且持续为经济学家提出未解的谜题。关于贸易和劳动力关系的研究具有很长的历史。本书前边呈现的理论模型认为，贸易（或贸易自由化）增加了一国整体的福利。然而这些模型均显示，贸易（或贸易自由化）在一国内部产生收入分配效应，即一些经济主体因贸易而获益，而另一些经济主体因贸易而受损。只有当那些获益的经济主体补偿受损者的损失时（参见本书第4章），该国内部每一个经济主体的福利才有可能改善。受益者和受损者可以是不同技能水平的劳动力；即在贸易条件下，一些种类的劳动力收入增加，而另外一些种类的劳动力收入减少。在实践中，受益者与受损者之间的补偿并不经常发生，并且当它确实发生时，其影响也是非常小的（参见本书第12.3部分的论述）。因此，贸易会导致国家内部的收入失衡问题。

斯托尔珀-萨缪尔森定理（本书第2章阐述）提出了关于贸易对支付给劳动力工资影响的著名理论解释。这一理论研究显示，贸易导致了一国出口部门密集使用的生产要素的收入增加，同时导致该国进口竞争部门密集使用的生产要素的收入减少。因此，对于技能型劳动力丰裕型国家（例如北方国家），我们能够预测，技能型劳动力相对于非技能型劳动力的相对工资上升。而对于非技能型劳动力丰裕型的国家（例如南方国家），我们将会看到，非技能型劳动力相对于技能型劳动力的相对工资上升。这些变化导致技能型劳动力丰裕型国家内部收入差距的扩大，同时会导致非技能型劳动力丰裕型国家内部收入差距缩小。即我们将会看到，贸易对北方国家和南方国家内部工资失衡的影响作用是非对称性的。

这一理论研究的结论并不能解释全球范围内发达国家和发展中国家内部持续扩大的收入和工资的失衡问题，从而给国际贸易经济学者提出了一个谜题。在过去的二十年间，全球趋势出现了有利于解开这一谜题的经验证据。在这一时期，国际贸易迅速增长，而限制贸易的国际政策不断减少。同一时期，发达国家和发展中国家之间，以及各国内部的相对工资发生了变化。自20世纪70年代到20世纪80年代，包括澳大利亚、比利时、加拿大、丹麦、德国、意大利、日本和美国在内的许多发达国家内部的工资失衡加剧。工资失衡同样也发生在发展中国家内部，包括拉丁美洲以及其他发展中国家。以受教育程度、工作经验和职业衡量的不同技能水平的劳动力之间的工资失衡的加剧中可以看出这些模式❶。

这一实证研究结论显然与贸易理论（本书第2章）预测的结论不一致。传统贸易理论认为，发达国家的工资失衡问题会加剧，而发展中国家的工资失衡问题会缓解。然而，实证研究结论表明，发达国家与发展中国家内部的工资差距均呈扩大趋势。理论研究结论与现实情形的不一致，导致许多贸易经济学家质疑贸易在工资（收入）失衡问题中所扮演的角色。这一谜题（贸易理论和实践中工资变化之间的矛盾）是本章阐述的一个核心问题。

---

❶ 对于贸易和工资失衡的研究文献的例子，参见阿西莫格鲁（Acemoglu）(2003)；戴维斯（Davis）(1996)；芬斯特拉（2010)，芬斯特拉和汉森（1996)；琼斯（Jones）和玛吉特（Marjit）(2003, 1985)；利默尔（Leamer），(2000)，玛吉特和阿察雅（Acharyya）(2006, 2003)；玛吉特、比拉蒂（Beladi），和查克拉巴蒂（Chakrabarti）(2003)；罗宾斯（Robbins）(1995)，伍德（Wood）(1997)以及徐（Xu）(2003)。

在本章，我们并不解决这一谜题，而是为更好地理解这一谜题提供理论基础[1]。

关于贸易和劳动力关系的研究文献分为两个主要的研究领域。一个是集中研究贸易和工资（如上所示）之间的关系。另一个是集中研究贸易和劳工标准之间的关系。本章探索这两块研究文献的关键性结论。本章内容围绕三个关键问题展开。首先，贸易政策对劳动力的短期影响和长期影响是什么？其次，贸易的利益和损失是如何在国家内部进行再分配的？最后，劳工政策对贸易的影响是什么？

12.2 贸易政策对劳动力的影响是什么？

首先，我们分析贸易政策对劳动力的影响。具体而言，我们分析贸易（或贸易自由化）对支付给劳动力的工资（或技能型劳动力与非技能型劳动力之间的收入分配）的影响作用。我们将会使用赫克歇尔-俄林模型来阐述长期的影响作用。同时我们利用特定要素模型来阐述短期（或转型时期）的影响作用。本章提出这些模型的一个具体应用模型，其中定义要素禀赋为技能型劳动力和非技能型劳动力。本章模型能够使我们分析一国内部以及国家之间贸易对技能型劳动力和非技能型劳动力工资的不同影响作用。本章中技能型劳动力和非技能型劳动力的概念是相对的。在实践中，对技能水平的划分是基于受教育程度、工作经验和职业等进行的连续的划分。在本章的模型中，技能型劳动力能够被视为受教育程度较高或更富有经验或受雇于技术密集型产业部门，例如高科技部门的那些劳动力。本章模型是本书第2章模型的一种变形。

12.2.1 贸易对工资的长期影响是什么？

贸易对工资的长期影响作用能够通过采用赫克歇尔-俄林模型进行预测。从赫克歇尔-俄林模型中得出的几个重要的理论能够解释贸易在一国内部以及相互贸易的国家之间的收入分配效应。斯托尔珀-萨缪尔森定理描述的是，贸易（并且与价格变化相关）导致一国丰裕要素的收入上升，稀缺要素的收入下降。这些收入包括支付给劳动力的工资。因此这一理论将贸易导致的国内价格变化与支付给丰裕要素和稀缺要素的工资联系起来。例如，这一理论预测，技能型劳动力丰裕型国家支付给技能型劳动力的相对工资将会上升，而非技能型劳动力丰裕型国家支付给非技能型劳动力的相对工资将会上升。要素价格均等化定理描述的是，随着贸易的开展，贸易国家之间的要素价格（包括支付给劳动力的工资）将实现均等化。因此，这一理论将贸易与支付给不同国家的相似技能型劳动力的工资联系在一起。例如，这一理论预测，随着贸易的开展，不同国家支付给技能型劳动力的工资将会趋同。同时，不同国家支付给非技能型劳动力的工资也会趋同。

赫克歇尔-俄林模型的关键假设是，国家之间要素禀赋存在差异。在本章的模型中，我们做出下列假设。存在两个国家，本国和外国。为了更好地阐明，我们定义本国是包括所有发达国家的集团，外国是包含所有发展中国家的集团。为了简单起见，我们将发达国家称为北方国家，将发展中国家称为南方国家。存在两种商品，x商品和y商品。存在两种要素禀赋，技能型劳动力和非技能型劳动力。技能型劳动力和非技能型劳动力不能够跨国

---

[1] 集中在这一持续的谜题的研究的例子，参见芬斯特拉和汉森（1996），琼斯和恩格曼（Enger-man）（1996），克鲁格曼（2000），劳伦斯（Lawrence）（1995），利默尔（2000），以及理查德森（Richardson）（1995）。

流动，但是能够在国家内部不同产业之间自由流动。此处关于要素禀赋的流动性/非流动性的假设是该模型适用于长期分析的关键特征。即我们假设，在长期，技能型劳动力和非技能型劳动力均能够通过再培训在不同产业部门就业。

此外，我们维持本书第2章讨论的贸易模型的一些标准假设。即市场结构是完全竞争的。生产技术具有规模报酬不变的特征。并且，生产技术要求两种要素禀赋均用来生产两种商品。存在一个固定的系数技术，即每一种商品的生产均具有唯一的两种要素的固定投入组合。

固定的系数技术用单位商品的要素投入来表示。单位商品的要素投入是指生产一单位商品所需要投入的要素数量。我们定义k_x为生产一单位x商品所需要投入的技能型劳动力的数量，l_x为生产一单位x商品所需要投入的非技能型劳动力的数量；k_y为生产一单位y商品所需要投入的技能型劳动力的数量，l_y为生产一单位y商品所需要投入的非技能型劳动力的数量。我们使用符号k表示技能型劳动力，因为这种劳动力常常被经济学家称为人力资本。国家内部不同产业部门的单位商品的要素投入不同，但是不同国家相同部门的单位商品的要素投入相同。

在本章模型中，我们假设x商品的生产技术是技能型劳动力密集型，而y商品的生产技术为非技能型劳动力密集型。这意味着x商品的生产使用相对较多的技能型劳动力；而y商品的生产使用相对较多的非技能型劳动力。我们将x商品视为高技术密集型商品，而将y商品视为低技术密集型商品。在实践中，产业部门使用技能型劳动力的密集度通常与技术密集度相关。因此，我们能够将技能型劳动力密集型商品视为高科技商品，并且将非技能型劳动力密集型商品视为低技术含量的商品。

上述关于技能型劳动力密集度的假设能够被表达为

$$k_x/l_x > k_y/l_y，或者$$
$$k_x/k_y > l_x/l_y \tag{12.1}$$

现在，我们能够利用要素的相对丰裕度和要素密度的知识，确定一国的生产可能性。在本章的例子中，给定每种商品的要素密度，并且给定国家的要素禀赋，生产可能性边界显示了商品x（Q_x）和商品y（Q_y）产出之间的一种权衡。一国的生产可能性受到该国能够获得的要素禀赋存量的约束，如下所示：

$$k_x Q_x + k_y Q_y \leq K \tag{12.2}$$
$$l_x Q_x + l_y Q_y \leq L \tag{12.3}$$

不等式（12.2）表示生产x商品和y商品使用的技能型劳动力的数量必须小于或等于该国技能型劳动力的供给总量（K）。同样的，不等式（12.3）表示生产x商品和y商品中使用的非技能型劳动力的数量必须小于或等于该国非技能型劳动力的供给总量（L）。

假设所有的技能型劳动力和非技能型劳动力全部用于该国两个部门的生产（亦即不存在失业），那么不等式（12.2）和不等式（12.3）取等号。图12.1显示了该国x商品和y商品的两条生产可能性。该图是通过简单的描点法将不等式（12.2）和不等式（12.3）表示出来的，我们整理这两个式子能够得出下列等式：

$$Q_x = K/k_x - (k_y/k_x)Q_y \tag{12.4}$$
$$Q_x = L/l_x - (l_y/l_x)Q_y \tag{12.5}$$

图12.1显示了在生产x商品和y商品之间的一种权衡，并且给定两种商品的相对要素密集度，该密集度由图中两条生产约束线的斜率（k_y/k_x和l_y/l_x）表示。假设两种资源约束

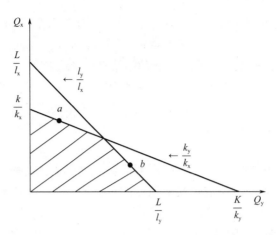

图 12.1　赫克歇尔-俄林模型——生产可能性

同时成立，生产可能性集为图中阴影部分的区域，即式（12.4）和式（12.5）同时成立。

　　直观上看，每一条约束线的斜率反映了用 y 商品表示的生产 x 商品的机会成本，即生产 x 商品所放弃的 y 商品的数量。因为存在两种要素禀赋（技能型劳动力和非技能型劳动力），两条生产可能性曲线上的点所表示的机会成本不同。在这一简单的情形下，该国生产可能性边界是一条折线，并且具有两种斜率。

　　接下来，我们阐述斯托尔珀-萨缪尔森理论——商品价格和要素价格之间的关系。在本章模型中，要素价格是指支付给技能型劳动力和非技能型劳动力的工资。为了说明斯托尔珀-萨缪尔森定理，我们必须分析技能型劳动力和非技能型劳动力要素市场的均衡。在赫克歇尔-俄林模型完全竞争的假设前提下，我们知道，均衡时的商品价格等于该部门商品所使用的要素价格的总和。在我们的模型中，均衡条件为

$$P_x = k_x w_s + l_x w_u$$
$$P_y = k_y w_s + l_y w_u \tag{12.6}$$

式中，w_s 表示支付给技能型劳动力的工资；w_u 表示支付给非技能型劳动力的工资。同时，P_x 和 P_y 分别表示 x 商品和 y 商品的价格。

　　为了在图形中描绘出这些等式，我们简单地对等式（12.6）进行整理，得到

$$w_s = P_x/k_x - (l_x/k_x)w_u$$
$$w_s = P_y/k_y - (l_y/k_y)w_u \tag{12.7}$$

　　此外，我们需要应用所有要素密度的知识。正如前文所述，x 是技能型劳动力密集型商品，而 y 是非技能型劳动力密集型商品。图 12.2 显示了在这一假设前提下的劳动力市场的均衡。即该图显示了等式（12.7）并且满足要素密度假设等式（12.1）。均衡时的要素价格（即支付给两种劳动力的工资）分别为 w_{s0} 和 w_{u0}。

　　现在，我们能够阐述斯托尔珀-萨缪尔森理论。图 12.3 显示了商品价格的变化对工资的影响。具体而言，图中显示了 x 商品的价格上升（从 P_{x0} 到 P_{x1}）对支付给技能型劳动力和非技能型劳动力工资的影响作用。我们能够看到，这一变化导致支付给技能型劳动力的工资上升（从 w_{s0} 到 w_{s1}），同时支付给非技能型劳动力的工资下降（从 w_{u0} 到 w_{u1}）。另一方面，我们能够证明，y 商品的价格上升，会导致支付给非技能型劳动力的工资上升，而支付给技能型劳动力的工资下降。上述工资的变化均指的是支付给技能型劳动力和非技能型劳动力的名义工资的变化。

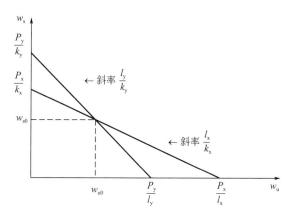

图12.2　赫克歇尔 - 俄林模型——要素市场均衡

我们同样能够验证商品价格的变化对支付给劳动力的实际工资的影响作用，从而决定其对购买力的影响作用。为了实现这一目的，我们需要审视工资与商品价格的比值。例如，分别用 x 商品和 y 商品的价格表示支付给技能型劳动力的实际工资为 w_s/P_x 和 w_s/P_y。同样的，分别用 x 商品和 y 商品的价格表示支付给非技能型劳动力的实际工资为 w_u/P_x 和 w_u/P_y。因此，为了确定实际工资的变化，我们需要分析工资相对于商品价格的变化。在图12.3中，我们看到，支付给技能型劳动力和非技能型劳动力的工资变化大于 x 商品价格的变化。x 商品价格的变化是映射到纵坐标价格轴的垂直距离（即 $P_{x1}-P_{x0}$）。

亦即

$$|w_{s1}-w_{s0}| > |P_{x1}-P_{x0}|$$
$$|w_{u1}-w_{u0}| < |P_{x1}-P_{x0}|$$

（12.8）

因此，用 x 商品衡量的支付给技能型劳动力的实际工资增加，而用 x 商品衡量支付给非技能型劳动力的实际工资减少。同时，由于模型中 y 商品的价格没有发生变化，因此，技能型劳动力和非技能型劳动力的名义工资的变化与用 y 商品衡量的实际工资的变化相同。

我们能够从斯托尔珀-萨缪尔森定理的应用中得到两个一般性的结论。第一，商品价格的上升，导致该商品密集使用的劳动力的名义工资和实际工资增加，这属于跨期效应。在这种情况下，图12.3代表两个时点的变化，例如从自给自足均衡状态到自由贸易均衡状

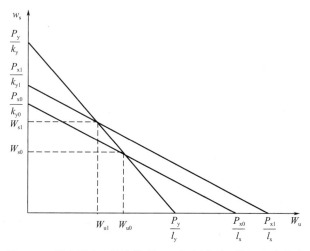

图12.3　赫克歇尔 - 俄林模型——斯托尔珀 - 萨缪尔森效应

态。第二，当国家之间的商品价格存在差异时，它们的名义工资和实际工资也存在差异，这属于跨国效应。在这种情形下，图12.3表示的是两个国家自给自足均衡时的状态。

此外，还存在一个扩大效应。即名义工资的变化/差异幅度超过了商品价格变化的幅度。结果导致，商品价格的变化引起名义工资和实际工资同方向变化。

我们现在扩展这一模型来验证贸易（或贸易自由化）对支付给技能型劳动力和非技能型劳动力工资的影响，并将北方国家与南方国家进行对比分析。为了更好地说明，假设北方国家和南方国家具有完全一样的生产技术，亦即

$$(k_x/l_x) = (k_x^*/l_x^*)$$
$$(k_y/l_y) = (k_y^*/l_y^*)$$
（12.9）

式中，星号表示南方国家相应的经济变量。然而，无论是在北方国家还是在南方国家，不同产业部门的生产技术不同，如不等式（12.1）所示，即

$$(k_x/l_x > k_y/l_y)$$
$$(k_x^*/l_x^* > k_y^*/l_y^*)$$
（12.10）

式中，x为技能劳动力密集型商品；y为非技能型劳动力密集型商品。

此外，假设北方国家和南方国家具有相对要素禀赋的差异。具体而言，北方国家是技能型劳动力丰裕型国家，而南方国家为非技能型劳动力丰裕型国家。因此，北方国家和南方国家的生产约束存在区别，即

$$K/L > K^*/L^*$$
（12.11）

式中，K/L为北方国家技能型劳动力与非技能型劳动力相对比例；K^*/L^*是南方国家技能型劳动力与非技能型劳动力的相对比例。

我们能够通过描绘出北方国家和南方国家的生产可能性边界，来阐述这一区别。图12.4（a）和（b）分别显示了在这些条件下，北方国家和南方国家的生产可能性边界。如该图所示，北方国家技能型劳动力的约束更加远离原点，表明北方国家为技能型劳动力丰裕型国家。同样的，南方国家的非技能型劳动力的约束线更加远离原点，表明南方国家为非技能型劳动力丰裕型国家。然而两个国家同种劳动力的约束线的斜率是相同的，表明两个国家相同

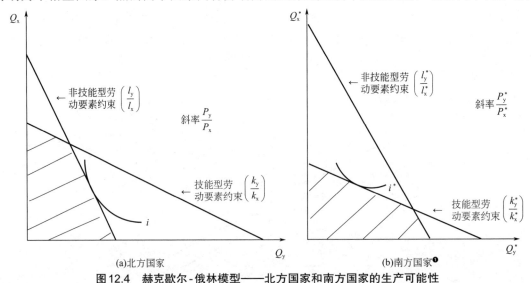

图12.4   赫克歇尔-俄林模型——北方国家和南方国家的生产可能性

❶ 译者注：根据文意，将图中增加了 $\left(\dfrac{l_y^*}{l_x^*}\right)$，$\left(\dfrac{k_y^*}{k_x^*}\right)$，并将 $\dfrac{P_y}{P_x}$ 改为 $\dfrac{P_y^*}{P_x^*}$。

部门具有完全一样的生产技术。每个图中的阴影部分表示各国的生产可能性。我们能够从图中看出，北方国家和南方国家的产出分别偏向密集使用各国丰裕要素生产的商品部门。即北方国家的生产可能性边界偏向 x 商品部门；而南方国家的生产可能性边界偏向 y 商品部门。

在自给自足状态下，北方国家和南方国家的生产和消费均衡点可能是其生产可能性边界上的任意一点。生产和消费均衡点的具体位置取决于消费者的偏好。我们能够想象两国消费者的效用无差异曲线，例如 i 和 i^* 分别与各自的生产可能性边界相切。这两条效用无差异曲线分别表示的是，在给定预算约束的条件下，即在北方国家和南方国家仅能够消费他们在自给自足条件下生产的商品数量的约束条件下，最大化的效用水平。在这种情况下，北方国家将会沿着生产可能性边界斜率为 l_y/l_x 段❶进行生产和消费；而南方国家将会沿着生产可能性边界斜率为 k_y^*/k_x^* 段进行生产和消费。

如图 12.4 所示，在自给自足条件下，两个国家的商品价格存在差异。商品价格是由生产技术决定的，并且反映生产可能性边界的斜率。北方国家技能型劳动力密集型商品（x）的相对价格较低，而南方国家非技能型劳动力密集型商品（y）的相对价格较低；即 $P_y/P_x > P_y^*/P_x^*$。

接下来，当两个国家进行贸易时，世界市场均衡时的商品相对价格是多少？一个直觉上的答案是，北方国家和南方国家仅会在优于自给自足条件下的价格水平上进行贸易。即相对于自给自足均衡价格而言，在开放条件下，北方国家和南方国家将会愿意以更高的商品价格出口，并且以更低的商品价格进口。为了阐明这些价格，我们必须审视 x 商品和 y 商品的世界市场。给定简单的两种类型国家的模型中（北方国家和南方国家），x 商品和 y 商品在世界市场上的供给量为北方国家和南方国家供给量的加总。因此

$$Q_x^w = Q_x + Q_x^*$$
$$Q_y^w = Q_y + Q_y^* \tag{12.12}$$

式中，Q_x^w 为 x 商品的世界供给总量；Q_y^w 为 y 商品的世界供给总量。

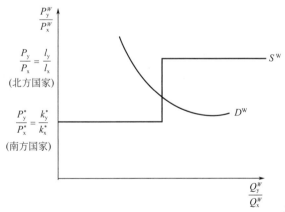

图 12.5　赫克歇尔 - 俄林模型——世界相对供给和需求 ❷

图 12.5 阐述了世界相对价格是如何确定的。该图描绘了 x 商品和 y 商品的世界相对供给曲线 S^w 和世界相对需求曲线 D^w。相对需求曲线显示了 y 商品的世界相对需求量随着 y 商

---

❶ 译者注：此处原文为 $\dfrac{k_y}{k_x}$，译者改为 $\dfrac{k_y^*}{k_x^*}$。

❷ 译者注：译者认为世界相对供给曲线是连续的。因此将原文中 S^w 竖直段的虚线改为实线。

品的相对价格的下降而增加[1]。我们知道，北方国家自给自足条件下的价格对应的是非技能型劳动要素约束线的斜率（$P_y/P_x=l_y/l_x$），而南方国家自给自足条件下的价格对应的是技能型劳动要素的约束线的斜率（$P_y^*/P_x^*=k_y^*/k_x^*$）。直观上看，这反映出，北方国家是非技能型劳动力稀缺型国家，而南方国家是技能型劳动力稀缺型国家。因此，均衡时的世界相对价格必须落在北方国家和南方国家自给自足均衡时的相对价格之间。在这一区间内，北方国家将会专业化生产x商品，因为x商品的世界相对价格比北方国家自给自足时的相对价格更高。同样的，南方国家将会专业化生产y商品，因为y商品的世界相对价格比南方国家自给自足时的相对价格更高。因此，北方国家和南方国家进行专业化生产并且进行贸易的所有的价格水平满足下列条件

$$P_y^*/P_x^* < P_y^w/P_x^w < P_y/P_x \quad 或者 \qquad (12.13)$$
$$k_y^*/k_x^* < P_y^w/P_x^w < l_y/l_x$$

式中，世界相对价格位于北方国家和南方国家自给自足均衡时的相对价格之间。

回顾一下生产可能性（图12.4）并且考虑均衡时的世界相对价格，我们现在能够确定生产模式和贸易模式。即在开放条件下，北方国家将会沿着其生产可能性边界增加x商品的产出，并且减少y商品的产出。同样的，南方国家将会沿着其生产可能性边界增加y商品的产出，并且减少x商品的产出。在式（12.13）描述的世界相对价格水平上，北方国家将会出口x商品，而南方国家将会出口y商品。贸易将会使北方国家和南方国家分别在各自的生产可能性边界之外的某一个点上进行消费（同样参见本书第2章，2.1部分的阐述）。

更加一般地说，各国将会生产和出口密集使用其丰裕要素生产的商品，同时将会进口密集使用其稀缺要素生产的商品。在我们的模型设定中，北方国家将会生产并出口技能型劳动力密集型商品，同时进口非技能型劳动力密集型商品；而南方国家将会生产并出口非技能型劳动力密集型商品，同时进口技能型劳动力密集型商品。

贸易产生的影响作用是什么？表12.1总结了本章设定的赫克歇尔-俄林模型的贸易利益。我们知道，在国家整体水平上，北方国家和南方国家均能够从贸易中获益，因为它们的消费可能性因专业化生产和贸易而增加。具体而言，在世界均衡价格水平上，北方国家和南方国家能够分别在各自的生产可能性边界以外的效用无差异曲线上进行消费（如图12.4所示）。北方国家和南方国家的整体效用水平均因贸易而上升。

下面分析国家内部的工资分配问题。为了对这一问题进行分析，需要重新审视一下劳动力市场的约束条件。我们分析贸易引起的商品价格变化对工资的影响作用。图12.5和式（12.13）描述了，北方国家和南方国家从自给自足状态到贸易（或自由贸易）状态所经历的价格变化。具体而言，我们知道，贸易将导致北方国家x商品的相对价格上升，同时南方国家y商品的相对价格上升。

这些商品价格的变化对支付给技能型劳动力和非技能型劳动力的工资产生什么样的影响作用？图12.6阐明了这些影响作用。对于图12.6（a）北方国家而言，贸易使x商品相对于y商品的价格上升。我们通过令x商品价格上升，同时y商品的价格保持不变来表示x商品的相对价格上升。相对价格变化导致支付给技能型劳动力的名义工资（w_s）上升，同时支付给技能型劳动力的实际工资（w_s/P_x 和 w_s/P_y）也上升。相对价格变化同样导致支付

---

❶ 译者注：因逻辑错误，原文中"世界相对供给曲线是不连续的。"作删除处理。

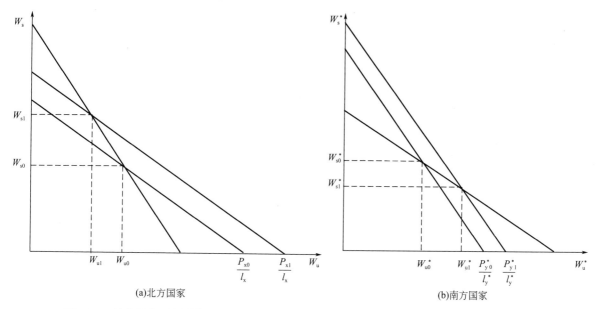

图 12.6　赫克歇尔 - 俄林模型——北方国家和南方国家自给自足状态与自由贸易状态的比较

给非技能型劳动力的名义工资（w_u）和支付给非技能型劳动力的实际工资（w_u/P_x 和 w_u/P_y）均下降。即在北方国家，用 x 和 y 两种商品的购买力来衡量的技能型劳动力的福利增加，而用 x 和 y 两种商品的购买力来衡量的非技能型劳动力的福利减少。

与之形成对比的是，对于图 12.6（b）南方国家而言，贸易使 y 商品相对于 x 商品的价格上升。我们通过令 y 商品的价格上升，并维持 x 商品的价格不变来表示这一相对价格的变化。相对价格的变化导致技能型劳动力的名义工资下降（w_s^*），同时技能型劳动力的实际工资也下降（w_s^*/P_x^* 和 w_s^*/P_y^*）。这一相对价格变化同样导致支付给非技能型劳动力的名义工资上升（w_u^*），同时支付给非技能型劳动力的实际工资也上升（w_u^*/P_x^* 和 w_u^*/P_y^*）。即在南方国家，技能型劳动力的福利用两种商品的购买力来衡量均减少，非技能型劳动力的福利用两种商品的购买力来衡量均增加。

最后，我们能够描述贸易对两个国家相对工资的影响作用。具体而言，要素价格均等化理论认为，贸易使国家之间同种要素的价格（或工资）实现均等化。这一均等化是由于贸易引起商品价格的变化导致的，如图 12.5 所示。这些商品价格的变化会导致工资的变化，如图 12.6 所示。在本章设定的模型中，技能型劳动力丰裕的北方国家在自给自足条件下，支付给技能型劳动力的工资相对较低，而支付给非技能型劳动力的工资相对较高（相对于南方国家而言）。随着北方国家开放贸易并且专业化生产技能型劳动力密集型商品 x，支付给技能型劳动力的工资上升，而支付给非技能型劳动力的工资下降（无论是实际工资还名义工资）。同样的，非技能型劳动力丰裕的南方国家在自给自足条件下，支付给非技能型劳动力的工资相对较低，而支付给技能型劳动力的工资相对较高（相对于北方国家而言）。随着南方国家开放贸易并且专业化生产非技能型劳动力密集型商品 y，支付给非技能型劳动力的工资上升，而支付给技能型劳动力的工资下降（无论是实际工资还是名义工资）。经历这一变化过程，两个国家的技能型劳动力和非技能型劳动力的工资持续发生变化，直到两个国家相同种类的劳动力的工资实现均等化为止。在开放条件下，世界均衡价格为

表12.1 北方国家和南方国家的福利效应

（a）赫克歇尔-俄林模型

北方国家/南方国家	福利效应
总利益	北方国家和南方国家的消费可能性和效用水平增加。
北方国家和南方国家内部的收入分配	北方国家：技能型劳动力的名义和实际工资增加，而非技能型劳动力的名义工资和实际工资减少。 南方国家：非技能型劳动力的名义工资和实际工资增加，而技能型劳动力的名义工资和实际工资减少。
北方国家和南方国家之间的收入分配	北方国家技能型劳动力的工资增加，同时南方国家技能型劳动力的工资减少，直到北方国家和南方国家之间技能型劳动力的工资实现均等化。南方国家非技能型劳动力的工资增加，同时北方国家非技能型劳动力的工资减少，直到北方国家和南方国家之间非技能型劳动力的工资实现均等化。

（b）特定要素模型

北方国家/南方国家	福利效应
总利益	北方国家和南方国家的消费可能性和效用水平增加。
北方和南方的国家内部的收入分配（劳动力为非流动要素）	北方国家：技能型劳动为的实际收入增加，并且非技能型劳动力的实际收入减少。 南方国家：非技能型劳动力的实际工资增加，并且技能型劳动力的实际收入减少。
北方和南方国家国内的收入分配（资本为流动要素）	资本的名义收入增加。资本拥有者的实际收入用进口品的购买力衡量增加。资本拥有者的实际收入用出口品的购买力衡量减少。

注：情形(a)假设北方国家是技能型劳动力丰裕型国家，而南方国家是非技能型劳动力丰裕型国家。此外，技能型劳动力和非技能型劳动力能够在国家内部不同产业部门之间自由流动。

情形（b）假设北方国家为技能型劳动力丰裕型国家，而南方国家为非技能型劳动力丰裕型国家。此外，技能型劳动力和非技能型劳动力不能够在国家内部不同产业部门之间自由流动。北方国家和南方国家具有相同的资本要素禀赋，资本要素能够在国家内部不同产业部门之间自由流动。

$$P_x^w = w_u^w l_x + w_s^w k_x$$
$$P_y^w = w_u^w l_y + w_s^w k_y$$

（12.14）

式中，支付给技能型劳动力和非技能型劳动力的世界工资水平分别等于北方国家和南方国家支付给技能型劳动力和非技能型劳动力的工资水平（亦即 $w_s^w = w_s = w_s^*$ 与 $w_u^w = w_u = w_u^*$）。

这一赫克歇尔-俄林模型的应用，有助于我们评估，在从假设的自给自足状态到自由贸易状态（或相反）过程中，贸易对工资的影响作用。这一模型同样能够提供一种指引，帮助我们理解：通过改变贸易政策使一国处于更加接近自给自足状态或更加接近自由贸易状态的过程中会发生什么？一些基本的结论就会产生。

在技能型劳动力丰裕的北方国家，贸易使技能型劳动力的工资上升，而非技能型劳动力的工资下降。相反，在非技能型劳动力丰裕的南方国家，贸易使非技能型劳动力的工资上升，而技能型劳动力的工资下降。基于扩大效应，上述变化适用于名义工资和实际工资。理论上讲，这些工资会持续变化，直到两个国家之间相同类型劳动力的工资实现均等化。即北方国家支付给技能型劳动力的工资上升，而南方国家支付给技能型劳动力的工资下降，直到两个国家技能型劳动力的工资相等；同样的，南方国家非技能型劳动力的工资上升，而北方国家非技能型劳动力的工资下降，直到两个国家非技能型劳动力的工资相等。

此外，模型还预测贸易将会导致北方国家收入分配差距扩大，而南方国家收入分配差距缩小。在北方国家，技能型劳动力工资上升，非技能型劳动力工资下降，结果导致北方国家内部工资收入差距（$w_s - w_u$）扩大。在南方国家，技能型劳动力工资下降，而非技能型劳动力工资上升，结果导致南方国家内部工资收入差距（$w_s^* - w_u^*$）缩小。

这些是著名的斯托尔珀-萨缪尔森定理和要素价格均等化定理在技能型劳动力和非技能型劳动力情形中的应用。贸易或贸易自由化的结果对国家内部的工资影响作用是非对称性的，即一种劳动力的福利增加，而另一种劳动力的福利减少。贸易的收入分配效应同样是非对称性的，即一国内部收入差距扩大，而另一个国家内部收入差距缩小。这一结论引出了本章开头提到的一个谜团。这些结论属于贸易对收入分配产生的长期影响作用，即技能型劳动力和非技能型劳动力能够在国家内部不同产业之间自由流动，从而实现贸易状态下的专业化生产。

12.2.2　贸易对工资的短期影响是什么？

接下来，我们利用特定要素模型阐述贸易对工资的短期影响作用。在特定要素模型中，比较优势的来源是国家之间特定要素禀赋的差异。所谓特定要素是指不能够在部门之间自由流动的要素；即它们是特定于某个具体产业部门的生产要素。在我们的模型设定中，假设技能型劳动力是一个产业部门的特定要素，非技能型劳动力是另一个产业部门的特定要素。不能跨部门自由流动这一假设反映了该模型的短期特征，即技能型劳动力和非技能型劳动力不能在两个产业部门之间自由地流入和流出，而是需要一段时间的再培训以及/或再配置。我们将特定要素模型视为赫克歇尔-俄林模型在短期中的扩展，即放松赫克歇尔-俄林模型关于所有要素都能够跨部门自由流动这一假设。

接下来，我们提出一个适用于技能型劳动力和非技能型劳动力的特定要素模型的简单表述。这一模型的基本假设如下。假设存在两个国家，本国和外国。我们仍然将本国视为北方国家（或者所有发达国家集团），将外国视为南方国家（或者所有发展中国家集团）。存在两种商品，x 商品和 y 商品。存在三种要素禀赋，技能型劳动力（L_s）和非技能型劳动力（L_u），以及实物资本（K）。这些要素禀赋的跨产业部门的流动性存在差异。具体而言，我们假设资本要素能够跨部门自由流动，技能型劳动力和非技能型劳动力不能跨部门自由流动。此外，我们假设不能流动的要素是针对特定的产业部门；即技能型劳动力是 x 商品部门的特定要素，而非技能型劳动力是 y 商品部门的特定要素。

现在，我们能够在特定要素模型框架内确定各国的生产可能性。利用已知的流动要素禀赋和非流动要素禀赋的条件，能够确定生产可能性。首先，需要确定每一个产业部门所使用的流动要素的资源约束。在我们的模型中，这指的是资本要素被分配用于 x 商品部门和 y 商品部门生产的数量。我们同样需要在给定流动要素禀赋和非流动要素禀赋的前提下，确定两个产业部门的生产函数。在我们的模型中，这指的是给定实物资本、技能型劳动力和非技能型劳动力的投入量，所能够生产出的 x 商品和 y 商品的数量。

图 12.7 显示了一国 x 商品和 y 商品的生产可能性的推导过程。

资本要素的约束条件为

$$K_x + K_y \leqslant K \tag{12.15}$$

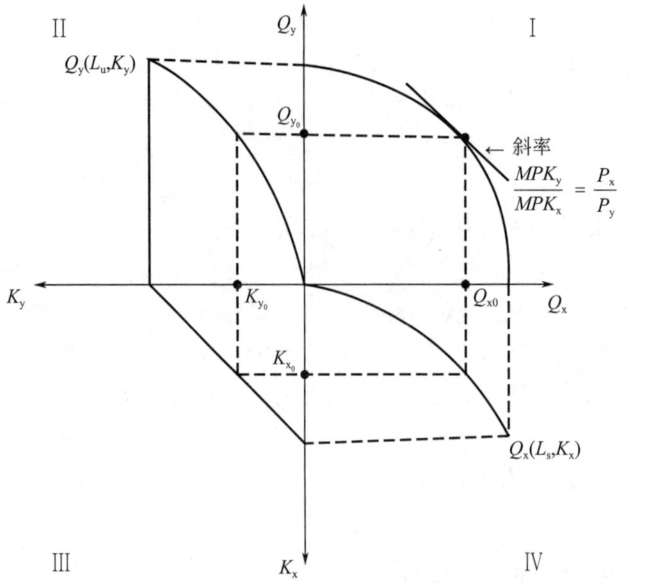

图 12.7　特定要素模型——生产可能性

式中，K_x 为 x 商品部门使用的资本要素数量；K_y 为 y 商品部门使用的资本要素数量，并且 K 为该国资本要素供给总量。假设资本要素充分就业，这一约束条件取等号。图 12.7 的第Ⅲ象限显示了资本要素的约束条件。直观上看，这一约束条件表明，用于 x 商品和 y 商品部门生产的资本要素的总和必须小于或等于该国资本要素的供给总量。这一资本供给总量能够在两个部门之间任意比例配置。x 商品部门资本使用量增加，必然伴随着 y 商品部门的资本使用量减少，反之亦然。

图 12.7 也显示了两个部门的生产函数。第Ⅱ象限和第Ⅳ象限分别为 y 商品部门和 x 商品部门的生产函数。生产函数表示给定一国要素禀赋前提下，能够生产出来的 x 商品和 y 商品的数量。这些要素禀赋包括，技能型劳动力，它是 x 商品部门的特定要素；非技能型劳动力，它是 y 商品部门的特定要素；资本要素，它能够在两个部门之间自由流动。第Ⅳ象限的生产函数描绘了在给定非流动的技能型劳动力（L_s）的数量条件下，流动要素（K_x）和商品 x 的产出（Q_x）之间的关系。同样的，第Ⅱ象限的生产函数描绘了，在给定非流动的非技能型劳动力（L_u）的数量条件下，流动要素（K_y）和商品 y 的产出（Q_y）之间的关系。

生产函数的斜率显示了相应商品部门的资本要素的边际产出（MPK）。资本要素的边际产出是指每增加一单位的资本要素投入，所增加的商品产出的数量。凹向原点的生产函数表明，资本要素的边际产出递减。即给定不能流动的要素投入条件下，每增加一单位的资本要素投入，商品产出的增量减少。递减的 MPK 的概念非常重要，它将有助于我们评估短期内的贸易利益。

我们现在能够确定该国的生产可能性边界。这一生产可能性边界表示，给定所有流动要素在两个产业部门的分配，x 商品和 y 商品的所有可能的产出组合。根据第Ⅱ象限、第Ⅲ象限和第Ⅳ象限的推导，能够得出生产可能性边界并显示在第Ⅰ象限。为了更好地说明，考虑资本 K_{x0} 和 K_{y0} 的这种配置。这种配置对应的两种商品的产出分别为 Q_{x0} 和 Q_{y0}。这一产出组合能够确定生产可能性边界上的一个点。我们能够通过这种方法，描绘出生产可能性边界上的所有点。简单的考虑第Ⅲ象限中任意的一种劳动力的配置。分别观察对应在第Ⅳ

象限和第Ⅱ象限的两种商品的产出水平。然后将两种商品的产出水平的组合描绘在第Ⅰ象限，从而得出生产可能性边界。生产可能性边界的斜率反映了给定资本在两个部门配置的条件下，MPK_y/MPK_x 的比值。从直观上看，它表示用所放弃 y 商品的数量来表示的生产 x 商品的机会成本。

我们能够使用生产可能性边界来回答关于自给自足状态下的一些问题。具体而言，相对成本（以及自给自足条件下的价格）是什么？换句话说，比较优势的模式是什么？为了回答这一问题，我们首先需要观察在自给自足状态下的要素和商品价格。

为此，我们必须研究流动要素市场的均衡。在我们的模型中，流动要素指的是资本要素，并且资本要素的收益是资本拥有者的租金。国家的资本要素的供给总量固定，正如资本要素约束不等式（12.15）所示。均衡时，资本要素需求满足的条件是，资本租金率等于资本要素的边际产出价值。从直观上看，在某一点的资本要素需求满足的条件是，增加一单位资本要素所增加的产出价值等于所增加的这一单位资本要素的成本。这一关系能够被表述为

$$r_x = P_x MPK_x$$
$$r_y = P_y MPK_y$$
（12.16）

式中，r_x 和 r_y 分别为 x 商品部门和 y 商品部门的租金率；P_x 和 P_y 分别为，在自给自足条件下，x 商品和 y 商品的价格。

此外，在我们的模型设定中，资本要素能够跨部门自由流动。因此，均衡时两个产业部门的资本租金率必须相等。例如，如果 x 商品部门的资本租金率较高，那么资本要素将会有动力从 y 商品部门流出，并流入 x 商品部门。这一资本要素的流动将会压低 x 商品部门资本拥有者的租金率，同时推高 y 商品部门资本拥有者的租金率，直到两个部门资本拥有者的租金率相等。因此，均衡时 x 商品部门和 y 商品部门的资本租金率相等，为

$$r = r_x = r_y$$
（12.17）

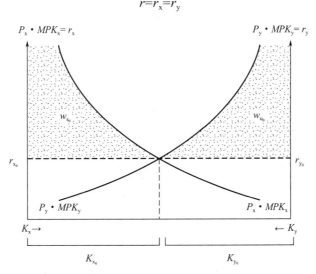

图12.8　特定要素模型——要素市场均衡

图12.8阐述了流动要素市场均衡的情况。该图中水平的宽度表示能够被用于在两个部门之间进行配置的资本要素（K）的固定供给数量，如不等式（12.15）所示。用于 x 商品部门生产的资本数量由从左向右的长度来衡量，用于 y 商品部门生产的资本数量由从右向左的长度来衡量。该图纵轴表示资本要素的租金率，它等于资本要素的边际产品价值

（*VMPK*），如等式（12.16）所示。图中两条曲线表示在给定资本在两个部门的分配情况下，x商品部门和y商品部门支付给资本拥有者的资金率（两条曲线并排画在一起，y商品的租金率曲线做了一个水平的翻转）。两条曲线都是凸向各自的原点。曲线凸向原点的特点反映了资本要素边际产出递减的属性；即该产业部门使用的资本越多，产业部门资本要素的边际产出递减，但是递减的速度下降。

在图12.8中，流动要素（资本）均衡时的价格为两个商品部门的租金率相等时的价格，即$r_{x0}=r_{y0}$，如等式（12.17）所示。两条曲线的交点决定了均衡时两个商品部门的租金率。相应地，我们能够确定均衡时资本要素在两个商品部门之间的配置，即K_{x0}为x商品生产使用的资本数量，K_{y0}为y商品生产使用的资本数量。

我们也能够利用图12.8分析得出两个商品部门所使用的非流动要素的实际收入。这些收入分别是支付给技能型劳动力的工资（w_s）和支付给非技能型劳动力的工资（w_u）。回忆前述模型假设，技能型劳动力为x商品部门的特定要素。因此，技能型劳动力的实际收入为x商品资本要素的边际产品价值（即$P_x \cdot MPK_x$）[❶]曲线以下和均衡租金率（r_{x0}）以上所围成的阴影部分的面积。同样，非技能型劳动力是y商品部门的特定要素。因此，非技能型劳动力的实际收入为y商品资本要素边际产品价值（即$P_y \cdot MPK_y$）[❷]曲线以下和均衡租金率（r_{y0}）以上所围成的阴影部分的面积。从直观上看，这些收入表示该产业所使用的每一单位资本的边际产品价值高于均衡租金率的剩余价值。

最后，我们回到图12.7中观察自给自足条件下商品市场均衡时的产出。为此，我们将式（12.16）和式（12.17）的均衡条件联立，能够得到

$$P_x/P_y=MPK_y/MPK_x \tag{12.18}$$

等号右边的项表示图12.7中生产可能性边界的斜率。等号左边的项为给定的一组自给自足条件下商品市场的相对价格。对应于这一自给自足时的相对价格，x商品和y商品的均衡产出分别为Q_{x0}和Q_{y0}。

我们现在能够在特定要素模型框架中研究从自给自足状态到贸易状态的影响作用。我们考虑三个核心问题。首先，贸易（或贸易自由化）对国家整体效用的影响作用是什么？第二，贸易（或贸易自由化）对一国内部支付给技能型劳动力和非技能型劳动力的工资的影响作用是什么？第三，贸易（或贸易自由化）对收入分配或者工资差距的影响作用是什么？

为了阐明上述问题，我们假设北方国家和南方国家存在一个基本的差异，即假设两个国家技能型劳动力和非技能型劳动力的禀赋存在差异。具体而言，我们假设，北方国家为技能型劳动力丰裕型国家，同时南方国家为非技能型劳动力丰裕型国家。我们也能够通过描绘出北方国家和南方国家的生产可能性边界来表示这一区别。

图12.9（a）和（b）分别显示了在上述假设前提下，北方国家和南方国家的生产可能性的推导。如图所示，北方国家和南方国家在第Ⅱ象限和第Ⅳ象限的生产函数存在区别。对于北方国家而言，给定北方国家相对较大的技能型劳动力的要素禀赋的前提下，x商品的资本要素的边际产出相对较高。相反，对于南方国家而言，给定南方国家相对较大的非技能型劳动力的要素禀赋的前提下，y商品的边际产出相对较高。因此，当我们推导北方国家和南方国家在第Ⅰ象限的生产可能性边界时，生产可能性边界的斜率反映了这些边际

---

❶ 译者注：原文此处为$P_x^* \cdot MPK_x$，译者改为$P_x \cdot MPK_x$。
❷ 译者注：原文此处为$P_y^* \cdot MPK_x$，译者改为$P_y \cdot MPK_y$。

生产效率的差异。如图所示，北方国家和南方国家的产出分别偏向密集使用各自丰裕型特定要素生产的商品部门。即这一结论与赫克歇尔-俄林模型相类似。

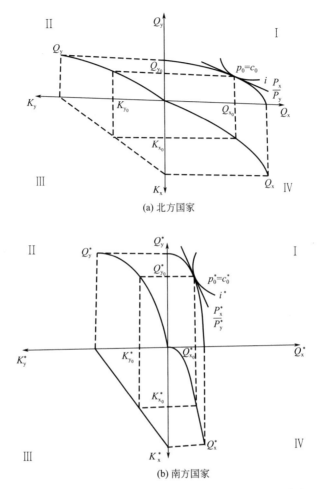

图12.9　特定要素模型——自给自足条件下的北方国家和南方国家

　　在自给自足条件下，北方国家和南方国家可以在生产可能性边界上的任意一点进行生产和消费。具体在哪一点上进行生产和消费，取决于各国消费者的偏好。假设北方国家和南方国家具有一模一样的消费偏好，我们能够想象在各国存在一条效用无差异曲线与各自的生产可能性边界相切，例如 i 和 $i*$。这两条效用无差异曲线分别表示的是，给定预算约束的条件下，即在北方国家和南方国家仅能够消费在自给自足条件下生产的商品数量的约束条件下，最大化的效用水平。在这种情况下，北方国家将会在为 $c_0=p_0$ 处进行生产和消费 x 商品和 y 商品组合。同样的，南方国家将会在 $c_0^*=p_0^*$ 处进行生产和消费 x 商品和 y 商品组合。

　　我们能够看到，在自给自足条件下，北方国家和南方国家的商品价格存在差别。商品价格由生产均衡点处的生产可能性边界的斜率来表示。如图12.9所示，在自给自足条件下，北方国家 x 商品的相对价格较低，而南方国家 y 商品的相对价格较低。即在自给自足条件下 $P_x/P_y < P_x^*/P_y^*$。

　　在世界市场上进行贸易时，均衡时的商品相对价格是多少？和之前的模型一样，一个直观的答案是，仅当开放条件下的均衡相对价格比各国自给自足条件下的相对价格更加有利时，北方国家和南方国家才会进行贸易。即各国将会愿意以比自给自足条件下更高的价格出口商品，以比自给自足条件下更低的价格进口商品。为了阐明这些价格，我们必须观察 x 商品和 y 商品的世界市场。在我们的模型中，x 商品和 y 商品的世界供给量为北方国家和南方国家供给量之和，或

$$Q_x^w = Q_x + Q_x^*$$
$$Q_y^w = Q_y + Q_y^*$$

(12.19)

式中，Q_x^w 为 x 商品的世界供给总量；Q_y^w 为 y 商品的世界供给总量。

图 12.10 描述了世界价格的决定。该图描绘了北方国家的相对供给曲线（S）和南方国家的相对供给曲线（S^*）以及世界的相对供给曲线（S^w）。如该图所示，在每一个相对价格水平上，北方国家 x 商品（相对于 y 商品）的供给均大于南方国家 x 商品（相对于 y 商品）的供给（我们通过分析图 12.9 中所有可能的相对价格，同样能够得出这一关系）。世界相对供给量为北方国家和南方国家供给量的水平加总。因此，世界相对供给曲线位于两国相对供给曲线之间。世界相对供给曲线是一条倾斜向上的曲线，反映了 x 商品的相对供给量随 x 商品的相对价格的上升而增加。另一方面，x 商品的世界相对需求（相对 y 商品）随着 x 商品的相对价格上升而减少。在相同偏好假设前提下，北方国家和南方国家的相对需求曲线与世界相对需求曲线一致。

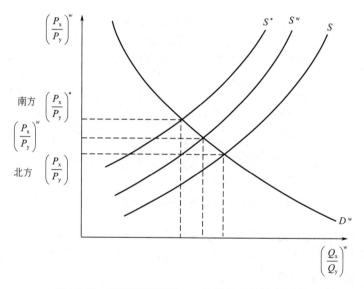

图 12.10   特定要素模型——世界相对供给和需求

图 12.10 显示了均衡时的世界相对价格，它位于两国自给自足均衡时的相对价格之间。在这一世界相对价格水平上，北方国家将专业化生产 x 商品，因为 x 商品的世界相对价格比北方国家自给自足时的价格更高。同样的，南方国家将会专业化生产 y 商品，因为 y 商品的世界相对价格比南方国家自给自足时的价格更高。因此，当世界相对价格满足下列条件时，北方国家和南方国家都有动力进行专业化生产并参与贸易

$$P_x/P_y < P_x^w/P_y^w < P_x^*/P_y^*$$

(12.20)

贸易（或贸易自由化）对国家整体福利的影响作用是什么？表 12.1（b）总结了本节特定要素模型框架下的贸易利益。我们知道，北方国家和南方国家都能从贸易中获益，因为专业化生产和贸易使两个国家的消费可能性增加。具体而言，在世界均衡相对价格水平

上，北方国家和南方国家能够在各自的生产可能性边界以外的效用无差异曲线上消费。

　　贸易（或贸易自由化）对技能型劳动力和非技能型劳动力的工资（以及资本拥有者的租金率）的影响作用是什么？为了回答这一问题，我们回顾一下劳动力市场的图形。我们分析贸易引起商品价格的变化对工资变化的影响作用。图12.10和式（12.20）●描述了北方国家和南方国家从自给自足状态到贸易状态过程中商品价格的变化。具体而言，贸易将会导致北方国家x商品的相对价格上升，同时南方国家y商品的相对价格上升。接下来，这些商品的相对价格变化将会对北方国家和南方国家的技能型劳动力和非技能型劳动力的工资以及资本拥有者的租金率产生什么影响作用？

　　图12.11阐述了贸易对北方国家（a）和南方国家（b）的影响作用。对于北方国家而言，x商品相对于y商品的价格上升。我们通过令x商品的价格上升同时维持y商品的价格不变来表示这一相对价格的变化。这一相对价格变化导致资本从y商品部门流出，而流入x商品部门。跨产业部门流动的资本的数量由图中K_0至K_1的水平距离表示。同时，x商品部门和y商品部门支付给资本拥有者的名义租金率均上升。名义租金率上升的幅度为r_0至r_1。但是我们能够从图12.11中看到，名义租金率上升的幅度小于x商品价格上升的幅度。因此，用x商品的购买力来衡量的实际租金率（r/P_x）下降。另一方面，由于y商品的价格不变，用y商品的购买力来衡量的实际租金率（r/P_y）上升。

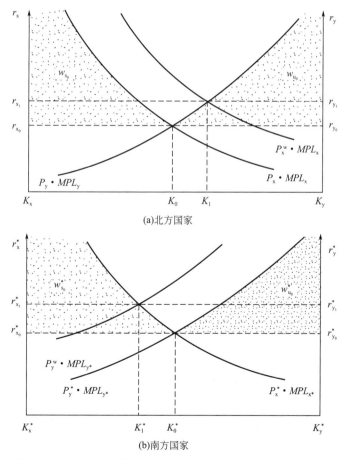

图12.11　特定贸易模型——北方国家和南方国家的贸易利益

---

❶ 译者注：原文为（2.20），译者改为（12.20）。

　　此外，北方国家支付给技能型劳动力和非技能型劳动力的工资同样也发生变化。回忆前文，支付给技能型劳动力的工资为x商品资本要素的边际产出的价值在均衡租金率以上的那一部分。而支付给非技能型劳动力的工资等于y商品部门资本要素的边际产出的价值在均衡租金率以上的那一部分。我们能够从图12.11中看出，在自由贸易状态下，北方国家支付给技能型劳动力的工资上升，而支付给非技能型劳动力的工资下降。

　　从图12.11中同样能够观察到贸易对南方国家的影响作用。当南方国家开始进行贸易时，y商品相对于x商品的价格上升。通过令y商品的价格上升，同时维持x商品的价格不变来表示这一相对价格的变化。这一相对价格变化导致资本从x商品部门流出，而流入y商品部门。跨产业部门流动的资本的数量由横轴水平距离从K_0^*至K_1^*来表示。同时，x商品部门和y商品部门支付给资本拥有者的名义租金率均上升，名义租金率上升的幅度为r_0^*至r_1^*。但是我们能够从图12.11中看到，名义租金率上升的幅度小于y商品价格上升的幅度。因此，用y商品的购买力来衡量的实际租金率（r^*/P_y^*）下降❶。另一方面，由于x商品的价格不变，用x商品的购买力来衡量的实际租金率（r^*/P_x^*）上升❷。

　　此外，南方国家支付给技能型劳动力和非技能型劳动力的工资也发生变化。同样，我们观察到曲线以下和均衡租金率以上部分的剩余面积。从图中看到，在自由贸易状态下，南方国家支付给非技能型劳动力的工资上升，而支付给技能型劳动力的工资下降。

　　本节的特定要素模型有助于我们评价从假设的自给自足状态到自由贸易状态（或者反过来）过程，贸易对收入分配的影响作用。这一模型同样能够帮助我们理解贸易政策的变化导致更加接近自给自足状态或更加接近自由贸易状态会发生什么。首先，一国作为一个整体无疑能够从贸易中获益。当贸易时的世界相对价格位于北方国家和南方国家自给自足时的相对价格之间时，北方国家和南方国家都能从贸易中获益。在这种情况下，北方国家和南方国家都有动机进行贸易。作为专业化生产和贸易的结果，世界总产出和世界总消费增加。北方国家和南方国家都能获得这些利益。即北方国家和南方国家的整体效用水平均增加。

　　该模型也告诉我们，北方国家和南方国家内部的贸易收入分配效应。在我们的模型中，用名义租金率来衡量资本拥有者的利益增加。然而，对于实际收入而言，资本拥有者的实际收入用其出口商品的购买力来衡量是下降的，而用其进口商品的购买力来衡量是上升的。模型也显示了支付给技能型劳动力和非技能型劳动力的工资的收益与损失。即从贸易中获益的是一国丰裕型且不能跨部门自由流动的特定要素；因贸易而受到损失的是一国稀缺型且不能跨部门流动的特定要素。丰裕型且不能流动的要素是用于出口部门生产的要素，而稀缺型且不能流动的要素是用于进口部门生产的要素。因此，北方国家技能型劳动力获益，同时南方国家非技能型劳动力获益。这些是贸易或贸易自由化在短期产生的影响作用。

　　如果我们将赫克歇尔-俄林模型的收入分配效应与特定要素模型的收入分配效应进行对比，能够发现短期和长期结果存在一致性（参见表12.1）。在这两种情况下，丰裕要素禀赋从贸易中获益，而稀缺要素禀赋因贸易而受损。在我们的模型中，北方国家技能型劳动力的工资上升，而非技能型劳动力的工资下降。相反，南方国家非技能型劳动力的工资

---

❶　译者注：原书中少加了＊号。

❷　译者注：原书中少加了＊号。

上升，而技能型劳动力的工资下降。这些工资变化的结论在短期和长期均成立。然而在长期，一些因贸易而受损的劳动力能够从进口商品部门流出而流入出口商品部门。

将两个模型进行对比分析的主要目的之一是，得出在短期对流动要素禀赋的影响作用；即特定要素模型论证了流动要素禀赋用实际收入来衡量的福利究竟是改善还是恶化取决于其在进口商品和出口商品消费之间的消费比例。在我们的模型中，假设资本在短期是流动要素禀赋。因此，这一不确定的影响适用于解释在短期支付给资本拥有者的资金率。

贸易（或贸易自由化）的收入分配效应或工资差距的影响作用是什么？要素价格均等化定理进一步扩展了上述结论来回答这一问题。要素价格均等化定理表明，贸易将导致支付给要素禀赋（例如劳动力）的工资持续发生变化，直到国家间实现要素价格均等化。在我们的模型中，这意味着南方国家支付给非技能型劳动力的工资（一开始很低）将会上升；而北方国家支付给非技能型劳动力的工资（一开始很高）将会下降。这些变化将会持续，直到北方国家支付给非技能型劳动力的工资与南方国家相等。同样的结论适用于技能型劳动力。从理论上讲，这些因贸易或贸易自由化带来的工资变化导致了收入的不平衡（以及工资差距）。具体而言，工资变化导致北方国家工资差距扩大（因为 w_s 上升而 w_u 下降），同时南方国家工资差距缩小（因为 w_u^* 上升而 w_s^* 下降）。

斯托尔珀-萨缪尔森定理和要素价格均等化定理为研究贸易和贸易自由化对工资的影响作用提供了长期理论基础。然而，正如前文提到的，这一结果与实际观察到的现象，即无论是发达国家还是发展中国家内部工资收入差距均呈扩大趋势相违背。一系列更新的研究文献正在尝试解释这一谜题。这些研究文献中的一部分通过改变模型的基本假设，并且研究一些特殊的情形来解释现实对这些核心理论的偏离。其他一些文献研究了国家之间的工资差异是否能够更好地通过技术变化而不是贸易来解释。关于贸易和多个国家（在本书第3章）的文献的扩展也分析了外包在解释贸易和工资的关系中所起到的作用。这类研究尚未达成一致的结论，需要进一步进行深入探讨。本章末尾的延伸阅读为这些扩展提供了一些思路。

12.3 贸易利益和损失是如何在国家内部被重新分配的？

在12.2部分，我们阐述了贸易（或贸易自由化）的利益在一国内部不同种类劳动力之间分配的不平衡性。为了解决收入分配的不平衡问题，各国有时会采取一些贸易政策，例如贸易调整援助（TAA）计划。这些是国家层面的计划，旨在支持那些因国际贸易受到负面影响的产业和工人。在实践中，贸易调整援助计划通常是对因增加进口和/或国内生产区位转移至国外而造成的损失进行补偿。

贸易调整援助计划的目的是降低贸易（或贸易自由化）对国家内部那些因贸易而受损的产业和个人的影响。贸易调整援助计划通过便利化生产要素（例如劳动力）从比较劣势的产业部门向比较优势的产业部门的重新配置，或者通过提高这些受到负面影响的生产要素（包括劳动力）的生产效率来达到这一目的。

尽管不同国家的贸易调整援助计划不同，但是受到支持的通常是工人、农民、渔民、企业和/或团体。例如，对工人的支持包括工作再培训、职业搜寻服务以及收入和保险援助。寻求援助的过程通常包括填写申请，表明由于国际贸易导致这些工人丢失了工作或导致工作时间并且/或工资减少。对企业支持计划包括金融和技术援助来提高国内企业的竞争力。企业寻求援助的过程通常包括填写申请，表明企业因遭受进口竞争而导致销售和雇佣人员减少。对农民和渔民的支持计划包括对那些因进口而导致商品价格下降的农业生产者的支付。对团体的支持计划包括应对工厂停工的援助。

贸易调整援助计划是国家层面的计划。然而，在区域贸易安排框架内同样能够提供一些计划，例如北美自由贸易协定。在这种情况下，援助计划可以提供给工人，即受到进口影响或因企业生产区位转移至自由贸易区域内其他成员国而受到影响的工人；即援助被用来对区域贸易安排而造成的负面影响进行补偿。

12.4　劳工政策对贸易的影响是什么？

在这一部分，我们集中研究劳工标准对贸易、商品价格和工资的影响作用。

劳工标准主要通过两种机制对贸易、商品价格和工资产生影响作用。首先是生产机制。具体而言，具有不同劳工标准的国家影响了生产成本，从而影响贸易模式（谁出口什么，进口什么）以及贸易条件（出口商品相对于进口商品的价格）。这些变化反过来影响要素价格，包括工资。例如，弱的劳工标准能够增加一国非技能型劳动力的供给（或减少非技能型劳动力的成本）。例如，在一个具有弱的劳工标准的国家，使用童工或者"血汗工厂"能够增加劳动力的供给效率（或降低劳动力的成本）。如果该国是非技能型劳动力丰裕型国家，那么它在密集使用非技能型劳动力生产的出口商品上具有比较优势。这增加了世界市场上非技能型劳动力密集型商品的供给量，从而导致这类商品价格下降，以及支付给非技能型劳动力的工资下降。

相反，强的劳工标准能够降低一国非技能型劳动力的供给（或增加非技能型劳动力的成本）。它能够弱化一国使用非技能型劳动力密集型生产技术生产的商品上的比较优势。这减少了世界市场上非技能型劳动力密集型商品的供给，从而导致这类商品价格上升，以及支付给非技能型劳动力的工资上升。在这些例子中，劳工标准影响生产，从而反过来影响贸易、商品价格和工资。

劳工标准也能够通过消费机制影响贸易。例如，国家制定弱的劳工标准，会导致对从这些国家进口商品的消费需求减少。弱的劳工标准与不人道的劳动力实践相联系就是一个最典型的例子。进口国的消费者可能会偏好反对消费那些采用这些生产实践而生产的商品。例如，消费者可能不偏好消费那些使用"不公平贸易"实践，或使用"血汗工厂"生产的商品。在世界市场上，对这种商品需求量的减少使得这些商品的价格下降，从而导致支付给这些商品生产中密集使用的非技能型劳动力工资的下降。

相反，在这些国家中，强的劳工标准能够导致对从这些国家进口商品的消费需求增加。当消费者偏好那些使用更加人道的方式生产的商品时，对这些商品的消费需求就会增加。在世界市场上，这些商品需求的增加使商品价格上升，从而导致支付给这些商品生产中密集使用的非技能型劳动力的工资上升。

在这些例子中，劳工标准影响消费，而消费又会反过来影响贸易、商品价格和工资。

这些影响作用提供了一些最重要的论据来支持或反对加强劳工标准。"竞次"是一个最主要的论据来反对弱的劳工标准，或支持更强的劳工标准。这一论据往往集中在非技能型劳动力丰裕型国家（例如南方国家）的弱的劳工标准以及对非技能型劳动力稀缺国家（例如北方国家）的工资和标准的负效应上。从直观上看，劳工标准上能够存在竞次，因为各国尝试在非技能型劳动力密集型商品上进行国际竞争。例如，进口非技能型劳动力密集型商品的国家（北方国家）可以同时降低劳工标准，并且降低贸易壁垒，例如关税。更低的劳工标准可以允许进口国（北方国家）更加有效地与（从南方国家）进口商品进行竞争。在这种情况下，尽管贸易自由化，但出口国（南方国家）可能无法从进入进口国（北方国家）市场中获益。并且，降低自身劳工标准的进口国（北方国家）能够降低支付给其稀缺的非技能型劳动力的工资。

"竞次"的一个扩展集中在劳工标准对贸易条件产生的影响作用。回忆贸易条件的定义，贸易条件被定义为一国出口商品相对于其进口商品的价格。出口商品相对价格上升，意味着该国贸易条件改善；而出口商品的相对价格下降，意味着该国贸易条件恶化。在竞次情形下，采取更弱的劳工标准的国家（南方国家和北方国家），非技能型劳动力的世界供给将会增加。例如，更弱的劳工标准可以允许使用童工或者监狱服刑人员。结果导致，非技能型劳动力密集使用的商品的相对价格下降。这一相对价格的变化将会导致非技能型劳动力丰裕型国家（例如南方国家）的贸易条件恶化，并且这些国家支付给非技能型劳动力的工资下降。这一贸易条件效应将会激励这些国家强化它们的劳工标准。

这一论点的反方观点是，加强劳工标准减少了非技能型劳动力的供给，但是支付给非技能型劳动力的工资上升。这一观点假设更强的劳工标准减少了提供给非技能型劳动力的工作数量，但是这一效应小于支付给非技能型劳动力工资增长的幅度。这一论点往往得到发达国家（即北方国家）的支持。

反对更强的国际劳工标准（或支持现有的更弱的劳工标准）最主要的论据集中在，要求更高的劳工标准是否构成了一种贸易壁垒。这一论据往往集中在非技能型劳动力丰裕型国家（例如南方国家）加强劳工标准产生的影响结果，以及这些国家向非技能型劳动力稀缺的国家（即北方国家）出口的能力的负影响作用。这一观点认为，如果所制定的劳工标准是发展中国家（即南方国家）无法达到的，那么就会有效限制发展中国家的商品进入到发达国家（即北方国家）市场。这一观点同样对使用国际化的贸易政策来解决国内劳动力市场的问题表示担忧。这些担忧包括贸易政策在削弱国家主权方面的效果。更强的劳工标准产生贸易壁垒的观点往往成为发展中国家的担忧。

劳工标准对贸易、商品价格和要素价格产生的影响作用能够通过使用本章提出的模型框架（即HO模型和特定要素模型）以及本书第2章的模型进行阐述。我们鼓励读者使用本章的基本模型框架来探索这些应用问题。

12.5 本章总结

什么是与贸易有关的劳工政策，它们的种类和作用是什么？劳工政策包括国家的和国际的关于劳工标准的法律。核心劳工标准规制了劳动力市场的运行来确保基本的人权。具体劳工标准规制了劳动合同的一些基本特征。这些劳工政策能够影响贸易，同时贸易政策能够影响劳动力。然而，贸易和劳动力之间的关系是复杂的，并且持续为经济学家提出未解的谜题。对二者关系的研究具有很长的历史。关于贸易对支付给劳动力工资产生的影响作用，斯托尔珀-萨缪尔森定理提供了最著名的解释。然而，这一理论的结论并不能很好地解释在发达国家和发展中国家内部均普遍存在的工资差距的扩大趋势。由于理论与现实的不一致，许多贸易经济学家质疑贸易在造成工资收入失衡中所扮演的角色。在本章我们并没有解决这一谜题，而是提供了理解这一谜题的基本理论研究框架。

贸易对工资的长期影响作用是什么？我们使用赫克歇尔-俄林（H-O）模型阐述贸易对工资的长期影响作用。与赫克歇尔-俄林模型相关的一些著名的理论解释了贸易的收入分配效应。斯托尔珀-萨缪尔森理论描述的是，贸易（以及与之相关的价格变化）导致了一国丰裕要素禀赋收入增加，同时该国稀缺要素禀赋收入减少。这一理论将贸易与一国内部的收入（包括劳动力工资）分配联系在一起。要素价格均等化理论描述的是，贸易导致国家之间要素价格的均等化。这一理论将贸易与贸易伙伴国之间的要素价格（包括劳动力工资）联系在一起。

为了评估贸易对工资的长期影响效应，我们将这些模型应用到北方国家和南方国家的贸易框架中，其中北方国家是技能型劳动力丰裕型国家，而南方国家是非技能型劳动力丰裕型国家。我们假设技能型劳动力和非技能型劳动力能够在北方国家和南方国家内部跨部门自由流动。此外，我们假设存在两种类型的商品：技能型劳动力密集型商品和非技能型劳动力密集型商品。假设北方国家和南方国家使用相同的生产技术来生产这些商品。

本章的模型框架得出了一些基本的结论。首先，在技能型劳动力丰裕型的北方国家，贸易使技能型劳动力的收入增加，而非技能型劳动力的收入下降。相反，在非技能型劳动力丰裕的南方国家，贸易使非技能型劳动力的收入增加，而技能型劳动力的收入下降。这些结论对于名义工资收入和实际工资收入均适用。因此，贸易或贸易自由化对北方国家和南方国家内部工资的影响是非对称性的，即一种类型的劳动力的福利改善，而另一种类型的劳动力的福利恶化。

其次，这些工资变化会一直持续下去，直到国家之间工资达到均等化。北方国家支付给技能型劳动力的工资上升，而南方国家支付给技能型劳动力的工资下降，直到二者工资实现均等化。因此，贸易导致了北方国家和南方国家相同技术水平的劳动力的工资相等。

第三，模型预测贸易能够使北方国家的收入分配差距不断扩大，而南方国家的收入分配差距逐渐缩小。在北方国家，支付给技能型劳动力的工资上升，支付给非技能型劳动力的工资下降，因此二者的工资差距呈扩大趋势。在南方国家，支付给技能型劳动力的工资下降，而支付给非技能型劳动力的工资上升，从而二者之间的工资差距呈缩小趋势。因此，贸易的收入分配效应对北方国家和南方国家而言是不对称的，即北方国家收入差距扩大，而南方国家收入差距缩小。这一结果提出了一个问题，理论研究结论与现实中观察到的现象相矛盾，即无论是北方国家还是南方国家的收入差距均呈现扩大趋势。

贸易对工资的短期影响作用是什么？我们使用特定要素模型来阐述贸易对工资的短期影响作用。我们在南方国家和北方国家的框架内进行分析。其中，北方国家为技能型劳动力丰裕型国家，而南方国家为非技能型劳动力丰裕型国家。我们假设技能型劳动力和非技能型劳动力是特定要素，即不能够跨部门自由流动。这一不能流动的特征反映了模型的短期特点，即技能型劳动力和非技能型劳动力不能有效地跨部门自由流动。我们同样假设存在第三种要素禀赋——实物资本，它能够跨部门自由流动。

这一模型框架能够得出一些基本的结论。首先，技能型劳动力和非技能型劳动力的工资既有得益也有损失。从贸易中获益的是丰裕型非流动要素，因贸易而受到损失的是稀缺型非流动要素。具体而言，在北方国家，技能型劳动力相对丰裕，技能型劳动力的工资因贸易而上升，而非技能型劳动力的工资因贸易而下降。相反，在南方国家，非技能型劳动力相对丰裕，非技能型劳动力的工资因贸易而上升，而技能型劳动力的工资因贸易而下降。贸易对资本拥有者的租金收入的影响是不确定的。资本拥有者的福利用名义租金率来衡量是增加的，而用出口商品的购买力来衡量的福利是下降的，用进口商品的购买力来衡量的福利是上升的。

特定要素模型是赫克歇尔-俄林模型在短期的一种变形。这些模型的结论有赖于我们做出的假设，即劳动力是产业部门的流动要素还是非流动要素。在特定要素模型框架内，我们假设技能型劳动力和非技能型劳动力均不能跨部门自由流动。在这种情况下，我们能够看到短期和长期的一个一致性的结论。丰裕要素（或特定要素）从贸易中获益，稀缺要素（或特定要素）因贸易而受损。长期模型和短期模型的一个主要区别在于，贸易在短期对流动要素禀赋的影响作用。特定要素模型认为，流动要素禀赋的福利用实际收入来衡量可能增加，也可能减少，取决于它们在进口商品和出口商品之间消费的比例。在本章的模型中，我们假设资本在短期是流动要素禀赋。因此，这一不确定性的结论适用于支付给资本拥有者的租金率。如果我们假设在短期技能型劳动力（例如）是流动要素禀赋，那么这一不确定的结果适用于技能型劳动力。

这些模型和定理为贸易对工资的影响研究提供了一个长期的基础。然而，它们同样提出了一些仍未解决的谜题。最典型的谜题是，在实践中，为什么工资的失衡同时在发达国家和发展中国家内呈扩大趋势。

贸易利益和贸易损失是如何在国家内部被重新分配的？国家常常采取政策来解决贸易的利益和损失的不平衡分配问题。贸易调整援助（TAA）计划旨在对因进口增加或国内产业转移至外国而遭受的损失进行补偿。贸易调整援助的目的是为了降低贸易对那些遭受损失的个人或企业的损失。贸易调整援助计划通过便利化生产要素（例如劳动力）流出比较劣势的产业部门，而流入比较优势的产业部门，或者通过提高这些受到负面影响作用的要素（包括劳动力）的生产效率来实现这一目的。贸易调整援助计划是国家层面的计划。然而，在一些区域贸易安排框架内也会被提出。

劳工政策对贸易的影响是什么？劳工标准通过生产和消费这两种主要的机制来影响贸易。生产机制是，具有不同劳工标准的国家影响生产成本，从而影响贸易和工资。例如，南方国家弱的劳工标准能够增加南方国家非技能型劳动力的供给。如果南方国家的非技能型劳动力相对丰裕，那么南方国家将会在出口密集使用非技能型劳动力生产的商品上具有比较优势。非技能型劳动力供给的增加，导致世界市场上非技能型劳动力密集型商品出口供给增加。这反过来导致非技能型劳动力密集型商品的价格下降，从而导致非技能型劳动力工资下降。

消费机制是，具有不同劳工标准的国家影响消费需求，从而影响贸易和工资。例如，如果北方国家消费者偏好反对那些不人道实践生产出的商品，则南方国家弱的劳工标准能够降低北方国家消费者的进口需求。世界市场对这些商品的进口需求减少，从而导致这些商品价格的下降，以及这些商品生产所使用的非技能型劳动力工资的下降。

这些影响作用为支持或反对加强劳工标准的一些主要的观点提供了基础。"竞次"是一种反对弱的劳工标准的观点。直观上看，弱的劳工标准导致竞次竞争，因为国家企图在国际上针对非技能型劳动力密集型商品进行竞争。例如，在非技能型劳动力稀缺的北方国家降低标准，会使这些国家能够与从非技能型劳动力丰裕型的南方国家进口的商品进行更加有效地竞争。更低的劳工标准导致非技能型劳动力的世界供给量增加，而非技能型劳动力密集型商品的相对价格下降。这一变化导致南方国家贸易条件恶化，并且导致支付给非技能型劳动力的工资下降。竞次往往受到北方国家的关注。

　　与之形成对比的是，"贸易壁垒"是反对加强劳工标准的一种观点。从直观上看，如果劳工标准制定的水平是南方国家不可能达到的，那么这将会有效限制南方国家的商品进入北方国家市场。这一观点也表达出了对于使用国际贸易政策来解决国内劳动力市场问题的担忧。这样的担忧包括贸易政策的效果会削弱国家的主权。更强的劳工标准会产生贸易壁垒的观点往往得到南方国家的支持。

□ 应用问题　　12.1　分析两组国家（北方国家和南方国家），两个产业（制造业和农业），两种要素禀赋（技能型劳动力和非技能型劳动力）。假设制造业是技能型劳动力密集型产业，农业是非技能型劳动力密集型产业。此外，假设北方国家为技能型劳动力相对丰裕，南方国家为非技能型劳动力相对丰裕。利用赫克歇尔-俄林模型和斯托尔珀-萨缪尔森理论验证贸易（或贸易自由化）对北方国家和南方国家工资的长期影响作用。

　　12.2　分析两组国家（北方国家和南方国家），两个产业（制造业和农业），三种要素禀赋（技能型劳动力、非技能型劳动力和资本）。假设技能型劳动力是制造业部门的特定要素，非技能型劳动力是农业部门的特定要素。资本是流动要素，能够在两个部门之间自由流动。此外，假设北方国家为技能型劳动力相对丰裕，南方国家为非技能型劳动力相对丰裕。应用特定要素模型验证贸易（或贸易自由化）对北方国家和南方国家工资的短期影响作用。

　　12.3　关税与贸易总协定（GATT）和世界贸易组织（WTO）通过多边贸易安排促进了世界贸易的自由化。利用所学知识评价它们从限制贸易状态到自由贸易状态过程中，对国家内部以及国家之间的收入失衡的短期和长期的影响作用。

　　12.4　政客常常支持限制贸易。利用所学知识，评价实施保护贸易政策对下列情况产生的影响作用：（a）在短期，支付给技能型和非技能型劳动力的工资。（b）在长期，支付给技能型和非技能型劳动力的工资。在国家内部和国家之间分析这些工资的影响作用。分析你感兴趣的两个国家和两个产业，并要明确提出你的分析假设前提。

　　12.5　分析下列情形下，贸易对工资的影响作用，即当：（a）劳动力能够跨部门自由流动，但不能够在国家之间流动；（b）劳动力不能够跨部门自由流动，同时也不能够在国家之间流动；（c）劳动力能够跨部门自由流动，同时也能够在国家之间自由流动。

　　12.6　分析劳工标准对生产、贸易、商品价格和工资的影响作用。（a）具体而言，使用特定要素模型分析增加非技能型劳动力的有效供给在短期的影响作用。（b）使用赫克歇尔-俄林模型分析，增加非技能型劳动力有效供给的长期影响作用。确保明确阐述前提假设。

　　12.7　分析劳工标准对消费、贸易、商品价格和工资的影响作用。具体而言，分析这种情形，即北方国家具有较强的偏好反对消费弱劳工标准的国家用非技能型劳动力生产的商品。

□ 延伸阅读　　Acemoglu，Daron 2003. Patterns of skill premia. Review of Economic Studies 70 (2)：231-251.

　　Basu，Kaushik，Henrik Horn，Lisa Roman，and Judith Shapiro，eds. 2003. International Labor Standards. Malden，MA：Blackwell.

　　Brown，Drusilla K. 2001. Labor standards：where do they belong on the international trade agenda? Journal of Economic Perspectives15 (3)：89-112.

Davis，Donald. 1996. Trade Liberalization and Income Distribution. NBER Working Paper No.5693. Cambridge，MA：National Bureau of Fxonomic Research.

Elliott，Kimberly A. 2001. Can Labor Standards Improve under Globalizatio? Washington，D.C.：Institute for International Economics.

Feenstra，Robert C. 2010. Offshoring in the Global Economy：Microeconomic Structure and Macroeconomic Implications. Cambridge，MA：MIT Press.

Feenstra，Robert C.，and Gordon H. Hanson. 1996. Foreign investment，outsourcing，and relative wages. In The Political Economy of Trade Policy：Papers in Honor of Jagdish Bhagwati (eds R.C. Feeenstra，G.M. Grossman，and D.A. Irwin)，Cambridge，MA：MIT Press，pp. 89-127.

Jones，Ronald W.，and Stanley Engerman. 1996. Trade，technology，and wages：a tale of two countries. American Economic Review 86：35-40.

Jones Ronald W.，and Sugata Marjit. 1985. A simple production model with Stolper-Samuelson property. International Economic Review 26 (3)：565-567.

Jones，Ronald W.，and Sugata Marjit. 2003. Economic development，trade，and wages. German Economic Review 4：1-17.

Jones Ronald W.，and Jose Scheinkman. 1977. The relevance of the two-sector production

model in trade theory. Journal of Political Economy 85：909-935.

Krugman，Paul. 2000. Technology，trade，and factor prices. Journal of International Economics 50(1)：51-71.

Learner，Edward. 2000. Whats the use of factor contents? Journal of International Economics 50 (1)：73-90.

Magee，Christopher. 2001. Administered protection for workers：an analysis of the trade adjustment assistance program. Journal of International Economics 53 (1)：105-125.

Marjit，Sugata，and Rajat Acharyya. 2003. International Trade，Wage Inequality，and the Devel- oping Economy：A General Equilibrium Approach. Heidelberg：Physica/Springer Verlag.

Marjit，Sugata，and Rajat Acharyya. 2006. Trade liberalization，skill-linked intermediate production，and two-sided wage gap. Journal of Policy Reform 9 (3)：203-217.

Maijit，Sugata，Hamid Beladi，and Avik Chakrabarti. 2003. Trade and wage inequality in developing countries. Economic Inquiry 42 (92)：295-303.

Robbins，Donald. 1995. Trade，Trade Liberalization，and Inequality in Latin America and East Asia：Synthesis of Seven Country Studies. Mimeo，Harvard Institute of International Development.

Samuelson，Paul A. 1953. Prices of factors and goods in general equilibrium. Review of Economic Studies 21：1-20.

Wood，Adrian. 1997. Openness and wage inequality in developing countries：the Latin American chaJJenges to East Asian conventional wisdom. World Bank Research Observer 11(1)：33-57.

Xu，Bin. 2003. Trade liberalization，wage inequality，and endogenously determined non- traded goods. Journal of International Economics 60 (2)：417-431.

13 增长与发展政策

13.1 什么是与贸易有关的发展与增长政策，以及它们的种类和目的是什么？

经济发展是指提高人们的生活水平或福利的过程。因此，促进经济发展的政策旨在提高人们的经济和社会生活水平。此类经济发展政策包含的范围非常广泛。它们包括致力于促进人力资本的发展、提高识字率以及减少贫困。它们同样包括致力于在全球市场上提高一国（或地区）的竞争力。这些提高国家竞争力的努力包括贸易政策。

与之形成对比的是，经济增长是指增加一国（或地区）的产出价值。经济增长通常用国内生产总值或国民生产总值在一段时期内的变化比例来衡量。经济增长有时用人均指标来衡量。这种方法的目的是衡量一国或地区人们生活水平的变化。因此经济增长是衡量经济发展的一个指标。

然而，经济发展和经济增长并不是完全等同的概念，经济增长是实现经济发展的一种途径。一个经历了经济增长的国家可能没有实现经济发展，即人们生活水平的提高。因此，研究经济发展，除了要研究经济增长，还要研究其他一些也许没有被经济增长缓解的经济问题。这些问题包括经济体内部的收入分配和贫困问题。

发展中国家的经济发展和增长政策包括两个主要的目的：促进工业化和解决收入分配的问题。促进工业化的政策通常是基于幼稚产业的观点。所谓幼稚产业是指需要一段时间的保护（例如通过贸易政策）免受国际竞争的本国产业。在这段时间内，幼稚产业逐渐成熟，直到它能够在没有保护的条件下在国际市场进行竞争。有观点认为，在没有保护的情况下，由于存在市场失灵，某一产业将不会在社会最优水平上进行生产，因此需要对该产业进行暂时性的保护。发展中国家出现市场失灵的原因包括知识（例如知识财产）不能获得合理的报酬，亦即资本市场的不完全竞争。用于支持幼稚产业发展和工业化的主要贸易政策包括进口替代政策和出口促进政策。

进口替代政策是指，政府用于促进本国国内生产那些与进口商品和服务相竞争的商品和服务的措施。这些措施包括：促进本国进口替代产品生产的产业政策；限制目标产业的进口，以发展和改变出口原材料商品的贸易条件政策；以及促进使用外汇进口非竞争性中间产品和资本产品的货币和汇率政策。

出口促进政策是指，被政府用来促进出口和/或生产出口商品与服务的措施。存在两种基本的出口促进政策。第一种出口促进政策的措施包括，对出口或出口产业生产的激励措施，例如出口补贴。这一出口促进措施涉及政府对具体针对出口的激励干预政策。第二种措施包括，消除限制贸易壁垒，从而允许市场的力量增加出口的政策措施，例如取消关税和数量限制。

贸易与经济发展和经济增长之间的关系是复杂的。关于贸易与经济增长关系的研究文献，以及贸易与发展关系的研究文献有很长的历史。这些文献包括将国家作为一个整体的宏观层面的研究；集中在贸易对经济增长和/或经济发展的内在作用机制的微观层面的研究；以及历史的国家研究。尽管这一领域具有很长的研究历史，但关于贸易、经济增长和经济发展之间关系的研究结论仍然没有定论。

在本章中，我们集中选择了这些文献的几个角度进行研究。本章围绕以下几个关键问题展开。首先，贸易对经济发展和经济增长的影响是什么？关于这一问题我们考虑三个层面，具体而言：①贸易对国家福利的影响作用是什么？②贸易对经济增长的影响作用是什么？③贸易对收入分配的影响作用是什么？其次，我们换一个视角进行分析，亦即存在贸易时，经济增长对经济发展（或福利）的影响作用是什么？

13.2　贸易对发展与增长的影响是什么？

第一篇考虑贸易（或贸易自由化）对经济发展与经济增长的影响作用是什么？具体而言，我们考虑贸易对一国的：①福利；②收入随时间的增长率；③收入分配的影响作用。在我们的论述中，使用效用或福利的概念来衡量生活水平或经济发展水平。因此，在本书中我们会使用"福利"或"效用"来表示经济发展的水平。我们使用"经济增长"一词来表示生产可能性或收入随时间推移的变化情况。此外，我们使用"收入分配"一词来表示收入（或经济发展利益）在一国内部不同经济主体之间的分配。两个主要的分配问题是贫困以及不同技能水平的劳动力之间的收入差异。

13.2.1　贸易对一国福利的影响是什么？

贸易对一国福利（用收入或人均收入或实际国内生产总值来衡量）的影响专业，二者存在正相关关系[1]；即贸易或贸易自由化增加国家收入水平。这一正向影响作用通过以下几个机制实现。首先，贸易（以及贸易自由化）允许基于比较优势的专业化分工，从而导致效率的提高，进而带来福利的增加。其次，贸易（以及贸易自由化）使本国企业面对国际市场的竞争。由于本国企业现在必须与外国企业相竞争，从而减少了本国企业无效的垄断行为。最后，贸易（以及贸易自由化）使可供消费的商品种类增多，从而提高了消费者的效用水平。研究同样表明，贸易对国家收入水平的正向促进作用也与制度有关。即贸易（以及贸易自由化）对制度具有正向促进作用，从而又会对收入产生正的影响作用。尽管

---

[1] 贸易和国家收入水平的研究，参见巴格瓦蒂（Bhagwati）（1971），布罗达（Broda）和文斯坦（Weinstein）（2006），弗科尔（Frankel）和罗默（1999），哈瑞森（Harrison）（1994），克里希纳（Krishna）和米特拉（1998）。

在国际经济文献中这些研究方法在细节上存在很大差异，但是它们均得出一致的结论，即在静态环境中贸易和收入存在正相关关系。

接下来，我们采用一个简单的模型来说明第一个机制，即贸易导致效率的提高，从而提高国家的福利水平。我们使用的方法是基于本书第一篇提出的一般均衡模型。具体而言，我们建立一个生产层面的模型（例如李嘉图和赫克歇尔 - 俄林模型），从比较优势角度诠释国际贸易。本章我们对这些模型做了一个重要的扩展，即在生产层面分析的基础上，加入消费层面的分析。本章提出的模型框架常被称为标准贸易模型。标准贸易模型并不是一个具体的模型，而是对生产层面的贸易模型做出的消费层面的扩展和延伸。

本章将研究焦点集中在国家贸易条件的变化而导致的福利变化。回忆本书之前的研究内容，贸易条件是指一国出口商品与进口商品的相对价格。出口商品相对于进口商品的价格上升，表示该国贸易条件改善。反过来，出口商品相对于进口商品的价格下降，表示该国贸易条件的恶化。我们将研究这一相对价格的变化对参与贸易的国家的福利影响。

为了便于更加清晰地进行阐述，本章建立了标准贸易模型的一个简单表述；但需要牢记的是，这一简单表述通过放松一些基本假设，能够被扩展到更加复杂的情景。本章模型的基本假设如下。存在两个国家，本国和外国。本国为发达国家（或者北方国家），外国为发展中国家（或称南方国家）。存在两种商品，x 商品和 y 商品（也可以将 x 商品理解为制成品，将 y 商品理解为初级商品，例如农产品）。市场结构为完全竞争市场结构，例如商品根据生产成本定价。生产要素不能跨国流动，但能够在一国内部跨部门自由流动。要素的流动性符合长期情景。此外，生产技术满足的条件为，生产过程中所使用的要素投入具有不完全替代性。这意味着生产要素投入满足边际产出递减规律。这些假设反映了本书第一篇的赫克歇尔 - 俄林模型的特点。

基于上述假设前提，一国的生产可能性如图 13.1 所示。生产可能性边界表示给定生产技术和该国要素供给总量的前提下，生产 x 商品和 y 商品之间的权衡。生产可能性边界是凹向原点的，反映了要素投入的边际报酬递减规律。例如，生产要素从 x 产业流向 y 产业。这一流动导致 y 产业的产出增加，但是产出增加率减少。同样，生产要素可以从 y 产业流向 x 产业，导致 x 产业的产出增加，但产出增加率减少。

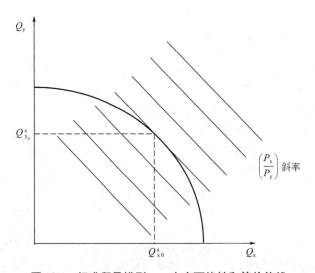

图 13.1　标准贸易模型——生产可能性和等价值线

　　一国在生产可能性边界上的某一点进行生产 x 商品和 y 商品组合。该生产均衡点是该国最大化产出价值（V_p）的点

$$V_P = P_x Q_x^S + P_y Q_y^S \qquad (13.1)$$

例如，两种商品的总产出价值等于在给定要素价格前提下，x 商品的价值（即 $P_x Q_x^S$）加上 y 商品的价值（即 $P_y Q_y^S$）。如果重新整理等式（13.1），可以得到等价值线

$$(V_P/P_y) - (P_x/P_y) Q_x^S = Q_y^S \qquad (13.2)$$

式中，等价值线的斜率是 x 商品相对于 y 商品的价格（P_x/P_y）。图 13.1 显示了在既定的相对价格水平上的一组等价值线。等价值线越远离原点，代表的产出价值越高。一国会选择等价值线与生产可能性边界相切的点处生产 x 和 y 商品的组合。该生产点是在既定的相对价格下，产出商品价值最大化的点。生产可能性边界以外的生产点无法实现，而生产可能性边界内的生产点并不是最优的。

　　商品的相对价格变化会使生产均衡点发生沿着生产可能性边界的移动。图 13.2 阐明了商品相对价格变化对生产均衡点的影响。图中两条斜线为两条不同的等价值线，分别对应 x 和 y 商品不同的相对价格水平。假设我们先从相对价格为 $(P_x/P_y)_0$ 开始分析。x 商品的相对价格从 $(P_x/P_y)_0$ 下降到 $(P_x/P_y)_1$，导致 x 商品的产出减少，同时 y 商品的产出增加。同样的，y 商品的相对价格从 $(P_x/P_y)_1$ 下降到 $(P_x/P_y)_0$ 导致 x 商品的产出增加，并且 y 商品的产出减少。

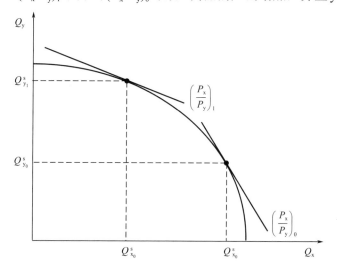

图 13.2　标准贸易模型——价格变化对产出的影响

　　现在，我们将消费加入这一模型框架。一国将会在其效用无差异曲线上的某一点消费 x 商品和 y 商品。效用无差异曲线表示一国代表性消费者的偏好。消费均衡点是该国最大化消费价值（V_c）的点：

$$V_c = P_x Q_x^D + P_y Q_y^D \qquad (13.3)$$

　　在该点处，消费价值等于在既定的市场价格水平上，x 商品的需求价值（即 $P_x Q_x^D$）加上 y 商品的需求价值（即 $P_y Q_y^D$）。如果我们重新调整一下等式各项的位置，能够得到

$$(V_c/P_y) - (P_x/P_y) Q_x^D = Q_y^D \qquad (13.4)$$

其中，上式斜率为 x 商品相对于 y 商品的价格（亦即 P_x/P_y）。图 13.3 显示了一组效用无差异曲线。同一条效用无差异曲线上所有点代表的效用水平相等。即效用无差异曲线上所有点的消费组合表示的代表性消费者的效用水平及其所衡量的生活水平（或福利）相等。越远

离原点的效用无差异曲线表示越高的效用（或福利）水平。

我们现在能够分析从自给自足状态到自由贸易状态的福利效应。正如前文所述，将"福利"一词视为与效用水平或生活水平或发展水平等同的概念。

在自给自足状态下，一国消费的x商品和y商品的价值和数量分别等于其生产的价值和数量。这是因为，在不存在贸易的情况下，一国只能消费其国内生产的商品。自给自足状态下的均衡点位于效用无差异曲线与生产可能性边界相切的切点。

图13.3中的A点为自给自足状态下的生产均衡点和消费均衡点。这一消费均衡点是等式（13.3）表示的消费价值与等式（13.1）表示的生产价值相等的消费预算约束下，最大化效用的均衡点，即，

$$V_c = V_p$$

$$P_x Q_x^S + P_y Q_y^S = P_x Q_x^D + P_y Q_y^D \tag{13.5}$$

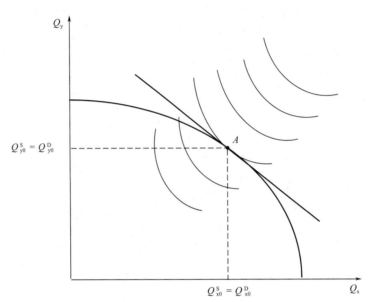

图13.3　标准贸易模型——消费可能性和无差异曲线

该消费均衡点同样满足两种商品的消费数量分别等于该国两种商品的生产数量

$$Q_x^S - Q_x^D$$
$$Q_y^S = Q_y^D \tag{13.6}$$

在自给自足状态下，消费均衡点不可能位于生产可能性边界之外；同样，在生产可能性边界以内的点上进行消费也不是最优的。

现在，一旦允许进行国际贸易，一国所消费的x商品和y商品组合需要满足的条件是，消费的两种商品的总价值等于其生产的两种商品的总价值。然而，存在国际贸易时，两种商品的消费数量并不要求等于两种商品的生产数量。与自给自足状态形成对比的是，消费均衡点能够位于生产可能性边界以外。消费价值等于生产价值的约束条件意味着等价值线必须同时与生产可能性边界和效用无差异曲线相切。

为了确定贸易条件下的生产均衡点和消费均衡点，我们还需要知道该国的比较优势。正如本书第一篇中详细阐述的那样，这一比较优势由模型的生产层面决定。在本章模型中，我们假设存在两组国家，北方国家和南方国家。我们将南方国家的相应参数用星号标

出。此外，我们假设北方国家具有 x 商品的比较优势（即制成品的比较优势），而南方国家具有 y 商品的比较优势（即农产品的比较优势）。给定这些假设前提之后，接下来两个国家自给自足均衡时的相对价格以及在贸易条件下的世界相对价格满足下列条件

$$(P_x/P_y)^* > (P_x/P_y)^w > (P_x/P_y) \tag{13.7}$$

式中，$(P_x/P_y)^w$ 为世界市场的商品相对价格；$(P_x/P_y)^*$ 为南方国家自给自足条件下的相对价格；(P_x/P_y) 为北方国家自给自足条件下的相对价格。等式（13.7）表明，北方国家 x 商品的相对价格较低，而南方国家 y 商品的相对价格较低。此外，如果世界相对价格位于两国自给自足的相对价格之间，那么北方国家和南方国家就有动机进行贸易。

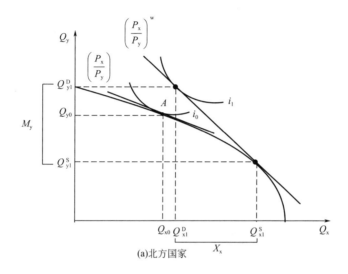

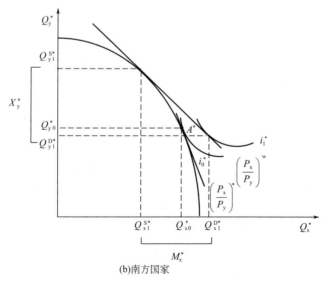

图13.4 标准贸易模型——国家自给自足 vs. 贸易

图13.4（a）和（b）分别阐述了自给自足条件下以及自由贸易下，北方国家和南方国家的生产、消费和福利情况。在自给自足条件下，北方国家两种商品的产量分别为 Q_{x0} 和 Q_{y0}；南方国家两种商品的产量分别为 Q_{x0}^* 和 Q_{y0}^*。北方和南方国家的消费者分别在 A 点和 A^* 点消费这两种商品。A 点和 A^* 点所表示的两种商品组合满足的条件是，消费者所消费的两

种商品的总价值等于各国两种商品生产的总价值，即等价值线与生产可能性边界以及效用无差异曲线同时相切的切点。此外，在自给自足条件下，北方国家和南方国家各自消费的两种商品的数量等于各自生产的两种商品的数量。我们同样能够在图13.4（a）和（b）中观察到式（3.17）描述的两个国家自给自足时的相对价格的关系。

现在，考虑北方国家和南方国家进行贸易时会发生什么。在开放条件下，生产和消费取决于世界相对价格 $(P_x/P_y)^w$。在这一世界相对价格水平上，北方国家的生产者生产两种商品的数量分别为 Q_{x1}^S 和 Q_{y1}^S；南方国家的生产者生产两种商品的数量分别为 Q_{x1}^{S*} 和 Q_{y1}^{S*}。另一方面，北方国家消费者的消费量分别为 Q_{x1}^D 和 Q_{y1}^D；南方国家消费者的消费量分别为 Q_{x1}^{D*} 和 Q_{y1}^{D*}。各国生产和消费的商品组合满足的条件是，消费两种商品的总价值等于生产两种商品的总价值，即等价值线同时与生产可能性边界和效用无差异曲线相切。然而，各国消费的每种商品的数量不再等于各自生产的商品数量，因为生产均衡点与消费均衡点在开放条件下不再一致。这一关系在图13.4（a）所示的北方国家，以及如图13.4（b）所示的南方国家均成立。

图13.4（a）和（b）也显示了北方国家和南方国家之间的贸易模式。在世界价格水平上，北方国家出口x商品，其出口量为国内生产量与消费量之差；同时进口y商品，其进口量为国内消费量与生产量之差。亦即，

$$X_x = Q_{x1}^S - Q_{x1}^D$$
$$M_y = Q_{y1}^D - Q_{y1}^S$$

（13.8）

式中，X_x 为x商品的出口量；M_y 为y商品的进口量。同样的，南方国家出口y商品，其出口量为国内生产量和消费量之差；同时进口x商品，其进口量为国内消费量和生产量之差。亦即

$$X_y^* = Q_{y1}^{S*} - Q_{y1}^{D*}$$
$$M_x^* = Q_{x1}^{D*} - Q_{x1}^{S*}$$

（13.9）

在图13.4（a）和（b）中，出口量、进口量以及相对世界价格线构成的三角形称为贸易三角形。出口量和进口量分别对应贸易三角形的横边和纵边。贸易三角形的斜边对应世界相对价格。世界相对价格是"贸易条件"。

那么，从自给自足状态到贸易状态的影响是什么？我们能够从图13.4（a）和（b）中看到，贸易导致两个国家的消费均增加，并且北方国家的效用（福利）水平从 i_0 上升到 i_1，南方国家的效用（福利）水平从 i_0^* 上升到 i_1^*。消费量和效用（福利）水平的增加同时在北方国家和南方国家出现。即贸易时，北方国家和南方国家的代表性消费者在更高水平的效用无差异曲线上进行消费。由于贸易导致两国消费者的消费可能性提高，因此他们的生活水平提高。换句话说，国际贸易提高了两个国家的福利水平——每一个国家作为一个整体，在自由贸易条件下能够消费的商品组合是其在自给自足条件下无法实现的，因此，每个国家在贸易后均实现了更高的福利水平。

13.2.2　贸易对经济增长的影响是什么？

相关研究显示，贸易对一国经济增长的影响可能为正，也可能为负[1]。即贸易（或贸易

---

[1] 关于贸易和经济增长的关系的研究，参见巴格瓦蒂（1958），芬德莱（Findlay）（1984），格鲁斯曼和海尔普曼（1991a；1991b），哈瑞森（1994），克里希纳和米特拉（1998），罗德里格斯（Rodriquez）和罗德里克（Rodrik）（2001），罗德里克（1992），以及萨克斯（Sachs）和华纳（Warner）（1995）。

自由化）能够增加或减少国家的经济增长率。文献研究的结果显示，模型方法的假设前提不同，贸易和经济增长之间关系的方向不同。在这一部分，我们对一些文献中存在冲突的观点进行简单的总结归纳。接下来，我们研究贸易条件的变化（与贸易有关的）如何导致福利的变化以及经济增长率的变化。

关于贸易和经济增长的研究文献包括三种研究方法。第一种是探索发达国家（即北方国家）和发展中国家（即南方国家）之间的失衡问题。这一研究集中在贸易对在制成品上具有比较优势的发达国家的经济增长的影响作用，与贸易对在农业和初级产品上具有比较优势的发展中国家的影响作用进行对比分析。例如，研究分析贸易对发展中国家具有比较优势的初级产品的世界价格变化（或波动）的影响作用。这一研究也分析了贸易对一国出口品与进口品相对价格（即贸易条件）的影响作用。主要的研究结果显示，贸易（或贸易自由化）导致在农产品上具有比较优势的国家（即南方国家）的增长率下降，而在制成品上具有比较优势的国家（即北方国家）的增长率上升。研究结果同样显示，贸易能够导致南方国家的贸易条件恶化。

第二种研究方法分析了贸易通过资本积累的机制对经济增长的影响作用。同样的，这一研究集中在北方国家和南方国家的失衡问题上。在这一研究方法中，北方国家和南方国家的区别是二者的储蓄率不同，并且要素市场和制度方面也存在区别。例如，研究显示，高的储蓄率导致更大的资本存量积累。主要的研究表明，贸易（或贸易自由化）导致高储蓄率国家的资本密集型产业的经济增长。即贸易导致资本收益的增加，资本收益的增加带来资本积累和经济增长。能够通过这一机制从经济增长中获益的国家往往是北方国家。

第三种研究方法是将经济增长设定为内生性的，在这一假定框架内集中研究贸易和经济增长的关系。研究的主要结论为，贸易对经济增长具有正向促进作用，即贸易通过减少研究与开发的复制，通过促进知识在国家间的流动和共享促进经济增长。研究结果同样显示，贸易对经济增长的影响作用取决于一国的技能型劳动力的丰裕或稀缺程度，技能型劳动力常常指的是人力资本。即贸易对人力资本丰裕型国家（即北方国家）的经济增长具有正向促进作用，而对于人力资本稀缺型国家（即南方国家）的经济增长具有抑制作用。最后，一系列的研究显示，贸易能够创造一个促进竞争的效应而对经济增长产生正向促进作用。即贸易能够促进竞争，从而使R&D收益增加以及经济增长。

综上所述，关于贸易和经济增长关系的研究存在各种不同的方法和机制，从而关于二者关系的方向和特点存在非常不同的研究结论。

现在，我们从一个方面研究和阐述贸易对经济增长的影响作用。具体而言，我们分析贸易条件（与贸易有关）随时间的变化如何导致国家间福利效应的差异以及经济增长率的差异。接下来，我们阐述当北方国家和南方国家为非对称时，贸易对福利的影响作用。为了达到这一目的，我们对前述的标准贸易模型进行扩展。在这一模型框架中，我们考虑在开放条件下，价格冲击对北方国家和南方国家福利的影响作用。贸易自由化、贸易限制或者其他外部条件均能引发这类价格冲击。一开始，我们假设北方国家在x商品（制成品）的生产上具有比较优势，而南方国家在y商品（即农产品）的生产上具有比较优势。此外，我们假设北方国家和南方国家已进行贸易，之后经历了一次价格冲击。特别的，我们假设x商品（制成品）相对于y商品（农产品）的价格增加。这与假设y商品的相对价格下降一样。这一价格冲击可以是世界市场上，商品的供给或需求的显著变化导致的。例如，如果x商品的世界相对需求增加，那么x商品的相对价格上升。另一方面，如果y商品（农产品）的世界供给增加，那么 y 商品的相对价格下降。这两个例子都会导致 $(P_x/P_y)^w$ 的上升。这一相对价格的变化意味着北方国家的贸易条件改善，而南方国家的贸易条件恶化。

图 13.5（a）和（b）分别描述了北方国家和南方国家在价格冲击前后生产、消费、贸易和福利的情况。如图所示，我们一开始假设在时刻 1 两个国家已经开始生产、消费和贸易（注意，这与从自给自足条件下开始分析的图 13.4 存在明显区别）。随后在时刻 2，两个国家经历了一次相对价格的冲击，从而改变了它们的生产、消费和贸易。对北方国家而言，相对价格的冲击导致 x 商品的供给量增加（从 Q_{x1}^S 增加到 Q_{x2}^S），而 y 商品的供给量下降（从 Q_{y1}^S 减少到 Q_{y2}^S）。此外，北方国家的 x 商品的消费量增加（从 Q_{x1}^D 增加到 Q_{x2}^D），并且 y 商品的消费量也增加（从 Q_{y1}^D 增加到 Q_{y2}^D），以及北方国家的效用水平上升（从 i_1 上升到 i_2）。北方国家显然因贸易条件的改善而获益。同样的，对南方国家而言，相对价格的冲击导致 x 商品的供给量增加（从 Q_{x1}^{S*} 增加到 Q_{x2}^{S*}），并且 y 商品的供给量下降（从 Q_{y1}^{S*} 减少到 Q_{y2}^{S*}）。然而，南方国家 x 商品的消费量减少（从 Q_{x1}^{D*} 减少到 Q_{x2}^{D*}），并且 y 商品的消费也减少（从 Q_{y1}^{D*}

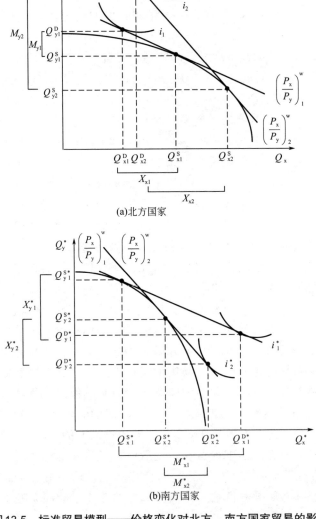

(a)北方国家

(b)南方国家

图 13.5   标准贸易模型——价格变化对北方、南方国家贸易的影响

减少到 Q_{y2}^{D*}），同时南方国家的效用水平下降（从 i_1^* 下降到 i_2^*）。南方国家显然因贸易条件的恶化而受到损失。此外，我们能够看到，两国之间的贸易规模因价格冲击发生了变化。即北方国家出口更少的 x 商品用来进口更多 y 商品，同时南方国家出口相对更多的 y 商品进口更少的 x 商品。

这些结论能够用更加一般性的语言进行表述。即一国贸易条件改善（出口商品相对于进口商品的价格上升），将会导致该国生产均衡点沿生产可能性边界向具有比较优势的商品部门方向移动。它同样导致了该国消费可能性和福利水平的提高。与之形成对比的是，当一国贸易条件恶化（出口商品相对于进口商品的价格下降），导致该国生产均衡点沿生产可能性边界向该国具有比较劣势的商品部门方向移动。并且，它会导致该国消费可能性和福利水平的降低。

在我们的模型中，价格冲击对北方国家和南方国家的生产、消费、贸易和福利产生不同的影响作用。北方国家和南方国家的生产均衡点均沿生产可能性边界向制成品方向移动，北方国家和南方国家之间的贸易规模下降。然而，北方国家同时增加制成品和农产品的消费量，而南方国家对制成品和农产品的消费量均减少。总的来看，北方国家的消费可能性和福利均增加，而南方国家的消费可能性和福利均减少。假设这一价格变化一直持续下去，那么将会导致在农产品上具有比较优势的国家（即南方国家）的福利下降，同时导致在制成品上具有比较优势的国家（北方国家）的福利增加。

持续的价格变化可能是由世界供给或世界需求的持续变化导致的。最后的结果将会导致经济增长率的差异。例如，制成品相对于农产品的世界需求增加，导致制成品相对于农产品的价格持续上升。同样的，农产品相对于制成品的世界供给增加，将会导致农产品相对于制成品的价格持续下降。这两种情况均使得制成品的相对价格上升，而农产品的相对价格下降。如果这样的变化持续下去，我们将会看到在制成品上具有比较优势的北方国家具有更高的经济增长率（以及福利水平），而在农产品上具有比较优势的南方国家保持低增长率（以及福利水平）。这一例子阐述了贸易能够对各国的福利水平和经济增长产生不同的影响作用。

13.2.3 贸易对收入分配的影响是什么？

关于贸易对收入分配的影响的研究包括贸易与劳动力市场的研究，以及贸易与贫困的研究[1]。本书第 2 章和第 12 章涵盖了关于贸易和工资的主要研究结论。除了这些结论以外，还有一些文献的研究焦点集中在贸易对发展中国家劳动力市场的影响作用。这些研究包含了一些主要的问题，例如工资和就业的波动、工资的不平衡以及议价能力问题。这些文献研究的结论表明，贸易影响工资，但不一定会影响就业。研究结果同样表明，贸易能够导致发展中国家内部工资失衡加剧。正如本书第 12 章所述，这一结果与传统贸易理论不相吻合。传统贸易理论认为，贸易能够缓解南方国家内部工资失衡的问题。这一谜团一直被国际贸易经济学者进行探索和研究。这些文献同样包含了贸易对发展中国家工资和就业的波动以及议价能力的影响分析。

---

[1] 关于贸易对收入分配的影响作用的研究，参见朵拉（Dollar）和凯丽（Kraay）（2002），芬斯特拉和汉森（2003），戈德伯格和帕维尼克（Pavcnik）（2007），哈森（Hasan）、米特拉和拉马斯瓦米（Ramaswamy）（2007），保罗凯丽（PoKraayrto）（2006），以及温特（Winters）、麦卡洛克（McCulloch）和麦凯（McKay）（2004）。

最后，贸易对贫困的影响研究包括两个主要的方法。首先是使用国家横截面数据分析贸易和经济增长，并且将研究焦点集中在低收入群体的收入增长上面。其次是使用微观居民户数据分析贸易和经济增长，将研究焦点集中在贸易对低收入群体收入的影响机制。尽管这一类文献相对较少，但它提供了一些证据表明贸易导致贫困的降低。随着贸易开放度的提高，国家之间以及区域内部各国之间的贫困均降低了。

13.3 在开放条件下，增长对发展（或福利）的影响是什么？

如前文所述，经济增长和经济发展并不是等同的概念。经济增长是实现经济发展的一种途径。此外，福利或效用的概念能够被用来描述经济发展的水平。在这一部分，我们在开放条件下的模型框架内，即各国进行贸易的框架内，研究经济增长对经济发展（或福利）的影响作用。即我们考察在开放条件下，经济增长对经济发展的影响作用。

这一领域最重要的研究结论显示，在开放条件下，快速的经济增长能够导致贸易条件的恶化。悲惨增长就是一种极端的情形，即高增长导致一国贸易条件恶化的程度加大以至于造成该国整体福利的下降。本节我们将会阐述悲惨增长的情形，以及其他几种情形。

具体而言，我们研究三种经济增长的情形：①中性经济增长；②进口偏向型经济增长；③出口偏向型经济增长。中性经济增长是指，一国所有产业部门同比例的增长。进口偏向型经济增长是指，一国偏向比较劣势的产业部门的经济增长。出口偏向型经济增长是指，一国偏向比较优势的产业部门的经济增长。以下我们分析这三种经济增长对一国产出、贸易条件和福利的影响作用。我们依次对这些影响效应进行分析；亦即，首先，我们分析一国的经济增长对其相对产出或生产可能性的影响作用；其次，我们分析相对产出的变化对该国贸易条件的影响；最后，分析贸易条件的变化对该国福利的影响作用。我们的分析按上述三个步骤进行。通过这些步骤的分析，能够理解在开放条件下，经济增长对经济发展（或福利）的影响作用。

国家规模对这些问题的分析具有重要影响。所谓国家规模是指，一国特定商品供给量占该商品世界供给总量的份额，以及该国对商品世界相对价格的影响程度。如果一国对商品世界相对供给量贡献度大，足以影响该商品世界相对价格时，我们称该国为大国。相反，如果一国对世界相对供给量的贡献度足够小，以至于不能影响该商品的世界相对价格，我们称该国为小国。接下来我们阐述，在开放条件下，小国的经济增长将会影响其国内的相对供给，但不会改变其贸易条件。而在开放条件下，大国的经济增长将会影响其相对产出和贸易条件。这些因经济增长而导致的变化会进一步影响该国的福利。

13.3.1 经济增长对相对产出的影响是什么？

首先，假设世界相对价格不变，那么经济增长对一国的相对产出的影响是什么？图13.6分别阐述了三种类型的经济增长对一国相对产出的影响。图13.6的每一幅图中均显示了经济增长前和经济增长后，x商品和y商品的生产可能性边界。经济增长由生产可能性边界的向外移动来表示。情形1描述了中性经济增长，即经济增长使生产可能性边界等比例向外移动。结果导致x商品和y商品的产出等比例增加。即x商品和y商品的相对供给量（Q_x^S/Q_y^S）不变。情形2显示了偏向x产业部门的经济增长。在这种情形下，经济增长导致

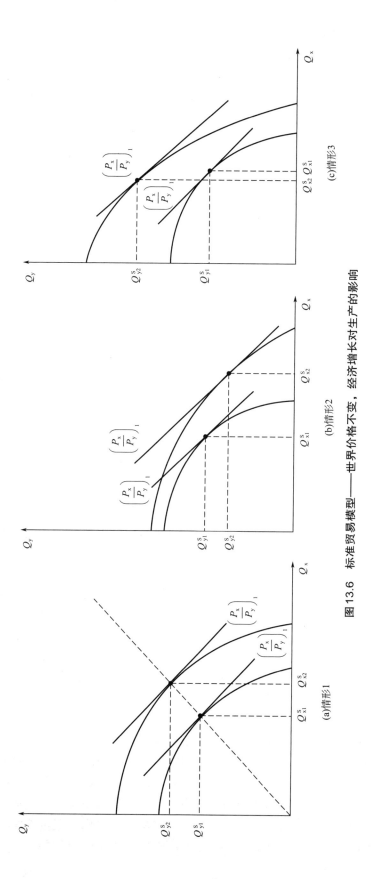

图 13.6 标准贸易模型——世界价格不变，经济增长对生产的影响

生产可能性边界向 x 产业方向移动得更多。这一结果导致 x 商品相对 y 商品的供给量（Q_x^S/Q_y^S）增加。与之形成对比的是，情形 3 显示了偏向 y 产业部门的经济增长。在这种情形下，经济增长导致生产可能性边界向 y 产业方向移动得更多。这一结果导致 x 商品相对于 y 商品的供给量（Q_x^S/Q_y^S）减少。上述三种情形均假设 x 商品与 y 商品的相对价格维持在 $(P_x/P_y)_1$ 的水平。

综上所述，在给定商品的相对价格时，等比例的经济增长对商品的相对供给量没有影响。然而，在给定商品的相对价格时，偏向某一具体产业部门的经济增长导致该产业的相对产出增加。中性经济增长为对比分析提供了一个基准线。在实践中，中性经济增长一般不会被观察到，因为经济增长几乎总是具有某种偏向性的。偏向性的重要问题是程度。当然，存在一些偏向性的经济增长，由于其程度很轻，接近中性经济增长。

13.3.2　产出的变化对贸易条件的影响是什么？

现在，让我们假设经历了这些经济增长冲击的国家是一个大国，即该国 x 商品或 y 商品的供给量在世界市场上所占份额较大。那么，上述产出的变化会对世界价格产生什么样的影响呢？图 13.7 分别描述了上述三种经济增长的影响作用。图 13.7 的每一副图中显示了某一商品的世界供给曲线和世界需求曲线。这些曲线均为相对供给和相对需求曲线。从概念上讲，它们与我们熟悉的供给曲线和需求曲线一样，只不过用相对概念表示。即对于既定的供给曲线，例如 S_1，随着 x 商品（相对于 y 商品）的价格上升，x 商品（相对于 y 商品）的供给量增加。同时，对于既定的需求曲线，例如 D_1，随着 x 商品（相对于 y 商品）的价格上升，x 商品（相对于 y 商品）的需求量减少。此外，这些曲线表示世界市场上该商品的相对供给和相对需求。即它们表示构成"世界"的所有国家的总供给量和总需求量。在我们的模型中，世界相对供给为

$$(Q_x/Q_y)^w = \left[(Q_x+Q_x^*)/(Q_y+Q_y^*) \right] \tag{13.10}$$

世界相对供给曲线与世界相对需求曲线的交点为均衡时的世界相对价格 $(P_x/P_y)^w$。

在大国情形下，经济增长的影响由世界相对供给曲线的移动来描述。情形 1 阐述了大国的中性经济增长的影响作用。如图 13.6（a）所示，中性经济增长导致 x 商品和 y 商品的供给量等比例增加。因此，在图 13.7（a）中可以看到，在世界市场上，x 商品（相对与 y 商品的）供给量没有发生变化。两种商品的绝对供给量等比例增加。因此，世界相对供给曲线维持不变。情形 2 描述了偏向 x 商品部门的经济增长的影响作用。如图 13.6（b）所示，这一经济增长导致世界市场上，x 商品（相对于 y 商品）的供给量增加。因此，在图 13.7（b）中，我们看到 x 商品（相对于 y 商品）的均衡价格下降。最后，情形 3 描述了偏向 y 商品部门的经济增长的影响。如图 13.6（c）所示，这一经济增长导致世界市场上，x 商品（相对于 y 商品）的供给量减少。因此，在图 13.7（c）中，我们看到 x 商品（相对于 y 商品）的均衡价格上升。

我们能够从经济增长对一国贸易条件的影响来理解这些结论。回忆前文关于贸易条件的论述。所谓贸易条件是指，一国出口商品相对于其进口商品的价格。如果一国的出口商品相对于其进口商品的价格上升，表示该国贸易条件改善。贸易条件改善意味着在新的世界相对价格水平上，该国能够用更少的出口商品交换更多的进口商品。相反，如果一国进口商品相对于其出口商品的价格上升，表示该国贸易条件恶化。贸易条件恶化意味着该国在新的世界相对价格水平上，用更多的出口商品交换更少的进口商品。

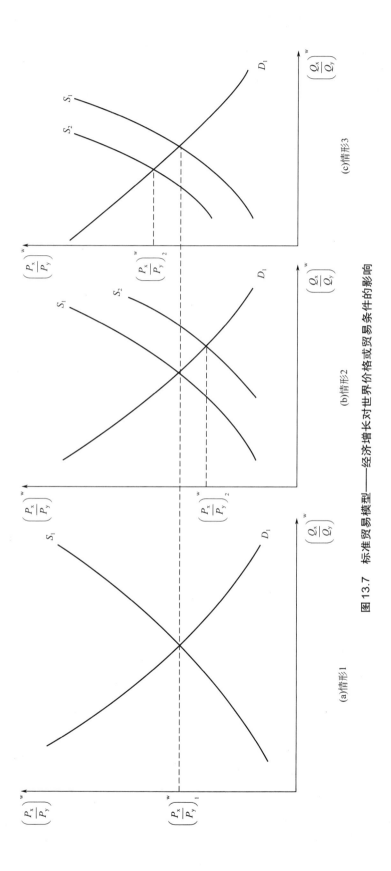

图 13.7 标准贸易模型——经济增长对世界价格或贸易条件的影响

　　为了更好地进行阐述，让我们扩展前述模型来分析南方国家的情形。南方国家在y商品（即农产品）上具有比较优势。在世界市场上，x商品（相对于y商品）的价格上升，导致南方国家的贸易条件恶化；而在世界市场上，x商品相对于y商品的价格下降，表明南方国家的贸易条件改善。现在，我们假设南方国家发生了不同类型的经济增长的冲击，如图13.6所示。并且假设南方国家是一个大国，足以影响商品的世界相对价格，这些经济增长的冲击会导致世界相对价格的变化，如图13.7所示。如果南方国家的经济增长为中性经济增长，那么其贸易条件没有发生变化。如果南方国家发生了偏向x部门（它的进口部门）的经济增长，那么其贸易条件得到改善［如图13.7（b）所示，从$(P_x/P_y)_1^w$到$(P_x/P_y)_2^w$］。最后，如果南方国家经历了偏向y部门（它的出口部门）的经济增长，那么南方国家的贸易条件恶化［如图13.7（c）所示，从$(P_x/P_y)_1^w$到$(P_x/P_y)_2^w$］。

　　更加一般地讲，出口偏向型经济增长导致一国贸易条件的恶化；而进口偏向型经济增长导致一国贸易条件改善。

13.3.3　贸易条件变化对福利的影响是什么？

　　继续将上述分析进行延伸，现在分析经济增长对一国福利的影响。这一分析包括前边的两个步骤的结论。图13.8描述了每一种经济增长对一国福利的影响。为了更好地进行阐述，这些图集中描述了对在y商品（即南方国家在农产品）上具有比较优势的国家。同样也能够画出在x商品上具有比较优势的国家的图形。图13.8中的每一幅图描述了经济增长对该国生产可能性、贸易条件和效用的影响作用。回忆前文所述，效用水平可以衡量一国的福利或生活水平。

　　首先，集中对中性经济增长的情形进行分析，如图13.8（a）所示。如图所示，生产可能性等比例增长，在图形中显示为生产可能性边界均衡地向外移动。经济增长使生产均衡点沿着生产可能边界从p_1移动至p_2。与生产可能性边界相切的相对价格线就是贸易条件或世界相对价格［$(P_x/P_y)^w$］。在中性经济增长情形下，虽然生产可能性增加，但世界相对价格维持不变。反映在图中为贸易条件的斜率没有发生改变。然而，经济增长使消费可能性增加。反映在图中为与贸易条件直线相切的效用无差异曲线向外移动，从i_1移动至i_2。消费均衡点从c_1移动至c_2（回忆前文所述，贸易时，一国生产的商品的总价值等于该国消费的总价值；或贸易条件直线与生产可能性边界和效用无差异曲线同时相切）。因此，中性经济增长无疑增加了一国的效用或福利水平。这一结论无论对大国还是小国均成立。

　　接下来分析进口偏向型经济增长，如图13.8（b）所示。在该图中，x商品为进口商品，y商品为出口商品。经济增长导致生产可能性边界偏向x商品的方向扩张。当给定世界相对价格时，经济增长导致生产均衡点沿着生产可能性边界移动，从p_1移动至p_2。当给定世界相对价格时，消费可能性同样因经济增长而增加，从c_1移动至c_2。如果该国为小国，那么我们的分析就可以到此结束，并且得出结论，进口偏向型经济增长导致该国的效用水平提高，从i_1移动至i_2。然而，如果该国为大国，那么我们需要将经济增长对世界价格的影响纳入模型分析。在我们的研究中，进口偏向型经济增长导致x商品的世界相对价格$(P_x/P_y)^w$下降。世界相对价格的这一变化在图中显示为贸易条件直线的斜率下降。在大国情形中，进口偏向型经济增长会进一步改变其生产均衡点和消费均衡点，分别至p_3和c_3。综上所述，进口偏向型经济增长无疑增加了该国的福利水平。这一结论无论对大国还是小国均成立。然而，如果该国足够大，足以影响世界价格，那么经济增长带来的福利增加的幅度

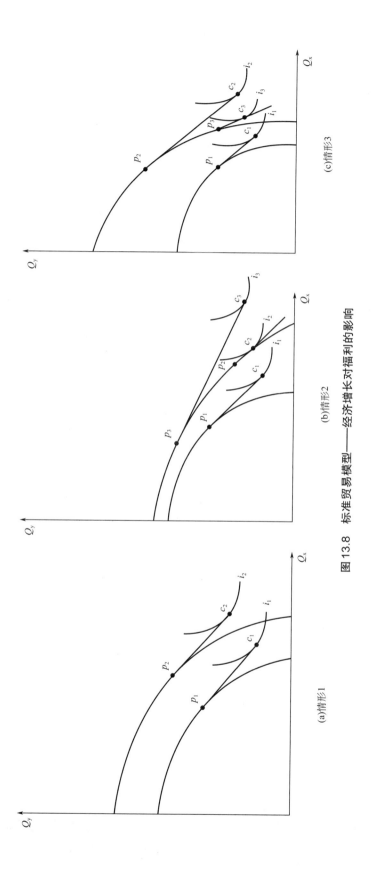

图 13.8 标准贸易模型——经济增长对福利的影响

更大（即从 i_1 至 i_3 而不是从 i_1 至 i_2）。

　　最后，让我们分析出口偏向型经济增长，如图13.8（c）所示。同样的，x商品为进口品，y商品为出口品。经济增长导致该国生产可能性边界偏向y商品部门扩张。在给定世界相对价格时，经济增长使生产均衡点从 p_1 移动至 p_2。给定世界相对价格时，消费可能性从 c_1 增加至 c_2。如果该国为小国，我们的分析就到此结束，并且能够得出结论，即出口偏向型经济增长导致该国效用水平从 i_1 增加至 i_2。然而，如果该国为大国，那么我们需要考虑经济增长对世界价格的影响。在我们的分析中，出口偏向型经济增长导致世界相对价格 $(P_x/P_y)^w$ 上升，这一世界相对价格的变化，在图中显示为贸易条件直线斜率的增加。在大国情形中，出口偏向型经济增长会进一步导致生产均衡点和消费均衡点分别移动至 p_3 和 c_3。因此，如果该国是小国，出口偏向型经济增长无疑会增加该国的福利水平（从 i_1 至 i_2）。然而，如果该国是足以影响世界价格的大国，那么出口偏向型经济增长导致效用水平进一步减少（从 i_2 至 i_3）。出口偏向型经济增长的净福利取决于最初效用水平的上升幅度（从 i_1 至 i_2）比进一步效用水平下降的幅度（从 i_2 至 i_3）更大还是更小。

　　当出口偏向型经济增长对世界价格的影响足够大时，就会出现悲惨增长。在这种情况下，出口偏向型经济增长导致一国福利减少。悲惨增长是前述图13.8（c）的一种极端情形。图13.9描述了出口y商品同时进口x商品的国家发生悲惨增长的情形。如图所示，在给定世界相对价格水平时，偏向y商品经济增长导致最初效用水平从 i_1 增加至 i_2。与之相对应的，消费从 c_1 增加至 c_2。这一经济增长也导致y商品的相对供给大幅度增加，生产均衡点从 p_1 移动至 p_2。随着y商品在世界市场上的供给量增加，y商品的世界相对价格下降，亦即 $(P_x/P_y)^w$ 上升。这一结果导致生产和消费再一次发生变动，分别移动至 p_3 和 c_3。在这种情况下，出口偏向型经济增长对该国产生的净福利效应为负。即经济增长导致该国贸易条件大幅度恶化，从而造成该国福利损失。

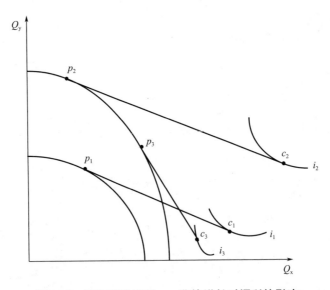

图13.9　标准贸易模型——悲惨增长对福利的影响

　　这一部分的研究结论对于以下几个方面具有重要意义。首先，有助于评估经济增长给本国和外国带来的利益和造成的损失。研究显示，国家之间的利益分配取决于经济增长的属性。对于不能影响世界价格的小国而言，所有类型的经济增长均会导致该国福利的增加。然而对于大国而言，在开放条件下，经济增长的影响作用取决于经济增长对世界价格或贸易条件的影响。例如，南方国家经历出口偏向型经济增长，导致南方国家贸易条件恶化，从而增加或减少南方国家的福利水平。亦即，在这种情况下，经济增长的利益可以是零、正或负。经济增长的负利益影响效应的一种情形是悲惨增长。同时南方国家的经济增长导致北方国家贸易条件的改善，无疑增加了北方国家的福利。另一方面，南方国家经历进口偏向型经济增长，导致南方国家贸易条件改善，这无疑增加了南方国家的福利。同时，南方国家的经济增长导致北方国家贸易条件恶化，从而降低北方国家的福利水平。

上述结果表明，尽管所有国家能够从经济增长中获益，然而经济增长利益的分配取决于经济增长的属性。例如，如果所有南方国家经历出口偏向型经济增长（在原材料和农产品）并且所有北方国家经历进口偏向型经济增长（在具有先进技术的同类替代品），那么北方国家的贸易条件将会改善，而南方国家的贸易条件将会恶化。尽管北方国家和南方国家可能都会从它们的经济增长中获益，但是北方国家获益的比例大于南方国家。

13.4 本章总结

什么是与贸易有关的经济发展与经济增长政策，它们的种类和目的是什么？经济发展政策是一国为了提高居民的生活水平的那些政策。这些政策包括，培育人力资本的努力、提高识字率和降低贫困，以及旨在促进该国在全球市场上的贸易竞争力。与之形成对比的是，经济增长指的是一国产出价值增加的百分比。当用人均指标来衡量时，经济增长是衡量该国居民生活水平的变化。经济发展和经济增长并不是同时发生的，经济增长是实现经济发展的一个途径。发展中国家的经济发展和经济增长政策被认为与促进工业化和调整收入分配相关。用于实现这些目标的最主要的贸易政策包括进口替代和出口促进政策。

贸易对福利的影响作用是什么？研究显示贸易与一国福利呈正相关的关系。这一正向促进作用通过几种机制产生，包括：基于比较优势的专业化生产带来的效率提高；增加竞争带来的效率提高；消费者能够消费更多种类的商品，从而提高效用水平；以及对制度产生的正向作用，从而对收入产生促进作用。我们阐述了上述影响作用的第一种机制。在本书第一篇建立了生产层面的模型。我们通过加入消费层面的分析，将这些模型扩展成所谓的标准贸易模型。我们的研究显示，贸易导致消费可能性和效用（或福利）水平的增加。即贸易导致生活水平的提高。基于比较优势的专业化生产带来的效率的提高导致每一个参与贸易的国家的福利水平都提高。

贸易对经济增长的影响是什么？研究显示，贸易对经济增长的影响可以为正，也可以为负。这些文献包括多种研究方法，不同的研究方法导致不同的结论。一种方法探索了北方国家和南方国家的失衡问题，这种失衡是南方国家和北方国家具有比较优势的产业不同导致的。最主要的研究结果表明，贸易导致在农产品上具有比较优势的国家（即南方国家）的经济增长速度放缓；而在制成品上具有比较优势的国家（即北方国家）经济增长速度加快。第二种方法分析了贸易通过资本积累的机制对经济增长的影响作用。北方国家和南方国家的储蓄率不同，不同的储蓄率又会影响资本存量的积累。研究结果表明，贸易导致资本收益增加，从而导致具有高储蓄率的国家（即北方国家）的资本积累和经济增长。第三种方法集中在内生经济增长的分析。最主要的结论为，贸易通过减少重复的研究与开发（R&D），以及促进知识在国家间的流动和共享促进经济增长。此外，贸易对那些人力资本丰裕型国家（即北方国家）的经济增长具有正向促进作用。贸易也能够通过竞争效应增加研究与开发的收益，对经济增长产生正向促进作用。

在本章，我们使用标准贸易模型阐述了当北方国家和南方国家存在非对称的比较优势时，贸易对福利和经济增长的影响作用。研究结果表明，一国贸易条件改善会使该国的生产向其具有比较优势的产业部门移动，并且该国的福利增加。与之形成对比的是，一国贸易条件恶化会使该国的生产向具有比较劣势的商品部门移动，并且该国的福利减少。因此，农产品相对于制成品的价格下降，使北方国家贸易条件改善而南方国家贸易条件恶化。北方国家和南方国家的生产均向制成品移动，两国之间的贸易量减少。然而，北方国家对制成品和农产品的消费增加，而南方国家对制成品和农产品的消费减少。北方国家的福利增加，而南方国家福利减少。如果这些变化持续下去，那么将导致南方国家的福利持续减少，而北方国家福利持续增加，从而导致北方国家和南方国家不同的经济增长率。

贸易对收入分配的影响作用是什么？关于贸易对收入分配的研究包括贸易和劳动力市场的研究，以及贸易和贫困的研究。关于劳动力市场的研究，在本书的第2章和第12章中进行了阐述，以及那些特别针对发展中国家的研究。针对发展中国家的研究表明，贸易影响工资，但是不一定影响就业。研究结论同样显示，贸易能够加剧发展中国家的工资收入失衡。这类文献还涉及关于贸易对工资和就业波动的影响研究，以及对发展中国家议价能力的分析。贸易对贫困的研究显示，贸易开放度的增加，导致不同国家之间以及区域内的国家之间贫困的减少。

在开放条件下，经济增长对经济发展的影响是什么？我们分析了三种经济增长的类型：中性经济增长、进口偏向型经济增长和出口偏向型经济增长。我们按顺序依次研究这三种类型的经济增长对一国的产出、贸易条件和福利的影响。研究结论显示，中性经济增长导致一国生产可能性等比例增加，同时世界相对价格维持不变，然而该国消费可能性增加。因此，中型经济增长导致一国福利增加，这一结论无论是对大国还是小国均成立。另一方面，进口偏向型增长导致一国生产可能性偏向于进口商品部门的扩张。这一结果导致在给定相对商品价格条件下，进口部门相对产出增加，以及消费可能性和福利均增加。如果该国是大国，那么这一经济增长也能够改善该国的贸易条件，贸易条件的改善会进一步提高该国的福利水平。最后，出口偏向型经济增长导致一国生产可能性偏向出口部门的扩张。这一结果导致在给定商品的相对价格条件下，出口部门的相对产出增加，以及消费可能性和福利增加。然而，如果该国是大国，那么这一经济增长会导致该国贸易条件恶化，贸易条件的恶化又会进一步降低该国的福利水平。因此，净福利效应取决于最初的正向影响作用与随后的负向影响作用的程度大小。悲惨增长是出口偏向型经济增长的一种极端情形，即经济增长导致一国净福利减少。

这些结论有助于我们评估经济增长在国家间的分配效应。对小国（或集团国家）而言，由于不能影响世界价格，因此所有类型的经济增长将会导致该国家福利的增加。对于大国（或大国集团）而言，在开放条件下，经济增长对福利的影响作用取决于贸易条件的变化。南方国家经历出口偏向型经济增长，导致贸易条件恶化，其净福利可能增加也可能减少。同时，南方国家出口偏向型经济增长导致北方国家的贸易条件改善，从而增加北方国家的福利。另一方面，南方国家经历进口偏向型经济增长，导致其贸易条件改善，从而增加南方国家的福利。南方国家经历进口偏向型经济增长会恶化北方国家的贸易条件，导致北方国家的净福利可能增加也可能减少。

应用问题

13.1 分析下述标准贸易模型。假设存在两种商品（高技术含量商品和低技术含量商品），以及两种类型的国家（北方国家和南方国家）。假设北方国家具有高技术商品的比较优势，而南非国家具有低技术商品的比较优势。假设两种商品市场均是完全竞争的。（a）画出北方国家和南方国家的生产可能性，标出两个国家进行贸易时，各国的最优生产均衡点和消费均衡点。（b）画图并分析高技术商品价格上升对北方国家和南方国家的产出、消费、贸易和福利的影响作用。（c）基于你的结论，分析贸易条件和福利之间有何关系。（d）现在假设南方国家经历进口偏向型的经济增长，画图并指出这一经济增长对北方国家和南方国家的产出、贸易条件和福利的影响作用。

13.2 分析下述标准贸易模型，假设存在两种商品（转基因商品和非转基因商品）、两个国家（美国和世界其他国家）。假设美国在转基因商品上具有比较优势，而世界其他国家在非转基因商品上具有比较优势。假设两种商品的市场均是完全竞争的。（a）画出美国和世界其他国家的生产可能性；标出美国和世界其他国家进行贸易时，他们各自的生产均衡点和消费均衡点。（b）画图并分析转基因商品价格上升对美国和世界其他国家的产出、消费、贸易和福利的影响作用。（c）基于你的结论，分析贸易条件和福利之间有何关系。（d）现在假设美国经历了出口偏向型经济增长，画图并指出这一经济增长对美国和世界其他国家的产出、贸易条件和福利的影响作用。

13.3 相对于进口部门而言，一国的出口部门往往会经历更强的经济增长。比较出口偏向型经济增长对下列国家福利的影响：（a）能够影响世界价格的大国；（b）不能够影响世界价格的小国。

13.4 国家的政策制定者常常关注如何刺激国家的经济增长。提出一个政策建议，能够：（a）确保经济增长导致更高的国家福利水平；（b）刺激国际间的竞争。参考相关文献，用模型或图形分析来支持你的政策建议。

13.5 利用本章和前边章节的知识，分析接下来的问题：（a）全球化是如何影响发展中国家的收入失衡的？（b）全球化对收入失衡的影响机制和渠道是什么？

13.6 利用本章和前边章节的知识，分析下面的问题：（a）发展中国家贸易政策对收入分配的影响作用是什么？（b）贸易政策与价格之间的关系如何？（c）价格变化与福利的关系如何？（d）价格变化与劳动力收入的关系如何？

13.7 支持自由贸易的观点和依据如下：（a）经济效率；（b）规模经济；（c）竞争和创新；（d）内生政策条件。利用本章和前述章节的内容，对上述观点进行分析评价。

13.8 保护贸易政策的观点和依据如下：（a）贸易条件改善；（b）动态幼稚产业；（c）国内市场失灵。利用本章和前述章节的内容，对上述观点进行分析评价。

延伸阅读

Acemoglu, Daron, and Jaume Ventura. 2002. The world income distribution. Quarterly Journal of Economics 117：659-694.

Amsden, Alice H. 2001. The Rise of "The Rest"：Challenges to the West from Late-Industrializating Economies. Oxford：Oxford University Press.

Bhagwati, Jagdish. 1958. Immiserizing growth：a geometrical note. Review of Economic Studies 25：201-205.

Bhagwati, Jagdish. 1971. The generalized theory of distortions and welfare. In Trade, Balance of Payments and Growth (eds J. N. Bhagwati et al). North-Holland, Amsterdam, chapter 12.

Broda，Christian，and David E. Weinstein. 2006. Globalization and the gains from variety. Quarterly Journal of Economics 121 (2)：541-585.

Bruton，Henry J. 1998. A reconsideration of import substitution. Journal of Economic Literature 26 (2)：903-936.

Dollar，David，and Aart Kraay. 2002. Growth is good for the poor. Journal of Economic Growth 7 (3)：195-225.

Edwards，Sebastian. 1993. Openness，trade liberalization and growth in developing countries. Journal of Economic Literature 31 (3)：1358-1393.

Feenstra，Robert C. 1996. Trade and uneven growth. Journal of Development Economics 49：229-256.

Feenstra，Robert C.，and Gordon H. Hanson. 2003. Global production and inequality：a survey of trade and wages. In Handbook of International Trade (eds E.K. Choi and J. Harrigan). London：Blackwell，pp. 146-185.

Findlay，Ronald E. 1984. Growth and development in trade models. In Handbook of International Economics，vol. 1 (eds R.W. Jones and P.B. Kenen). Amsterdam：North-Holland，pp. 185-236.

Frankel，Jeffrey，and David Romer. 1999. Does trade cause growth? American Economic Review 89 (3)：379-399.

Goldberg，Pinelopi，and Nina Pavcnik. 2007. Distributional effects of globalization in developing countries. Journal of Economic Literature 45 (1)：39-82.

Grossman，Gene M.，and Elhanan Helpman. 1990. Comparative advantage and long run growth. American Economic Review 80：796-815.

Grossman，Gene M.，and Elhanan Helpman. 1991. Innovation and Growth in the Global Economy. Cambridge，MA：MIT Press.

Harrison，Ann E. 1994. Productivity，imperfect competition，and trade reform：theory and evidence. Journal of International Economics 36 (1-2)：53-73.

Harrison，Ann E. 1996. Openness and growth：a time-series，cross-section analysis for developing countries. Journal of Development Economics 48：419-447.

Hasan，Rana，Devashish Mitra，and K.V. Ramaswamy. 2007. Trade reforms，labor regulations，and labor-demand elasticities：empirical evidence from India. Review of Economics and Statistics 89 (3)：466-481.

Krishna，Pravin，and Davashish Mitra. 1998. Trade liberalization，market discipUne，and productivity growth：new evidence from India. Journal of Development Economics 56 (2)：447-462.

Krueger，Anne O. 1978. Foreign Trade Regimes and Economic Development：Liberalization Attempts and Consequences. Cambridge，MA：Ballinger

Milner，Chris R.，ed. 1990. Export Promotion Strategies：Theory and Evidence from Developing Countries. New York：New York University Press.

Milner，Chris R.，ed. 2004. Constraints to export development in the developing countries. In The WTO and Developing Countries (eds Homi Katrak and Roger Strange)，London：Palgrave，pp. 213-232.

Pavcnik，Nina. 2002. Trade liberalization，exit，and productivity improvements：evidence from Chilean plants. Review of Economic Studies 69 (1)：245-276.

Porto，Guido G. 2006. Using survey data to assess the distributional effects of trade policy，Journal of International Economics 70 (1)：140-160.

Prebisch，Raul. 1950. The Economic Development of Latin America and Its Principal Problems. New York：United Nations.

Rodriguez，Francisco，and Dani Rodrik. 2001. Trade policy and economic growth：a skeptic's guide to the cross-national evidence. In Macreconomics Annual 2000 (eds Ben Bernanke and Kenneth S. Rogoff)，Cambridge，MA：MIT Press，pp. 261-325.

Rodrik，Dani. 1992. Closing the productivity gap：does trade liberalization really help? In Trade Policy，Industrialization，and Development：New Perspectives (ed. G. K. Helleiner)，Oxford：Clarendon Press，pp. 155-175.

Romer，Paul M. 1986. Increasing returns and long-run growth. Journal of Political EcononV 94 (5)：1002-1037.

Sachs，Jeffrey D.，and Andrew Warner. 1995. Economic reform and the process of global integration. Brooking Papers on Economic Activity 1：1-118

Srinivasan，T. N.，and Jagdish Bhagwati. 2001. Outward-orientation and development：are revisionists right? In Trade，Development and Political Economy：Essays in Honor of Anne O.Kreger (eds D. Lai and R. H. Snape)，New York：Palgrave，pp. 3-26.

Trindade，V. 2005. The big push，industrialization，and international trade. Journal of Development Economics 78：22-48.

Winters，L. Alan. 2004. Trade liberalization and economic performance：an overview. Economic Journal 1 14 (February)：4-21.

Winters，L . Alan，Neil McCulloch，and Andrew McKay. 2004. Trade liberalization and poverty：the evidence so far. Journal of Economic Literature 42（1）：72-115.

第四篇
贸易安排

14 区域和多边贸易安排

在本书的第一篇，我们概括论述了贸易自由化和贸易保护主义的影响，而没有具体分析造成这些变化所使用的政策工具。本书的第二篇，我们研究了引起这些变化的具体的贸易政策工具。我们将这些贸易政策工具称为传统贸易政策。这些传统贸易政策包括关税、出口补贴和数量限制。在本书的第三篇，我们扩展了对贸易政策工具的分析，将那些并非针对影响贸易目的但却能对贸易产生副作用的政策纳入研究框架。我们将这些政策称为与贸易有关的政策。这些政策包括知识产权、环境政策和劳工政策，以及经济增长和发展政策。在本书的最后一篇（第四篇），我们研究制度安排。正是在这些制度安排的框架内，传统的贸易政策以及与贸易有关的政策被制定、采用和管理。

在这一章，我们将会考虑两个核心的问题：①什么是贸易政策的制度安排？②不同制度安排的贸易政策的影响作用是什么？为此，我们分析了区域贸易自由化、多边贸易自由化以及被自由化贸易安排排除在外的国家的影响作用。我们同样研究区域贸易安排是否是实现多边贸易自由化的第一步；亦即，我们分析另外一个问题：区域贸易安排是多边贸易自由化的垫脚石还是绊脚石？因此，本书最后一章提供了一个模型框架来思考和对比分析不断发展的贸易政策的制度安排。

14.1 什么是贸易政策的制度安排

重要的贸易政策的制度安排包括双边贸易安排、区域贸易安排和多边贸易安排。这些贸易安排的区别在于其涉及国家的范围不同，当然也存在其他特点的差异。

双边贸易安排是指两个贸易伙伴同意减少或取消两国之间的贸易壁垒。贸易经济学者通常将这些"贸易伙伴"视为两个国家，然而它们也可以是关税区、贸易区块，或其他非正式的国家集团。双边贸易安排的数量是非常巨大的。对于双边贸易安排的重要性的一种解释是，相较于更多成员构成的制度安排，双边贸易安排将沟通和协商限制在贸易双方之间，从而使沟通和协商在政治上更加便利化。

与之形成对比的是，多边贸易安排是指多个国家同意在它们之间降低或取消贸易壁垒。贸易经济学者通常使用这一术语来描述那些所包含的成员国比区域贸易安排更多，但并不一定受到地理区域限制的那些贸易安排。由于所涉及的国家范围很广，多边贸易安排是最不具有歧视性的安排。这是因为没有几个国家被排除在外。多边贸易安排的例子包括关税与贸易总协定（GATT）及其后继者世界贸易组织（WTO）。这些协定所包含的成员非常广泛。例如，WTO在1995年建立之初有128个成员方，到了2012年增加到153个成员方。在2012年，又有26个国家谈判加入世界贸易组织。因此，只有非常少的国家仍然被排除在多边贸易安排之外。

区域贸易安排从范围上讲，处于双边贸易安排和多边贸易安排之间。区域贸易安排是指那些构成"区块"的国家同意在区块内部降低或消除贸易壁垒。区域贸易安排涉及的国家范围是部分的，并且通常包括那些主要的贸易伙伴以及/或地理位置向邻近的国家。贸易自由化的这种形式是将区块外的国家排除在外进行歧视，区块内和区块外区别对待。例如，对于区块内部的贸易伙伴取消或降低关税税率，而对区块外的国家维持较高的关税税率。

区域贸易安排的两种主要的形式是：自由贸易区和关税同盟。自由贸易区（FTA）指的是成员之间对所有商品或大多数商品相互取消或降低贸易壁垒的一种制度安排。同时，各成员建立或维持它们各自的（并且可能是不同的）与FTA区域外的国家的双边贸易壁垒。自由贸易区的例子包括东南亚国家联盟自由贸易区（AFTA）、中欧自由贸易区（CEFTA）、北美自由贸易区（NAFTA）、南亚自由贸易区（SAFTA）和美国 - 新加坡自由贸易区。20世纪90年代早期，自由贸易区的数量急剧增加，并且现在世界上已经拥有超过100个这样的贸易安排。这些贸易安排相互重叠，有些国家同时属于多个自由贸易区。例如美国既是北美自由贸易区的成员又是美国 - 新加坡自由贸易区的成员。

关税同盟（CUs）是指成员国之间对所有商品或大多数商品相互取消或降低贸易壁垒，并且成员国对关税同盟之外的非成员国建立或维持共同的双边壁垒。例如，同盟内的每一个国家对从同盟外进口的商品制定相同的关税税率。这一以关税为表现形式的统一的双边贸易壁垒被称为共同对外关税（CETs）。关税同盟的例子包括欧盟（EU）、南方共同市场、中美洲共同市场、欧亚经济共同体、东非关税同盟以及南非关税同盟。自20世纪90年代初关税同盟的数量同自由贸易区一样急剧增长。

自由贸易区和关税同盟的主要区别在于，二者对区域外的非成员国家的待遇不同。自由贸易区内的每一个国家对区块外的非成员国维持各自原有的双边贸易壁垒。而关税同盟区块内的每一个国家对区块外的非成员国维持统一的共同外部壁垒。从某种意义上讲，自由贸易区比关税同盟更加扭曲，因为与非成员国之间维持不同的双边壁垒能够产生额外的贸易扭曲效应。

其中一个扭曲是由于非成员国家试图进入区块内的国家市场，但同时又要尽力避开区块内的高关税国家。如果自由贸易区外的非成员国想要向自由贸易区成员国出口商品，它可以先将商品出口到区域内对外贸易壁垒（即关税）最低的那个国家，然后将商品在区块内部转运至目标国，通过这种方法，非成员国能够绕开区块内部目标国的较高贸易壁垒。例如，分析北美自由贸易区的情形，其包括加拿大、墨西哥和美国。如果美国和墨西哥对从中国进口的商品执行比加拿大更高的关税税率，那么中国出口商能够将商品先出口至加拿大，缴纳相对较低的进口关税，然后再以零关税将商品从加拿大转运至墨西哥和美国。这一行为导致一些扭曲，包括关税收入转移至最低贸易壁垒国家，以及转运目的造成的资源重新配置的成本。

　　原产地规则的提出就是为了防止自由贸易区这种类型的扭曲。原产地规则建立的条件是，要求商品必须被认为是原产于一个既定国家的商品。在我们上面的例子中，如果商品满足条件被认定是加拿大原产国而非中国原产国，那么中国的商品从加拿大转运至美国和或墨西哥享受自由贸易区的零关税是合法的。这些条件包括国内成分要求，即要求商品的价值中的一定比例必须在国内生产，这样的商品才能被视为该国生产的商品。原产地规则阻止了商品经过一个最低关税水平的国家后在自由贸易区内各国之间以零关税水平进行转运的情况。

　　无论原产地规则如何，包括关税同盟和自由贸易区在内的贸易安排本质上是对区块外部的国家构成一种歧视。这种歧视与关税与贸易总协定的最惠国待遇（MFN）原则相冲突。最惠国待遇原则要求国家不能够向任何其他国家提供更加优惠的贸易壁垒（例如更低的关税税率）。然而，关税与贸易总协定（以及其后继者世界贸易组织）的第XXIV条允许自由贸易区和关税同盟的例外。这一例外的条件是，区块内部的贸易本质上是自由的，并且建立自由贸易区或关税同盟之后，与非成员国之间的平均贸易壁垒更低。这一例外的直觉是区域贸易安排——尽管具有歧视性——可以作为更大的多边贸易安排的垫脚石。

　　关税与贸易总协定的第XXIV条款表明，"各缔约方认为，通过自愿签订协定发展各国之间经济的一体化，以扩大贸易的自由化是有好处的。各缔约方还认为，成立关税联盟或自由贸易区的目的，应为便利组成联盟或自由贸易区的各领土之间的贸易，但对其他缔约方与这些领土之间进行的贸易不得提高壁垒"。

　　最后，自由贸易区和关税同盟的区别还表现在国家贸易政策制定的自主权方面。例如，自由贸易区内各国仍然拥有各自独立的关税制定权力来针对非成员国制定外部关税。相反，关税同盟各成员国将这一权利转移给了关税同盟的关税制定机构。因此，关税同盟的各自成员国不能够自由地与区块外的国家进行双边关税削减的协商。缺乏自主权（例如关税制定）确实是造成关税同盟的成员国之间问题的来源。

在实践中，最主要的多边贸易政策安排是什么？

　　迄今为止，关税与贸易总协定以及它的后继者世界贸易组织从经济意义上看是最主要的贸易政策多边安排。关税与贸易总协定建立在1947年，1995年被世界贸易组织继承。在关税与贸易总协定或世界贸易组织框架内，按周期进行各"回合"的协商和谈判。这些回合迄今为止包括：日内瓦（1947）、安纳西（1949）、托奎（1950）、日内瓦（1956）、狄龙（196—1961）、肯尼迪（1963—1967）、东京（1973—1979）、乌拉圭（1986—1994）和多哈（2001—今）。关税与贸易总协定的乌拉圭回合导致世界贸易组织的成立。这些回合谈判的目的是降低贸易壁垒和建立贸易政策协商的执行规则。每一轮后续的回合谈判都建立在前一轮回合谈判所达成的协议基础之上，提供持续发展的多边贸易谈判流程❶。

　　多边贸易安排的成员方自1947年关税与贸易总协定的23个缔约成员方增加至当前世界贸易组织的153个成员方；亦即，在九轮谈判回合过程中，增加了130个国家。所有成员能够参与到每轮谈判中，并且各轮谈判的结果非歧视的适用于所有成员方。非歧视原则是通过关税与贸易总协定/世界贸易组织的最惠国待遇原则实现的。这一条款保证了关税与贸易总协定/世界贸易组织的各成员方能够享受到既定成员方给予其他任何成员方的最优惠的待遇。即一成员方给予另一个成员方的优惠待遇必须同时给予关税与贸易总协定/

---

❶ 参见世界贸易组织（2007）关于关税与贸易总协定/世界贸易组织以及各回合谈判的背景内容。

世界贸易组织的所有成员方。

各轮谈判的议题随着时间的推移发生显著的变化。早期谈判（1947—1961）的议题主要集中在制成品的关税减让方面。随后，从肯尼迪回合（1963—今）开始，谈判的议题扩宽至包括非常多的非关税措施。例如，肯尼迪回合增加反倾销和海关估价的议题。东京回合增加了补贴和补偿税收、政府采购、进口配额、产品标准保障以及发展中国家的特殊区别待遇等议题。乌拉圭回合增加了服务贸易、知识产权、与贸易有关的投资措施、装运前检验、原产地规则、争端解决、贸易政策的透明度和监管以及其他议题。

这些谈判的模式也随着时间的推移不断发生变化。谈判模式指的是进行谈判的规则和程序。针对关税减让的早期谈判（1947—1961）中使用的是基于逐条谈判的模式。在逐条谈判模式下，各国同时向每一个贸易伙伴递交关于特定商品的关税减让要求。这些要求构成所谓的关税减让的"正面清单"。进而，各参与国能够表示同意或不同意这些要求。这些要求也被称为让步。给予他国的减让与接受他国给予的减让是一种交换，作为出口国得到的利益用以交换作为进口国因关税壁垒削减而产生的成本。例如，当一个进口国降低了某种商品的关税，这一进口国被称为给予出口国一种减让，而该出口国是接受减让的国家。互惠原则指的是成员方相互交换给予大体相等的减让水平。

肯尼迪回合（1963—1967）的谈判模式发生了变化。在肯尼迪回合谈判中，引入了一个线性谈判方法。线性方法是指各国同时针对所有制成品削减一个相同百分比的关税税率。即相同百分比的关税税率的减让应用于所有的成员方。同时，各成员方能够提交逐条要求作为线性关税减让的例外。这些要求构成了所谓的关税减让的"负面清单"，即从线性关税减让中被排除和忽略的内容。肯尼迪回合谈判的另一个重要的模式变化是发展中国家的特殊和差别待遇。例如，发展中国家不必给予发达国家同等的关税减让。

最后，在大多数最近回合的谈判中所使用的谈判模式进一步修改了早期的方法。在东京回合（1973—1976），公式法被引入。在公式法下，使用一个公式进行线性关税的削减，例如对于一开始被征收较高关税税率的商品基于更大的关税削减的程度。在随后的乌拉圭回合（1986—1994），采用的是公式法与逐条谈判法结合在一起的谈判模式。

在关税与贸易总协定/世界贸易组织框架下的这些多边谈判显著推动了贸易自由化进程。根据《世界贸易报告》（世界贸易组织，2007），在使用逐条方法进行谈判的前5轮谈判（1947—1961）期间，达成了大于45000个关税减让。这些减让涵盖了大约根据商品税号进行分类的15000种商品种类。肯尼迪回合，一开始采取的线性方法，导致了平均35%的关税削减，尽管目标是50%。这一回合也达成了海关估价和反倾销方面的协议。最初使用公式法的东京回合，导致了进一步的关税减让，以及更高级的自由化，即通过自愿执行准则实现更宽泛的非关税壁垒的自由化。乌拉圭回合使用了联合的方式，导致大约33%的关税削减，以及进一步更宽的非关税壁垒的协议。非关税措施的待遇被包含在1995年被采纳的50多个协议中。这一回合的重要性体现在，它通过建立世界贸易组织和争端解决机制改变了原有的组织结构。这一回合也引入了部长级会议——每两年举行一次。在部长级会议上，成员方的贸易代表以持续的方式进行贸易政策的讨论。

自乌拉圭回合谈判之后，于1999年在华盛顿举行了西雅图部长级会议。这一次会议的目的是讨论接下来一个回合的谈判议程，但是这次会议一直处于停滞状态，并且没有达成一致的会议议程。接下来的一次部长级会议在2001年卡塔尔的多哈召开。这一次会议启动了新一轮的谈判被称为多哈发展回合。这次会议议程中的关键问题包括农产品贸易壁垒的削减以及提高反倾销税的透明度。会议谈判小组在2002—2003年没有在谈判的条件和结构方面达成一致❶。接下来的一次部长级会议，于2003年在墨西哥的坎昆举行，由于农产品补贴的自由化以及其他议题方面无法达成一致而陷入停滞。2006年，多哈回合谈判被搁置。自那时起，多边贸易努力的重点是修改谈判规则和程序的条件与结构，即谈判模式。

14.2 贸易政策的各种制度安排的影响是什么？

现在进行贸易政策的各种制度安排的影响作用分析。

我们研究三种典型情形。第一种是区域自由化情形（例如，自由贸易区或关税同盟）。第二种是多边贸易自由化情形（例如关税与贸易总协定或世界贸易组织）。第三种情形是广泛的但是不完全的自由化，即相对很少数量的国家被排除在外的自由化贸易安排。最后一种情形阐述了为什么国家有动机加入大范围的多边贸易安排，以及为什么被这种多边贸易安排排除在外是不利的。在每一种情形下，我们集中研究取消关税（使用在第5章的分析方法）来实现自由化。当然，自由化协定涉及更宽范围的贸易和与贸易有关的壁垒的削减与消除（正如第4章至第13章）。为了简化我们的分析，我们集中将关税作为贸易自由化安排的主要政策工具进行分析。

14.2.1 区域贸易自由化的影响是什么？

首先，我们在诸如关税同盟或自由贸易区这种区域贸易安排的框架内探索贸易自由化的影响作用。这一部分研究的问题是，区域贸易自由化究竟是增加还是减少了区块内国家的福利？这一部分的研究将表明，这一问题的答案是不确定的。区域贸易自由化对区块内国家福利的影响作用取决于自由化带来的贸易增加的程度相对于自由化引入和/或维持的扭曲的程度。这些影响作用被称为"贸易创造"效应和"贸易转移"效应。

"贸易创造"效应是指，贸易自由化导致国家放弃生产那些自己具有比较劣势的商品，转而从其他具有更低生产成本的国家进口。贸易创造是基于比较优势的专业化分工的结果。贸易创造导致了进口国和出口国福利的增加（正如本书第一篇所述）。另一方面，"贸易转移"效应是指，区块内的国家将其原本从区块外最低生产成本国家的进口，转向从区块内较高生产成本的国家进口。贸易转移效应的产生，是区块内部国家之间的关税（零关税）与对外关税（正的关税）的差异导致的。

在区域贸易安排背景下，贸易自由化能够导致贸易创造效应和贸易转移效应。区块内国家之间的关税（以及其他贸易壁垒）被取消，这导致了贸易创造效应。然而，区块对外关税的维持，阻止了区块外的国家，从而导致贸易转移效应。一国能够以零关税从区块内部较低生产成本的国家进口，或承担正的关税从区块外更低生产成本的国家进口。从哪一个国家进口取决于出口国之间的成本差异程度以及关税的幅度。

举例说明，假设区块内一进口国在某种商品上具有比较劣势。这意味着该国生产该种产品具有较高的价格（比如说130美元）。此外，假设区块内的出口国供给这一商品的价格为115美元，而区块外的国家供给该商品的价格为100美元。在这种情况下，出口区块外的出口国具有最低的成本。在没有关税的情况下，该进口国将会以100美元的价格从区块

---

❶ 然而，在发展中国家有权使用药品的知识产权问题方面达成协议。发展中国家现在能够进口基因复制的药品用于对抗潜在的疾病威胁（即HIV/AIDS疟疾）以及将会生产这些药物用于出口到其他发达国家。

外的出口国进口。然而，假设对从区块外进口的商品征收大于15%的关税，同时区块内部各国之间实施零关税。在这种情况下，尽管区块外的出口国具有最低的生产成本，进口国将会选择从区块内的出口国进口该商品。当进口国增加从成员国的进口，即使非成员国具有该种商品最低的生产成本，此时贸易转移效应也会出现。

为了说明区域贸易自由化的创造效应和转移效应(即福利效应)我们分析两种情形。第一种情形为最低成本的生产者是自由化贸易区块外的国家。第二种情形为最低成本的生产者是贸易自由化区块内部的国家。

模型的设定如下。考虑这种情景，即存在三个国家（或国家组）：A国、B国和C国，存在一种商品（或多种商品组合）。A国具有该种商品的比较劣势，并且是一个小国。换句话说，A国的该商品的生产成本最高。因此，贸易时，A国成为该商品的进口国。与之形成对比的是，B国和C国具有该商品的比较优势，从而是该商品的出口国。B国和C国两个国家均为大国，能够以无穷弹性向世界市场供给该商品。然而，C国相对于B国而言具有更低的生产成本。此外，假设一开始A国对从B国和C国进口的商品征收进口关税。

图14.1描述了上述假设。该图描绘了A国国内的供给和需求。如图14.1所示，均衡时自给自足的价格相对较高，表明A国具有该种商品的比较劣势。此外，根据A国面对出口大国B和C的两条无穷弹性的出口供给曲线（S_b^X和S_c^X）。这两条出口供给曲线的相对位置表明，C国相对于B国具有最低的生产成本。这些相对成本的差异反映在商品的相对价格上，即$P_c < P_b$。此外，假设A国一开始对B国和C国征收相同的关税，包含关税的价格分别为P_c^t和P_b^t，其中$P_c^t < P_b^t$。那么，贸易自由化前，A国将会从C国进口，包含关税的进口价格为P_c^t。进口量为A国在这一价格水平（P_c^t）上的超额需求，即$M_3 = Q_3^D - Q_3^S$。贸易自由化之前，A国不会从B国进口，因为B国包含关税的价格（P_b^t）相对于C国的含税价（P_c^t）更高。

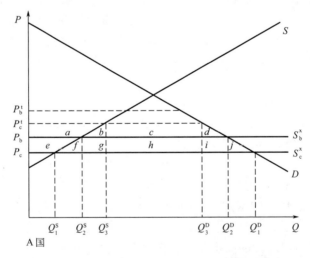

图14.1　区域贸易自由化——进口国的福利效应

现在，假设A国和B国达成一个区域贸易协定，同时C国被排除在该贸易协定之外。这一区域贸易协定将区块内A国和B国之间的关税降为零。当生产成本最低的国家被排除在区块以外时，这样的区域贸易自由化会产生什么样的影响作用？首先，存在贸易创造效应，因为A国扩大了它的进口。具体而言，A国现在以更低的价格（P_b）从B国进口更多数量的商品（$M_2 = Q_2^D - Q_2^S$）。这一贸易自由化导致消费者福利增加了$+(a+b+c+d)$，生产者

福利损失了 $-(a)$，政府关税收入减少了 $-(c+h)$。因此，对 A 国而言，区域贸易自由化导致的净福利变化为 $+(b+d)-h$。净的正福利效应 $+(b+d)$ 代表（部分的）无谓损失的消除，或者换种表述为，贸易创造带来的福利增加。$-(h)$ 表示净关税收入的损失，或者换种表达为，区域贸易安排对成员限制而导致扭曲。之所以会出现贸易转移效应是因为，贸易自由化仅限于区块内部，并且生产成本最低的国家被排除在区块之外。区域贸易自由化的结果导致 A 国现在从区块内部的国家进口，而不是从区块外部成本最低的国家进口。即 A 国的进口从 C 国（非成员国）转向 B 国（成员国）。对 A 国而言，区域贸易自由化的净福利效应可以为正，也可以为负。这一影响方向取决于贸易创造效应带来的净福利增加是否超过贸易转移效应带来的净福利损失（亦即，$b+d>h$ 或 $b+d<h$）。

另一种情况是，假设 A 国与 C 国达成区域贸易自由化协定，而 B 国被排除在外。同样的，这一区域贸易自由化协定将区块内部国家之间的关税税率降至零。当生产成本最低的国家被纳入区块内部时，区域贸易自由化的影响作用如何？首先，A 国扩大了其进口量，存在贸易创造效应。具体而言，现在 A 国以更低的价格（P_c）从 C 国进口更多数量的商品（$M_1=Q_1^D-Q_1^S$）。这一自由化导致 A 国消费者的福利增加了 $+(a+b+c+d+e+f+g+h+i+j)$，生产者的福利损失为 $-(a+e)$，政府的关税收入损失了 $-(c+h)$。因此，对 A 国而言，区域贸易自由化导致的净福利变化为 $+(b+f+g)+(d+i+j)$。净的正福利效应 $+(b+f+g)$ 和 $+(d+i+j)$ 表示由限制贸易造成的无谓损失的消除，或者说贸易创造效应带来的福利增加。在这种情况下，关税收入的损失被福利增加补偿了，因此没有净的负扭曲。由于区域贸易自由化将生产成本最低的国家包括在区块内，因此贸易转移效应并不存在。A 国在区域贸易自由化

表14.1　区域贸易自由化的福利效应

（a）将生产成本最低的国家排除在外的区域贸易自由化

经济主体	A 国的福利效应
消费者	$+(a+b+c+d)$
生产者	$-a$
政府	$-(c+h)$
国家	$+(b+d)-h$
国家（方向）	正或负

（b）将生产成本最低的国家包含在内的区域贸易自由化

经济主体	A 国的福利效应
消费者	$+(a+b+c+d+e+f+g+h+i+j)$
生产者	$-(a+e)$
政府	$-(c+h)$
国家	$+(b+f+g)+(d+i+j)$
国家（方向）	正

注：这些情形均假设 A 国是生产成本最高的国家，C 国为生产成本最低的国家，而 B 国介于二者之间。此外，A 国为进口国，而 B 国和 C 国为出口国。情形（a）假设区域贸易自由化包含 A 国和 B 国，而将 C 国排除在外。情形（b）假设区域贸易自由化包含 A 国和 C 国，但是将 B 国排除在外。

前和自由化后均从C国进口。因此，区域贸易自由化带来贸易创造效应，而不产生贸易转移效应。对A国而言，区域贸易自由化的净福利无疑为正。

如果将两种情形或上述两种区域一体化进行比较，就会发现主要的区别在于，贸易自由化区块是否将成本最低的国家包含在内。表14.1总结了图14.1中阐述的区域贸易自由化的两种情形的结果。如果贸易自由化区块排除了生产成本最低的国家，那么区域贸易自由化产生贸易创造效应的同时产生贸易转移效应。如果区块包含了生产成本最低的国家，那么区域贸易自由化产生贸易创造效应而没有贸易转移效应。在每一种情形下，贸易创造效应均带来福利的增加。在第一种情形下，贸易创造导致的正的福利效应被贸易转移效应抵消并且有可能被扭转。

这些研究结论适用于包括自由贸易区和关税同盟的区域贸易安排。然而在自由贸易区情形下，不配合原产地规则的话就会产生额外的扭曲，因为区块内各成员对区块外的国家维持不同水平的关税税率（例如，因转运造成的资源配置的扭曲，以及关税收入转移至税率低的国家）。如果我们对自由贸易区这些额外的扭曲进行研究，那么就会发现区域贸易自由化对区块内的一些国家可能会产生负的福利效应。因此，如果区域贸易自由化的贸易创造效应带来的福利增加超过了贸易转移效应带来的福利损失加上其他不平衡的对外壁垒导致的福利损失之和，则区域贸易自由化增加区块内国家的福利。

14.2.2 完全的多边贸易自由化的影响是什么？

接下来，我们研究多边贸易自由化的情形（即关税与贸易总协定或世界贸易组织）。多边贸易安排的极端情形是，所有国家都被纳入到该安排中。如果涉及的国家范围是完全的，那么多边贸易安排是非歧视性的。所有国家同时取消和/或削减贸易壁垒。这一自由化导致贸易创造效应，但是不存在贸易转移效应。这一部分，我们阐述完全的多边贸易自由化这一极端情形。下一个部分，我们研究少数国家被排除在外的多边贸易安排。

这一部分的模型框架设定如下：存在三个国家（或国家组），存在一种商品（或多种商品组合）。A国是一个小国，且在该种商品上具有比较劣势。换句话说，A国该种商品的生产成本最高。因此在开放条件下，A国是该种商品的进口国。区块R是一个由多个国家组成的大的区域贸易安排的国家集团。A国是这一贸易安排的成员之一。区块W是世界其他国家。贸易安排区块与世界其他国家区块都非常大，并且以无穷弹性向世界市场供给商品。然而，相对于区块R而言，区块W具有该商品更低的生产成本。进一步假设，一开始A国维持从区块W进口商品的关税，但是对从区块R进口的商品不征收关税，因为A国是区块R的成员方。

图14.2描述了整个模型的假设框架。该图描绘了A国市场的供给和需求。如图14.2所示，自给自足均衡时的价格相对较高，反映出A国具有该商品的比较劣势，此外A国面对大区块R和W的两条无穷弹性的出口供给曲线（S_r^X和S_w^X）。这两条出口供给曲线的相对位置显示了区块W具有比区块R更低的该商品的生产成本。这些相对生产成本反映在商品价格上，即为$P_w < P_r$。此外，A国一开始维持从区块W进口商品的进口关税，但是对从区块R进口的商品不征收进口关税，因为A国是区块R的成员。因此，在贸易自由化前，A国将以区域自由贸易价格P_r从区块R进口该商品。进口量为A国在该价格水平上的超额需求，或表示为$M_2 = Q_2^D - Q_2^S$。在多边贸易自由化之前，A国将不会从区块W进口商品，因为区块W包含关税的商品价格（P_w^t）比从区块R进口的商品价格（P_r）高。

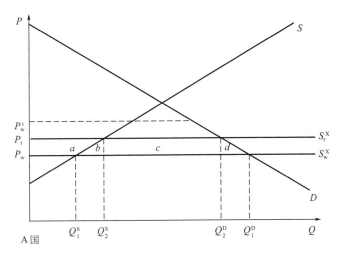

图14.2 多边贸易自由化——进口国的福利效应

现在，假设所有国家达成多边贸易协议。这一多边贸易协议将所有国家的该商品的关税降至零关税水平。这一多边贸易自由化的影响作用是什么？首先，随着A国扩大进口量，存在贸易创造效应。具体而言，A国现在以更低的价格（P_w）从区块W进口更多数量的商品（$M_1 = Q_1^D - Q_1^S$）。这一贸易自由化导致消费者的福利增加了+（$a+b+c+d$），生产者的福利损失了−（a），并且不存在政府关税收入的损失。因此，对A国而言，多边贸易自由化的净福利效应为+（$b+c+d$）。其中正的净福利+（b）和+（d）表示因限制贸易导致的无谓损失的消除，或者说贸易创造效应带来的福利增加。正的净福利+（c）表示贸易条件的改善，即现在A国进口该商品的相对价格更低。在这种情形下，由于没有国家被排除在这一多边贸易安排之外，因此不存在歧视，从而不会产生贸易转移效应。表14.2总结了这一多边贸易自由化的福利效应。

表14.2 多边贸易自由化的福利效应

（a）多边贸易自由化

经济主体	A国的福利效应
消费者	+（$a+b+c+d$）
生产者	−a
政府	0
国家	+（$b+c+d$）
国家（方向）	正

注：这一情形假设，A国在该商品上的生产成本最高；区块R是个大的区域贸易安排；A国是区块R的成员国；并且区块W的该商品的生产成本最低。

如果我们将这种多边贸易自由化与区域贸易自由化（表14.1和表14.2）进行比较，可以看出，二者主要的区别在于，多边贸易自由化仅存在贸易创造效应，而区域贸易自由化导致贸易创造效应（尽管不完全），同时如果生产成本最低的国家位于区块之外，也会导致贸易转移效应。在区域贸易自由化情形中，国家净福利变化是不确定的，可能为正、负或零。在多边贸易自由化情形中，国家的净福利变化无疑为正。

14.2.3　少数国家被排除在外的多边贸易安排的影响是什么?

　　如果多边贸易安排是不完全的会怎么样? 即如果少数国家仍然被排除在多边贸易安排之外会怎么样? 这些被排除在外的国家是否有动机加入多边贸易安排? 位于多边贸易安排内的国家是否能从增加成员中获益? 提出这些问题的动机是, 在实践中即使是覆盖面很宽的多边贸易安排, 例如关税与贸易总协定和世界贸易组织也是不完全的。因此, 在这部分我们提出这样的问题: 被排除在多边贸易自由化之外的国家对成员方和非成员方的影响(包括机会成本)是什么?

　　为了分析这一问题, 我们考虑接下来的典型例子, 即存在四组国家, 包括北美(N)、欧洲(E)、亚洲(A)和世界其他国家(W), 存在一种商品(或多种商品组合)。对于这一具体的商品而言, 北美是进口区块, 而欧洲、亚洲和世界其他国家是出口区块。换句话说, 北美该商品的生产成本最高。因此, 在开放条件下, 北美成为该商品的进口国。与之形成对比的是, 区块E、A和W具有该商品的比较优势。因此, 在开放条件下, 这三个区块成为该商品的出口国。三个出口区块均是大的区块, 并且以无穷弹性向世界市场供给商品。假设世界其他国家区块该商品的生产成本最低, 其次是亚洲, 然后是欧洲。此外, 假设一开始欧洲区块、北美区块和亚洲区块已经通过多边贸易安排实现了贸易自由化, 但是世界其他国家区块还没有正式加入这一多边贸易安排。

　　图14.3描述了这一假设框架。该图描绘了北美区块内的供给和需求。如图14.3所示, 自给自足均衡时的价格相对较高, 表明北美具有该商品的比较劣势。此外, 北美面临三条无穷弹性的出口供给曲线, 分别为欧洲大区块、亚洲大区块和世界其他国家大区块的出口供给曲线(S_e^X、S_a^X和S_w^X)。这些供给曲线的相对位置显示了世界其他国家区块具有该商品的最低生产成本, 接着是亚洲区块, 然后是欧洲区块。这些生产成本的相对位置反映了商品价格的相对大小关系, 即$P_w < P_a < P_e$。

　　现在假设多边贸易安排包括所有的北美区块、欧洲区块和亚洲区块国家, 但是将世界

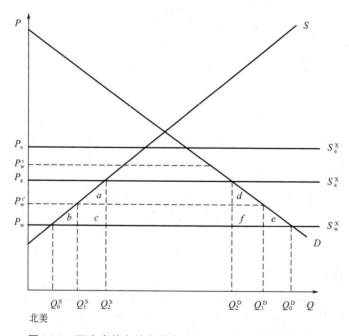

图14.3　不完全的多边贸易自由化——进口国的福利效应

其他国家区块排除在外。从而，北美区块从世界其他国家区块进口商品仍然需缴纳进口关税。这一多边贸易安排对进口国（即北美区块）和出口国（即欧洲、亚洲和世界其他国家）的影响是什么？

在给定这一贸易安排下，北美区块将会以最低的价格进口该商品。如果从区块 W 进口商品，包含关税的价格比从区块 A 或区块 E 以零关税条件进口的价格更高，那么北美将会从区块内进口而不是从区块 W 进口。如果我们假设一个相对较高的关税水平（t），例如 $P_w < P_a < P_w^t < P_e$，那么北美将会从亚洲区块以 P_a 的价格进口该商品，进口量 $M_2 = Q_2^D - Q_2^S$。尽管世界其他国家该商品的生产成本最低，但仍然会被排除在与北美区块的贸易之外。

另一种可能的情况是，如果从区块 W 进口该商品，包含关税的价格仍然比从区块 A 或区块 E 以零关税条件进口的价格低，那么北美将会从区块 W 进口该商品。此时，我们假设的是一个相对较低的关税水平（t'），即 $P_w < P_w^{t'} < P_a < P_e$。在这种情况下，即使世界其他国家被排除在多边贸易安排之外，北美区块将会以 $P_w^{t'}$ 的价格从世界其他国家进口该商品，进口量 $M_1 = Q_1^D - Q_1^S$。这一不同的情形假设区块 W 的成本优势足够大，以至于在存在关税的条件下，仍然具有该商品的价格优势。

最后，假设世界其他国家正式加入多边贸易安排，使针对世界其他国家的关税被取消。现在，北美将会从世界其他国家以 P_w 的价格进口该商品，进口量 $M_0 = Q_0^D - Q_0^S$。世界其他国家不再被排除在北美贸易之外，在正式加入多边贸易安排之后，成为北美贸易的主要出口国。

在上述论述中，世界其他国家被排除在多边贸易安排之外，还是加入这一多边贸易安排对进口国（即北美）和出口国（即欧洲、亚洲和世界其他国家）均产生影响。当位于多边贸易安排内的国家维持其对外的关税，贸易会从被排除在外的国家转移出来，即使这些国家具有该种商品的最低生产成本。在我们的例子中，当北美对世界其他国家维持相对高的关税水平（t）时，贸易会从非成员国转向亚洲成员国。无谓损失三角形（$a+b+c$）和（$d+e+f$）代表被排除在外的国家造成的扭曲效应而给北美带来的福利损失。另一种情况是，当北美对世界其他国家维持相对低的关税水平（t'）时，北美仍然从世界其他国家进口而不是从亚洲进口，剩下的无谓损失三角形为（b）和（e），表示因为关税的扭曲效应而造成的北美剩余福利损失。最后，当世界其他国家正式加入多边贸易安排，关税被完全取消时，无谓损失三角形消失，并且北美从世界其他国家进口商品的数量增加。

这一例子表明，各种区块之间存在利益冲突。北美区块因世界其他国家加入多边贸易安排而获益。这是因为，北美的净国家福利将会增加。然而多边贸易安排内部成本较低的生产方（亚洲）则希望将成本最低的生产方排除在多边贸易安排之外。这是因为取消对世界其他国家区块的贸易壁垒之后，亚洲将不再向北美出口商品。这导致亚洲生产者的福利损失。最后，位于多边贸易安排之外的成本最低的生产方（亦即世界其他国家）希望加入这一多边贸易安排。被排除在外的机会成本是放弃出口至北美而造成的生产者福利的损失。如果世界其他国家确实是该商品的最低成本生产方，那么加入多边贸易安排导致世界其他国家的生产者的福利增加❶。

综上所述，一开始被排除在多边贸易安排之外的国家确实是有动机加入多边贸易安排

---

❶　关于将一国排除在多边贸易安排之外的利益冲突的讨论，同样适用于区域贸易安排的分析。例如，如果北美自由贸易区内部的墨西哥具有该商品的最低生产成本，那么墨西哥可能会反对位于北美自由贸易区之外的具有最低生产成本的国家加入这一区域贸易安排。这些国家可能包括多米尼克共和国-中美洲-美国自由贸易协定（CAFTA-DR），它与墨西哥对美国的贸易形成竞争。

的，以此获得与区块内国家进行贸易而带来的利益，以及因此而带来的福利的增加。然而，一开始被包含在多边贸易安排区块内的国家对于吸纳新的区块成员的动机并不一致。

这些结论基于将区块整体视为一个"国家"的视角。当然，每一个区块内部存在生产者、消费者以及政府的福利变化（正如在本书第二篇详细的论述）。对这些经济主体的福利给予不同的重视程度的政治经济学分析可以改变上述结论。例如，如果北美区块相对于消费者和政府的福利而言，更加重视生产者的福利，那么扩大多边贸易安排区块成员的利益就会消失。基于这些政治和经济的分析可以看出，本篇开篇提出的问题的答案并不明确。

在实践中，由于企业比消费者群体的游说能力更强，生产者较消费者更加受到政策决策方面重视的情况并不少见。这一政治经济学视角的福利分析并不能构成上述经济学理论分析和实践之间的沟壑。理论能够被扩展，以解释施加在国家内部以及国家之间不同经济主体的福利所受到的重视程度的差异。一种方法（使用本书呈现的例证）是分析政府完全在意或完全不在意经济主体的福利。例如，根据表14.1和表14.2总结的结论，消费者的福利完全不受重视，而生产者福利和政府福利得到完全的重视。在这种情况下，当我们将福利效应加总得到一国总福利效应的结果显示，进口国的福利效应为负。即当消费者的福利不怎么受到重视时，进口国没有加入区域或多边贸易自由化的动机。这一例子仅仅将生产者和政府的福利最大化，而将消费者的利益排除在外。这样的结果（因各经济主体之间受到的重视程度不同）有助于解释为什么政府有时候选择的政策看起来与从经济学视角的理解完全相反。

此外，在实践中，当政府决定是否加入双边的、区域的或多边的贸易安排时，平衡各种经济的和政治的动机并不少见。例如，存在下面这些情况，具有更高生产成本的大国（即发达国家）希望低成本国家成为贸易安排的成员方，尽管这样会造成他们国内生产者的损失。同样也存在这样的情形，更低生产成本的小国（即发展中国家）对加入贸易安排保持迟疑态度，尽管加入贸易安排能够使其国内生产者的利益增加。一种解释是，小型发展中国家可能感受到了发达国家的压制，因为发达国家往往拥有更多更具经验的谈判者能够为他们国家利益争取到更好的条件。在这样的情形下，尽管存在潜在的经济利益，一开始被贸易安排排除在外的国家也可能并没有加入的动机。在这样的谈判中，小国可能意识到，那些具有相对较强谈判能力的国家的福利往往受到更多的重视。

这些国际贸易的政治经济学观点建立在本章呈现的理论基础之上，并对其进行了扩展。我们鼓励读者去研究政治经济学的相关文献，分析贸易政策的内生决定因素。

14.3　区域贸易安排是多边贸易自由化的垫脚石还是绊脚石？

经常会出现这种情况，即一国之所以参与双边的或区域的自由贸易安排，是因为它们的谈判过程比多边贸易安排更加容易并且更加迅速。达成一个更加完全的全球协议可能消耗很多的时间成本（或机会成本），即使多边贸易安排能够产生更大的福利利益。企业（或它们的国家的代表）可能希望进行更加快速的谈判。这一观察促使经济学者去分析双边和/或区域贸易安排是否为向着更加宽泛的多边贸易自由化安排提供便利。

在本章的最后一部分，我们研究区域贸易安排究竟是多边贸易安排的垫脚石，还是阻止了向多边贸易安排的发展。即我们研究区域贸易安排是多边贸易安排的"垫脚石"还是

"绊脚石"。分析这一问题的动机是，从全球视角看，多边贸易安排能够比区域贸易安排产生更大福利利益。因此，从经济学视角看，直接建立多边贸易安排是最优的。然而，如果多边贸易安排不易实现，那么若区域贸易安排是多边贸易安排的垫脚石，则从区域贸易发展成多边贸易安排是明智的。

在分析这一问题之前，重要的是注意到自由化导致的贸易创造效应和贸易转移效应能够表现为不同商品之间的贸易（即产业间贸易）和/或相似商品不同品种的贸易（即产业内贸易）。回忆前文，产业间贸易产生于不同国家之间比较优势的差异（正如第2章的论述），而产业内贸易源自规模经济（如第3章论述）。14.2.3部分阐述了贸易自由化的福利效应即产生于产业间贸易的贸易创造和贸易转移效应。但是，我们也应该考虑贸易自由化带来的产业内贸易的福利变化。

简单回顾一下，相似经济体之间由于规模经济而产生产业内贸易。贸易自由化的影响是增加了市场规模。企业进入到更大市场，其生产规模扩大，生产效率提高，从而平均成本降低。这些效率能够产生激励作用，促使国家专业化生产既定产品种类的商品并且将这些种类的商品进行贸易，用以向贸易伙伴国交换其他种类的商品。因此，贸易自由化，企业能够利用规模经济生产更多数量的既定种类的商品。结果导致这些差异化商品的价格下降。消费者能够消费商品的种类增加，并且这些种类商品的价格更低。即存在规模经济的情况下，消费者福利（以及国家福利）因贸易自由化而增加。这意味着，相较于区域贸易安排而言，更宽范围的多边贸易自由化安排通过增加产业内贸易，导致更大的市场规模并且更大的福利利益。

因此，贸易自由化带来的潜在福利利益包括产业间贸易和产业内贸易的福利利益。在多边贸易安排框架内，这些利益没有被贸易转移效应导致的福利损失抵消掉。因此，如果能够直接达成多边形式的贸易自由化，那么从经济福利的视角看，将会是最优的。然而，在现实世界实践中，区域贸易安排被证实比多边贸易安排更加具有政治的可行性。因此，这导致我们回到最初的问题，区域贸易安排是更宽范围的多边贸易安排的垫脚石还是绊脚石？

经济学的研究文献为双方观点提供了论据。支持垫脚石观点的论据如下。区域贸易安排通常出现在具有相似比较优势（例如要素禀赋）的经济体之间。由于国家之间是相似的，贸易自由化对产业间贸易的影响作用相对较小，从而对包括劳动力工资以及资本与土地拥有者的租金等要素价格的影响相对较小（参见第2章和第12章）。而相似经济体之间的贸易自由化造成因规模经济产生的产业内贸易规模大幅增加（参见第3章）。这一类型的国际贸易并不会导致要素价格的变化，从而产生政治上的阻力。因此，相似国家之间的区域贸易安排的政治阻力比起差异经济体之间更加温和。根据这一观点，相似经济体之间的区域贸易安排能够成为进一步在非相似国家之间实现自由化的垫脚石。

其他支持垫脚石的观点认为，随着越来越广泛的一体化浪潮，区域贸易自由化能够导致一个多米诺效应❶。在这一观点中，核心国家集团达成一个区域贸易安排。那些被排除在外的国家遭受贸易转移的负效应。即贸易从区块外最低生产成本的国家转向区块内的国家（如本章14.2所示）。贸易转移效应使原本被排除在外的国家产生加入区块的动机；亦即加入区块能够使其福利增加。这一过程在一体化浪潮中持续，最终导致更宽范围的多边贸易安排。

---

❶ 参见鲍德温（1997）关于区域自由化是多边贸易安排的垫脚石的多米诺效应论点的研究。

另一方面，研究也同样显示，区域贸易安排能够成为更宽范围的多边贸易安排的绊脚石。一种观点认为，即使国家福利在多边贸易安排框架内相对于在区域贸易安排更高，如果区域贸易安排先被达成，它能够阻止随后多边贸易安排的达成[1]。这一直觉是基于政治经济学的思考。如果区域贸易安排出现在类似国家之间，那么区域贸易安排能够使中间选民的福利提高。这是因为来自规模经济和产品异质性（因产业内贸易）的福利增加能够超过来自要素价格变化（由于产业间贸易而产生的）带来的福利损失。如果随后多边贸易安排出现在要素禀赋不同的国家之间，那么国家丰裕要素的收益将会增加，而稀缺要素的收益将会减少（参见第2章和第12章）。因此，在多边贸易安排框架内，即使一国的总福利提高，一国中间选民的福利有可能会受损。在这种情形下，区域贸易安排成为多边贸易安排的绊脚石，因为更宽的自由化范围不能获得政治支持。

其他绊脚石观点认为，在区域贸易安排框架下被允许的优惠待遇在多边贸易安排框架内会丧失，并且这一结果会带来政治上的阻力[2]。在区域贸易安排框架内受到优惠待遇的国家，将会需要与更加宽泛的多边贸易安排框架内没有受到优惠待遇且具有更低成本的国家相竞争。这些国家将会反对扩大自由化安排的范围，因为这会抵消它们的优惠待遇。这一绊脚石的观点是政治经济学的观点，它考虑到了那些国家具有优惠待遇的特殊利益。

这些垫脚石和绊脚石的观点导致相当不同的结论，关于是否区域自由化的贸易政策能够导致向着多边自由化的贸易政策发展。经济学理论对于这一问题的研究尚未达成一致的观点，随着自由化安排和国际流动的不断发展，需要继续对这一问题进行研究和探索。

14.4　本章总结

什么是贸易政策的制度安排？最主要的贸易政策的制度安排包括双边的、多边的和区域的贸易安排。双边贸易安排是指两个贸易伙伴国同意在两国之间降低或取消贸易壁垒。与之形成对比的是，多边贸易安排指所有（或许多）国家同意降低或取消国家之间的贸易壁垒。区域贸易安排指通过自由贸易区或关税同盟组成区块的国家同意降低或取消区块内的贸易壁垒。在自由贸易区内，成员国维持它们独立的（可能是不同的）对非成员国双边的贸易壁垒。在关税同盟内部，成员国对非成员国维持共同的双边贸易壁垒。共同的外部关税是共同贸易壁垒的表现形式。

每一种贸易安排都具有歧视性，即非成员国享受与成员国不一样的待遇。歧视性在关税与贸易总协定以及它的后继者世界贸易组织的最惠国原则的例外中是被允许的。然而，这些贸易安排的歧视性在本质上产生了扭曲。从相对量上看，自由贸易区比关税同盟更具有歧视性，因为自由贸易区对非成员国的双边贸易壁垒存在差异。此外，在自由贸易区框架内，非成员国能够通过区域内对外维持最低关税的国家进入目标成员国的市场。原产地规则通过设定一些对于商品被认定原产于某国的条件，能够阻止这种行为。最后，多边贸易安排是最不具有歧视性的，因为它包括了非常多的国家，从而减少了歧视程度。

在实践中，最主要的贸易政策多边安排是什么？从经济视角看，关税与贸易总协定和世界贸易组织是迄今为止最重要的贸易政策的多边安排。关税与贸易总协定成立于1947年，

---

[1] 参见利维Levy（1997）对于这一问题的政治经济学的分析。

[2] 参见李茂（Limao，2006）关于这一论据的说明。

随后被1995年的世界贸易组织取代。在这些安排框架内，谈判的各回合按照一定周期时间执行。关税与贸易总协定的乌拉圭回合导致了世界贸易组织的建立。这些回合谈判的目的是降低贸易壁垒，并且建立贸易政策谈判的执行规则。每一次后续的回合都是建立在之前所达成的协议基础之上的，从而维持多边贸易谈判进程的持续进行。这些多边贸易安排的成员方从最初关税与贸易总协定的23个原始缔约方，增长到迄今为止WTO的世界贸易组织153个成员方。所有成员方能够参与各回合的谈判，并且谈判结果被所有成员非歧视性的享有。

各回合谈判的议题随时间的推移呈现显著的变化。早期谈判集中在制成品关税的减让方面。最近的谈判议题已经扩展到包括许多其他形式的非关税措施方面。这些回合的谈判模式也随着时间的推移不断发生变化。早期围绕关税减让谈判的模式基于逐条谈判的基础，随后线性方法被用于后续的谈判中，然后公式法被应用。在最近的乌拉圭回合的谈判中，公式法与逐条谈判法被结合在一起使用。

这些多边谈判显著推进了贸易自由化进程。前五轮谈判（1947～1961年）达成大约45000个减让协议，包含了超过15000个商品种类。肯尼迪回合（1963～1967年）导致平均关税税率削减了35%，并且在海关估价和反倾销方面达成协议。东京回合（1973～1979年）通过自愿行为准则，导致了更进一步的关税减让，以及进一步推进了更宽范围的非关税措施的自由化进程。乌拉圭回合（1986～1994年）进一步导致大约33%的关税削减幅度，以及进一步扩宽了非关税措施的待遇。自乌拉圭回合以来的谈判包括了一系列的部长级会议。2001年在多哈卡塔尔提出多哈发展回合，这次会议议程的关键问题是削减农产品贸易壁垒以及提高反倾销税的透明度等。在2006年，多哈回合被搁置。从那时起，谈判的努力集中在修改执行谈判的规则和程序的条款和结构方面。

贸易政策制度安排的其他影响作用是什么？具体而言，贸易自由化导致一国福利增加还是减少？为了回答这个问题，我们研究区域关税自由化、完全的多边关税自由化和非完全的多边关税自由化。在每一种情形下，我们考察了贸易创造效应和贸易转移效应的影响。当区域内的国家之间基于比较优势的贸易增加，那么贸易自由化就会导致贸易创造效应。当区域内国家将它们的进口从区域外成本最低的国家转移至区域内成本较高的国家时，贸易自由化产生贸易转移效应。

区域贸易自由化的影响是什么？在区域贸易自由化框架内，成员方之间的关税减让产生贸易创造效应，然而，对非成员方维持关税能够导致贸易转移效应。是否存在贸易转移效应取决于成本最低的国家是在区域内还是在区域外。如果成本最低的国家位于区域外，那么贸易转移效应的存在取决于区域对外关税的大小相对于非成员方与成员方出口国之间的成本差异的大小。如果成本最低的国家位于区域外，且对非成员方征收的关税大于区域内外生产成本的差异，那么贸易自由化导致贸易转移效应。另一方面，如果对非成员方征收的关税小于区域内外生产成本的差异，那么贸易自由化不会导致贸易转移效应。在后一种情形中，区域内国家仍然从区域外国家进口商品。但是由于存在外部关税，全部的贸易创造效应的利益不能实现。与之形成对比的是，如果区域内包含了成本最低的国家，那么区域贸易自由化导致贸易创造效应，但不会产生贸易转移效应。这一结论适用于自由贸易区和关税同盟。然而，如果自由贸易区不执行原产地规则，那么成员方对非成员方维持各自不同的关税便会产生额外的扭曲。因此，如果贸易创造效应带来的福利增加大于贸易转移效应造成的福利损失加上其他由于不相等的对外壁垒导致的额外福利损失，那么区域贸易自由化使国家的福利增加。

多边贸易自由化的影响是什么？多边贸易安排的极端情形是所有国家被包含在内。如果涉及国家的范围是完全的，那么这一多边贸易安排是非歧视性的。在这种情形下，所有国家同时取消并/或者降低贸易壁垒。这一自由化导致贸易创造效应，但是不产生贸易转移效应。如果我们将多边贸易安排和区域贸易自由化进行比较能够发现，多边贸易安排只会导致贸易创造效应；如果生产成本最低的国家被排除在区块之外的话，区域贸易安排会导致贸易创造效应（尽管并不一定是完全的），同时能够导致贸易转移效应。对于区域贸易自由化而言，成员国的净福利影响取决于贸易创造效应是否超过贸易转移效应。在完全的多边贸易自由化情形下，所有国家的福利无疑会增加。

有国家被排除在外的多边贸易安排的影响是什么？即如果少数国家（即世界其他国家）仍然被排除在多边贸易安排之外会怎么样？被排除在外的国家是否有动机加入这一多边贸易安排？被纳入多边贸易安排以内的国家是否能从扩大成员范围中获益？这些问题的答案是，存在利益冲突。多边贸易安排的进口成员国能够从世界其他国家的加入而获益，因为能够产生因生产成本最低的国家加入而带来的贸易创造效应。然而，一开始被包含在多边贸易安排内的生产成本最低的国家能够从阻止成本最低的国家加入而获益。这是因为，如果这些国家加入后，原来的成员将会与这些国家形成竞争。世界其他国家的加入能够导致原始成员国的生产者福利损失。最后，世界其他国家有动机加入多边贸易安排，因为被排除在外具有机会成本——由于丢失了向成员国出口而造成的生产者福利的损失。世界其他国家通过加入多边贸易安排而获益。因此，一开始被排除在多边贸易安排之外的国家确实有动机加入该贸易安排，从而获得与成员国之间的贸易以及因此而带来的福利增加。然而，一开始被包含在多边贸易安排内的国家对于增加成员国的观点并不一致。上述结论均是将区块作为一个整体而言的。区块内部同样存在生产者、消费者和政府之间的福利变化。政治经济学分析认为，对不同经济主体福利的重视程度不同能够改变上述结论。

区域贸易安排究竟是多边贸易安排的垫脚石还是绊脚石？为了回答这个问题，我们需要回忆前文。贸易可以分为产业间贸易和产业内贸易。产业间贸易更多的是发生在不同类型的国家之间，基于比较优势产生的利益。而产业内贸易多发生在相似经济体之间，基于规模经济产生的利益。产业间贸易能够导致丰裕要素和稀缺要素的价格发生变化，而产业内贸易不影响丰裕要素和稀缺要素的价格。这一点很重要，因为相对于多边贸易安排而言，区域贸易安排往往出现在比较相似的经济体之间。因此，与多边贸易安排相比较而言，区域贸易安排会产生更多的产业内贸易而不是产业间贸易，同时对要素价格的影响相对较小。

垫脚石和绊脚石的论证基于这一直观的理解。垫脚石的观点认为，在相似国家之间建立区域贸易安排存在相对较少的政治阻力，因为这样的贸易安排对产业间贸易的影响很小，从而对要素价格影响也很小。因此，区域贸易安排能够为未来的多边贸易自由化提供政治上的出发点。多米诺效应论点进一步表明，区域贸易自由化能够导致日益增加的更宽的一体化浪潮。这是因为被排除在外的国家遭受了贸易转移效应的负作用，从而产生加入贸易自由化区块的动机。这一趋势会持续，直到多边贸易安排达成。

另一方面，认为区域贸易安排是多边贸易安排绊脚石的观点的最主要论据为，如果相似国家之间首先达成区域贸易安排，就能够阻止随后达成多边贸易安排。因为区域贸易安排相对来说对价格影响小。在区域贸易安排框架内，国家的中间投票人的福利增加，即使多边贸易安排能够实现更高的一国整体的福利。因此对于更宽泛的自由化缺少政治上的支持。另外关于绊脚石的观点认为，在区域贸易框架内获得的优惠待遇在多边贸易安排框架内会丧失。因此，那些获得优惠待遇的国家可能会反对更宽泛自由化安排，避免弱化其享有的优惠待遇，从而导致多边贸易安排无法实现。

关于区域贸易安排究竟是多边贸易安排的垫脚石还是绊脚石这一问题，经济学研究文献尚未达成一致的观点。

□ 应用问题

14.1　分析以下四种贸易政策安排：（a）双边贸易安排；（b）关税同盟；（c）自由贸易区；（d）多边贸易安排。简单描述每种贸易安排。然后描述这些形式的贸易安排的区别。包括相关的原产地规则、非歧视原则，以及在政策制定时的政治自主性。确保讨论贸易创造、贸易转移和其他与这些安排相关的扭曲效应。

14.2　分析区域贸易安排的福利影响。（a）关税的区域自由化导致区域贸易协定内国家的福利增加还是减少？（b）你的答案是否取决于区域贸易协定包括还是排除生产成本最低的国家？如果是的话，如何影响？（c）你的答案是否取决于对区域贸易安排之外的国家维持的外部关税的水平？如果是这样，如何影响？在回答这一问题时，确保清楚地表达你的假设前提。同样还要考虑从区块内的进口者和出口者的不同视角进行分析。

14.3　分析包含所有国家的多边贸易安排的福利影响。完全的多边贸易自由化对于全球福利的影响是什么？

14.4　比较分析区域贸易安排与多边贸易安排。站在全球视角看，哪一种贸易安排更优？

14.5　分析一种贸易安排，例如世界贸易组织，即只有少数国家仍然被排除在外。（a）那些被排除在外的国家是否有动机加入该贸易安排？（b）包含在贸易安排内的国家能够从增加成员中获益吗？考虑所有基本的假设，并且从国家视角对区块外国家和区块内国家进行研究。

14.6　从国家内部视角分析，区域贸易安排和多边贸易安排两种情形的福利效应，以及关税自由化对下列经济主体产生的福利影响。（a）生产者福利；（b）消费者福利；（c）政府福利。在分析这些福利效应时，应分别从进口国和出口国，区块内和区块外的不同视角分别进行研究。

14.7　考虑将世界各国按照发展水平分成以下几组：高度发达的国家（H）、发展中国家（M）和最不发达国家（L）。假设高度发达国家具有最高的生产成本，最不发达国家具有最低的生产成本。发展中国家该商品的生产成本居中。此外，假设高度发达的国家进口该商品，其他两组国家出口该商品，且出口供给弹性无穷大。假设最初，高度发达国家对从发展中国家和最不发达国家进口商品征收相同的关税。（a）评价高度发达国家和发展中国家达成区域贸易安排的影响作用。（b）评价所有三个组别的国家达成多边贸易安排的影响作用。具体而言，分析研究这些不同的贸易安排对价格、贸易量、福利的影响作用。在分析这些影响效应时，从每一组别国家视角分别进行分析。

14.8　研究一个由三个"强大的"区块（欧洲、北美和亚洲），以及其余"被排除在外"的国家构成的世界。评价"强大区块"内的自由化对"被排除在外"的国家的影响。明确表述你做出的任何假设前提。必须分析贸易创造效应和贸易转移效应，以及用例子支持你的分析结论。

14.9　如果你是一个以全球福利最大化为目标的政策制定者，你将支持什么类型的贸易自由化（即自由贸易区、关税同盟、多边贸易安排），并且解释为什么？用例子支持你的结论。

14.10　贸易自由化能够增加国际贸易规模吗？从国家视角和全球视角对这一

问题进行分析，确保明确任何你在回答这一问题时所需要做出的假设。

14.11 区域贸易安排是多边贸易自由化的垫脚石还是绊脚石？提出至少4个不同的论据。

☐ 延伸阅读　　Anderson，lames E. 1998. The Uruguay Round and welfare in some distorted agricultural economies. Journal of Development Economics 56 (August)：393-410.

Bawell，Kyle，and Robert W. Staiger. 2002. The Economics of the World Trading System. Cambndge，MA：MIT Press.

Baicker，Katherine and M. Marit Rehavi. 2004. Policy watch：trade adjustment assistance. Journal of Economic Perspectives 18 (2)：239-255.

Baldwin，Richard E. 2006. Multilateralizing regionalism：spaghetti bowls as building blocks on the path to global free trade. World Economy 29 (11)：1451-1518.

Baldwin，Robert E. 1984. Trade policies in developing countries. In Handbook of International Econotnics，vol. 1 (eds Ronald W. Jones and Peter B. Kenen). Amsterdam：North-Holland.

Baldwin，Robert E. 1985. The Political Economy of US Import Policy. Cambridge：MIT Press.

Baldwin，Robert E. 1989. The political economy of trade policy. Journal of Economic Perspectives 3 (4)：119-137.

Bhagwati，Jagdish. 1982. Import Competition and Response. Chicago：University of Chicago Press.

Bhagwati，Jagdish. 1988. Protectionism. Cambridge：MIT Press.

Bhagwati，Jagdish. 2004. In Defense of Globalization .New York：Oxford Universityy Press.

Bradford，Scott. 2003. Paying the price：final goods protection in OECD countries. Review of Economics and Statistics 87 (1)：24-37.

Coleman，William，Wyn Grant，and Timothy Josling. 2004. Agriculture in the New Global Economy. Cheltenham，UK：Edward Elgar.

Eaton，Jonathan，and Maxim Engers. 1992. Sanctions. Journal of Political Economy 100 (5)：899-928.

Flam，Harry. 1992. Product markets and 1992：full integration，large gains? Journal of Economics Perspectives (Fall)：7-30.

Gawande Kishorc and Usree Bandyopadhyay. 2000. Is protection for sale? Evidence on the Grossman-Helpman theory of endogenous protection. Review of Economics and Statistics 82(1)：139-152.

Grossman，Gene M.，and Elhanan Hclpman. 1994. Protection for sale. American Economic Review 84 (4)：833-850.

Harrison，Glenn H.，Thomas F. Rutherford，and David G. Tarr. 2003. Trade policy options for Chile：the importance of market access. World Bank Economic Review 16 (1)：49-79.

Hoda. Anwarul. 2001. Tariff Negotiations and Renegotiations under the GATT and the WTO：Procures and Practices. Cambridge：Cambridge University Press.

Hoekman，Bernard，and Michel Kastecki. 2001. The Political Economy of the World Trading System，2nd edn. New York：Oxford University Press.

Irwin，Douglas A. 1995. The GATT in historical perspective. American Economic Review 85(2)：323-328.

Irwin, Douglas A., Petros Mavroidis and Alan Sykes. 2008. The Genesis of the GATT. Cambridge, MA : Cambridge University Press.

Jackson, John H. 1997. The World Trading System : Law and Policy of International Economic Relations. Cambridge : MIT Press.

Ju, Jiandong, and Kala Krishna. 2000. Welfare and market access effects of piecemeal tariff reform. Journnl of International Economics 51 (2) : 305-316.

Kemp, Murray, and H. Wan. 1976. An elementary proposition regarding the formation of customs unions, lournal of International Economics 6 : 95-97.

Krueger, Anne O. 1974. The political economy of the rent-seeking society. American Economic Review 64 (3) : 291-303.

Krueger, Anne O. (ed). 1996. The Political Economy of Trade Protection. National Bureau of Economic Research Project Report. Chicago : University of Chicago Press.

Krueger, Anne O., M. Schiff, and A. Valdes. 1991. The Political Economy of Agricultural Pricing Policy. Baltimore : Johns Hopkins University Press for the World Bank.

Krugman, Paul R. 1997. What should trade negotiators negotiate about? Journal of Economic literature 35 (1) : 113-120.

Levy, Philip I. 1997. A political-economic analysis of free-trade agreements. American Economic Review 87 (4) : 506-519.

I.imao, Nuno. 2006. Preferential trade agreements as stumbling blocks for multilateral trade liberalization : evidence for the US. American Economic Review 96 (3) : 896-914.

Lipsey, Richard G. 1960. The theory of customs unions : A general survey. Economic Journal 70 (279) : 496-513.

Maggi, Giovanni, and Andres Rodriguez-Clare. 2000. Import penetration and the politics of trade protection. Journal of Intenuitionnl Economics 51 (2) : 287-304.

Maggi, Giovanni, and Andres Rodriguez-Clare. 2007. A political economy theory of trade agreements. American Economic Review 97 (4) : 1374-1406.

Salvatore, Dominick, ed. 1987. The New Protectionist Threat to World Welfare. Amsterdam : North-Holland.

Schiff, Maurice, and L. Alan Winters. 2003. Regional Integration and Development. Washington, D.C. : World Bank and Oxford University Press.

Schott, Jeffrey. 1994. The Uruguay Round : An Assessment. Washington, D.C. : Institute for International Economics.

Stern, Robert, ed. 1987. US Trade Policies in a Changing World Economy. Cambridge : MIT Press.

Sumner, Daniel A. and Stefan Tangermann. 2002. International trade policy and negotiations. In Handbook of Agricultural Economics, vol. 2B, Agricultural and Food Policy (eds Bruce L. Gardner and Gordon C. Rausser), Amsterdam, Netherlands : North Holland Press, pp. 1999-2055.

Treflcr, Daniel. 1993. Trade liberalization and the theory of endogenous protection : an econometric study of US import policy. Journal of Political Economy 101 (1) : 138-160.

Viner, Jacob. 1950. The Customs Union Issue. New York : Carnegie Endowment for International Peace.

Vousdcn, N. 1990. The Economic Theory of Protection. Cambridge : Cambridge University Press.

World Trade Organization (WTO). 2007. World Trade Report 2007 : Sixty Years of the Multilateral Trading System, Achievements and Challenges. Geneva : WTO.

参考文献

Acemoglu, Daron 2003. Patterns of skill premia. Review of Economic Studies 70 (2) : 231-251.

Antweiler, Werner, Brian R. Copeland, and M. Scott Taylor. 2001. Is free trade good for the environment? American Economics Review 91 (4) : 877-908.

Baldwin, Richard E. 2006. Multilateralizing regionalism : spaghetti bowls as building blocs on the path to global free trade. WbrW Economy 29 (11) : 1451-1518.

Bergstrand, Jeffrey H., and Peter Egger. 2007. A knowledge-and-physical-capital model of international trade, foreign direct investment, and multinational enterprises. Journal of International Economics 73 (2) : 278-308.

Bhagwati, Jagdish. 1958. Immiserizing growth : a geometrical note. Review of Economic Studies 25 : 201-205.

Bhagwati, Jagdish. 1965. On the equivalence of tariffs and quotas. In Trade, Growth, and the Balance of Payments (eds Robert E. Baldwin et al.). Chicago : Rand McNally.

Bhagwati, Jagdish. 1968. More on the equivalence of tariffs and quotas. American Economic Review 58 (1) : 142-146.　.

Bhagwati, Jagdish. 1971. The generalized theory of distortions and welfare. In Trade, Balance of Payments and Growth (eds J. N. Bhagwati et al). North-Holland, Amsterdam, chapter 12.

Braconier, Henrik, Pehr-Johan Norback, and Dieter Urban. 2005. Reconciling the evidence on the knowledge-capital model. Review of International Economics 13 (4). 770-786.

Brainard, S. Lael. 1997. An empirical assessment of the proximity-concentration trade-off between multinational sales and trade. American Economic Review 87 (4). 520-544.

Grander, James A. 1981. Intra-industry trade in identical commodities. Journal of International Economics 11 (1) : 1-14.

Brander, James A., and Paul R. Krugman. 1983. A "reciprocol dumping" model of international trade. Journal of International Trade 15 : 313-321.

Broda, Christian, and David E. Weinstein. 2006. Globalization and the gains from variety. Quarterly Journal of Economics 121 (2) : 541-585.

Campa, Jose, and Linda Goldberg. 1997. The Evolving External Orientation of Manufacturing Industries : Evidence for Four Countries. NBER Working Paper No. 5919. Cambridge, MA : National Bureau of Economic Research.

Caves, Richard E. 2007. Multinational Enterprises and Economic Analysis. Cambridge : Cambridge University Press.

Chichinisky, Graciela. 1994. North-south trade and the global environment. American Economic Review 84 (4) : 851-874.

Clausing, Kimberly A. 2003. Tax-motivated transfer pricing and US intrafirm trade prices. Journal of Public Economics 87 (9/10) : 2207-2223.

Clausing, Kimberly A. 2006. International tax avoidance and US international trade. National Tax Journal 59 (2) : 269-287.

Copeland, Brian R., and Sumeet Gulati. 2006. Trade and the environment in developing countries. In Economic Development and Environmental Sustainability (eds R. Lopez and M. Toman), Oxford : Oxford University Press, pp. 178-216.

Copeland, Brian R., and M. Scott Taylor. 2003. Trade and the Environment : Theory and Evidence.

Princeton University Press，Princeton.

Copeland，Brian R.，and M. Scott Taylor. 2004. Trade，growth and the environment. Journal of Economic Literature (March)：7-71.

Davis，Donald. 1996. Trade Liberalization and Income Distribution. NBER Working Paper No. 5693. Cambridge，MA：National Bureau of Economic Research.

Deardorff，Alan V.，and Robert M. Stern. 2007. Empirical analysis of barriers to international services transactions and the consequences of liberalization. In Handbook of Services Trade (eds Aaditya Mattoo，Robert M. Stern，and Gianni Zanini)，Oxford：Oxford University Press，pp. 169-220.

Dixit，Avinash K.，and Joseph E. Stiglitz. 1977. Monopolistic competition and optimum product diversity. American Economic Review 67 (3)：297-308.

Dollar，David，and Aart Kraay. 2002. Growth is good for the poor. Journal of Economic Growth 7 (3)：195-225.

Dunning，John H. 1973. The determinants of international production. Oxford Economic Papers 25 (3)：289-336.

Ekholm，Karolina，Rikard Forslid，and James R. Markusen. 2007. Export platform foreign direct investment. Journal of the European Economic Association 5 (4)：776-795.

Ethier，Wilfred J.，and James R. Markusen. 1996. Multinational firms，technology diffusion and trade. Journal of International Economics 41 (August)：1-28.

Feenstra，Robert C. 2010. Offshoring in the Global Economy：Microeconomic Structure and Macroeconomic Implications. Cambridge，MA：MIT Press.

Feenstra，Robert C.，and Gordon H. Hanson. 1996. Foreign investment，outsourcing，and relative wages. In The Political Economy of Trade Policy：Papers in Honor of Jagdish Bhagwati (eds R.C. Feeenstra，G.M. Grossman，and D.A. Irwin)，Cambridge，MA：MIT Press，pp. 89-127.

Feenstra，Robert C.，and Gordon H. Hanson. 1999. The impact of outsourcing and high-technology capital on wages：estimates for the US，1979-1990. Quarterly Journal of Economics 114 (3)：907-940.

Feenstra，Robert C.，and Gordon H. Hanson. 2004. Intermediaries in entrepot trade：Hong Kong re-exports of Chinese goods. Journal of Economics and Management Strategy 13(1)：3-35.

Feketekuty，Geza. 1988. International Trade in Services：An Overview and Blueprint for Negotiations. Cambridge，MA：Ballinger.

Ferrantino，Michael J. 1993. The effects of intellectual property rights on international trade and investment. Weltwirtschaftliches Archiv 129 (2)：300-331.

；Findlay，Ronald E. 1984. Growth and development in trade models. In Handbook of International Economics，vol. 1 (eds R.W. Jones and P.B. Kenen)，Amsterdam：North-Holland，pp. 185-236.

Frankel，Jeffrey，and David Romer. 1999. Does trade cause growth? American Economic Review 89 (3)：379-399.

Glass，Amy J. 2000. Costly R&D and intellectual property rights protection. International Journal of Technology Management 19 (1/2)：170-193.

Goldberg，Pinelopi，and Nina Pavcnik. 2007. Distributional effects of globalization in developing countries. Journal of Economic Literature 45 (1)：39-82.

Gorg，Holger. 2000. Fragmentation and trade：US inward processing trade in the EU. Review of World Economics 136：403-422.

de Gorter，Harry，and Erika Kliauga. 2006. Reducing tariffs versus expanding tariff rate quotas. In Agricultural Trade Reform and the Doha Development Agenda (eds Kym Anderson and Will Martin)，Washington，D.C.：World Bank and Palgrave Macmillan，pp. 117-160.

Grossman，Gene M.，and Elhanan Helpman. 1991a. Innovation and Growth in the Global Economy. Cambridge，MA：MIT Press.

Grossman, Gene M., and Elhanan Helpman. 1991b. Integration versus outsourcing in industry Equilibrium. Quarterly Journal of Economics 117 (1)：85-120.

Gruebel, Herbert G., and Peter Lloyd. 1975. Intra-industry Trade：The Theory and Measurement of International Trade in Differentiated Products. London：Macmillan.

Harrison, Ann E. 1994. Productivity, imperfect competition, and trade reform：theory and evidence. Journal of International Economics 36 (1-2)：53-73.

Hasan, Rana, Devashish Mitra, and K.V. Ramaswamy. 2007. Trade reforms, labor regulations, and labor-demand elasticities：empirical evidence from India. Review of Economics and Statistics 89 (3)：466-481.

Helpman, Elhanan. 1984. A simple theory of trade with multinational corporations. Journal of Political Economy 92 (3)：451-471.

Helpman, Elhanan. 1993. Innovation, imitation, and intellectual property rights. Economet-rica 61 (6)：1247-1280.

Helpman, Elhanan and Paul R. Krugman. 1985. Market Structure and Foreign Trade. Cambridge, MA：MIT Press.

Helpman, Elhanan, Marc Melitz, and Stephen Yeaple. 2004. Exports versus FDI with heterogeneous firms. American Economic Review 94 (1)：300-316.

Hindley, Brian, and Alasdair Smith. 1984. Comparative advantage and trade in service. World Economy 7 (4)：369-390.

Hoekman, Bernard. 1996. Assessing the General Agreement on Trade and Services. In The Uruguay Round and the Developing Countries (eds Will Martin and L. Alan Winters), Cambridge：Cambridge University Press, pp. 88-124.

Hoekman, Bernard. 2006. Liberalizing Trade in Services：A Survey. World Bank Policy Research Working Paper No. 4030, Washington, D.C.：World Bank.

Horstmann, Ignatius, and James R. Markusen. 1987. Licensing versus direct investment：a model of internalization by the multinational enterprise. Canadian Journal of Economics 20：464-481.

Horstmann, Ignatius, and James R. Markusen. 1992. Endogenous market structures in international trade. Journal of International Economics 32 (1-2)：109-129.

Jones, Ronald W., and Stanley Engerman. 1996. Trade, technology, and wages：a tale of two countries. American Economic Review 86：35-40.

Jones Ronald W., and Sugata Marjit. 1985. A simple production model with Stolper-Samuelson property. International Economic Review 26 (3)：565-567.

Jones, Ronald W., and Sugata Marjit. 2003. Economic development, trade, and wages. German Economic Review 4：1-17.

Krishna, Pravin, and Davashish Mitra. 1998. Trade liberalization, market discipline, and productivity growth：new evidence from India. Journal of Development Economics 56 (2)：447-462.

Krugman, Paul R. 1979. Increasing returns, monopolisitic competition, and international trade. Journal of International Economics 9 (4)：469-479.

Krugman, Paul R. 1981. Intraindustry specialization and the gains from trade. Journal of Political Economy 89 (5)：959-973.

Krugman, Paul. 2000. Technology, trade, and factor prices. Journal of International Economics 50 (1)：51-71.

Lawrence, Robert Z. 1995. Single World, Divided Nations：Globalization and OECD Labor Markets. Paris：OECD.

Leamer, Edward. 2000. What's the use of factor contents? Journal of International Economics 50 (1)：73-90.

Lee，Jeong-Yeon，and Edwin Mansfield. 1996. Intellectual property protection and US foreign direct investment. The Review of Economics and Statistics 78 (2)：181-186.

Levy，Philip I. 1997. A political-economic analysis of free-trade agreements. American Economic Review 87 (4)：506-519.

Limao，Nuno. 2006. Preferential trade agreements as stumbling blocks for multilateral trade liberalization：evidence for the US. American Economic Review 96 (3)：896-914.

Lopez，Ramon. 1997. Environmental externalities in traditional agriculture and the impact of trade liberalization：the case of Ghana. Journal of Development Economics 53 (1)：17-39.

Lopez，Ramon，and Gregmar I. Galinato. 2005. Deforestation and forest-induced carbon dioxide emissions in tropical countries：how do governance and trade openness affect the forest-income relationship? Journal of Environment and Development 14 (1)：73-100.

Marjit，Sugata，and Rajat Acharyya. 2003. International Trade，Wage Inequality，and the Developing Economy：A General Equilibrium Approach. Heidelberg：Physica/Springer Verlag. Marjit，Sugata，and Rajat Acharyya. 2006. Trade liberalization，skill-linked intermediate production，and two-sided wage gap. Journal of Policy Reform 9 (3)：203-217.

Marjit，Sugata，Hamid Beladi，and Avik Chakrabarti. 2003. Trade and wage inequality in developing countries. Economic Inquiry 42 (92)：295-303.

Markusen，James R. 1984. Multinationals，multi-plant economies，and the gains from trade.

Journal of International Economics 16 (3-4)：205-226.

Markusen，James R. 2002. Multinational Firms and The Theory of International Trade. Cambridge，MA：MIT Press.

Markusen，James R.，and Anthony J. Venables. 1998. Multinational firms and the new trade theory. Journal of International Economics 46 (2)：183-203.

Markusen，James R.，and Anthony J. Venables. 2000. The theory of endowment，intraindustry，and multinational trade. Journal of International Economics 52 (2)：209-234.

Maskus，Keith E. 1998. The international regulation of intellectual property. Weltwirtschaftli-ches Archiv 134 (June)：186-208.

Maskus，Keith E.，and M. Penubarti. 1995. How trade-related are intellectual property rights? Journal of International Economics 39 (November)：227-248.

Maskus，Keith E.，Kamal Saggi，and Thitima Puttitanun. 2005. Patent rights and international technology transfer through direct investment and licensing. In International Public Goods and Transfer of Technology under a Globalized Intellectual Property Regime (eds Keith E. Maskus and Jerome H. Reichman). Cambridge：Cambridge University Press，pp. 265-281.

Mattoo，Aaditya. 2005. Services in a development round：three goals and three proposals. Journal of World Trade 39 (6)：1223-1238.

Mattoo，Aaditya，Robert M. Stern，and Gianni Zanini，eds. 2007. Handbook of Services Trade. Oxford：Oxford Unversity Press.

Organisation for Economic Co-operation and Development (OECD). 2002. Intraindustry and intrafirm trade and the internationalisation of production. Economic Outlook，no. 71，chap. 6，pp. 159-170.

Organisation for Economic Co-operation and Development (OECD). 2006. Producer Support Estimates and Consumer Support Estimates，OECD Database 1986-2004. Paris：OECD.

Porto，Guido G. 2006. Using survey data to assess the distributional effects of trade policy. Journal of International Economics 70 (1)：140-160.

Primo Braga，Carlos A.，and Carsten Fink. 1998. The relationship between intellectual property rights and foreign direct investment. Duke Journal of Comparative and International Law 9：163-187.

Ranjan，Priya. 2006. Preferential trade agreements，multinational enterprises，and welfare. Canadian

Journal of Economics 39 (2) : 493-515.

Richardson, J. David. 1995. Income inequality and trade : how to think, what to conclude. Journal of Economic Perspectives 9 (3) : 33-55.

Robbins, Donald. 1995. Trade, Trade Liberalization, and Inequality in Latin America and East Asia : Synthesis of Seven Country Studies. Mimeo, Harvard Institute of International Development.

Rodriguez, Francisco, and Dani Rodrik. 2001. Trade policy and economic growth : a skeptic's guide to the cross-national evidence. In Macreconomics Annual 2000 (eds Ben Bernanke and Kenneth S. Rogoff), Cambridge, MA : MIT Press, pp. 261-325.

Rodrik, Dani. 1992. Closing the productivity gap : does trade liberalization really help? In Trade Policy, Industrialization, and Development : New Perspectives (ed. G. K. Helleiner), Oxford : Clarendon Press, pp. 155-175.

Sachs, Jeffrey D., and Andrew Warner. 1995. Economic reform and the process of global integration. Brooking Papers on Economic Activity 1 : 1-118.

Samuelson, Paul A. 1939. The gains from international trade. In Readings in the Theory of International Trade (eds H.S. Ellis and L.A. Metzler), Homewood, IL : Irwin, 1949, pp. 239-252.

Skully, David W. 2001. Economics of Tariff-Rate Quota Administration. US Department of Agriculture, Economic Research Service, Technical Bulletin Number 1893 (April). D.C. : USDA.

Smarzynska, Beata. 2004. The composition of foreign direct investment and protection of intellectual property rights : evidence from transition economies. European Economic Review 48 : 39-62.

Smith, Pamela J. 1999. Are weak patent rights a barrier to US exports? Journal of International Economics 48 : 151-177.

Smith, Pamela J. 2001. How do foreign patent rights affect US exports, affiliate sales, and licenses? Journal of International Economics 55 : 411-440.

United Nations Conference on Trade and Development. 2000. World Investment Report : Cross-Border Mergers and Acquisitions and Development. Geneva : United Nations.

Winters, L. Alan, Neil McCulloch, and Andrew McKay. 2004. Trade liberalization and poverty the evidence so far. Journal of Economic Literature 42 (1) : 72-115.

Winters, L. Alan, T. L. Walmsley, Z. K. Wang, R. Grynberg. 2003. Liberalizing temporary movement of national persons : an agenda for the development round. World Economy 26 (8) : 1137-1161.

Wood, Adrian. 1997. Openness and wage inequality in developing countries : the Latin.

American challenges to East Asian conventional wisdom. World Bank Research Observer 11 (1) : 33-57.

World Trade Organization (WTO). 1997. European Communities-Regime for the Importation, Sales, and distribution of Bananas. Report of the Appellate Body (September 9). Geneva : WTO.

World Trade Organization (WTO). 2006. Tariff Quota Administration Methods and Tariff.

Quota Fill. Committee on Agricture Background Paper TN/AG/S/22 (April 27). Geneva : WTO.

World Trade Organization (WTO). 2007. World Trade Report 2007 : Sixty Years of the Multilateral Trading System, Achievements and Challenges. Geneva : WTO.

Xu, Bin. 2003. Trade liberalization, wage inequality, and endogenously determined non-traded goods. Journal of International Economics 60 (2) : 417-431.

Yang, Guifand, and Keith E. Maskus. 2001. Intellectual propery rights, licensing, and innovation in an endogenous product-cycle model. Journal of international Economics 53 : 169-187.